COMO EDUCAR SUA MENTE

CB143642

Copyright © 2013 by Susan Wise Bauer
Copyright © 2015 para esta edição É Realizações
Título original: *The Well-Educated Mind – A Guide to the Classical Education you Never Had*

Editor
Edson Manoel de Oliveira Filho

Produção editorial, capa e projeto gráfico
É Realizações Editora

Preparação de texto
Célia Maria Trazzi Cassis, João Luiz Borogan Cerqueira e VERO VERBO Serviços de Editoração

Revisão
Valentina Nunes e Francisco José M. Couto

Reservados todos os direitos desta obra. Proibida toda e qualquer reprodução desta edição por qualquer meio ou forma, seja ela eletrônica ou mecânica, fotocópia, gravação ou qualquer outro meio de reprodução, sem permissão expressa do editor.

CIP-Brasil. Catalogação-na-Fonte
Sindicato Nacional dos Editores de Livros, RJ

B34c
Bauer, Susan Wise, 1968-
Como educar sua mente : o guia para ler e entender grandes autores / Susan Wise Bauer ; tradução Gabriele Greggersen. - 1. ed. - São Paulo : É Realizações, 2015.
528 p. ; 25 cm. (Educação clássica)

Tradução de: The well-educated mind
Inclui índice
ISBN 978-85-8033-208-7

1. Livros e leitura. 2. Leitura - História e crítica. 3. Literatura. I. Título. II. Série.

15-24955 CDD: 028.906
CDU: 028.5:061.2

23/07/2015 23/07/2015

É Realizações Editora, Livraria e Distribuidora Ltda.
Rua França Pinto, 498 · São Paulo SP · 04016-002
Caixa Postal: 45321 · 04010-970 · Telefax: (5511) 5572 5363
atendimento@erealizacoes.com.br · www.erealizacoes.com.br

Este livro foi impresso pela Gráfica Corprint, em agosto de 2015. Os tipos são da família Weiss BT e Credit Valley. O papel do miolo é off white norbrite 66g, e o da capa, cartão ningbo star 250g.

SUSAN WISE BAUER

COMO EDUCAR SUA MENTE

O GUIA *para ler e entender* OS GRANDES AUTORES

Tradução
GABRIELE GREGGERSEN

É Realizações
Editora

Para a minha mãe,
que me ensinou a ler;
e para o meu pai,
que me passou todos os seus livros prediletos.

SUMÁRIO

AGRADECIMENTOS

Sou grata a Starling Lawrence, meu editor na W.W. Norton, pelo seu interesse inicial por este projeto, e ao meu agente, Rich Henshaw, por sua orientação competente e sua assessoria generosa.

Ao pessoal da Peace Hill Press, que me ajudou a organizar meu outro livro, para que assim eu pudesse terminar este aqui, oferecendo-me preciosa ajuda. A Sara Buffington, que assumiu a ingrata tarefa da obtenção dos direitos e fez com que nossos esforços se tornassem efetivos ao longo do processo de criação deste livro. A Justin Moore, que foi inúmeras vezes à biblioteca por mim (inclusive naquelas em que devolveu os livros fora do prazo, pois eu fiquei com vergonha de ir), verificou fatos, acrescentou intermináveis números de ISBN, iniciou-me na música dos The Proclaimers, combinando tudo isso com leituras perspicazes (em particular do capítulo de história), e ainda me ajudando a manter minha caixa postal em dia. Justin, não consigo imaginar por que você não gostaria de passar o resto dos seus dias nas proximidades de Charles City (será que existe alguma chance de você reconsiderar?).

A Lauren Winner, estudiosa e escritora, que leu meu capítulo de história e ofereceu inestimável ajuda: obrigada Lauren! Sou especialmente grata a John Wilson, editor de *Books & Culture*, mais conhecido como "o homem que leu todos os livros", pela dádiva do seu tempo e pelas suas críticas gentis. O livro ficou mais incisivo com a ajuda dele; quanto aos eventuais erros que persistiram e tudo o que digo a respeito do pós-modernismo, assumo sozinha.

Tenho uma dívida intelectual para com Maureen Fitzgerald, a acadêmica mais sensata que conheço; ela me apresentou categorias de pensamento inteiramente novas.

Agradeço a meus pais, Jay e Jessie Wise, que me deram inimaginável apoio moral e prático, desde as discussões acaloradas até me ajudar a cuidar dos meus filhos e ir ao supermercado todas as vezes em que me esqueci de comprar algo. Sem a ajuda deles (e sua despensa aberta), nossa vida seria um caos.

Finalmente, sou grata a meu marido, Peter, que levou a sério a igualdade de direitos no cuidado com as crianças e nas tarefas domésticas, viabilizando minha existência como escritora/esposa/mãe/pessoa.

Todos esses agradecimentos são insuficientes. *Sumus exules, vivendi quam auditores.*

PREFÁCIO

Gabriel Perissé

Estamos em plena "Idade Mídia". Tempo de velocidade vertiginosa, atualizações frenéticas, medo de ficar obsoleto. Por isso, mais do que nunca, vale a pena aprender a ler e a pensar com calma e profundidade. Conselho paradoxal, bem sei, mas que nada tem de contraditório. A dispersão causada pelo excesso de meios, modas e mudanças requer uma nova concentração de princípios e finalidades.

O mérito deste livro, deste oportuno livro, reside aí: trazer de volta, em meio aos tsunamis e terremotos do século XXI, ideias claras e critérios seguros sobre a arte de ler com a mente tranquila, de pensar com rigor, de estudar com energia e autonomia, construindo um sistema pessoal de convicções e crescendo intelectualmente sem pressa, mas com urgência.

A leitura em primeiro lugar. Não uma leitura qualquer: leitura como método de autoaperfeiçoamento. Evitaremos os juízos precipitados e nos libertaremos do "intrusismo" (essa nossa mania de entrar em discussões sem a devida preparação, sem conhecimento de causa) quando dedicarmos tempo e atenção à leitura das linhas e entrelinhas. Guimarães Rosa dizia que existem os "analfabetos para as entrelinhas". Para nelas habitar precisamos trilhar as linhas, compreender o óbvio, saber o já sabido, e de vereda em vereda buscar novos horizontes e novos sentidos.

Pensar com rigor está muito longe da inflexibilidade. Justamente por ser rigoroso, esse modo de pensar não se impressiona com os "paradogmas" (trocadilho inventado por José Guilherme Merquior) do presente, nem despreza por princípio o que vem do passado. Aliás, é experiência prazerosa perceber que antigos autores já haviam pensado em tantos problemas que voltam a nos atormentar. O passado, dizia um autor, é aquilo que não passou. Ou, com palavras de Chesterton, é preciso "ir aos velhos livros para encontrar as novas ideias".

Autonomia não significa isolamento. Educar-se é, na realidade, a verdadeira forma de aprender, em diálogo intenso com os mestres de ontem e de hoje. Exige sair da passividade cômoda e abrir espaço para a reflexão pessoal. Claro que é mais fácil falar do que pôr em prática o que acabo de escrever. Mas é mais fácil (e disso a autora Susan Bauer nos convence!) de fazer do que se imagina! Quando começamos a saborear ideias, a exercitar nossa inteligência na aparente solidão (porque as leituras trazem, para morar dentro de nós, centenas de interlocutores), tomamos consciência de como é vital termos uma visão de mundo que dê conta (até onde for possível) dos incontáveis problemas da existência.

Esta visão de mundo a elaborar é, em outros termos, um sistema pessoal de convicções. Mais do que certezas (que por vezes nos aprisionam e nos cegam), as convicções são fruto de uma vitória contra nossa preguiça intelectual, nosso medo de assumir posições e nossa incapacidade de avaliar e criticar o que nos é proposto. Visão, em suma, é teoria. "Sejamos práticos", ensinava um velho professor, "façamos uma teoria"! E nada mais estimulante do que descobrir que nossas teorias são ainda insuficientes, que ainda precisam de lapidação para continuarmos sendo coerentes com a busca da verdade.

"Cansei de ser moderno", escreveu certa vez Carlos Drummond de Andrade num de seus poemas. Em outro verso, o poeta mineiro brincava, dizendo-se "atrasadíssimo nos gregos", e, portanto, sem tempo para ler os contemporâneos ou conceder entrevistas nas quais lhe faziam perguntas repetitivas. De fato, ser moderno pode cansar um pouco. Ser clássico, por outro lado, nos faz descobrir novidades esquecidas. A maior surpresa, talvez, é a de que a educação clássica, aberta para o futuro, nos torna pessoas mais atuais. Eternamente atuais.

NOTA DA TRADUTORA

Como Educar sua Mente: O Guia para Ler e Entender Grandes Autores é um livro para quem se interessa em obter a educação que desejava e não teve. No entanto, você poderá se perguntar: Como posso querer algo que me foi negado? Como posso saber o que faltou na minha educação e querer ampliar a minha formação e meu horizonte?

Ora, da mesma forma que podemos querer melhorar em termos de conduta e caráter, ainda que nossa educação tenha sido precária. E da mesma forma que podemos ter esperança em um mundo melhor, mesmo quando ele nos dá poucas perspectivas disso; ou, ainda, da mesma maneira que podemos ter esperança na vida após a morte e na existência de um céu, mesmo quando a vida terrena parece um inferno.

Também podemos reconhecer a educação que nos falta, observando a educação de outras pessoas e também a de outros povos, no nível global. Daí a razão por que a leitura do legado de culturas diferentes da nossa seja tão enriquecedora.

No caso de *Como Educar sua Mente: O Guia para Ler e Entender Grandes Autores*, por se tratar de um recorte da literatura mundial anglo-saxônica, esta obra poderá interessar a todos os que desejam dispor de conteúdo para uma boa conversa com pessoas daquela cultura, que é uma das mais valorizadas do mundo – e não sem bons motivos para isso (mas também por outras razões que não pretendo discutir aqui).

Assim sendo, mesmo que você tenha tido uma educação clássica, em termos de autores brasileiros, as leituras sugeridas aqui pela autora deverão interessar a você, pois tratam de temas universais da humanidade, como o amor, a amizade, o patriotismo, o orgulho, o preconceito, a traição, o assassinato, a bandidagem, a construção da identidade e da consciência, além de tantos outros temas, expressos em quatro grandes gêneros literários: o romance, a autobiografia, o teatro e a poesia.

Quanto ao projeto do livro em si, tenho a dizer que ele vai ao encontro da linha editorial da É Realizações e tem muito a ver com meus próprios estudos, particularmente da tradução recente que fiz de *The Lost Tools of Learning* [As Ferramentas Perdidas da Educação], disponível em formato eletrônico, em que Dorothy L. Sayers, a autora, resgata a importância da chamada educação nas "Artes Liberais", ou seja, do *trivium* (gramática, lógica ou dialética, retórica), que são as "ferramentas" do aprendizado; e do *quadrivium* (aritmética, geometria, música e astronomia), que já eram ensinadas nas escolas da Grécia antiga e foram assumidas pela educação romana e por toda a Idade Média. Até hoje há escolas especiais, particularmente nos países anglo-saxônicos, que adotam esse currículo. Em outras palavras, trata-se de uma das pedagogias mais perenes e universais da história da educação ocidental e um dos métodos didáticos mais dinâmicos e democráticos de que se tem registro, uma vez que o trabalho com o texto envolve uma multiplicidade de interpretações e perspectivas possíveis.

A base para todo o ensino na Grécia e Roma antigas eram as histórias, inicialmente da mitologia. Entretanto, o repertório cultural de tipos e gêneros de texto foi se enriquecendo, diversificando e acumulando ao longo da história da humanidade.

Na mesma esteira, o projeto educacional dos *Great Books* [Grandes Livros] se destaca pelo seu foco no legado dos grandes autores e nas ideias da literatura mundial, e de toda a riqueza cultural, ética e pedagógica, no sentido de *Bildung* [formação integral] do mundo ocidental. Esses livros pretendem representar o fundamento da cultura ocidental (no caso, da anglo-saxônica). Os "Grandes Livros" também podem representar um método didático que gira em torno das obras mais importantes da humanidade e de seu significado abrangente para a formação, principalmente, do pensamento, mas, também, da imaginação e do sentimento.

O movimento, fundado nos anos de 1920 e 1930, por um grupo de intelectuais que incluía Mortimer Adler, John Erskine e Robert Hutchins, foi responsável pela publicação de uma grande enciclopédia de livros e ideias que marcaram a história mundial. No entanto, desde pelo menos os tempos de Thomas Jefferson, quando ele estabeleceu uma lista de vários autores para seus amigos, entre

1785 e 1787, existem esforços para estabelecer uma relação de autores e obras, que hoje abarca de 50 a 100 nomes. (Sem falar das listas de *best-sellers*, normalmente publicadas em jornais e revistas de grande circulação).

Em relação a aspectos técnicos, devo dizer que esta tradução envolveu muita pesquisa (para além da exigida pela tradução de qualquer texto), principalmente quanto à disponibilidade de traduções das obras recomendadas no mercado editorial brasileiro. Para isso, consultamos os maiores bancos de dados e as melhores bibliotecas universitárias do Brasil, atentando principalmente para a autoria da tradução e para a editora e a data da publicação. Infelizmente, nem todas as bibliotecas e bases de dados têm exemplares de todos os títulos em língua portuguesa, o que vale em particular para a poesia.

Algumas das traduções existentes também são muito antigas, das décadas de 1960, 1970 e 1980, ou, ainda, não possuem data, mas são históricas, como a tradução, feita por Monteiro Lobato, de *Huckleberry Finn* [As Aventuras de Huck]. Várias dessas obras já são de domínio público e podem ser localizadas e baixadas da internet, sem infração de direitos autorais. Mas em muitos casos não há tradução.

Em relação às peças, é possível encontrar encenações disponíveis no YouTube, que podem ser assistidas ou baixadas também sem infração de direitos autorais.

Quanto às poesias, a É Realizações encarregou o poeta Érico Nogueira de traduzir para o português, preservando a qualidade estética dos originais, os poemas e trechos de poemas citados pela autora que não possuíssem tradução poética em nossa língua.

Além disso, há obras que não têm tradução para o português do Brasil (ou de Portugal), o que revela certo desinteresse do nosso mercado editorial; ou, então, são tão difíceis de achar que só um historiador ou especialista naquele tipo de literatura e de cada época poderia localizá-las. Nesses casos, colocamos um asterisco para indicar a falta de tradução da referida obra. Também usamos de um outro critério, que foi acrescentar a versão inglesa original de algumas das citações da autora em nota de rodapé.

Resta dizer o óbvio: foi um grande prazer traduzir esta metaobra ou obra transcendente; espero que meu entusiasmo por ela contagie o leitor.

PARTE 1

Para começo de conversa: prepare-se para a educação clássica

CAPÍTULO 1

Treine a própria mente: a educação clássica que você nunca teve

Hoje em dia, toda a civilização vem a nós através dos livros, especialmente no nosso país. O grego desenvolveu a sua civilização falando e olhando, e, em certa medida, os parisienses ainda o fazem. Mas nós, que vivemos afastados da história e dos monumentos, temos de ler ou cair na barbárie.

William Dean Howells, *The Rise of Silas Lapham [A Ascensão de Silas Lapham]*

Quando completei trinta anos, decidi fazer uma pós-graduação. Eu havia me afastado da faculdade por longos anos para escrever, lecionar literatura como professora adjunta e dar à luz quatro crianças. Agora eu estava de volta à sala de aula, só que do outro lado da mesa do professor. Todos os meus colegas de classe pareciam adolescentes. E programas de pós-graduação não são adequados para adultos; esperavam que eu sustentasse minha família de acordo com o esquema projetado para mim pela *American Studies*, imaginando que eu vivesse com cerca de seis mil dólares por ano, recusando qualquer outro emprego remunerado, e que eu ainda me contentasse com um plano de saúde fomentado pela universidade, com cobertura precária e que classificava a anestesia do parto como um luxo. Com tudo isso, logo me vi temendo os dias letivos que viriam pela frente. Eu já havia passado cinco anos lecionando e conduzindo discussões, não acreditava que seria capaz de voltar a ser uma estudante passiva, que ficaria sentadinha, tomando notas, enquanto um professor me dizia o que eu deveria fazer e saber.

Para meu alívio, porém, os seminários de pós-graduação não se reduziram a palestras em que eu teria de captar humildemente a sabedoria do outro, como eu temia. As sessões de três horas semanais tornaram-se, assim, um trampolim para um processo de autoaprendizado. Ao longo do ano e meio que dali se seguiu, foram-me apresentadas listas de livros e instruções de como lê-los. Esperavam que eu estudasse de forma autônoma. Li livro após livro e resenhei o conteúdo de cada um, procurando verificar se seus argumentos eram falhos. Seriam exageradas as conclusões a que chegaram? As evidências usadas eram suficientes? Será que os escritores estavam ignorando fatos ou distorcendo-os para defender uma causa? Em que ponto suas teorias estavam furadas? Contestar os argumentos de estudiosos mais velhos, que ganham oitenta vezes o valor de uma bolsa de pós-graduação, era muito divertido e uma das poucas compensações do trabalho escravo a que me submetia junto com os demais estudantes.

Todas essas leituras serviam como preparação para os seminários, quando os estudantes de pós-graduação juntavam suas mesas e discutiam em voz alta o livro da semana. O professor encarregado observava nossa displicência na argumentação, corrigia nosso mau uso da linguagem e jogava água fria em discussões eventualmente acaloradas demais. Esses diálogos (mais ou menos) socráticos eram construídos com fundamento nas leituras que eu havia feito em casa. Nas noites em que, normalmente, eu estaria assistindo ao *Arquivo X* ou fazendo faxina, passei a me dedicar, com atenção concentrada, à leitura de uma relação de livros. As atividades domésticas ficaram a desejar e eu deixei de acompanhar a telenovela; mas me vi criando na minha mente estruturas de sentido inteiramente novas, fazendo conexões entre teorias e construindo minhas próprias teorias a partir dessas conexões. Passei a escrever melhor, pensar com mais clareza e ler mais.

Eu também me autoinduzi a uma psicose em relação ao trabalho. Ficava até altas horas da madrugada para terminar minhas resenhas e acordava cedo, junto com o bebê. Escrevi meu projeto de tese no chão da sala de estar, com a estrada de ferro da locomotiva *Thomas e seus Amigos* em construção ao meu redor; passei a noite antes da minha proficiência obrigatória em francês lavando os lençóis e o travesseiro da minha filha de quatro anos, depois que ela teve uma gastroenterite; assisti a vários *workshops* obrigatórios nos quais *nada* de importante foi dito.

Entretanto, você não tem de passar pelo rolo compressor da pós-graduação para educar sua mente – a não ser que pretenda conquistar uma vaga como professor universitário (assim mesmo, não se pode ter grandes expectativas de emprego). Há séculos homens e mulheres passam por esse tipo de aprendizado com base em textos – lendo, tomando notas, discutindo livros e ideias com os amigos – sem ter de se submeter a bolsas de pós-graduação e políticas de seguros de saúde.

Na verdade, Thomas Jefferson via as preleções universitárias como desnecessárias para desenvolver uma leitura de obras históricas. Em 1786, Jefferson escreveu para seu sobrinho que estava na idade de entrar na universidade, Thomas Mann Randolph Jr., aconselhando-o a buscar a maior parte de sua formação de forma autônoma. "Vá em frente e participe de um curso que envolva palestras sobre ciência", recomendava Jefferson. E, então, ele acrescentava:

> Ao mesmo tempo que você participa desses cursos, pode fazer uma série de leituras históricas regulares paralelas, por conta própria. Seria perda de tempo consultar um professor para isso. Elas podem ser adquiridas a partir dos livros, e, se você for atrás dessas leituras por conta própria, poderá acomodá-las a outras que já tenha feito, de modo a preencher aqueles abismos de tempo que poderiam ser mal aproveitados.[1]

Historiadores profissionais podem até ficar ressentidos por aparentemente serem considerados supérfluos, mas a carta de Jefferson reflete uma compreensão comum da história: qualquer homem (ou mulher, acrescentaríamos) alfabetizado pode confiar na autoeducação para educar a si mesmo e preencher sua mente. Tudo o que você precisa é de uma prateleira cheia de livros, um ou dois amigos capazes de discutir a sua leitura com você e preencher algumas "lacunas no tempo, que não podem ser preenchidas de outro jeito". (Críticos contemporâneos da educação universitária poderiam acrescentar que, em todo caso, um ph.D. não treina nem preenche a mente necessariamente; Harold Bloom suspeita de que essa seja uma "função amplamente esquecida da educação universitária", já que atualmente as universidades "negligenciam a satisfação" da nossa busca pelos clássicos).[2]

---

[1] Thomas Jefferson, "Carta a Thomas Mann Randolph Jr. Paris", de 27 de agosto de 1786. Essa carta se encontra na biblioteca da Universidade da Virgínia, onde foi intitulada "Education of a Future Son-in-Law". Disponível em http://etext.virginia.edu/toc/modeng/public/JefLett.html. Acesso em: 3 set. 2013.

[2] Harold Bloom, *How to Read and Why*. New York, Scribner, 2000, p. 24.

[É claro que] o jovem Randolph estava em condições de embasar o fundamento de uma educação privilegiada. Muitos norteamericanos, porém, eram menos escolarizados e imitaram o seu curso doméstico em aperfeiçoamento autônomo – inclusive milhares de mulheres dos séculos XVIII e XIX, que usualmente recebiam muito menos instrução em sala de aula do que suas contrapartes masculinas. Limitadas ao aprendizado que podiam conquistar por si mesmas, uma vez encerrado seu breve período de educação formal, as mulheres norteamericanas dos últimos dois séculos mantinham diários e crônicas narrativas dos livros que liam em comum, encontravam-se para discuti-los e assumiam a responsabilidade pelo desenvolvimento das próprias mentes. A autora de livros de etiqueta Eliza Farrar, não aconselhava suas jovens leitoras apenas sobre como se comportar e se vestir, mas também sobre como cultivar seu intelecto: "A autoeducação começa onde a educação escolar termina", escrevia ela de forma contundente.[3]

Muitas levaram esse conselho a sério. Mary Wilson Gilchrist, uma mulher de Ohio da era da Guerra Civil, que viveu em sua casa até sua morte súbita, aos 24 anos, pôde desfrutar de um único ano no Ohio Female College, no qual estudou brevemente trigonometria, literatura inglesa, francês, música, lógica, retórica e teologia – tempo parco para obter uma compreensão, por elementar que fosse, dessa relação de assuntos, muito menos para o domínio dos seus princípios. Entretanto, a educação de Gilchrist não parou quando ela voltou para casa. Ela manteve em seu diário uma relação de livros que havia lido: obras de Charlotte Brontë, William Makepeace Thackeray, Henry Fielding, William Wordsworth, Virgílio, Sófocles e David Hume ("difícil", escreveu ela sobre Hume, na esperança de "reter alguma coisa dele"). Para se manter motivada, ela inaugurou um clube de leitura com uma vizinha. "Mary Carpenter acabou de ligar", escreveu em seu diário, "e tomamos providências para ler Shakespeare juntas".[4]

A adolescente sulista Hope Summerell Chamberlain escrevia em seu diário de leitura sobre *Kosmos* [Cosmo], de Humboldt; *Paradise Lost* [Paraíso Perdido],

---

[3] Eliza W.R. Farrar, *The Young Lady's Friend, by a Lady*. Boston, American Stationer's Company, 1836, p. 4.

[4] *Apud* Claudia Lynn Lady, "Five Tri-State Women During the Civil War: Day to Day Life". *West Virginia History*, vol. 43, n. 3 (Spring 1982), p. 212-14.

de Milton; *Corinne*, de Madame De Staël; e *História da Civilização*, de Guizot, entre outros livros difíceis: o clube de leitura que ela ajudou a organizar representava, em suas próprias palavras, "uma oferta de trégua para uma mente sedenta".[5]

No entanto, o que fazer quando sua mente está sedenta, mas não é particularmente letrada? "Dê-se conta de sua própria ignorância", Isaac Watts advertia seus leitores em seu tratado de autoeducação, *Improvement of the Mind* [Aperfeiçoamento da Mente] (originalmente publicado em 1741). "Imprima à sua mente uma consciência profunda e sofrida dos níveis inferiores e imperfeitos de seu conhecimento presente." Essa advertência animadora pretendia ser uma reafirmação e não uma condenação: uma mente bem treinada é resultado da dedicação e não de um gênio inato. Watts nos assegura que os pensadores não são pessoas que nasceram com um "gênio brilhante, uma sagacidade pronta e boa vontade" (o que é um alívio para a maioria de nós). Não importa quão ignorante e quão "modesta" uma mente possa ser, o "pensamento estudioso [...] o exercício de sua própria razão e julgamento sobre tudo o que você lê [...] proporciona um bom senso [...] e uma melhoria real do seu entendimento".

Hoje, do mesmo modo que no tempo de Watts, adultos inteligentes e ambiciosos não se sentem preparados para manejar nenhum tipo de leitura mais profunda. Eles lutam para superar uma educação indiferente que não desenvolveu neles as habilidades básicas necessárias para uma leitura e uma escrita amadurecidas. Contudo, a advertência de Watts ainda é válida: não importa quão incompleta seja sua educação, você estará sempre em condições de aprender a ler de forma inteligente, a refletir sobre o que leu e a falar com um amigo sobre suas descobertas.

A leitura contínua, profunda, está no centro do projeto de autoeducação. Observação, leitura, conversação e participação em palestras são todas atividades educativas, como Isaac Watts prossegue dizendo-nos. Entretanto, ele conclui que a leitura é o método mais importante de autoaperfeiçoamento. A observação limita nosso aprendizado ao entorno imediato; as conversações e a participação em palestras são valiosas, mas nos expõem apenas às visões de

[5] Hope Summerell Chamberlain, *What's Done and Past*. Durham, William R. Perkins Library, Duke University. (autobiografia não publicada).

algumas pessoas mais próximas. Somente a leitura permite a superação das restrições de tempo e espaço para a participação no que Mortimer Adler chamou de "Grande Conversação" de ideias, que começou na Antiguidade e continua viva até os dias de hoje. A leitura nos faz participar dessa "Grande Conversação", não importa onde e quando nós a buscamos.

Contudo, a leitura contínua e profunda sempre foi um projeto difícil – mesmo antes do advento da televisão. Muito tem sido escrito sobre nosso atual afastamento dos textos, em direção a uma cultura visual, baseada na imagem: as escolas não estão mais ensinando a ler e escrever da forma apropriada. A televisão, o cinema e agora a *web* reduziram a importância da palavra escrita. Estamos nos movendo para uma era pós-letrada. A cultura impressa está condenada. Que tragédia!

Não gosto desse tipo de reflexão apocalíptica. A televisão pode ser perniciosa, mas a leitura não está mais difícil (nem mais fácil) do que sempre foi. "Nossa juventude pós-revolucionária", queixava-se Thomas Jefferson em uma carta de 1814 para John Adams, "nasceu com uma sorte melhor do que a minha e a sua. Ela adquire toda a sua educação no ventre da mãe, trazendo-a à luz pronta e acabada. A informação dos livros não é mais necessária; e todo o conhecimento que não seja inato está sendo desprezado ou, ao menos, negligenciado". A queixa de Jefferson quanto ao estágio da cultura intelectual moderna lamenta a chegada de uma filosofia que exalta a autoexpressão acima da leitura. Mesmo antes do advento da televisão, a leitura que requer concentração tornava-se uma atividade difícil e negligenciada.

Na verdade, a leitura é uma disciplina: como correr regularmente, ou meditar, ou ter aulas de canto. Qualquer adulto capaz pode cruzar o jardim correndo, mas a capacidade de pôr um pé diante do outro não deve fazê-lo pensar que assim pode enfrentar uma maratona sem investir tempo em um treinamento sério. A maioria de nós consegue cantar "Parabéns a você" ou recitar a doxologia, quando ela é invocada, mas isso não nos faz ir ao teatro central para reivindicar o papel principal na ópera *Aida*.

Contudo, o fato de podermos ler o jornal, a revista *Time* ou Stephen King sem dificuldade nos faz tender a pensar que já estamos em condições de consultar Homero ou Henry James diretamente, sem nenhum preparo prévio. E, assim, quando cambaleamos e ficamos confusos ou exaustos nessa leitura, acreditamos que é a prova da nossa inadequação mental: nunca teremos condições de ler os "Grandes Livros".

A verdade é que o estudo da literatura requer *habilidades* diferentes das exigidas pela leitura por prazer. A falta de habilidade para lidar com questões colocadas pelos "Grandes Livros", sem ajuda e sem adesão ao projeto, na verdade, não demonstram inadequação mental, apenas falta de preparo. Como Richard J. Foster argumenta de forma eloquente em *Celebration of Discipline* [Celebração da Disciplina], tendemos a pensar (de forma errônea) que qualquer um que seja capaz de ler deveria estar em condições de analisar ideias. "Convencer as pessoas de que elas precisam aprender a estudar é o maior obstáculo", escreve Foster. "A maior parte das pessoas supõe que, por saber ler palavras, já saiba estudar". Contudo, o oposto é que é verdade:

> Estudar um livro é uma questão extremamente complexa, especialmente para o novato. Da mesma forma que na iniciação ao jogo de tênis e à digitação temos a impressão de que existem milhares de detalhes para dominar e ficamos nos perguntando como guardar tudo aquilo na cabeça ao mesmo tempo. Quando atingimos a proficiência, entretanto, a mecânica se tornará uma segunda natureza e seremos capazes de nos concentrar em nosso jogo de tênis ou no material a ser digitado. O mesmo vale para o estudo de um livro. O estudo é uma arte exigente que envolve um labirinto de detalhes.[6]

O ensino médio não costuma nos preparar para a leitura em profundidade e não nos ensina como *estudar*. Seu objetivo é produzir estudantes capazes de ler no nível chamado de décimo grau, uma fluência que permite aos leitores assimilar jornais diários e livros de Stephen King com facilidade. Uma educação universitária deve dar continuidade a essa alfabetização básica, ensinando aos seus calouros como ler em profundidade, mas muitos estudantes de faculdade não estão muito mais bem preparados do que seus colegas do ensino médio. Frequentemente, eles se graduam incomodados com as próprias deficiências;

[6] Richard J. Foster, *Celebration of Discipline*. San Francisco, Harper, 1978, p. 67.

quando chegam à maturidade, eles se voltam para a leitura profunda e descobrem que ela não se tornou mais simples por um passe de mágica. Homero continua a nos tirar o fôlego, Platão continua impenetrável, Stoppard continua desconcertantemente aleatório. Não raro, esses leitores desistem, convencidos de que os livros profundos estão além da sua capacidade de ler.

Tudo o que lhes falta, no entanto, é treino na arte de ler. Se você não aprendeu a ler da forma apropriada na escola, pode fazê-lo agora. Os métodos da educação clássica estão à sua disposição. O mundo está cheio de métodos de autoaperfeiçoamento. O que distingue a educação clássica?

"Alguns livros são para degustação", escreveu um filósofo do século XVI, Francis Bacon, "outros para ser engolidos, e alguns poucos para ser mastigados e digeridos". Bacon, que tinha um talento especial para provérbios (ele também é o responsável por ditos como: "O remédio é pior do que a doença" e "Saber é poder"), sugeria que nem todo livro vale uma atenção profunda. Contudo, os três níveis de compreensão que ele descreve — degustar, engolir e digerir – refletem sua familiaridade com a educação clássica. Na escola clássica, a aprendizagem é um processo em três estágios. Primeiro, degustar: adquira conhecimentos básicos sobre um assunto. Segundo, engolir: insira o conhecimento em sua compreensão, avaliando-o. Ele é válido? É verdadeiro? Por quê? Terceiro, digerir: acomode o assunto de acordo com a sua compreensão. Deixe-o mudar sua forma de pensar – ou rejeite-o como inválido. Deguste, engula, faça a digestão. Descubra os fatos, avalie-os, forme a sua opinião sobre eles.

Assim como Bacon, o professor da escola clássica divide o aprendizado em três estágios, genericamente conhecidos como *trivium*. O primeiro estágio da educação é o chamado estágio da *gramática* (nesse caso, "gramática" representa os blocos lógicos, o conhecimento fundamental de cada temática acadêmica). A escola básica exige que as crianças absorvam informação – sem lhes ensinar a avaliá-la, simplesmente a aprendê-la. A memorização e a repetição são os métodos básicos para o ensino; espera-se que as crianças se familiarizem com certo corpo de conhecimentos, porém, elas ainda não são solicitadas a julgá-lo. O pensamento crítico entra em cena durante o segundo estágio de educação, o estágio *lógico*. Uma vez lançado o fundamento da informação, os estudantes começam a exercitar suas habilidades analíticas; eles decidem se a informação está correta ou não e fazem conexões entre causa e efeito, eventos históricos, fenômenos científicos e seus significados. No estágio final da educação secundária, o estágio *retórico*, os estudantes aprendem a expressar as próprias opiniões sobre os fatos que acumularam e avaliaram. Assim, os anos finais da educação focam a expressão refinada, articulada da opinião no discurso e na escrita – o estudo da retórica.[7]

Os estudantes que passaram pela formação clássica sabem que esse padrão (aprender fatos, analisá-los e expressar suas opiniões sobre eles) se aplica a toda a educação posterior. Entretanto, se você não usufruiu de uma educação clássica, poderá não reconhecer que esses três passos separados também se aplicam à leitura. É impossível fazer uma análise em uma primeira leitura; é necessário entender as ideias centrais de um livro *antes* de poder avaliá-las. E depois de tê-las avaliado, perguntando "essas ideias estão sendo apresentadas de forma precisa? As conclusões são válidas?", então, ao final da leitura, você poderá se fazer esta série de perguntas: "O que pensar sobre essas ideias? Concordo ou discordo delas? Por quê?".

As atividades de sala de aula muitas vezes pulam os dois primeiros passos e vão diretamente para o terceiro, que é a razão por que tantos textos elementares insistem em perguntar para crianças de seis anos como se sentem em relação ao que aprenderam, bem antes de elas terem tido a oportunidade apropriada de aprendizado. Esse atalho mental se tornou um hábito para muitos adultos, que estão prontos para dar sua opinião muito antes de terem tido a chance de entender o tópico sob análise. (É só prestar atenção a qualquer programa interativo de rádio.) E o hábito de saltar diretamente para o estágio retórico pode impedir até mesmo as mentes mais maduras de aprender a ler da maneira apropriada. A densidade de ideias em Platão, em Shakespeare ou em Thomas Hardy frustra aqueles que os abordam com a mente já pronta para tirar conclusões. Para obter sucesso em um curso de leitura, deve-se reorientar a mente para absorver novas

---

[7] Uma proposta para a educação K-12, seguindo esse padrão, está detalhadamente descrita na obra de Jessie Wise e Susan Wise Bauer, *The Well-Trained Mind: a guide to classical education at home*. New York, W.W. Norton, 1999.

ideias, compreendendo-as primeiro, para depois avaliá-las e, finalmente, formar as próprias opiniões sobre elas.

Como crianças de seis anos mal encaminhadas, somos muito rápidos em partir logo para a formação de opiniões, sem os passos intermediários da compreensão e da avaliação. A escritora de romances policiais Dorothy L. Sayers, ao propor uma retomada da educação clássica para o século XX, lamentou a perda das "ferramentas de aprendizado" da educação em uma palestra na Universidade de Oxford:

> Nunca lhe pareceu estranho ou lamentável que na atualidade, em que a quantidade de livros existentes por toda a Europa Ocidental é maior que nunca, a suscetibilidade das pessoas à influência de anúncios e propaganda em massa tenha crescido em proporções até então desconhecidas ou sequer imaginadas? [...] Quem é que nunca se irritou, ao acompanhar um debate entre adultos e pessoas supostamente responsáveis, com a extraordinária incapacidade do debatedor em geral de se ater às perguntas, ou de opor-se a elas, refutando os argumentos dos palestrantes de opiniões diferentes das dele? [...] E quando você pensa nisso, e pensa também que a maioria de nossas questões públicas é resolvida em debates e reuniões entre essas pessoas, você não sente certa agonia? [...] Não é o grande defeito da nossa educação atual — detectável através de todos os inquietantes sintomas do problema que mencionei — que nós, embora muitas vezes tenhamos sucesso em ensinar "conteúdos" aos nossos alunos, falhamos lamentável e inteiramente em ensinar-lhes *como* pensar; eles aprendem tudo, menos a *arte de aprender*?[8]

O modelo de gramática, lógica e retórica treina a mente na arte do aprendizado. Contudo, se você nunca aprendeu a captar o conhecimento de forma rápida e bem-feita; avaliar a validade dos argumentos; e apresentar a própria opinião com graça e clareza, ainda há tempo. Você ainda pode aprender como compreender, avaliar e debater ideias. Como faria um tutor medieval com seu promissor aluno particular, este livro vai guiá-lo através de cada um dos estágios da educação

---

[8] Dorothy L. Sayers, "The Lost Tools of Learning". *National Review*, New York, 1947. Ver tradução na revista *Caminhando*. São Bernardo do Campo, vol.15, n. 2, jul./dez. 2010, p. 189-203.

clássica, de modo que você venha a obter todas as ferramentas para encarar a contemplação profunda de livros como um prazer, em vez de algo frustrante.

Como começar?

Homens e mulheres autodidatas do passado nos oferecem alguns princípios genéricos, na medida em que damos início ao projeto de treinamento da nossa própria mente. "Não se empenhe na busca intelectual intensa de muitas coisas ao mesmo tempo", adverte Isaac Watts, "principalmente se elas não têm relação umas com as outras. Isso será um obstáculo à sua compreensão e impedirá que você atinja a perfeição em qualquer um dos assuntos em estudo". Pode parecer mais demorado, mas estude um assunto de cada vez. Comece com o presente livro, que o guiará na conquista das habilidades necessárias para a leitura e a análise; concentre-se nesse estudo até que o tenha completado. Depois de ter aprendido como progredir nos passos da compreensão (gramática), avaliação (lógica) e expressão de uma opinião (retórica), *só então* encare as "Relações de Leituras", da Parte II deste livro. Essas listas estão organizadas por gênero; se você ler os livros na ordem indicada, limitada a um gênero (ficção, autobiografia, história) de cada vez, descobrirá que suas leituras anteriores formarão uma base para os livros que vêm em seguida, enquanto sua leitura posterior reforçará e esclarecerá a que veio antes.

Concentre-se em uma "Relação de Leituras" de cada vez. Ao longo desse período de autoaprendizado, evite o tipo de leitura em que o teólogo alemão Friedrich Schleiermacher mergulhou na sua primeira fase: um devorar abrangente de livros, e de tirar o fôlego, mas assistemático, pois deixava sua mente, como ele declarou anos mais tarde, "tão confusa quanto o caos de antes da criação do mundo".

Jefferson (sempre cheio de recomendações quanto a qualquer assunto) orientou seu sobrinho mais novo a organizar sua leitura sistemática, de acordo com uma cronologia: "Depois de ter estabelecido seu plano [de leitura]", diz ele ao jovem Randolph, "a ordem cronológica será suficiente para guiá-lo".[9] Em outras palavras, leia os livros na ordem em que foram escritos. A educadora

[9] Thomas Jefferson, op. cit.

do século XIX Lydia Sigourney concordava com isso; em seu *Letters to Young Ladies* [Cartas a Jovens Senhoras], ela recomendava que as leituras sempre fossem feitas apoiadas em uma "tabela cronológica [...] trata-se de uma boa prática para fixar algumas eras importantes na memória – a queda de um império, por exemplo – para depois averiguar que eventos estavam acontecendo em todas as outras nações no mesmo período de tempo. Alguns desses paralelos, que atravessaram a História do Mundo, reunirão ricos aglomerados de conhecimento e vão arranjá-los no conservatório da mente".[10] Por essa razão é que as relações de livros que apresento aqui estão arranjadas em ordem cronológica; é mais fácil entender determinado assunto se você parte das obras fundamentais, e só então ler sistematicamente aqueles livros que foram sendo construídos, nível por nível, com base nesse fundamento.

Quando ler?

Lydia Sigourney chamava a atenção de suas "jovens senhoras" para o fato de que a leitura sistemática é "particularmente necessária" para as mulheres, "porque demorando-nos muito na contemplação de pequenas coisas, corremos o risco de perder o apetite intelectual".[11] Sejamos igualitários: isso também se aplica aos homens. Todos nós conciliamos vários empregos, tarefas domésticas, contas a pagar, burocracia, filhos e família, e dezenas de distrações menores: refeições, supermercado, e-mails e a sempre presente sedução da televisão às altas horas da noite. A luta por cumprir uma agenda autoimposta de leituras é muitas vezes perdida naqueles momentos depois do jantar, quando as crianças foram para a cama, a louça foi lavada e pensamos: "Trabalhei o dia todo. Tudo o que preciso agora é vegetar por alguns minutos antes de tentar usar o meu cérebro". E três horas depois, teremos assistido uma hora de televisão, checado os e-mails que podem ter chegado depois do jantar, dado uma olhada nas páginas preferidas da web, posto roupa na máquina e dado uma esfregadela na pia da cozinha.

Ao mesmo tempo que evito pronunciamentos apocalípticos sobre a decadência da sociedade moderna, penso que a maior diferença entre a mídia

---

[10] Lydia Sigourney, *Letters to Young Ladies*. 5. ed. New York, Harper & Brothers, 1839, p. 138.

[11] Ibidem, p. 133.

moderna e o livro duradouro esteja na forma como a televisão e a internet conseguem se infiltrar nos momentos remanescentes do nosso tempo, engolindo prontamente nossos "intervalos". Não posso dizer que eu já tenha me aprofundado tanto em Platão a ponto de ficar uma hora e meia dedicada a ele, até perceber admirada que o tempo que eu pretendia dedicar a responder a meus e-mails voou de uma hora para a outra, mas, ao contrário, já me aconteceu repetidas vezes de gastar o tempo que eu pretendia dedicar à leitura removendo spams da caixa de e-mails, checando links e (o que é pior) jogando Paciência Spider no computador ("Só mais um jogo", penso eu, "só para ativar o meu cérebro").

Entretanto, nosso debate de alto nível a respeito da vida mental deverá render-se, a certa altura, a planos práticos de autoeducação. O domínio da gramática, escrita, lógica, análise e argumentação – que abordarei em cada um dos capítulos a seguir – depende de um único ato descomplicado: o de separar um espaço para cada um deles. A primeira tarefa da educação autônoma não é a de ler qualquer coisa sobre Platão, mas de separar vinte minutos em que você possa se devotar ao pensamento, em vez de realizar alguma outra atividade.

PRIMEIRO PASSO: AGENDE SUAS LEITURAS REGULARES E ORGANIZE SEU TEMPO DE ESTUDO AUTÔNOMO

Sua primeira tarefa na educação autônoma é simples: *separe um tempo para a educação autônoma.*

Lembre-se dos seguintes princípios:

De manhã é melhor do que à noite. "Existem períodos do seu dia em que sua mente precisa de uma higiene", escreveu Thomas Jefferson ao sobrinho Thomas Mann Randolph Jr. "Particularmente depois do jantar, ela deve aplicar-se a ocupações mais leves." As altas horas da noite estão longe de ser ideais para um projeto de leitura profunda. Usualmente é bem melhor gastar 45 minutos lendo antes do café da manhã (e antes de as crianças saírem dos seus quartos) do que devotar duas horas para isso à noite. Como o autodidata Benjamin Franklin notoriamente sugeriu, dormir cedo e acordar cedo é o caminho mais efetivo para a sabedoria. (Suspende-se o veredicto quando o assunto é saúde ou dinheiro.)

Comece devagar. O cérebro é um órgão, e o exercício mental, como o exercício físico, deve ser introduzido gradualmente. Não adote uma agenda ambiciosa, em que você acorde às 5h para passar duas horas lendo; é mais provável que você desista logo de tudo. Reserve meia hora de leitura, logo no início manhã, para começar, e desenvolva o hábito de cumprir esse tempo de breve concentração antes de estendê-lo. E mesmo que você nunca vá ampliá-lo, ainda estará lendo mais do que antes de ter começado o programa de autoeducação.

Não se programe em estudar todos os dias da semana. O corpo começa a travar quando exercitado todos os dias sem descanso. Tenha por objetivo quatro dias por semana; isso tornará possível estabelecer um hábito de leitura, ao mesmo tempo que você se concede um fim de semana "de folga" e uma "manhã flexível" naqueles dias em que ainda estará tentando dar conta de seus trabalhos acadêmicos da semana anterior, ou que estará esperando o encanador vir na primeira hora ou, ainda, que precisará atender a sua filha de três anos acometida por uma gastroenterite.

Nunca cheque seus e-mails antes de iniciar sua leitura. Achei que essa era uma decisão pessoal até receber uma série de ensaios do *Chronicle of Higher Education*, nosso jornal local, e uma série de outras publicações igualmente variadas sobre a capacidade de distração do e-mail. Há algo no formato do e-mail (sua concisão? O puro e simples volume de mensagens? Sua tendência de recompensar a superficialidade em vez da profundidade de leitura?) que afasta a mente de uma atitude contemplativa, relaxada, que é tão importante para a boa leitura. Se você receber boas notícias, ficará distraído com elas; se alguém lhe enviar uma notícia desagradável, passará os próximos 45 minutos formulando mentalmente respostas virulentas, em vez de se concentrar na sua leitura. Se ninguém lhe escrever, ficará deprimido, achando que de repente se tornou invisível no ciberespaço.

Respeite o período reservado para a leitura. Fazemos as coisas que nos dão retorno e as gratificações imediatas sempre parecem mais recompensadoras do que o progresso lento em direção a um objetivo de longo prazo. Resista a outras formas de satisfação ou deveres que possam usurpar seu tempo de leitura.

Dê o primeiro passo agora. Para já, reserve quatro períodos de leitura semanais, de meia hora cada um, anotando-os em sua agenda. Na semana que vem, use esse tempo para ler o Capítulo 2 e completar a tarefa do *Segundo Passo*.

CAPÍTULO 2

Enfrente os livros: o ato de ler

E Jacó ficou só. E alguém lutou com ele até surgir a aurora.
Gênesis 32, 24

Os futuristas declararam há muito tempo: nossa cultura é pós-literária. Os livros são meios de comunicação ultrapassados. Em breve, a maré de informações que está contida em livros, revistas e jornais será selecionada por inteligências artificiais e apresentada em forma de multimídia. Nada mais de impressos entediantes.

Previsões como essa só tangem de leve a *leitura* de livros em profundidade. A coleta de dados que você faz quando passa os olhos no jornal, lê a revista *People* no consultório médico ou usa um livro sobre técnicas para consertar a pia do seu banheiro pode realmente migrar da versão impressa para outras mídias: vídeos, CDs, sites com animações, efeitos sonoros e funções interativas (embora a maioria dos websites também faça uso intenso da escrita, assim como eu escrevo aqui).

A coleta de dados, entretanto, é bem diferente da *leitura* – que envolve a compreensão das ideias e de como as pessoas reagem quando tentam viver de acordo com essas ideias. Ao coletar dados do jornal ou de um livro, você usa a mesma habilidade mecânica que lhe possibilita engajar-se na leitura profunda. Seus olhos se movem; as palavras transmitem sentidos à sua mente. Contudo, sua mente não funciona bem assim. Quando você coleta dados, fica meramente informado. Quando você *lê*, desenvolve sabedoria – ou nas palavras de Mortimer Adler, "fica iluminado". "Estar informado," escreve Adler em *Como Ler Livros*[1], "é meramente saber o que está acontecendo. Ser esclarecido é saber, para além disso, do que é que se trata". Estar informado é coletar fatos; ser esclarecido é

[1] Mortimer Adler, *Como Ler Livros – O Guia Clássico para a Leitura Inteligente*. São Paulo, É Realizações, 2010, p. 432.

entender uma ideia (a justiça, a caridade, ou a liberdade humana) e usá-la para dar sentido aos fatos coletados.

Quando você lê o jornal pela manhã, pode ficar sabendo que um homem-bomba devastou um restaurante na Cisjordânia. Isso é informação – uma coleção de fatos. Não importa se você obteve esses fatos dos jornais, ou da revista *Time*, ou do programa matutino de manchetes da CNN, ou, ainda, de um website; a informação será basicamente a mesma, por mais que o meio de transmissão usado possa alterar levemente a percepção que você tem dela. A engenhosa montagem de imagens feita para a TV ou uma transmissão via *streaming* na web, com imagens de sobreviventes ensanguentados, pode intensificar suas emoções ou fazê-lo associar esse ataque particular a outros, que tenham ocorrido recentemente.

Contudo, para você se tornar *esclarecido* sobre a ocorrência do homem-bomba na Cisjordânia, terá de fazer uma *leitura em profundidade*: da história, da teologia, da política, do marketing e da propaganda, dos tabloides ou da mídia interativa. As causas de atos tão desesperados não podem ficar claras por meio de uma imagem ou manchete de um programa jornalístico, enquanto você mastiga seu café da manhã. Coisas assim precisam ser expressas com palavras precisas e evocativas, formuladas em sentenças complexas e difíceis. Para se tornar esclarecido – para se tornar sábio –, você terá de encarar essas sentenças. A tecnologia pode contribuir muito para facilitar a coleta de informações, mas contribui pouco para simplificar a obtenção de sabedoria. As informações nos inundam como as ondas na praia, que recuam sem deixar vestígios na areia. A luta com a verdade, como a história de Jacó nos ensina, é um processo que demanda tempo e deixa marcas permanentes em nós.[2]

Se você tem alguma dificuldade de leitura, quem sabe terá de tomar algumas medidas corretivas antes de enfrentar uma *Ilíada*. Contudo, não precisa

[2] Gênesis 32: Jacó, caminhando nas areias do rio Jaboque no escuro e temendo a perspectiva do encontro com o seu irmão Esaú, do qual ele havia se afastado, no dia seguinte (sem falar nos bem armados seguidores dele), topa com um homem e luta com ele ali até o amanhecer. Ao raiar do dia, o homem toca no quadril dele e o desloca, tornando-o manco. Embora o estrangeiro misterioso nunca tivesse sido identificado com muita certeza, ele dá um novo nome a Jacó – Israel – da mesma forma que Deus havia renomeado Abrão anteriormente, e Jacó mesmo diz: "[...] eu vi Deus face a face e a minha vida foi salva" (Da mesma forma que em qualquer grande literatura, o melhor é ler o original do que depender do meu resumo).

partir logo para um curso de leitura dinâmica, pergunte-se antes se sua frustração com a leitura tem raízes em uma dificuldade mecânica real, ou se você acha (de forma equivocada) que o esclarecimento pode ser alcançado tão facilmente quanto o acúmulo de informações.

Antes de ler o trecho a seguir, dê uma olhada no seu relógio e anote a hora que ele indicar:

> Os livros que lemos pela primeira vez em lugares estranhos sempre guardam seu charme, não importa se os lemos até o fim ou os deixamos de lado. Foi assim que Hazlitt sempre se lembrou de que foi em 10 de abril de 1798 que ele "se sentou para ler *Nova Heloísa* na pousada de Llangollen com uma garrafa de xerez e um prato de frango". Da mesma forma, eu me lembro do professor Longfellow, da faculdade, recomendando-nos que lêssemos o *Peau de Chagrin* [*A Pele de Onagro*], de Balzac, para desenvolvermos bem o nosso francês; mas foi apenas mais de uma década depois que eu encontrei o livro em um hotel-fazenda, numa viagem literária, e fiquei acordado metade da noite para lê-lo. Mas é possível, por outro lado, que encontros acidentais como esse com livros se deem em circunstâncias irremediavelmente desfavoráveis, como quando eu me deparei com o *Leaves of Grass* [*Folhas de Relva*] pela primeira vez em minha primeira viagem em uma barca açoriana. E, naquela tarde, ele me causou um leve sentimento de náusea, que talvez também possa causar em terra firme [...].[3]

Olhe novamente para seu relógio. Quanto tempo você levou para ler esse trecho? Conte as palavras desconhecidas. Quantas você achou? Se você não sabe o que é um xerez, será que pode descobrir o que é pelo contexto? Qual é o ponto de vista de Higginson, o autor dessa passagem?

Se você levou um minuto ou menos, já estará lendo em velocidade apropriada para uma leitura profunda de prosa. Se você achou até dez palavras desconhecidas nesse trecho, seu vocabulário já estará acima do chamado "analfabetismo funcional," o que quer dizer que você é tecnicamente capaz de ler qualquer coisa que tenha sido escrita para um leigo inteligente. Se você adivinhou que xerez é uma espécie de bebida, sabe como coletar pistas para o sentido de palavras

---

[3] Thomas Wentworth Higginson, "Books Unread". *Atlantic Monthly*, Boston, mar. 1904.

desconhecidas a partir do seu contexto. E se você conseguiu descobrir (apesar dos nomes próprios desconhecidos) que Higginson pensa que as condições sob as quais você lê um livro pela primeira vez provavelmente afetarão a forma como você se lembrará dele daí em diante, saberá então como captar a ideia central de um parágrafo.

Se você levou mais de um minuto para ler essa breve passagem e encontrou mais de dez palavras desconhecidas, é recomendável que você examine suas habilidades mecânicas de leitura (ver o segundo passo no final deste capítulo). Do contrário, não precisará trabalhar para corrigir nada.

Mas eu leio tão devagar; vai me custar uma eternidade dar conta dessas relações de Grandes Livros! A leitura é um processo que se estende pela vida toda. Não há pressa, nenhuma agenda semestral a cumprir, nada de pânico de final de semestre ou exames finais. A ideia de que a leitura rápida é a melhor leitura é uma neurose do século XX, que se origina nas selvas de pedra cultivadas pelos fabricantes de computadores. Como Kirkpatrick Sale destacou de forma eloquente, toda tecnologia tem o seu próprio sistema ético interno. Na era das máquinas a vapor, o tamanho se tornou uma virtude. No mundo computadorizado, mais rápido significa melhor, e a velocidade é a maior virtude de todas.[4] Quando há uma corrente de conhecimento a ser assimilada, é melhor que os conduítes funcionem o mais rapidamente possível.

No entanto, a busca pelo conhecimento está centrada em outra ética. O leitor sério não estará preocupado em assimilar uma grande quantidade de informação o mais depressa possível, mas em compreender algumas poucas ideias multifacetadas e esquivas. A ética da velocidade não deve ser transplantada para um empreendimento regido por ideais bem diversos.

As técnicas de leitura dinâmica centram-se em duas habilidades primárias: a movimentação apropriada do olho (mantenha os olhos avançando, e aprenda a fazê-los correr sobre a página em diagonal, em vez de ler cada linha individualmente) e identificação de palavras importantes (procure por substantivos concretos e verbos, e permita que seu olho passe mais rapidamente sobre palavras

[4] Kirkpatrick Sale, *Rebels against the Future: The Luddites and Their War on the Industrial Revolution: Lessons for the Computer Age*. New York, Perseus, 1996.

"de enchimento" em uma sentença). Peter Kump, ex-diretor pedagógico do mais antigo de todos os cursos de leitura dinâmica, o *Evelyn Wood Reading Dynamics*, apresenta os seguintes princípios aos candidatos a leitores dinâmicos:

> Regra número um: Quanto mais palavras abstratas um trecho contém, mais difícil será ler com rapidez.
>
> Regra Dois: Quanto menos ideias um trecho contém, mais fácil será ler.
>
> Regra Três: Quanto mais conhecimento prévio sobre o assunto de um texto escrito o leitor tiver, mais fácil será para ele ler com rapidez.[5]

Como se deve ler Aristóteles (em *Ética a Nicômaco*, na parte em que analisa o nível de gravidade da má conduta humana), de acordo com essa escala?

> Há, por conseguinte, três espécies de dano [nas transações entre um homem e outro]. Os que são infligidos por ignorância são *enganos* quando a pessoa atingida pelo ato, o próprio ato, o instrumento ou o fim a ser alcançado são diferentes do que o agente supõe: ou o agente pensou que não atingiria ninguém, ou que não atingiria com determinado objeto, ou a determinada pessoa, ou com o resultado que lhe parecia provável (por exemplo, se atirou algo não com o propósito de ferir, mas de incitar), ou se a pessoa atingida ou o objeto atirado não eram os que ele supunha. Ora, [1] quando o dano ocorre contrariando o que era razoável de esperar, é um *infortúnio*. [2] Quando não é contrário a uma expectativa razoável, mas tampouco implica vício, é um *engano* (pois o agente comete um engano quando a falta procede dele, mas é vítima de um acidente quando a causa lhe é exterior). [3] Quando age com o conhecimento do que faz, mas sem deliberação prévia, é um *ato de injustiça*: por exemplo, os que se originam da cólera ou de outras paixões necessárias ou naturais ao homem. Com efeito, quando os homens praticam atos nocivos e errôneos dessa espécie, agem injustamente, e suas atitudes são atos de injustiça, mas, por si só, isso não quer dizer que os agentes sejam injustos ou perversos, pois que o dano não se deve ao vício. No entanto, [4] quando um homem age por escolha, é ele um *homem injusto* e perverso.[6]

[5] Peter Kump. *Break-Through Rapid Reading*. Paramus, Prentice Hall Press, 1998, p. 212-13.

[6] Aristóteles, *Ética a Nicômaco*, Livro IV, 8. Trad. Leonel Vallandro e Gerd Bornheim. 4. ed. São Paulo, Nova Cultural, 1991. (Os Pensadores, vol. 2).

Esse não é um trecho difícil de *entender* (embora, com certeza, falte-lhe um apelo mordaz. Esse clássico particular *não está* na nossa "Relação de Leituras"). Aristóteles está definindo os limites do que nós poderíamos chamar hoje de "contravenção" ou "delito leve" (ele adverte o leitor de que não está discutindo aqui a maldade deliberada ou a má conduta premeditada). Suponhamos que você tenha quebrado o nariz do seu vizinho. Desde que você não tenha planejado o ato cuidadosamente e ficado de tocaia esperando por ele, há três possibilidades de julgamento do fato. Você cometeu um *engano*: pretendia dar um leve soco nele, só para assustá-lo, mas subestimou sua própria força e bateu com mais força do que pretendia (tratou-se de um *engano*, porque o problema do desconhecimento da sua própria força encontrava-se dentro de você). Ou, quem sabe, o nariz tenha sido quebrado por um *infortúnio*: você pretendia bater levemente no seu vizinho, mas ele escorregou enquanto você erguia o braço e caiu bem em cima do seu punho (Ai, ai). Nesse caso, a causa real do nariz quebrado estava fora de você (o tropeço do seu vizinho). Ou então você poderá ter cometido um *ato de injustiça*: seu vizinho o deixou furioso, você lhe deu um murro e quebrou o nariz dele em um momento de raiva, mas quando esfriou a cabeça, ficou envergonhado pelo seu ato, pediu desculpas e jurou nunca mais fazer tal coisa.

Esse é um tipo interessante de dilema: se sairmos do caso específico do soco movido pela testosterona e o aplicarmos a uma situação do meio acadêmico, como a ocorrência de um plágio, como avaliar o estudante que copia algo de forma deliberada? Como um ato não intencional? Como um ato de desespero? Questões assim estão na base de boa parte da legislação no mundo ocidental, que regula a gravidade dos mais diversos delitos. A distinção que fazemos entre homicídio doloso e homicídio culposo, por exemplo, depende de a morte poder ser classificada como *engano*, *infortúnio* ou *ato de injustiça* (caso em que pode ser classificada como homicídio culposo), ou se ela se encontra no campo da má conduta deliberada, proposital.

Contudo, será que você conseguiria fazer uma leitura dinâmica desse trecho? Ele apresenta pelo menos quatro ideias separadas, sem falar na enorme quantidade de palavras abstratas (expectativa razoável, má intenção, premeditação, sentimentos inevitáveis e naturais, atos nocivos e errôneos). E, se você não for um advogado, provavelmente não terá familiaridade prévia com a classificação de ato de injustiça.

Geralmente, a ficção é mais fácil de ler com rapidez do que a não ficção. Ainda assim, a leitura dinâmica de ficção funciona quando o que importa é o enredo (de Jeffrey Archer, por exemplo, ou Tom Clancy), mas pode frustrá-lo quando se trata da compreensão de ficção baseada em personagens. Em *Orgulho e Preconceito*, Jane Austin apresenta dois de seus personagens principais da seguinte forma:

> Mr. Bingley era simpático e cavalheiro. Sua aparência era agradável, os gestos sem afetação. Quanto às irmãs, era visível que se tratava de pessoas distintas. Vestiam-se segundo a última moda. O cunhado, Mr. Hurst, era o que se pode chamar de um *gentleman*, sem outras características. No entanto, seu amigo, Mr. Darcy, atraiu desde logo a atenção da sala, por sua estatura, elegância, belas feições e atitude nobre, e também pela notícia que circulou, cinco minutos depois da sua entrada, de que possuía um rendimento de dez mil libras por ano. Os cavalheiros declararam que ele era uma bela figura de homem, as senhoras foram de opinião que era muito mais elegante do que Mr. Bingley. Todos o olharam com grande admiração durante metade do baile, até que finalmente sua atitude provocou certo desapontamento que alterou sua maré de popularidade, pois descobriram que era orgulhoso, permanecia afastado do seu grupo e parecia impossível de contentar. Nem mesmo toda a sua grande propriedade, no Derbyshire, pôde salvá-lo da opinião que começava a se formar a seu respeito, de que ele tinha modos antipáticos e desagradáveis e de que era indigno de ser comparado ao amigo. E Mr. Bingley em pouco tempo travou relações com as principais pessoas da sala. Era animado e franco, dançava todas as vezes e mostrou-se aborrecido por ter o baile terminado tão cedo. Chegou mesmo a falar em dar outro em Netherfield. Qualidades tão amáveis falam por si mesmas. Que contraste entre ele e o amigo![7]

A prosa de Austen não é tão carregada de abstrações quanto a de Aristóteles, porém ela introduz duas ideias bem diferentes nesse único parágrafo: a de que a prosperidade de um homem torna-o mais atraente para quem o vê de fora, e a de que as boas maneiras (que é por si uma ideia separada, definida em outro trecho) sejam mais importantes até do que o dinheiro.

---

[7] Jane Austen. *Orgulho e Preconceito*. Trad. Lúcio Cardoso. São Paulo, Abril Cultural, 1982. (Grandes Sucessos).

As técnicas de leitura dinâmica são mais úteis quando se oferece pura informação, como quando se lê (por exemplo) na revista *People* as maravilhas da aparência jovem de Jenna Elfman, na idade avançada de 29 anos:

> Na medida em que se aproxima dos trinta, Elfman encontrou sua zona de conforto. Seu seriado *Dharma & Greg* é um sucesso. Ela e o marido, Bodhi, de 32, mantêm um casamento feliz há seis anos. E a Elfman quase trintona gosta do que vê quando olha no espelho. "Se você se sente bem em relação ao seu casamento e à sua carreira, terá uma boa aparência", disse ela. Elfman definitivamente tem. "Ela gosta da vida que leva", disse a sua maquiadora, Ann Masterson. "Ela é muito autoconfiante...". Para manter o corpo em forma, Elfman tem aulas de balé três vezes por semana em sua casa, estuda ioga, toma em torno de três litros de água por dia, dorme bastante e tenta evitar o açúcar. E se ela está envelhecendo por maus tratos, não deixa transparecer. "Não acho que isso a preocupe", diz o diretor Peter Chesholm. "Ela ainda é tão criança por dentro".[8]

Pode até haver (discutivelmente) algum tipo de ideia na última frase, mas, fora isso, o trecho é carregado de substantivos concretos e verbos. Certamente não é necessário ler cada linha do começo ao fim, e se você der uma olhada geral e identificar as ideias principais – trinta anos, zona de conforto, *Dharma & Greg*, sucesso, marido, casamento feliz, espelho, corpo em forma –, pode captar o mais importante do trecho sem se preocupar com as palavras de menor importância.

Em Aristóteles e em Austen, no entanto, as pequenas palavras são *importantes*. "[...] mas isso, por si só, não quer dizer que os agentes sejam injustos ou perversos, pois o dano não se deve ao 'vício'": sem "por si só" e "se deve", a sentença perde seu significado exato.

Há três dicas dos especialistas em leitura dinâmica que podem ser de alguma utilidade para você. Primeiro: um leitor comum não costuma passar os olhos da esquerda para direita por toda a página. Ela costuma retomar o que já leu, para depois voltar ao ponto em que estava. Às vezes essa prática pode ser importante para a compreensão; ao ler o trecho da *Ética*, de Aristóteles,

[8] Susan Horsburgh, Sonya Steptoe e Julie Dam, "Staying Sexy at 30, 40, 50, 60". *People*, New York, vol. 56, n. 6, 6 Aug. 2001, p. 61.

você poderá querer retomar a definição de *engano* quando ler sobre o *infortúnio*, a fim manter clara a diferença na sua mente. Muitas vezes, porém, essas recorrências compulsivas se tornam um mau hábito que representam uma perda de tempo desnecessária. Acompanhar o que lê com o dedo pode ajudá-lo a descobrir se desenvolveu esse hábito; comece com a prosa simples e veja se os seus olhos tendem a se desviar para trás ou para a frente do ponto marcado pelo seu dedo.

Segundo: ao ler um trecho difícil, pode ser proveitoso dar uma passada de olhos sobre o parágrafo, em busca de substantivos concretos, verbos de ação e letras maiúsculas, antes de se dedicar a lê-lo do começo ao fim. Ao analisar um parágrafo dessa maneira, tente fazê-lo em forma de ziguezague horizontal e verticalmente por toda a página. Uma análise do mencionado trecho da *Ética* pode lhe fornecer as palavras *engano*, *infortúnio* e *ato de injustiça* (que na edição da Penguin são escritas em letras maiúsculas); as palavras *ignorância*, *vício*, *deliberação prévia* e *conhecimento* também podem se destacar aos olhos. Antes mesmo de ler, então, você saberá que Aristóteles fará distinção entre três tipos de erros e que a intencionalidade humana tem a ver com essa classificação. A partir daí, sua "leitura lenta" do trecho provavelmente progredirá de forma um pouco mais rápida.

Terceiro: A regra número três de Peter Kump ("Quanto mais conhecimento prévio sobre o assunto de um texto escrito o leitor tiver, mais fácil será para ele ler com rapidez.") deverá motivá-lo: a leitura em profundidade, difícil no início, acabará se tornando cada vez mais fácil. As listas do presente livro estão organizadas cronologicamente e por gênero, de modo que, independentemente de você escolher livros históricos ou de poesia, começará pelas obras mais antigas de cada gênero. Essas provavelmente serão as mais difíceis, por você não estar familiarizado nem com as convenções do gênero, nem com seu vocabulário peculiar, nem com a estrutura dos argumentos e tampouco com as informações das quais elas partem (e ninguém estava quando essas obras fundamentais foram escritas). Entretanto, à medida que você passar a ler os próximos livros do mesmo gênero, acabará topando, volta e meia, com os mesmos argumentos, o mesmo vocabulário, as mesmas preocupações. Toda vez que você passar por elas, mais rápido e seguro se tornará. Você lerá cada vez mais depressa e com maior poder de retenção – não em virtude de algum truque mecânico, mas porque estará educando a sua mente.

SEGUNDO PASSO: PRATIQUE OS MECANISMOS DE LEITURA

Você levou mais de um minuto para ler o trecho de diagnóstico das páginas 25-26? Pessoas extremamente lentas na leitura podem ter sido vítimas de uma educação básica deficiente. Se você aprendeu a ler pelo método da cartilha (no qual as crianças aprendem a ler cada palavra individualmente, "juntando as letras", mais do que pela pronúncia de cada letra ou pela combinação de letras), poderá até reconhecer o formato de cada palavra na medida em que a lê.[9] Embora muitos consigam fazê-lo de modo bastante rápido, outros não conseguem. E como a "leitura visual" depende da exposição repetitiva a uma palavra antes de se ser capaz de reconhecê-la com segurança e lembrar-se dela, os "leitores visuais" podem ter grandes dificuldades com a leitura mais complexa, que contenha grande quantidade de palavras desconhecidas. Se, além da leitura lenta, você sente dificuldade em soletrar palavras, provavelmente estará tentando adivinhar o sentido das palavras pelo seu formato, em vez de verdadeiramente reconhecê-las e entendê-las. Nesse caso, você não é capaz de soletrar porque não tem as letras que se encontram

[9] Não estou querendo retomar a velha discórdia entre o método fônico (cuja ênfase está no som da palavra) e o holístico; Jessie Waise e eu tratamos do assunto em detalhes no livro *The Well-Trained Mind: A Guide to Classical Education at Home*. Resumindo: os melhores planos de ensino para o desenvolvimento da leitura combinam habilidades fonéticas, "decodificadoras" (em que as crianças aprendem o som das letras e sua combinação, como ponto de partida para a leitura), com muita leitura e trabalho oral (técnicas de "linguagem holística"). Entretanto, se você foi alfabetizado entre os anos 1930 e 1970, é provável que tenha aprendido o *puro* "reconhecimento visual", sem nenhuma decodificação oral (embora a fonética tenha voltado a ser praticada nos anos 1960, muitos professores, dos anos 1970 até hoje, eliminaram as habilidades fonéticas por completo de seus planos de ensino de leitura). Se você foi alfabetizado pelo uso de "métodos visuais" e tem dificuldades de leitura, esse método obviamente não foi adequado para você; você se beneficiará em desenvolver as habilidades de decodificação fonética que lhe foram negadas na escola básica.

em cada palavra gravadas na sua memória (para isso, tenta adivinhar o sentido da palavra pela sua forma). Contudo, você poderá aperfeiçoar sua velocidade de leitura adotando um manual de correção fonética, como *Phonics Pathways* [Atalhos Fonéticos], que vai retreiná-lo para ler palavras da esquerda para a direita, decodificando-as de acordo com sua pronúncia. Isso permitirá que você reconheça palavras desconhecidas com mais rapidez (e provavelmente também aperfeiçoará a sua soletração). Até o fim do livro, use os primeiros quinze minutos do seu tempo reservado à leitura diária para trabalhar na correção de sua fonética.

Você achou o vocabulário do trecho difícil demais? Um curso de construção de vocabulário aumentará seu repertório mental de palavras e vai acelerar sua velocidade de leitura, uma vez que você não terá mais de parar tanto para pesquisar o sentido de palavras desconhecidas. O *Wordly Wise 3000* [Manual de Desenvolvimento de Vocabulário 3000] (publicado pela renomada instituição educacional *Educators Publishing Service* – SIE) apresenta três mil palavras com alto índice de ocorrência, escolhidas para elevar ao máximo seu nível de vocabulário. Cada lição contém quinze palavras, junto com exercícios cujo objetivo é ajudar você a usá-las corretamente em cada contexto. A série começa pelo nível fundamental e vai até o nível superior. A maior parte dos leitores adultos provavelmente começa pelo livro seis (livro para a nona série), embora você também possa começar pelo livro quatro (sétima série) caso se sinta realmente pouco preparado. Há um salto de dificuldade entre os livros cinco e seis; as analogias se tornam mais difíceis, e os exercícios de leitura, muito mais complexos.

A série *Vocabulary from Classical Roots* [Vocabulário Desde suas Raízes Clássicas], também do SIE, é uma ótima complementação ao *Wordly Wise*. Na verdade, a maior parte dos leitores (não apenas aqueles empenhados no trabalho de correção) verá nessa série uma ajuda preciosa para o preparo da leitura de literatura clássica. Cada lição apresenta várias raízes gregas ou latinas, uma relação de palavras conhecidas que usam essas raízes e uma relação de palavras desconhecidas, junto com exercícios para seu uso apropriado. Os cinco livros da série (A, B, C, D, E) têm todos o mesmo nível de dificuldade, mas progridem das raízes mais familiares para aquelas usadas com menos frequência. No livro A, por exemplo, temos *duo*, a raiz latina de "dois", e também de *duplicidade* e *duplicar*.

Já no livro E, temos *umbra*, a expressão latina para "penumbra", "sombra", associada às palavras *umbrage* [ofensa] e *adumbrate* [eclipsar, obscurecer].

Quanto ao trabalho de correção fonética, gaste uns quinze minutos da hora reservada à leitura diária para trabalhar essas habilidades de vocabulário.

Você quer melhorar sua rapidez de leitura? Então leia a primeira parte do Capítulo 3 e se exercite na leitura com acompanhamento do seu dedo, movendo-o da esquerda para a direita. Seus olhos tendem a voltar atrás, mesmo que você já tenha entendido o que leu? Nesse caso, você deve passar várias semanas usando o seu dedo para ler, a fim de evitar que seus olhos se desviem. Lembre-se de que é sempre bom voltar atrás para verificar *conteúdos* – mas você não vai querer que os seus olhos voltem atrás por pura e simples força do hábito.

Fontes recomendadas:

O *Wordly Wise 3000* (SIE, 2001) pode ser comprado diretamente no Serviço de Imprensa para Educadores (31 Smith Place, Cambridge, MA 02138-1089; I (800) 435-7728; www.epsbooks.com). Eles custam aproximadamente 9,00 dólares cada um, e os gabaritos de exercícios, aproximadamente 2,00 dólares.

Os livros 3, 4 e 5 equivalem, respectivamente, às 6ª, 7ª e 8ª séries, do ensino fundamental.

Os livros 6, 7, 8 e 9 equivalem, respectivamente, às séries do ensino médio.

Há gabaritos individuais para os livros de 3 a 9.

O *Vocabulary from Classical Roots*, de Norma Fifer e Nancy Flowers (SIE, 1990), pode ser adquirido diretamente no SIE. Os livros se encontram na mesma faixa de preço que as séries *Wordly Wise*, com gabaritos um pouco mais caros.

Livros A, B, C, D e E.

Há gabaritos individuais para os Livros A-E.

CAPÍTULO 3

Mantenha um diário: o registro escrito de novas ideias.

Uma vez ao dia... organize-se para fazer um relatório das novas ideias, proposições ou verdades que você tenha conquistado, novas confirmações de verdades conhecidas e avanços que você teve, em quaisquer campos do saber.

Isaac Watts, *Improvement of the Mind [Aperfeiçoamento da Mente]*

Por muitos anos, tive o costume de ler Agatha Christie antes de dormir. A prosa de Christie não é exatamente uma canção de ninar e, a essa altura, já sei como terminam todos os seus romances policiais. Contudo, posso ler e reler esses livros sem parar, porque preciso usar apenas metade do meu cérebro, enquanto a outra metade recicla os eventos do dia e os guarda novamente, um a um. Não ganho muito com o livro em si, mas tenho uma noite tranquila.

O mesmo método de atenção parcial me persegue quando me volto para a literatura mais profunda. Começo a ler; alguém toca a campainha; minha atenção caminha para a porta, para a janela, para tarefas não cumpridas, para contas não pagas. Não sou nenhuma exceção; nossa vida está repleta de coisas, da mesma forma que nossa mente. A queixa lírica de David Denby, em *Great Books* [*Grandes Livros*], aplica-se a todos nós:

> Já não consigo mais *submeter-me* à ficção... Eu leio e paro, leio e paro, uma corrida com obstáculos pelo caminho, mau tempo, quedas de força. Todos se queixam de que os jovens, que se formam vendo televisão, filmes, jogando videogames e ouvindo *rap*, não têm paciência para narrativas escritas, complexas; mesmo na minha infância, eu não assistia a tanta televisão, e também perdi minha paciência na meia-idade [...] (Minha) vida se tornara cada vez mais complexa. Eu havia casado com uma mulher inteligente e formidável, e havia duas crianças correndo à minha volta; eu

tinha múltiplos empregos e muito mais sobre o que pensar do que tinha aos dezoito. O acúmulo de experiência lançava os seus ecos agora.[1]

Quando nos sentamos para ler Platão, Shakespeare ou Conrad, não basta "simplesmente ler". Temos de aprender a fixar nossa mente, organizar nossa leitura de modo que estejamos em condições de reter o esqueleto das ideias que desfilam diante dos nossos olhos. Isaac Watts nos diz que não devemos apenas ler, mas "meditar e estudar", um ato que "transfere e veicula as noções e os sentimentos dos outros para nós, de modo que nos apropriemos deles".

Como isso se dá? Mantendo um diário para organizar seus pensamentos sobre sua leitura. Nós nos lembramos do que colocamos no papel. Aquilo que resumimos com nossas próprias palavras se torna nossa propriedade.

Para gerações mais antigas, o diário não era – como é nos tempos modernos – uma ferramenta primária para refletir sobre os sentimentos. O uso atual da palavra *diário* tende a implicar que você está criando uma coleção de pensamentos e meditações, subjetivos, intensamente voltados para dentro. Testemunha disso, por exemplo, é a edição mais recente da revista *Personal Journaling* [A Criação de um Diário Pessoal], que oferece ideias e exercícios para o registro de viagens ("Com que tipo de tradições ou costumes você se sente confortável e quais o deixam preocupado? Por quê?"), registro de sonhos ("O que esse sonho me diz sobre a forma como trato a mim mesmo?"), registros criativos ("Foque um assunto específico e escreva tudo o que lhe passar pela cabeça sobre ele, sem tirar o lápis do papel") e registro da relação mente-corpo ("O mestre sábio está dentro de você, e, através da escrita, você pode 'ouvi-lo' com mais clareza"). (*Personal Journaling* também lhe diz como confeccionar papel artesanal a partir de restos de jornais, retalhos de tecido e um liquidificador, caso queira transformar seu diário em uma obra de arte).

No entanto, o diário de aprendizado autônomo tem um foco mais voltado para fora. Ele segue o modelo do "Diário de Anotações" do século passado, um diário ou fichário em branco no qual os leitores copiavam citações e excertos dos quais queriam se lembrar.

---

[1] David Denby, *Great Books: My Adventures with Homer, Rousseau, Woolf and Other Indestructible Writers of the Western World*. New York, Simon & Schuster, 1996, p. 47.

Em sua forma mais simples, o diário de anotações era um *Bartlett's Familiar Quotations*[2] [Citações Familiares de Bartlett], feito artesanalmente e que servia de apoio à memória do escritor. Muitos cadernos de anotações se limitavam a uma coleção de citações. E eles podem ser instrutivos para o que o escritor deseja registrar. O *diário de anotações* dos tempos de faculdade de Jefferson continha, entre outras citações, a seguinte observação de Eurípides: "Ah, nenhum ser entre os mortais é livre; pois ou ele é escravo da riqueza e da sorte ou, então, o tecnicismo do povo ou da lei o compelem a dedicar-se a práticas que são contrárias àquilo em que crê". Os cadernos de anotações revelam, como observa Gilbert Chinard a respeito das coleções próprias de Jefferson, em que medida "o estudo dos clássicos teve [...] uma participação essencial no lançamento das bases morais de muitos dos homens que estruturaram as instituições americanas".[3] Contudo, esses cadernos de anotações tradicionais não contêm reflexões sobre as citações coletadas, nenhuma pista sobre o pensamento do escritor ao copiar Eurípides ou Platão naquela página. O aspecto pessoal está ausente.

Entretanto, ocasionalmente os cadernos de anotações assumiam uma forma mais personalizada. Seus autores os carregavam consigo e neles faziam anotações em momentos especiais ao longo do dia. Os cadernos de anotações reuniam reflexões, fragmentos de versos originais e outros escritos criativos e resenhas de livros para ler, assim como os obrigatórios trechos de informação copiada. Eles se tornavam memórias artificiais.

O diário utilizado para a autoeducação deve se moldar em um tipo expandido de diário de anotações. Não se trata nem de uma coleção de fatos práticos, nem de um registro inteiramente voltado para dentro do que está acontecendo em seu coração e em sua alma. Esse diário é antes um lugar em que o leitor pode coletar informações externas e registrá-las (com uso de citações, como no diário de anotações); apropriar-se delas em forma de resenhas, escritas nas próprias palavras do leitor; e depois avaliá-las através da reflexão e do pensamento pessoal. Durante

[2] Coleção de excertos, frases e provérbios associados à organização de *The Great Books*, compilada por John Barlett, disponível em: http://www.bartleby.com/100/. Acesso em: 19 jun. 2013. (N. T.).

[3] Gilbert Chinard, "Introdução". In: *The Literary Bible of Thomas Jefferson: His Commonplace Book of Philosophers*. Baltimore, Johns Hopkins Press, 1928, p. 4.

sua leitura, você deve adotar o seguinte método tripartite: anote frases específicas, sentenças e parágrafos à medida que se deparar com eles. Quando você tiver terminado sua leitura, volte atrás e escreva um breve resumo do que aprendeu; e, então, anote as suas próprias reações, suas questões e seus pensamentos.

Dessa maneira, o diário associa aprendizados objetivos e subjetivos, um ideal descrito por Bronson Alcott em seu próprio diário, datado de 1834:

> A Educação é aquele processo pelo qual o pensamento sai da alma e se associa a coisas [...] externas; reflete-se em si mesmo; e, assim, o torna consciente de sua realidade e forma. Trata-se da autorrealização [...] Todo aquele que esteja em busca do autoconhecimento deve buscar-se sempre em coisas externas, e, fazendo isso, estará em melhores condições de encontrar e explorar a sua luminosidade mais íntima.[4]

O objetivo da autoeducação clássica é este: não meramente "entupir" a mente com fatos, mas compreendê-los. Incorpore-os à sua estrutura mental. Reflita sobre o significado deles para o seu mundo interior. As "coisas externas" — sejam elas a filosofia platônica, as ações de uma heroína de Austen ou a biografia de algum político – nos tornam conscientes da nossa própria "realidade e forma". Esse, e não a mera acumulação, é o objetivo da autoeducação. O diário é o espaço em que esse aprendizado ocorre.

O primeiro passo rumo à compreensão é captar mais precisamente o que está sendo dito, e a maneira mais antiga e mais confiável de entender informações é formulá-las em suas próprias palavras. Para dominar o conteúdo do que você lê, faça uma resenha dele.

Lydia Sigourney adverte suas jovens leitoras a resumir o que leram com frequência:

> Ao final de cada semana, resuma, de forma escrita, todos aqueles assuntos que você julgou mais valiosos [...] Anote-os ordenadamente em um livro reservado para esse propósito – mas não nas palavras do autor [...] Faça com que esse seja um repositório de conhecimentos condensados, o

---

[4] Amos Bronson Alcott, *The Journals of Bronson Alcott*. Ed. Odell Shepard. Boston, Little, Brown and Co., 1938, p. 43.

> ouro puro do pensamento [...] Para fortalecer a memória, o melhor a fazer não é registrar página por página literalmente [como a maioria de nós faria!], mas verter a essência do pensamento de um autor de forma correta e clara, usando as suas próprias palavras.[5]

O diário deve conter, em primeiro lugar, a "essência" do que foi lido. Esses resumos muitas vezes podem vir a se tornar um trampolim para posteriores reflexões; o *Diário de Anotações*, de E. M. Forster é um diário autodidata desse tipo. "Muito mais do que um dicionário-compêndio definido de 'citações, poemas e comentários' impressionantes", escreve Philip Gardner, editor da versão do *Diário de Anotações*, publicada depois da morte de Forster, "[ele] fornece um comentário – preciso, tendencioso e com frequência muito comovente – da segunda metade da vida de Forster". Aqui vão alguns registros das leituras de Forster:

> *Provérbios*
>
> Quem bendiz seu próximo em alta voz desde a manhã, isto ser-lhe-á considerado maldição. (27, 14)
>
> Como a água dá o reflexo do rosto, assim é o coração do homem para o homem. (27, 19).
>
> Tudo se foi: exceto o que jamais se vai.
> (Shakespeare, Soneto 110, emenda de Tyrwhitt)[6]

Ele avalia a sua leitura, registrando as suas críticas:

> *Hedda Gabler* se equivoca, porque nada de importante foi mudado... Entretanto, Ibsen poderia ter sabido disso, da mesma forma que eu, e não desejado dar absolutamente nenhuma importância à sua heroína no palco. Ele certamente quer apresentá-la como covarde, incansável e débil.[7]

Assuntos pessoais certamente não faltam ao *Diário de Anotações* de Forster. Em 1947, ele anota, a troco de nada:

---

[5] Lydia Howard Sigourney, *Letters to Young Ladies*. 5. ed., New York, Harper & Brothers, 1839, p. 54-55, 145.

[6] Tradução de Érico Nogueira. Para citação em inglês, ver Edward Morgan Forster, *Commonplace Book*. Ed. Philip Gardner. Stanford, Stanford University Press, 1985, p. 139.

[7] Ibidem, p. 36.

> O entardecer do céu atrás do Fellow's Building. Uma em forma de cone [...] pintada das cores rosa e dourado — ambas de tom claro, e a palavra pintada é muito forte. É imensamente grande, em termos estéticos. Não faço ideia de sua extensão linear.[8]

E em 1953, ao se recuperar de uma visita ao dentista, ele escreve:

> Escritores devem escrever e eu levanto o meu lápis, na esperança de assim libertar o meu espírito [...] São 6h45 do dia 26 de fevereiro... Tony Hyndman entrou [...] e eu não fui muito gentil com ele, porque não queria ser incomodado, e fui meio frio [...] São 7h30. Será que os escritores não podem escrever mais depressa? Fiquei "pensando".[9]

Isso já está bem próximo do "diário criativo" do *Diário Pessoal*. Na maioria dos casos, porém, o lado pessoal está ancorado em alguma frase ou ideia que abalou Forster em sua leitura. Ele reflete, por exemplo, sobre um verso de Thomas Gray, registrando o seguinte: "Quando Thomas Gray escreve: 'Eu sei o que é perder uma pessoa à qual nossos olhos e coração estavam acostumados há tempos...'. Eu sei reconhecer uma afinidade. A preguiça está associada à fidelidade."[10]

E os métodos de Forster de fazer a resenha e avaliar sua leitura demonstram exatamente o propósito do registro clássico. Em 1942, Forster havia acabado de ler *Italy and Her Invaders 376-476* [A Itália e seus Invasores 376-476]. Em seu diário, lê-se:

> *Qual foi o motivo da queda de Roma?* [...]
>
> As causas subsidiárias foram:
>
> 1. *A fundação de Constantinopla*, em virtude do medo da Pérsia: o perigo vindo do Norte nunca percebido. "Foi a difusão de sua força vital sobre os vários centros nervosos, Cartago, Antióquia, Alexandria, mas acima de tudo Constantinopla, que a arruinou. Algumas das velhas árvores pereceram".
> 2. O *Cristianismo* – apesar da visão de Santo Agostinho. Porque ele era contra a deificação do imperador, que consagrava o Estado...[11]

---

[8] Ibidem, p. 174.

[9] Ibidem, p. 192.

[10] Ibidem, p. 179-80.

[11] Ibidem, p. 139.

Ele conclui seu resumo da leitura, acrescentando as próprias reflexões sobre o assunto:

> Meu impulso original nessa digressão foi a descoberta de paralelos, depois fui desviado pelo interesse pelo passado, agora até isso está esmorecendo, e eu me encaminhei com dificuldade à finalização dessa análise. Minha ignorância e a impotência do meu conhecimento pesaram contra mim...[12]

Esse é um modelo de como resumo, recomendado por Sigourney. Aqui, Forster reafirma os principais pontos da sua leitura, em suas próprias palavras; cita *ipsis litteris* aqueles trechos em que Hodgkin mesmo fornece uma sentença sucinta; associa cada um dos pontos de Hodgkin com as preocupações de seu próprio tempo; e depois, acrescenta um comentário sincero sobre as suas reações emocionais ao colapso de grandes impérios.

Thomas Merton adotou uma estratégia similar nos seus livros de notas. Em *The Asian Journal* [O Diário Asiático], uma coletânea de anotações da última parte de sua vida, encontramos três páginas de citações copiadas do *The Central Philosophy of Buddhism* [A Filosofia Central do Budismo] ("a consciência reflexiva é necessariamente a consciência do falso"), um relato das suas caminhadas matinais, em que registra "Eu caminhava e entoava hinos de louvor sob as árvores coníferas do Observatory Hill, e a canção ecoou forte e clara lá embaixo. Um homem fazia exercícios vigorosos no abrigo com vista para o vale [...] oscilando ao sol", além do resumo da sua própria leitura, incorporando citações diretas ("Comentários de Conze[13] sobre o fato de que a comunicação entre o Oriente e o Ocidente não havia contribuído muito para a filosofia até aquele momento. 'Até então, os europeus, e particularmente os filósofos britânicos, reagiram, tornando-se mais provincianos do que nunca'").[14]

A autoeducação clássica demanda que se entenda e avalie as ideias, reagindo a elas. Assim, no seu diário, você registrará os seus próprios resumos da sua

[12] Ibidem, p. 141.

[13] Eberhart (Edward) Julius Dietrich Conze foi um anglo-germânico que se destacou pela tradução de obras budistas. (N. T.)

[14] Thomas Merton, *The Asian Journal of Thomas Merton*. Ed. Noemi Burton, Brother Patrick Hart e James Laughin. New York, New Directions, 1973, p. 139-41.

leitura; essa é a sua ferramenta para entender as ideias que lê. Este – o domínio de fatos – é o primeiro estágio da educação clássica.

TERCEIRO PASSO: PRATIQUE A TOMADA DE NOTAS AO ESCREVER E, ENTÃO, FAÇA UMA RESENHA

"Para fixarmos na memória todos os discursos que ouvimos", escreve Watts, "ou tudo o que planejamos falar, o melhor a fazer é resumi-los em breves compêndios e revisá-los com frequência". Assim, o próximo passo de sua autoeducação será praticar essa habilidade com este livro.

1. Invista em um diário: fichário, caderno em branco ou outro tipo de diário.
2. Continue a seguir a sua agenda de leituras de quatro dias por semana. Use esse tempo para ler o Capítulo 4, fazendo apontamentos e depois resumos breves. Siga as diretrizes abaixo:
   a. Escreva o título do capítulo na primeira página do seu diário. Leia o capítulo todo sem parar. Se quaisquer ideias, frases ou sentenças chamarem a sua atenção, vá em frente e marque-as.
   b. O Capítulo 4 está dividido em três seções maiores. Tente resumir cada seção com suas próprias palavras. Pergunte-se: Qual é o ponto mais importante desenvolvido pelo autor nessa parte? Se eu pudesse resumir tudo em uma ideia, qual seria? Agora, o que mais o escritor está me dizendo sobre esse ponto importante que eu gostaria de gravar na memória? Faça um resumo, usando um parágrafo para cada seção. Deixe margens bem largas (de cinco centímetros cada) de cada lado dos seus parágrafos.
   c. Feito isso para todo o capítulo, revise seus resumos. Anote agora suas reações às informações contidas em cada um. Use as margens para isso (você pode usar uma caneta de outra cor para ajudar).

CAPÍTULO 4

Comece a ler: preparativos finais

Se tiver sorte, você vai encontrar um professor particular que o ajude, até que, finalmente sozinho, você possa ir em frente sem mediação..

Harold Bloom, *Como e Por Que Ler.*

Não tem jeito: se não começar a ler, um livro não pode fazer muito por você. O que um livro (como este) *pode* fazer é tomá-lo pela mão até o ponto em que você comece a lê-lo. Um livro sobre técnicas de leitura pode assegurar-lhe que a sua dificuldade em ler não reflete necessariamente a sua habilidade mental. Isso porque a leitura em profundidade exige trabalho duro.

Isso deveria deixar você aliviado. Se ler com sucesso fosse uma questão de inteligência inata, você poderia fazer muito pouco para se aperfeiçoar. Contudo, uma tarefa que é meramente *difícil* pode ser dividida em pequenos passos administráveis e dominados pelo esforço diligente. A leitura dos grandes livros não é exceção à regra.

O primeiro pequeno passo é simples: em vez de se lançar de forma determinada na tarefa de encarar os "Grandes Livros" (todos eles), decida começar por uma das relações de leitura que estão na Parte II [deste livro]. Na leitura de um desses livros, você deverá seguir o modelo do *trivium*. Primeiro, você precisa tentar entender a estrutura e os argumentos básicos; em seguida, você avaliará as asserções do livro; e, finalmente, você formará uma opinião sobre as ideias apresentadas.

Você terá de exercitar essas três habilidades de leitura – compreensão, análise e avaliação –, de forma diferente para cada tipo de livro. Se você quiser avaliar a história, precisará se perguntar se a conclusão do historiador tem base nos fatos históricos que apresenta; se há informação suficiente; se essa informação é confiável.

Já se quiser avaliar um romance, deve se perguntar se ele o leva a um caminho diferente do início; se seus personagens têm motivações, ambições e manias que sejam reconhecidamente humanas; se essas motivações, ambições e manias são a causa das crises e das situações do romance.

Esses dois conjuntos de critérios originam-se do mesmo impulso geral: de se perguntar se a obra é *correta*. Será que ela está *certa*? (ou, para usar a palavra mais contundente de Mortimer Adler, ela é *verdadeira*?). Eles, porém, são tão diferentes na prática quanto os critérios empregados para julgar uma pintura renascentista e os usados para avaliar uma obra de arte do século XX.

Então, considere os seguintes princípios gerais de leitura, princípios estes que serão elucidados e alterados nos próximos capítulos.

1. Quando você faz a primeira leitura de um autor, não ache que precisará entender tudo o que ele diz. Se você ficar particularmente intrigado com algum ponto, ou não tiver total clareza sobre o que o autor quer dizer com determinado termo, dobre o canto inferior da página e dê prosseguimento à leitura. Você terá chance de retomar esse ponto confuso mais tarde. O segredo de ler um livro difícil é simplesmente este: continue lendo. Você não terá de "captar tudo" já na primeira leitura.

No caso da ficção, você poderá se sentir esmagado por uma avalanche de palavras desconhecidas logo de cara, mas se perseverar na leitura (sem aquela impressão de que precisa parar para averiguar tudo imediatamente), notará, na altura do terceiro ou quarto capítulo, que já terá se familiarizado com os personagens principais, de modo quase imperceptível; os menos importantes terão se retirado do palco. Em uma obra não ficcional mais séria, você se familiarizará com os termos e as frases preferidos do autor, na medida em que avançar de capítulo em capítulo. Começará a formar uma ideia ampla, vaga ou até mesmo desarticulada do que ele quer dizer. Não pare para consultar palavras desconhecidas, a menos que não haja outro jeito. Não use edições comentadas, repletas de notas críticas que fatalmente o façam parar toda vez que topar com um numerozinho sobrescrito. Não fique lamentando o fato de estar perdendo detalhes. Capte a ideia central, obtenha uma visão geral de começo, meio e fim. "Entender um livro difícil só pela metade", escreve Mortimer Adler no seu clássico *Como Ler Livros - O Guia Clássico para a Leitura Inteligente*, "é bem melhor do que não entender absolutamente nada dele, o que será o caso se você se der ao luxo de parar na primeira dificuldade que encontrar". Na verdade, será impossível entender inteiramente as partes difíceis enquanto você não souber de que modo elas se encaixam no "*esquema*" geral do escritor.

Assim, o primeiro estágio da leitura deve ser libertador. É só ler e continuar lendo.

Sua primeira leitura é o aperto de mão que você dá ao livro; seu objetivo é chegar a um conhecimento superficial, que se aprofundará em compreensão verdadeira quando fizer uma segunda leitura para avaliar e analisar a obra. Se você não entender [um trecho] do que está lendo, não pare; rabisque um ponto de interrogação na margem e prossiga. É bem possível que você descubra que os primeiros capítulos de um livro, que lhe pareciam confusos na primeira leitura, de repente farão sentido para você quando chegar ao meio ou ao final do livro.

2. Use a técnica do sublinhado, faça comentários às margens e dobre os cantos das páginas. A educação pública é um sonho bonito, mas as escolas públicas costumam treinar os estudantes a não marcar, rabiscar, desfigurar, ou de alguma forma apossar-se permanentemente do livro. Agora você já é adulto. Então, compre os seus livros, sempre que possível. As relações [de livros] recomendam edições de bolso sempre que estas estiverem disponíveis.

Se você sabe que pode dobrar o canto de uma página confusa e continuar lendo, ou escrever uma observação na margem e continuar, ficará mais fácil fazer a primeira leitura sem interrupção. Se você precisar usar os livros de uma biblioteca, compre papeletas adesivas (do tipo "post-it") e use-as para marcar as páginas que quiser reler; rabisque nelas as suas notas e questões. Entretanto, as papeletas costumam cair, e, mais cedo ou mais tarde, qualquer bom livro parecerá um porco--espinho de papel. Desfigurar o seu [próprio] livro é muito mais eficiente.

3. Quando você começa a ler um livro pela primeira vez, leia a folha de rosto, a quarta capa e o sumário. Isso o deixará "por dentro" do assunto antes de começar a ler. *Não* leia o prefácio primeiro, de forma linear. No caso de um livro de não ficção, o prefácio poderá fornecer-lhe o contexto do livro, resumir sua discussão e dizer-lhe por que o livro é tão importante para você – uma informação

certamente importante de ter antes de iniciar a leitura. Entretanto, o prefácio também pode conter uma interpretação, antes mesmo de você ter começado a ler o livro – o que deve ser evitado. Por exemplo, o prefácio de E. V. Rieu à sua tradução da *Ilíada* resume o enredo, fala sobre o uso que Homero faz da ação retardada e explica brevemente como o leitor deve entender os símiles e os epítetos de Homero. Isso torna a leitura da *Ilíada* mais recompensadora e não menos valiosa. Já a introdução de Anita Brookner à edição Scribner do *The House of Mirth* [A Casa da Felicidade], de Edith Wharton, por excelente que seja em si, fornece-lhe um esquema muito conciso do caráter e da motivação da heroína – algo que você mesmo deve fazer, antes de consultar um especialista para fazê-lo por você.

De maneira geral, você só deve ler o prefácio que seja do próprio autor (ou do tradutor). Se o prefácio ou a introdução tiverem sido escritos por outro autor, pule-os. Para isso, leia o primeiro capítulo e, a menos que esteja perdido ou confuso, vá em frente; guarde a leitura do prefácio para depois de ler o livro todo. Se o primeiro capítulo deixar você atordoado, volte e leia o prefácio antes de seguir em frente.

4. Não faça um número excessivo de notas na primeira leitura. As notas da primeira leitura tendem a ser detalhadas demais. Você se verá fazendo muitas anotações que lhe parecem importantes, mas que acabarão se revelando irrelevantes – e todas farão você perder muito tempo. Para isso, interrompa a leitura no final de cada capítulo (ou seção substancial) para fazer uma ou – no máximo – duas anotações em seu diário. Essas anotações devem resumir o conteúdo e as afirmações ou eventos principais do capítulo. Lembre-se, porém, de que você está escrevendo um esboço amplo, nada específico. Você está colorindo uma página, e não fazendo um desenho cuidadosamente. Deixe os detalhes de lado, até mesmo os importantes: "Páris e Menelau decidem se confrontar, dando início a uma guerra, mas quando Menelau começa a ganhar, Afrodite manda Páris para a segurança do seu quarto" é um bom resumo da primeira leitura do terceiro capítulo da *Ilíada*, mesmo que deixe de lado muitos detalhes importantes. (Esses resumos também tornam mais fácil retomar um livro longo e complicado se a sua leitura tiver sido interrompida, e se você já não conseguir se lembrar mais do que aconteceu a Dom Quixote no Capítulo 7 quando chegar ao Capítulo 43).

5. À medida que você avança na leitura, use seu diário para anotar questões que vêm à sua mente. Registre suas discordâncias ou concordâncias com o autor. Rabisque quaisquer reflexões ou pensamentos articulados que o livro lhe trouxer à mente. Essas questões, discordâncias e reflexões devem ser claramente distintas do seu resumo do conteúdo do capítulo. Você poderá escrever seus resumos em uma coluna estreita bem no meio da página do seu diário e anotar suas observações nas margens; ou usar uma caneta de uma cor para os resumos, e de outra cor para reflexões; ou, então, usar páginas separadas para os resumos e as observações. Tente anotar os números das páginas correspondentes ao lado de seus comentários, pois você poderá querer retomar e reler algumas seções do livro posteriormente.

6. Ao final da primeira leitura, volte atrás, reúna seus resumos e faça um esboço informal, uma espécie de "resumo executivo". Você ainda não terá informações suficientes para fazer um esboço real, organizando os pontos de forma hierárquica; tudo o que você precisa fazer é colocar as sentenças em ordem. Agora, dê um título (de quatro a sete palavras) e um subtítulo ao livro. Eles não devem ser parecidos com o título e o subtítulo na capa do livro, que são formulados, pelo menos em parte, para agradar aos olhos e aos ouvidos. Desse modo, o título deve ser uma frase que descreva o tema central do livro, enquanto o subtítulo deve resumir os pontos mais importantes do livro. Inspire-se em títulos e subtítulos do século XVII: *O progresso do peregrino deste mundo para aquele que está por vir: narrado na forma de um sonho, em que se descobre as circunstâncias de sua partida, sua perigosa viagem e chegada segura ao país desejado.*[1] Os autores do século XVII sabiam que o título que dizia ao leitor o que exatamente estava para acontecer era a melhor maneira de garantir o aprendizado. Então, dê ao seu livro um título curto – de três ou quatro palavras que pareçam resumir o tópico – e, depois, escreva um subtítulo que explique exatamente a que veio o livro.

Agora você cumpriu a primeira e mais intimidante tarefa do leitor: leu o livro de capa a capa. Sua primeira leitura lhe forneceu uma compreensão básica das partes do livro e de que maneira elas se encaixam. Você já está pronto para o segundo e o terceiro estágios da sua investigação.

---

[1] Traduzido para o português moderno como *O Peregrino: uma Viagem para o Céu*. (N. T.)

Essa leitura inicial, no estágio gramatical, vai levá-lo ao segundo passo: a avaliação. Embora você siga o mesmo procedimento básico da leitura no estágio gramatical para cada livro, o segundo estágio de investigação – a avaliação, que é o estágio lógico do livro – difere enormemente de acordo com o gênero. A poesia e a história podem não ser mundos à parte, mas elas certamente se encontram em hemisférios distintos.

Cada *tipo* de livro – todos os que estão contidos nas relações do Capítulo 5 ao Capítulo 9 – deve ser abordado com uma série distinta de questões, com uma expectativa própria. Contudo, o *procedimento* do estágio lógico não muda [de gênero para gênero].

Não importa que tipos de pergunta você se faça, você progredirá sempre para o segundo estágio de investigação, fazendo o seguinte:

1. Retome e releia aquelas seções do livro que você identificou como difíceis. Você consegue lhes dar mais sentido agora que chegou ao final do livro? Reveja suas anotações: será que elas se concentram em certas partes do livro? Em caso afirmativo, releia aquelas páginas também. Finalmente, releia seus resumos. Você consegue identificar em qual capítulo está o clímax do livro, o argumento central do escritor, ou um resumo da obra, feito por ele mesmo? Releia mais essa seção particular do livro.

2. Aprofunde-se na estrutura do livro: responda a perguntas que investiguem como o escritor compôs suas palavras. Os capítulos a seguir apresentam um questionário para cada gênero. Anote suas respostas em seu diário de anotações. Cite sentenças particulares, ou mesmo parágrafos. Essas notas podem ser mais detalhadas do que aquelas, da primeira leitura, tendo em vista que, a essa altura, você deverá ter uma ideia mais clara das partes do livro que merecem mais sua atenção.

3. Pergunte-se: por que o autor escreveu esse livro? Qual era sua intenção? Exponha os fatos, convença-se da verdade que há em um conjunto de deduções: isto mexe com você? (Discutiremos isso em cada gênero separadamente).

4. Pergunte-se agora: qual foi o grau de sucesso que o autor obteve em seus propósitos? Será que ele chegou com sucesso aonde queria chegar? Se não, por quê? Onde foi que ele ficou aquém das expectativas? Serão os fatos

improváveis, as provas inadequadas ou as cenas emocionais pouco profundas? Que partes do livro considerei convincentes e quais me deixaram indiferente?

O uso contínuo do seu diário nesse processo fará com que as páginas comecem a refletir não apenas o conteúdo dos livros que você está lendo, mas o desenvolvimento do seu pensamento à medida que você se confronta com as ideias do livro. Lembre-se de que o objetivo da leitura do estágio gramatical é saber *o que* o autor diz; já o objetivo da investigação do estágio lógico é entender *por que* e *como*.

O estágio final da leitura – o estágio retórico da última passada pelo livro – tem um terceiro objetivo. Agora que você já sabe *o quê, por quê,* e *como*, a pergunta final é: *e daí*?

O que esse autor quer que eu faça?

Em que esse autor quer que eu acredite?

O que esse autor quer que eu vivencie?

Será que eu estou convencido de que devo fazer ou crer o que o autor quer que eu faça ou creia?

Será que vivenciei o que o autor queria que eu vivenciasse? Se não, *por quê*?

É fácil ter opiniões desinformadas. Agora, pensar sobre os argumentos de alguém, concordar com eles por razões específicas e bem articuladas, ou discordar deles porque você é capaz de identificar furos na argumentação do autor, ou porque o autor deixou de lado fatos que deveria ter considerado e não considerou – isso é difícil. Por isso mesmo é que o estágio retórico vem depois do estágio lógico. O bom leitor baseia sua opinião em análises inteligentes, e não em meras reações impensadas.

O diário é uma ferramenta excelente para o estágio lógico. No estágio retórico de investigação, porém, você precisará de algo mais. A retórica é a arte da comunicação clara e persuasiva, e a persuasão sempre envolve duas pessoas. No seu caso, uma dessas pessoas é o autor do livro: o livro está comunicando uma ideia a você, persuadindo-o de alguma coisa. No entanto, para você articular claramente as próprias ideias sobre o livro, precisará incluir mais alguém nesse processo.

Como fazer isso? Em suas *Letters to Young Ladies* [Cartas a Jovens Senhoras], Lydia Sigourney louva as virtudes da "conversação com propósitos", uma conversa centrada em torno de ideias particulares. No século XIX, as mulheres se encontravam frequentemente em "reuniões semanais" para discutir suas leituras – precursoras dos clubes de leitura mais populares de hoje. Essas discussões, sugere Sigourney, são essenciais para uma autoeducação apropriada, pois "servem para fixar firmemente o conhecimento na memória".[2]

O problema dos clubes de leitura (como você deve saber, se já frequentou algum) é que os leitores nem sempre leem o livro de forma cuidadosa (ou sequer o leem), e, se ninguém tomar a frente da discussão com autoridade, ela tende a se desviar rapidamente para o debate de assuntos que não têm nada a ver. Para o projeto de autoeducação, o melhor a fazer é encontrar outra pessoa que esteja disposta a encarar a leitura da relação dos "Grandes Livros" com você, e depois discutir o que ambos leram.

Esse parceiro de leitura, que é indispensável no estágio final da leitura, também pode ser útil para você nos dois primeiros. Nos estágios gramatical e lógico, seu parceiro pode lhe atribuir alguma responsabilidade – se vocês concordaram em terminar a primeira leitura do livro em um prazo específico, e você sabe que será cobrado por isso, vocês terão então muito mais chance de fazer melhor uso de seu tempo de leitura para, de fato, terminarem de ler o livro.

Na fase retórica de sua investigação, quando você estiver retomando o livro à procura de respostas para questões sobre as ideias do escritor, seu parceiro de leitura poderá conversar com você sobre essas ideias. Quem sabe algo que você tenha achado problemático, ou ilógico, tenha ficado completamente claro para o seu parceiro de leitura; discuta as diferenças e descubra qual de vocês está com a razão. Você poderá descobrir que a discordância entre vocês era só aparente, causada pelo uso de palavras diferentes para o mesmo conceito. Ou você poderá descobrir que uma aparente concordância entre vocês dois desaparecerá durante a discussão, porque talvez vocês estejam utilizando as mesmas palavras para representar coisas bem diferentes. Um

[2] Lydia Sigourney, *Letters to Young Ladies*. 5. ed. New York, Harper & Brothers, 1839, p. 147.

parceiro de leitura o forçará a usar as palavras com mais precisão e a definir melhor os seus termos.

O ideal é que o seu parceiro leia mais ou menos na mesma velocidade que você e possa devotar a mesma quantidade de horas ao projeto e à leitura. Contudo, não é necessário que você tenha uma bagagem, educacional ou qualquer outra, similar à do seu parceiro. Na verdade, um parceiro de leitura com uma bagagem bem diferente da sua pode ajudá-lo a pensar com mais precisão, ao ter de explicar com clareza as ideias que você sempre tomou por certas.

Se você não tiver um parceiro de leitura com o qual possa se encontrar pessoalmente, poderá travar discussões por carta (ou e-mail, desde que você dê um tom formal aos diálogos, que exija vocabulário, gramática, ortografia e pontuação adequados, sem recorrer à forma abreviada da comunicação eletrônica). Em 1841, Thomas Jefferson, sentindo-se obviamente isolado em seu refúgio nas montanhas da Virginia, escreveu para John Adams dizendo que Platão é:

> um exemplar genuíno da espécie dos sofistas, que escapou do esquecimento de seus irmãos, primeiro, pela elegância de sua dicção, mas, principalmente, pela adoção e incorporação de suas extravagâncias ao corpo do cristianismo artificial. A sua mente nebulosa está sempre apresentando a imagem de objetos que, vislumbrados através de um nevoeiro, não podem ser definidos nem pela forma, nem pelas dimensões [...] Mas por que é que eu estou cansando você com esses assuntos tão antiquados? Porque estou contente de que exista quem os ache familiares e não os receba como se tivessem vindo da lua.[3]

Vizinhos que pensam como você podem até ser providenciais, mas há vantagens em manter as discussões do estágio retórico via carta. Você poderá armazenar as respostas em forma de ensaios informais e retomá-las para refrescar sua memória sobre os livros que você já leu (e publicá-las, depois que você se tornar presidente).

---

[3] Thomas Jefferson, *Crusade against ignorance: Thomas Jefferson on education*, ed. Gordon C. Lee. New York: Columbia University Teacher's College Bureau of Publications, 1961, p. 110-11.

UMA NOTA SOBRE AVALIAÇÃO

O capítulo a seguir lhe fornecerá parâmetros para definir *como* ler diferentes tipos de literatura: em que elementos prestar atenção, quais técnicas ter em mente e, acima de tudo, quais questões levantar para cada tipo de livro. Suas respostas a essas questões demonstram sua compreensão dos livros que lê.

Então, como saber se você deu a resposta certa?

Achar a resposta "certa" não é bem a razão de ser do exercício. Na educação clássica, o processo de pergunta e resposta era usado como método de ensino; hoje chamamos isso de "diálogo socrático". Um mestre da escola clássica não ensina as humanidades por preleções que digam aos estudantes exatamente o que devem pensar sobre um livro, mas fazendo perguntas selecionadas que orientem o pensamento deles de forma correta. O propósito do processo de pergunta e resposta não é o de providenciar a "resposta certa", como nos testes de múltipla escolha. Você as responde como parte de seu esforço para *refletir* sobre os livros.

Isso não garante que você jamais venha com uma resposta absurda (ou o que os acadêmicos chamam de "perversa"). O ideal seria que você tivesse um mestre da escola clássica à mão, disponível para ouvir suas respostas, mantê-lo longe dos becos sem saída e guiá-lo para formas de pensar mais produtivas. No processo de autoeducação, você terá duas salvaguardas: seu parceiro de leitura, que ouvirá suas ideias e lhe dirá se elas são coerentes; e a prática de fazer citações. Ao começar a responder a qualquer uma das questões que apresentaremos nos capítulos a seguir (por exemplo, aquela que está no capítulo das autobiografias: "de que parte da sua vida o autor está fazendo apologia?"), procure sempre citar uma ou duas sentenças diretamente do trabalho em estudo. Isso vai ajudá-lo a ancorar suas ideias e o forçará a ser mais específico do que abstrato (é relativamente fácil fazer afirmações amplas e genéricas, mas as específicas requerem reflexão) e o protegerá de cair em "leituras perversas". (Por outro lado, o elemento "perverso" muitas vezes está nos olhos do espectador, como a leitura de qualquer peça de crítica literária poderá demonstrar).

Embora você sempre tenha de tentar formar suas próprias ideias sobre um livro antes de lê-lo, poderá autoavaliar-se passando os olhos em uma ou duas resenhas que tratem de sua leitura. De maneira genérica, a internet não é um bom lugar para fazer isso; há muito mais bobagens on-line do que conhecimento sólido. No entanto, há várias páginas da web que apresentam resenhas de grandes obras, acompanhadas de ensaios críticos: experimente www.pinkmonkey.com e www.sparknotes.com. Em www.jollyroger.com, uma página da web devotada à discussão dos "Grandes Livros", você pode postar suas ideias em fóruns de discussão e esperar por respostas – embora, mais uma vez, você não saiba qual o grau de "especialidade" que os outros participantes têm.

Se você mora perto de uma faculdade ou universidade, de maneira a poder usar a sua biblioteca, consulte seus acervos (na maior parte dos casos, você poderá fazê-lo on-line, procurando pelo link "biblioteca"). Procure coleções de ensaios sobre uma obra em particular, em vez de obras críticas do tamanho de um livro, que são densas e complexas. A série "Modern Critical Essays" ["Ensaios Críticos Modernos"], editada por Harold Bloom, contém ensaios de um grande número de críticos bem conhecidos e lhe dará uma boa visão geral da crítica feita sobre determinada obra.

Se você continuar a se perguntar se suas ideias são válidas ou completamente absurdas, poderá se valer de uma faculdade ou universidade de outra maneira. Telefone para a secretaria de alguns departamentos (o departamento de letras, para romances, autobiografias, poesia e teatro; o departamento de história, para história) e peça a uma secretária que agende uma visita com um professor, no horário de trabalho dele. Diga à secretária qual livro você desejaria discutir com o professor e ela estará em condições de encaminhá-lo para o instrutor adequado. Faça anotações antes da reunião (não precisa ser um "documento" formal, apenas uma série de parágrafos que expressem seus pensamentos). Conte ao instrutor que está lendo *Moby Dick*, ou a autobiografia de Harriet Jacobs, descreva suas ideias e pergunte o que foi que deixou escapar. Não abuse desse recurso (afinal, você não está pagando mensalidade), mas na maior parte dos casos, o instrutor responderá gratuitamente a uma ou duas solicitações de ajuda. As universidades, particularmente as públicas, têm a obrigação de estender suas atividades à comunidade, e, de mais a mais, pedir um ou dois encontros não é o mesmo que pedir orientações semanais regulares.

Os professores universitários geralmente são muito ocupados. Você terá mais sucesso se contactá-los nas férias ou nos feriados (e não marque entrevistas logo no início, meio ou final do semestre, quando os novos planos de ensino, provas intermediárias e exames finais ocupam todo o tempo de um professor).[4]

NOTA SOBRE AS RELAÇÕES DE LIVROS RECOMENDADOS

As listas a seguir permitem que você leia cinco gêneros diferentes de literatura: ficção; autobiografia; história e política; teatro; e poesia.

Ao lê-las cronologicamente, você reunirá dois campos que, para começo de conversa, nunca deveriam ter sido separados: história e literatura. Estudar literatura significa estudar o que as pessoas pensavam, faziam, acreditavam, sofriam e sobre o que argumentavam no passado; e isso é história. E apesar de aprendermos com as descobertas arqueológicas, nossas primeiras fontes de informação sobre tempos anteriores ao nosso sempre foram os escritos de pessoas que viveram no passado. É impossível separar a história do estudo da palavra escrita. A literatura também não deve ser separada do seu contexto histórico. Um romance pode lhe dizer mais sobre a época do escritor do que um texto didático de história; uma autobiografia revela a alma da época de uma sociedade inteira, não apenas da vida interior de um homem ou mulher individualmente. As ciências sofrem quando são tratadas como um filtro esclarecedor para a descoberta da "verdade", porque a teoria do biólogo, do astrônomo ou do físico tem a ver tanto com o contexto social do cientista – e as perguntas que a sociedade está fazendo – quanto com a simples descoberta.

Os escritores constroem em cima da obra daqueles que vieram antes deles, e a leitura cronológica dos livros fornecerá a você uma história contínua. E o que você aprendeu com um livro reaparecerá no próximo. Mais do que isso, porém: você se verá seguindo uma história que tem a ver com o desenvolvimento da própria civilização. Ao chegar à relação de obras de poesia, por

---

[4] Nota do Editor: Aqui no Brasil pode ser mais difícil conseguir esse tipo de ajuda, mas vale a pena tentar.

exemplo, você começará pelo Épico de *Gilgamesh*, progredirá para a *Odisseia*, o *Inferno*, John Donne, William Blake, Walt Whitman, T. S. Eliot, Robert Frost e Langston Hudges (entre outros). A estrutura poética mudará, conforme cada poeta avança para além do que os escritores anteriores fizeram. Contudo, para além dessas diferenças técnicas, as preocupações dos poetas mudam e se alteram, tendo em vista que o mundo avança rapidamente em direção à modernidade: para longe da natureza do heroísmo e a questão da vida eterna, rumo às dificuldades da simples existência em um mundo caótico e aleatório. Quando você terminar de ler essa relação em particular, você terá feito mais do que ler poesia. Terá aprendido algo sobre a evolução espiritual do Ocidente.

Embora você possa escolher começar por qualquer uma das listas, elas estão organizadas da forma menos intimidante de leitura (o romance) até a mais intimidante (a poesia, que é difícil por causa da sua linguagem altamente estilizada). As técnicas de leitura sugeridas para alguns dos últimos capítulos também se basearam em técnicas descritas anteriormente. Então, se quiser pular a relação de ficção e ir direto para autobiografia e política, considere a possibilidade de ler primeiro a minha introdução a cada relação.

Não se sinta obrigado a ler *cada* livro da relação. Se você ler apenas um ou dois livros de cada relação, é provável que perca a maioria dos benefícios da leitura cronológica. No entanto, se você simplesmente não conseguir avançar em um livro, depois de uma tentativa boa e concreta, deixe-o de lado e vá para o próximo livro da relação. Não abandone o projeto todo porque não consegue encarar o *Paraíso Perdido*. Até mesmo os estudiosos têm livros que não conseguiram ler do começo ao fim. Minha *bête noire* é *Moby Dick*; sei que se trata de uma das grandes obras da literatura norteamericana, mas tentei encará-lo pelo menos oito vezes ao longo da minha vida adulta e nunca fui capaz de ler mais do que a metade. Até participei de um seminário de pós-graduação inteiro sobre Melville, fiz uma apresentação e tirei um A, sem nem mesmo ter terminado o livro. (O que revela algo sobre o estado da nossa educação pós-graduada, mas esse já é outro assunto.)

Há livros que falam conosco em determinado momento da vida e silenciam no momento seguinte. Se um livro permanece mudo para você, deixe-o de lado e encare o próximo da relação.

Você não precisa progredir em um voo sem escalas do estágio gramatical, passando pelo estágio lógico de investigação e chegando até às discussões do estágio retórico para cada livro. Se um livro o cativa, demore-se nele. Se você mal consegue passar da primeira leitura e sente alívio quando a termina, não há razão para achar que *tem* de partir para o próximo estágio de investigação.

Muitos livros desta relação estão disponíveis em edições múltiplas. As recomendações das "melhores edições" dos livros das listas identificam as edições que combinam legibilidade (tamanho de fonte decente que não desagrade aos olhos); disponibilidade (de modo que você possa comprar os livros e rabiscá-los); e, na maioria dos casos, a ausência de um comentário crítico (O máximo que fazem as notas de rodapé e interpretações é distraí-lo do conteúdo real do livro, e, na pior das hipóteses, fornecem-lhe a interpretação errada do sentido do livro antes de você ter chance de refletir sobre ele por si mesmo).

Um aviso final: fazer listas é uma ocupação perigosa. Nenhuma relação de "Grandes Livros" é canônica, e todas as listas têm o seu viés, que reflete o interesse da pessoa que as elaborou. As listas aqui apresentadas não pretendem ser completas. Elas nem mesmo incluem todas as maiores "obras" de seu gênero. Elas são projetadas, antes, para introduzir os leitores ao estudo de uma área particular do pensamento. Em alguns casos, incluí certos livros por sua popularidade e influência, e não porque sejam os "melhores". A autobiografia de Hitler, *Mein Kampf* [Minha Luta], não é satisfatória como autobiografia e é irracional como filosofia política, e *Mística Feminina* tem enormes falhas na forma de lidar com os dados históricos. Entretanto, o livro de Fridan deflagrou uma revolução, e o de Hitler deu início a uma guerra. Em ambos os casos, esses livros são importantes por causa de sua influência cultural; eles levaram os leitores a olhar para a vida conjugal dos norteamericanos, ou para a questão da identidade nacional, com interesse renovado. Sua popularidade é parte da história que você estuda quando lê de forma cronológica.

Você tem toda a liberdade de acrescentar e tirar [livros] dessas listas. Elas são curtas de propósito; você pode expandi-las. Elas podem não incluir seu autor favorito; você tem então a opção de acrescentá-lo. E elas também podem incluir obras que você considera triviais ou ofensivas; então, risque-as da relação.

Aproprie-se dessa relação. Acima de tudo, não ache que precisa escrever para a criadora das listas para reclamar.

QUARTO PASSO: PRATIQUE AS HABILIDADES DE LEITURA DO ESTÁGIO GRAMATICAL

São seis os princípios que governam o "primeiro estágio" da leitura:

1. Planeje ler cada livro mais de uma vez.
2. Sublinhe ou marque as passagens que você achou interessantes ou confusas. Dobre o canto das páginas que você achou difíceis; anote suas dúvidas na margem.
3. Antes de começar, leia a capa, a quarta capa e o sumário.
4. Ao final de cada capítulo ou seção, escreva uma sentença ou duas que resumam o conteúdo. Lembre-se de não incluir detalhes (reserve-os para depois).
5. À medida que lê, use seu diário para anotar as dúvidas que vierem à sua mente.
6. Reúna seus resumos em um esboço informal e, depois, dê ao livro um título breve e um subtítulo amplo.

Se você completou o Terceiro Passo, já praticou algumas das habilidades ao resumir e reagir ao Capítulo 4. Agora, use todos os princípios da leitura gramatical nos dez primeiros capítulos de *Dom Quixote*. Esse romance extenso é a primeira obra da relação dos "Grandes Livros" apresentada no capítulo a seguir. Sua extensão pode parecer amedrontadora, mas uma primeira leitura dos capítulos iniciais vai deixá-lo mais seguro: a história é atraente e o estilo, acessível.

1. Leia a capa, a quarta capa e o sumário.
2. No caso de *Dom Quixote*, o prefácio foi escrito pelo tradutor; leia-o e faça anotações em seu diário, sob o título "prefácio", de quaisquer pontos importantes dos quais queira se lembrar.
3. Leia o prólogo do autor. Resuma seus principais pontos em duas ou três sentenças.
4. Leia os Capítulos de 1 a 10. Ao final de cada capítulo, anote duas ou três sentenças que o farão se lembrar exatamente do que aconteceu. Se você

se interessar por um trecho em particular, coloque-o entre parêntesis e dobre o canto da página. Anote quaisquer questões ou observações nas margens do seu diário.

5. Depois disso, volte e elabore o seu próprio sumário, usando suas sentenças-resumo dos Capítulos de 1 a 10. Você provavelmente desejará condensar esse sumário em uma única sentença: qual é o evento central em cada capítulo? Essa sentença deve se tornar o título daquele capítulo em seu sumário.
6. Se essa fosse a história inteira de *Dom Quixote*, que título você lhe daria? E qual seria o subtítulo?

PARTE 2

Leitura: ingresse na "grande conversação"

CAPÍTULO 5

A história das pessoas: leia a história através do romance

Num certo vilarejo da Mancha, cujo nome não desejo mencionar, vivia, há não muito tempo, um fidalgo.

Uma multidão de homens barbados, usando roupas de cor lúgubre e chapéus pontudos, misturados com mulheres, algumas usando chapéus e outras de cabeça descoberta, estava reunida em frente a uma casa de madeira, cuja porta era forrada de carvalho e salpicada de pontas de ferro.

Pode me chamar de Ismael.

O frio varria a terra com relutância e o nevoeiro que se retirava pôs a descoberto um exército que se estendia pelos morros, descansando.

Minha mãe morreu hoje. Ou, talvez, ontem; não tenho certeza.

Muitos anos depois, diante do pelotão de fuzilamento, o coronel Aureliano Buendía recordaria aquela tarde distante, quando o seu pai o levou para conhecer o gelo.

Ler as primeiras palavras de um romance é como avistar o primeiro contorno de luz de uma porta que está se abrindo. O que haverá dentro do quarto invisível? O leitor avança, esperando que cada detalhe se encaixe no lugar apropriado do todo. O objeto intrigante do outro lado da porta se torna a borda de um biombo; a estranha mancha escura no chão se revela como a sombra de uma mesa. Finalmente, a porta se abre. E o leitor cruza a soleira, rumo a outro mundo.

Algumas portas se abrem depressa. Aquela multidão tão sinistramente vestida, de homens barbados e mulheres de chapéu, está reunida em torno da prisão de Boston à espera de que Hester Prynne – a heroína do conto de Nathaniel Hawthorne sobre a culpa corruptora, datado de 1850, *A Letra Escarlate* – saia de lá com seu bebê nos braços. O gramado reflete o calor daquele verão. A luz forte do sol cai de forma incongruente sobre as paredes de tábua da prisão, com braçadeiras de ferro, manchadas de ferrugem. Há uma roseira selvagem no portão da frente, flores de um rosa intenso se destacam contra a madeira envelhecida.

O exército que descansa em *O Emblema Vermelho da Coragem* (1895), de Stephen Crane, em breve despertará e se espreguiçará. Soldados de casacos azuis brigam, lavam suas camisas e se amontoam em torno da fogueira do acampamento. As estradas de lama começam a secar sob o sol da manhã. Um jovem soldado raso está deitado em sua cama, envolvido por uma espiral de fumaça da fogueira que se apaga. A luz do sol tinge de amarelo o teto de lona de sua tenda.

Essas duas cenas são tão claras e imediatas quanto uma pintura. Leia os primeiros parágrafos de qualquer livro e você se verá já cruzando o limiar. Contudo, outras portas se abrem mais devagar e com rangido. O narrador do romance *O Estrangeiro*, de Albert Camus, de 1942, não sabe quando, exatamente, sua mãe morreu. O telegrama que veio do asilo para idosos não é específico. O assunto, porém, não ocupou a mente dele por mais do que um instante ou dois. Seus preparativos para o funeral são superficiais; ele quase perde o ônibus. Quando chega ao asilo, o administrador lhe indica o quarto em que o corpo de sua mãe está – mas ele não se preocupa em olhar para o rosto dela. Por quê? O que estava acontecendo? O leitor tem de suspender essas questões, aceitando cada fragmento de informação, à medida que o narrador os deixa escapar de maneira descuidada, na expectativa de as peças do quebra-cabeças se encaixarem – bem mais adiante no livro –, formando uma cena reconhecível. *Cem Anos de Solidão* (1967), de Gabriel García Márquez, é ainda mais vagaroso, retornando no tempo a partir da morte iminente do coronel executado pelo pelotão, voltando ao vilarejo de Macondo e ao sossego de sua vida cotidiana, de volta a um tempo distante em que "o mundo era tão recente, que muitas coisas não tinham nome e, para indicá-las, era preciso apontar para elas". Quando será que vamos voltar à execução do coronel? Mais tarde (quem sabe?). Tenha paciência.

Em romances mais antigos, as portas se escancaram quase de imediato; conforme o século XXI se aproxima, as portas começam a aferrar-se, arrastar-se para abrir de forma mais lenta, apenas um milímetro de cada vez. Mesmo assim, você poderá notar estranha semelhança entre a primeira frase – com as famosas palavras de abertura de *Dom Quixote*, inicialmente publicadas em espanhol, a primeira parte em 1604 – e as palavras de abertura de um romance bem mais recente, o romance-dentro-de-outro-romance de Italo Calvino, *Se um Viajante numa Noite de Inverno,*[1] de 1972: "Você vai ler o novo romance de Italo Calvino, *Se um Viajante numa Noite de Inverno*. Relaxe. Concentre-se. Afaste todos os outros pensamentos. Deixe que o mundo a sua volta se dissolva no indefinido".[2]

Os primeiros parágrafos de um livro lançam você em um novo mundo. Contudo, apenas Cervantes e Calvino lembram a você que, à medida que você cruza o limiar, o *outro* mundo, aquele que se encontra atrás de você, nunca vai embora; apenas Cervantes e Calvino fazem você se lembrar, assim que começa a ler, de que "este é um livro. Lembre: é apenas um faz de conta".

Entre 1604 e 1972, demos uma volta completa. Essa, em poucas palavras, é a história do romance.

*

Todo romance é governado por *convenções* – aquelas expectativas que o leitor traz para um livro. Algumas convenções são visuais. Se você pegar um livro de bolso com uma capa cor-de-rosa e um herói seminu nela, você vai esperar ler alguma coisa como: "Evangelina parou no topo da escada, juntando a saia de musseline creme ao redor de seus tornozelos finos", como parágrafo inicial, e não: "No cair da tarde de um início de julho, calor extremo, um jovem deixou o cubículo que subalugava de inquilinos na travessa S, ganhou a rua e, ar meio indeciso, caminhou a passos lentos em direção à ponte K".[3]

Entretanto, os romances também são governados por convenções linguísticas. Um romance que começa assim: "Meu pai tinha uma pequena propriedade em Nottinghamshire; eu fui o terceiro de cinco filhos. Ele enviou-me para o Emanuel College, em Cambridge, aos quatorze anos, onde residi por três anos", quer dizer, para você, leitor, o seguinte: *esse é um registro sério e confiável. Está vendo quantos detalhes cuidadosos eu lhe estou oferecendo?* Por outro lado, um livro que começa assim: "Era um dia frio e claro de abril, e os relógios acabavam de marcar treze

---

[1] Italo Calvino, *Se um Viajante numa Noite de Inverno*. São Paulo, Companhia das Letras, 1999. (N. T.)

[2] Ibidem, p. 11.

[3] Esse é o primeiro parágrafo de *Crime e Castigo*, de Fiódor Dostoiévski, traduzido do russo para o português por Paulo Bezerra. (N. T.)

horas", está lhe dando uma dica verbal bem diferente. *Esse livro não é sobre o mundo, da forma como o conhecemos*.

O leitor bem treinado não deve partir do pressuposto de que os escritores sempre levam a sério as convenções. O narrador sério e confiável que lhe conta que o pai, que "tinha uma pequena propriedade em Nottinghamshire", chamava-se Gulliver, só depois falará sobre as viagens dele para Lilipute, onde é capturado por pessoas que não medem mais que oito centímetros de altura, e para a Lapúcia, onde os nativos estão tão absortos em pensamentos que os visitantes têm de dar uma pancada na cabeça deles para começar uma conversa. Nas *Viagens de Gulliver*, Jonathan Swift usa as convenções de uma forma antiga de literatura, a narrativa da viagem, para zombar das convenções da própria sociedade. Contudo, você não será capaz de apreciar o abuso deliberado que Swift faz de detalhes cuidadosos, comprovados, se não souber o que é uma narrativa de viagem. Esta nossa breve (e seletiva) história do romance vai lhe fornecer uma estrutura básica das convenções usadas nos romances – de modo que você possa identificá-las quando os escritores as usarem ou alterarem.

DEZ MINUTOS DE HISTÓRIA DO ROMANCE

Cleópatra e Júlio César não se divertiam com romances nas suas horas de folga, pois não existiam histórias extensas escritas em prosa na Antiguidade. O romance, da forma como o conhecemos hoje, emergiu no século XVIII, das mãos de Daniel Defoe, Samuel Richardson e Herny Fielding. Defoe tomou emprestadas as convenções das narrativas de viagem e produziu *Robinson Crusoé*; Richardson usou a forma tradicional "epistolar" (conjunto de cartas escritas por um personagem) e o transformou em *Pamela*. Fielding, um dramaturgo, paralisado pelas novas leis contra a obscenidade nos palcos, passou então a escrever *Joseph Andrews* (os trechos obscenos de *Joseph Andrews* passariam despercebidos aos olhos modernos, mas a história certamente não tinha como ser apresentada na Londres do século XVIII).

Essas três histórias usavam convenções antigas, mas as preenchiam com algo de novo: um vislumbre da vida interior de uma *personalidade* individual. Até o século XVIII, histórias extensas escritas em prosa eram verdadeiros tabuleiros de xadrez, repletos de peças estáticas que representavam personagens, os quais eram arrastados por uma série de eventos com o intuito de contar a história de uma nação, explicar uma ideia ou ilustrar certa quantidade de virtudes (como na *Rainha das Fadas*, de Spenser). Entretanto, Defoe, Richardson e Fielding produziram um novo tipo de livro: o Livro da Pessoa.

Eles não foram os primeiros. Na Espanha, um século e meio antes de Defoe, Miguel de Cervantes Saavedra já havia escrito o primeiro Livro da Pessoa: a história de Dom Quixote, o fidalgo da Mancha que decidiu se tornar um cavaleiro errante. Cervantes, no entanto, era um gênio solitário. Juntos, Defoe, Fielding e Richardson deram início a um movimento literário que fez brotar um tipo de literatura inteiramente novo: a narrativa em prosa que explora a vida interior de um personagem.

Essa nova forma, o "romance", teve de competir com outra forma literária menos respeitável: o folhetim. O folhetim era mais ou menos equivalente à telenovela moderna. Folhetins, nas palavras de um crítico do século XVIII, envolviam "personagens exaltados" em "situações improváveis ou impossíveis". Eles eram leves e escapistas e, portanto, eram leituras adequadas apenas para mulheres. (A sabedoria popular sustentava que o cérebro das mulheres não tinha capacidade de lidar com nenhum tipo de "vida real", então, elas podiam muito bem ler fantasias.) A leitura de folhetins não era um passatempo respeitável para os homens.

Por outro lado, os escritores de romances queriam ser levados extremamente a sério. Os romances lidavam com pessoas reais, em situações familiares; como Samuel Johnson escreveu em 1750, os romancistas tentavam "exibir a vida em seu estado puro, variando apenas por acidentes que acontecem diariamente no mundo, e influenciados por paixões e qualidades que podem ser realmente encontradas nas conversas entre os seres humanos".[4] Entretanto, os leitores do século XVIII ficavam um pouco confusos com a distinção entre folhetim barato e nobre romance – e alguns romancistas, como Swift, que insistiam em fazer o seu herói passar por cenários fantásticos, não melhoravam as coisas. Por décadas a fio, os

[4] Samuel Johnson, "On Fiction". In: *Rambler*, London, n. 4, 31 mar., 1750.

folhetins responderam por grande parte do desdém generalizado que os leitores cultos sentiam pelos romances. Os intelectuais do século XVIII se queixavam da influência corruptora dos folhetins, da mesma maneira que os atuais defensores da comida orgânica fazem barulho para alertar para os perigos do açúcar refinado. Os clérigos advertiam seu rebanho de que a leitura de romances produziria aumento da prostituição, do adultério e (de acordo com o bispo de Londres, em 1789) terremotos.

Não obstante, esse tipo de romance prosperou. Defoe, Richardson e Fielding produziam suas inovações em tempos em que o eu individual, com todos os seus traumas e dilemas, era de grande interesse para o público em geral. Graças à Reforma Protestante, imaginava-se que a alma (pelo menos na Inglaterra e nos Estados Unidos, fonte de todos os romances do século XVIII e do século XIX da nossa lista) fosse uma entidade solitária, que abria seu caminho ermo por um cenário vasto e confuso. O Cristão de John Bunyan, que o Evangelista chama para abandonar a sua cidade condenada e ir em direção à porta estreita, é chamado individualmente. Ele deveria tampar seus ouvidos e fugir de sua esposa e seus filhos para achar a salvação, separando-se de todo laço humano para unir-se a Deus.

O interesse pelo eu privado estava em processo de aprimoramento, impelido não apenas pelo protestantismo, mas pelo capitalismo, que encorajava cada pessoa a pensar em si mesma como um indivíduo capaz de ascender ao longo dos níveis da sociedade, em direção ao bem-estar e ao lazer. Esse eu não fazia mais parte de um sistema feudal rígido, inalterável, com responsabilidades que começam com o nascimento e não mudam nunca mais. O eu estava livre.

Muito tem sido escrito sobre o assunto, mas para os nossos propósitos é suficiente saber que esse senso de um eu individual, com uma vida interna privada, foi central para todos os progressos posteriores da vida ocidental moderna: o pensamento do Iluminismo, a religião protestante, o desenvolvimento do capitalismo e (é claro) o romance. Os escritores de romances celebravam o o indivíduo: os heróis torturados e passionais de Charlotte Brontë; as heroínas de Jane Austen, que se moviam por uma sociedade que as protegia, ao mesmo tempo que as subjugava; os clérigos torturados e os adúlteros de Nathaniel Hawthorne. E o público comprava e lia.

Entretanto, a popularidade é sempre uma faca de dois gumes. A elite intelectual já via o romance com suspeição, por causa de sua identificação com o folhetim. Agora, ela estava duplamente desconfiada. Afinal de contas, os livros que todo mundo lê não podem realmente ser dignos da atenção dos mais cultos (podemos chamar isso de "Efeito Oprah").[5] Para piorar, esse público leitor era basicamente feminino, uma vez que as mulheres de classe média tinham dinheiro para comprar romances e tempo livre para lê-los, mas não tinham o latim e o grego necessários para apreciar os "clássicos" mais sérios, mais masculinos. O estudioso Charles Lamb intuía que os romances eram "o alimento intelectual precário de todo o público leitor feminino". (Lamb é lembrado hoje, principalmente, como um adaptador de Shakespeare para crianças; bem feito para ele.)

Como os romancistas se defenderam? Frisando sua associação com a vida real. Os contos fantásticos eram desprezados. As histórias sobre a realidade ganhavam o aplauso da crítica.

Os contos fantásticos não desapareceram, mas foram relegados ao desprezado domínio popular. No século XIX, o romance em alta era o "gótico", uma história de mistério e vaga ameaça sobrenatural, passada em lugares assustadores (ou na Europa Central, o que, para a maioria dos leitores, era a mesma coisa). As heroínas góticas definhavam em castelos em ruínas, ameaçadas por feitiços antigos, esposas enlouquecidas e nobres misteriosos, que evitavam a luz do sol e os espelhos. Eis aqui Emily, do popularíssimo *Os Mistérios de Udolfo*: valente, mas não inteligente demais, caminhando pelo castelo pleno de ecos do conde Morano. Tendo em vista que está completamente sozinha no escuro, ela decide que esse é um bom momento para levantar o véu preto que cobre um quadro misterioso num quarto deserto. "Ela fez outra pausa," conta-nos o narrador ofegante, "e depois, com mão tímida, levantou o véu; mas deixou-o cair instantaneamente – ao perceber que o que ele escondia não era um quadro, e, antes de conseguir deixar o aposento, caiu desmaiada no chão".

[5] Nota do Editor: Apresentadora de TV americana, criadora de um Clube do Livro responsável por alavancar a venda de diversos livros, vários deles considerados de baixa qualidade literária.

Alguns romancistas mais ousados – notadamente Hawthorne, que nunca conseguiu resistir a um toque de horror sobrenatural, e Emily Brontë, que tinha um fraco por fantasmas nas janelas – emprestavam elementos góticos para dar vida a seus contos de puritanos adúlteros, moradores de pântanos lúgubres. A maioria dos escritores sérios, porém, rejeitou o fantástico e trocou-o pelo real. O romance desenvolvia até uma consciência social. Charles Dickens e sua contraparte, Harriet Beecher Stowe, usavam suas histórias para criticar a economia de mercado que construía impérios à custa dos mais fracos; Dickens protestava contra o uso do trabalho infantil na sociedade inglesa, enquanto *A Cabana do Pai Tomás*, de Stowe, conferia uma face humana ao trabalho escravo que movia a economia sulista americana (Stowe a transformou acidentalmente em uma dinâmica econômica de direito próprio; de acordo com o historiador Joan D. Hedrick, *A Cabana do Pai Tomás* "gerou uma indústria de subprodutos do Pai Tomás, como pratos, talheres, castiçais, jogos, papéis de parede, músicas e roteiros de teatro, que se mantiveram populares pelos noventa anos seguintes").[6]

Os escritores anteriores não viam nada de errado em destacar a natureza ficcional de suas histórias ("gostaria que este livro", conta Cervantes ao leitor, "fosse [...] o mais inteligente que se pudesse imaginar"). Entretanto, os romancistas posteriores evitavam esse tipo de intromissão na narrativa. Eles queriam que os leitores descobrissem um mundo *real* e não imaginário. O romance do fim do século XIX não pretendia ser um produto da mente do escritor, ele tinha a intenção de ser um registro acurado da vida cotidiana.

Essa nova filosofia de *realismo* transformou o romancista em uma espécie de cientista. Como o cientista, o romancista registrava o detalhe em vez de descrever cenas selecionadas – o que tendia a tornar a maior parte dos romances extremamente extensa. O pai do realismo, o romancista francês Gustave Flaubert, estava tão determinado a retratar personagens reais em uma cidade real do interior que desenhava mapas e diagramas de seu mundo imaginário (ocasionalmente, se perdia um pouco nos detalhes; se você prestar atenção à leitura, pegará

[6] Joan D. Hedrick, "Commerce in Souls: Uncle Tom's Cabin and the State of the Nation". In: *Novel History: Historians and Novelists Confront America's Past (and each other)*, Ed. Marc Carnes. New York, Simon & Schuster, 2001, p. 168-69.

a heroína tomando a direção errada para voltar para casa). Emma Bovary, de Flaubert, representava a mulher que os clérigos do século XVIII mais criticavam, a leitora feminina, cujo amor pelos folhetins apagava a "vida real". Ela era consumida pelo desejo de um romance folhetinesco, a "grande paixão que pairava como uma grande ave de plumagem cor-de-rosa, elevando-se no esplendor dos céus da poesia", e essa absorção na fantasia fazia com que ela fosse "incapaz de acreditar que a tranquilidade em que vivia fosse a felicidade com a qual ela tanto sonhava".

Emma Bovary chega a um fim trágico – ingere arsênico depois de se dar conta de que nunca será capaz de viver num folhetim – mas o romance realista floresceu. Os personagens de Henry James não ficam às voltas com índios nas florestas, como o herói dos contos românticos *Leatherstocking* [Contos do Meias de Couro].[7] Tampouco desenvolvem estigmas misteriosos e morrem de sentimento de culpa, como o clérigo agoniado de Hawthorne. Em vez disso, eles vão trabalhar, vivem em salões empoeirados de pé-direito alto, pegam doenças devastadoras e se casam com pessoas apresentáveis, mas que não causam grandes comoções – como a maior parte da gente "comum" deste mundo.[8]

O que nos remete, mais ou menos, ao presente. O realismo nunca se ausentou totalmente. Mesmo hoje, as histórias que descrevem eventos "fora do comum" (romances policiais, ficção científica, obras de fantasia e, até certo ponto, ficção religiosa) tendem a ser exiladas intelectualmente, dispensadas como gêneros "populares" que não merecem aclamação crítica séria. No entanto, no final do século XIX e nos primórdios do século XX, o realismo desenvolveu

[7] O personagem "de fronteira" foi criado por James Fenimore Cooper (1789-1851), que se notabilizou por *O Último dos Moicanos*, sua mais importante obra, e *Os Pioneiros*. (N. T.)

[8] O realismo é um dos maiores movimentos da ficção inglesa e americana. Em seu ensaio de 1949, "Realism: an Essay in Definition", publicado em *Modern Language Quarterly* (uma das primeiras tentativas de definição do "realismo"), George J. Becker sugere que o movimento envolve: (1) detalhes derivados de observação e documentação; (2) um esforço por retratar a experiência normal, e não a excepcional; (3) uma "visão objetiva, na medida em que um artista possa alcançar a objetividade, mais do que subjetiva ou idealista da natureza e da experiência humana". Para mais informações sobre esse tópico, ver "Reality in America", em *The Literal Imagination* (New York, Anchor Books, 1957) e *Mimesis: The Representation of Reality in Western Literature*, de Erich Auerbach (Princeton, Princeton University Press, 1953).

ramificações. Dostoiévski e Kafka aperfeiçoaram um "realismo psicológico" que prestava menos atenção a detalhes físicos e mais aos psicológicos. Em vez de dar atenção à aparência exata dos cenários ou do mobiliário, o realismo psicológico tenta pintar um quadro preciso da *mente*, de modo que o leitor pareça estar em contato direto com os processos mentais de um personagem. Em 1900, William James (o irmão de Henry) inventou o termo "fluxo de consciência" para descrever o fluxo desordenado, mas natural, do pensamento humano, e romancistas, de Conrad a Virginia Woolf, trabalharam em cima dessa ideia. A descrição do "fluxo de consciência" é o equivalente psicológico da descrição detalhada do cenário físico: deseja-se que pensemos estar vendo os "fatos" da mente, livres da censura do escritor. "A guerra havia acabado", pensa a Srta. Dalloway de Woolf, ao sair para caminhar no meio das flores da manhã:

> [...] exceto para pessoas como a Srta. Foxcroft na Embaixada na última noite sofrendo por causa daquele bom garoto que fora morto e agora a a velha mansão devia passar para as mãos de um primo [...] E por toda parte, embora fosse ainda tão cedo, havia uma vibração, uma agitação de cavalos a galope, de tacadas de críquete; lordes, Ascot, Ranelagh e todos os outros, envoltos na malha macia do ar matinal cinza-azulado, que, conforme o dia avançava, ia se desenrolando, trazendo à tona seus gramados e campos de críquete e cavalos vigorosos [...] e os comerciantes arrumavam em suas vitrines imitações de brilhantes e diamantes, seus adoráveis broches verde-mar com engastes do século XVIII para tentar os americanos (mas era preciso economizar, não comprar coisas para Elizabeth por impulso), e ela, também, amando tudo isso como amava, com uma paixão absurda e fiel, fazendo parte disso tudo, pois sua família tinha pertencido à corte na época dos Georges, ela também brilharia e refulgiria naquela mesma noite; daria sua festa.

Esse tipo de coisa é simplesmente tão cansativo como as descrições detalhadas de açudes e brejos dos primórdios do realismo. Contudo, os escritores do início do século XX estavam escravizados pela técnica do *fluxo de consciência*.[9]

[9] Técnica literária que apresenta os pensamentos e os sentimentos dos personagens conforme vão surgindo. (N. T.)

Os personagens de Faulkner raramente nos são apresentados de outro jeito, e James Joyce produziu (em *Ulisses*) um exemplar denso e famoso da escrita de fluxo de consciência, que se estende por 45 páginas (*Ulisses* sempre aparece no topo das listas dos "Grandes Livros" modernos, mas não está na relação do fim deste capítulo porque é muito difícil de ler).

Outra forma de realismo – até mais moderna do que o "realismo psicológico" – foi o naturalismo. Escritores naturalistas estavam convencidos de que poderiam escrever romances puramente "científicos". O indivíduo, que é o objeto de todo romance desde *Dom Quixote*, já não estava mais livre. O eu era apenas um produto de peculiaridades herdadas, combinadas à influência ambiental. Escritores naturalistas – notadamente Thomas Hardy – conferiam a seus personagens certas características genéticas, jogavam-nos num *inferno* de fatores ambientais, para depois descreverem o comportamento resultante deles. O trabalho do naturalista (a seus olhos, ao menos) era semelhante ao de um cientista: pôr um rato em um labirinto, ficar observando seu comportamento e registrar o resultado sem maiores elaborações.

E assim, chegamos ao século XX. O estilo do realismo, com sua catalogação rica em detalhes, ainda está presente. Don DeLillo começa o seu romance *Ruído Branco* com o narrador curvando-se para fora da janela e observando os demais colegas que chegam para o primeiro dia de aula: "As peruas chegaram ao meio-dia, uma longa linha brilhante que cruzava a parte ocidental do campus. Em fila única elas contornavam a escultura cor de laranja em formato de viga, movendo-se em direção aos dormitórios. Os bagageiros das peruas estavam lotados de malas cuidadosamente presas, cheias de roupas leves e pesadas; caixas com cobertores, botas e sapatos, material de escritório e livros, lençóis, travesseiros, colchas; tapetes e sacos de dormir enrolados; bicicletas, esquis, mochilas, selas inglesas e americanas, botes infláveis [...]". E por aí vai.

No entanto, as *ideias* por trás do romance mudaram desde o apogeu do realismo. Geralmente, o romance é considerado algo que se move da "modernidade" para a "pós-modernidade". Definir esses dois termos é delicado, uma vez que ninguém se deu conta de que a modernidade existiu até ser substituída pela pós-modernidade, que significa simplesmente "o que se seguiu à modernidade".

"O segredo sórdido que se esconde no meio acadêmico", disse-me um colega certo dia, "é que nenhum de nós sabe de fato o que exatamente é o pós-modernismo". Provavelmente seria de grande ajuda se os críticos estivessem em condições de, primeiro, declarar em bom inglês o que é modernismo. O crítico James Bloom, por exemplo, escreve que modernismo envolve "densidade e ambiguidade genérica, e a compreensão [...] do status [do próprio romancista] como mediador e mediado", o que não nos leva muito longe.[10] A maior parte das outras definições é igualmente obscura.

Em termos mais simples, então: o modernismo é um tipo de realismo. Ele também tenta retratar a "vida real". Entretanto, os modernistas, que escreveram entre e depois das grandes guerras, viram que os ancestrais vitorianos estavam iludidos. Os vitorianos pensavam que eram capazes de compreender a essência da vida, mas os modernistas sabiam que a "verdadeira vida", de fato, estava além de sua compreensão. A "verdadeira vida" era caótica, aleatória e sem direção e, semelhantemente, o "estilo científico" dos modernistas é caótico, recusando-se a levar os romances para qualquer tipo de resolução ordenada. Para citar Dorothy L. Sayers (uma genuína anglicana que criticou o modernismo, afirmando sua crença em Deus e escrevendo romances policiais, uma forma extraordinariamente não caótica de literatura):

> Disse o jovem escritor emergente: "O que é o quê?
> Se acabo com a causalidade
> Nenhuma palavra do meu texto
> Suportará a próxima.
> E o que será do enredo?".[11]

A ausência de enredo tornou o romance modernista muito difícil de ler, especialmente para o leitor comum que anseia por uma *história*.

Os modernistas, no entanto, tendiam a desprezar a história. E tendiam ao esnobismo, um de seus aspectos menos atraentes. Escritores modernistas não

---

[10] James Bloom, *Left Letters*. New York, Columbia University Press, 1992, p. 7.

[11] Dorothy L. Sayers e Robert Eustace, *The Documents in the Case*. New York, Harper & Row, 1987, p. 55.

confiavam nas massas e punham toda a sua confiança em uma pequena elite culta. Muitos entre os de maior destaque (notadamente Ezra Pound) apoiavam o fascismo e zombavam da democracia. E os mais conhecidos desprezavam ao máximo a"ficção popular". O romance era um tipo de exercício e não uma forma de entretenimento, e os leitores que buscavam entretenimento eram orientados a comprar um faroeste em uma loja de conveniência. Virginia Woolf queixava-se de que o romancista era um "escravo" da necessidade de vender livros; ela aspirava à ficção que pudesse ser livre, "sem nenhum enredo, sem comédia, sem tragédia, sem interesse amoroso ou catástrofe nos moldes aceitos". E. M. Forster escrevia: "Ai de mim, claro que o romance conta uma história", mas, no fundo, desejava de coração que o mercado não demandasse uma "história", esse "formato inferior, com sinais de atavismo". (Tanto Forster quanto Woolf, porém, acabaram contando histórias bastante interessantes, o que indica que o mercado acabou vencendo no final).

Ninguém gosta de ser condescendente, então não é de surpreender que a maioria dos estudantes do ensino médio desenvolva uma aversão aos romances modernistas, que são forçados a ler em inglês antigo em vez de ir ao cinema. (Afinal, os filmes têm enredos.) Assim eles estão sendo bons pós-modernistas.

O pós-modernismo é o filho adolescente do modernismo. O pós-modernismo diz ao modernismo: "Quem foi que o nomeou chefe?". (E para E. M. Forster: "Quem o tornou uma autoridade em ficção, seu branquelo morto?") O pós-modernismo rejeita a reivindicação do modernismo de conhecimento da verdade sobre a vida real. O pós-modernismo diz: há várias maneiras de retratar a vida real e nenhuma autoridade pode afirmar qual delas é a correta. *Buffy, a Caça-Vampiros*, tem tanto valor intelectual quanto *O Coração das Trevas*.

O romancista pós-moderno considerou que todas as tentativas prévias de escrever sobre o eu individual eram falhas, porque insistiam em ver o eu como essencialmente livre. Não, não, diz o pós-modernista; o eu privado com o qual topamos pela primeira vez em *Dom Quixote* e *O Peregrino* não é uma espécie de ser independente, livre, capaz de achar o próprio caminho em meio aos obstáculos, derrotando a hipocrisia da sociedade. Esse eu também não foi formado pela natureza ou pela genética. Em vez disso, esse eu privado foi *produzido* pela sociedade. Tudo o que pensamos sobre nós mesmos – toda a "verdade" que conhecemos sobre nossa existência — tem sido incutido em nós, desde o nascimento, pela nossa cultura. Jamais poderemos "sair" das estruturas da sociedade para ver o que é a verdadeira realidade. E quando examinamos nosso eu mais a fundo, tudo o que encontramos é um punhado de convenções sociais.

Os romancistas pós-modernos não tentaram escrever histórias "originais", uma vez que "original" significa alguma espécie de habilidade criativa, livre da influência da sociedade. Em vez disso, eles escreveram *sobre* a sociedade, sobre a corrente de informações que nos molda desde o nascimento. Sua catalogação cuidadosa e demorada de detalhes da vida cotidiana é um lembrete ao leitor: eis aí o que você é. Você foi formado e moldado por esses pormenores. Você jamais poderá escapar deles.

No *Ruído Branco*, de DeLillo, o narrador tenta obter algum controle sobre o caos da sua vida arrumando seu sótão (um impulso que todos nós temos). Contudo, no fim, ele é vencido pelos detalhes:

> Eu joguei fora arames de molduras de fotos, suportes de livros, descansos de copos de cortiça, chaveiros de plástico, garrafas empoeiradas de mercurocromo e vaselina, pincéis ressecados, escovas de sapato endurecidas, corretivo líquido coagulado. Joguei fora tocos de vela, jogos americanos laminados, pegadores de panela puídos [...] Joguei fora o meu cantil cáqui surrado, minhas ridículas botas de pescaria. Joguei diplomas, certificados, prêmios e citações. Quando as meninas me pararam, eu estava trabalhando no banheiro, descartando barras de sabão usadas, toalhas úmidas, frascos de xampu com rótulos enrugados e sem tampa.

Os pós-modernistas conseguem ser tão didáticos quanto os sermões de John Bunyan, e *Ruído Branco* (como seu romance posterior e maior, *Underworld* [Submundo]) martela sempre na mesma tecla de forma tão austera quanto qualquer alegorista puritano. Para aqueles que rejeitam a ideia de "uma verdade", os pós-modernistas são incrivelmente barulhentos quando bradam suas conclusões: *entendeu? Entendeu? Você é impotente. A sociedade joga você para lá e para cá. Ela o governa. Ela é você.*

O pós-modernismo literário começou a perder força no final dos anos 1970, e nenhum outro "movimento" o substituiu (essas coisas são mais fáceis de ver em retrospecto). No entanto, parece que agora, quando o romance atinge seu quatrocentésimo aniversário, demos uma volta completa em torno de *Dom Quixote*. "Sentem-se", diz Cervantes aos seus leitores, "e deixem que eu lhes conte uma história. É apenas um faz de conta, mas está tudo bem; vocês vão gostar, de qualquer maneira". "Aqui está o meu livro", anuncia o romancista do século XX, Italo Calvino: "Ponha os pés para cima e leia".

Essa técnica é chamada de *metaficção*. Em vez de criar um mundo ficcional que faz de conta que é real, a metaficção admite, logo de cara, que se trata apenas de uma história; o escritor está bem atrás de você, enquanto você cruza o limiar para o novo mundo, bradando: "Não se esqueça de onde você veio!". Assim, Calvino não precisava se preocupar em ser levado a sério. Ele tinha liberdade para admitir que estava escrevendo um romance, porque os pós-modernistas mostraram que o contraste entre o "verdadeiro" e o "falso" não passa do produto da busca do realista por uma verdade que sequer existe.

De modo que a tensão criada nos primeiros anos da existência do romance – a tensão entre o real e o ficcional, fantasia e realidade, romance e folhetim – finalmente começou a ceder. Eventos fantásticos passam a ser admissíveis novamente, e os romances que fazem uso deles possuem seu próprio estilo (intelectualmente respeitável): realismo mágico. O enredo teve um retorno até menor. *Possessão*, o último romance da relação a seguir, é uma história de amor, uma reflexão estranha sobre um estado da crítica literária, um mistério com um ponto de vista que se alterna entre o presente e o passado; entre o narrador onisciente e a narrativa em primeira pessoa; que usa cartas, sonhos, artigos críticos, biografias, porções de contos, excertos de poemas (todos escritos pelo autor, A. S. Byatt) e contação de histórias ultrapassadas para levar o leitor ao seu âmago. *Possessão* tem o subtítulo "Um folhetim" e começa com um epigrama de Nathaniel Hawthorne: "Quando um escritor chama sua obra de folhetim, é quase desnecessário observar que ele deseja reivindicar certa amplitude, tanto em relação ao seu estilo quanto ao material, que ele mesmo não se sentiria autorizado a assumir se professasse estar escrevendo um romance". *Possessão* foi até comprado – como reconhecimento final da história no seu âmago – por Hollywood.

Depois de quatrocentos anos, a prática de escrever romances cresceu: os melhores escritores de metaficção ficam felizes em ser chamados de contadores de histórias, ou mesmo folhetinistas. O pós-modernismo, apesar de todas as suas falhas, afrouxou as forças repressoras do realismo do século XIX e de suas formas afins, devolvendo à imaginação um pouco do poder que lhe havia sido usurpado nos dias dos realistas e dos naturalistas.

COMO LER UM ROMANCE

Primeiro nível de investigação: leitura no estágio gramatical

A primeira vez que você lê um romance do começo ao fim, deve procurar respostas para três perguntas simples: quem são essas pessoas? O que acontece com elas? E quais foram as mudanças que elas sofreram? Ao longo da leitura você deve também dobrar o canto das páginas (ou marcá-las) sempre que algo significativo acontecer. Não se preocupe em determinar o sentido desses trechos – você vai retomá-los mais tarde, depois de ter feito a sua primeira leitura sem interrupção.

Observe o título, a quarta capa e o sumário. Com o seu diário e um lápis por perto, leia o título e a contracapa. Se o livro possui um resumo biográfico do autor e/ou tradutor, leia-o também. Lembre-se: não leia o prefácio, a menos que tenha sido *escrito* pelo autor (ou tradutor); do contrário, você terá uma interpretação do livro antes de ter a chance de formar as próprias ideias.

Registre o título do livro, o nome do autor e a data no topo da página em branco. Logo abaixo, anote quaisquer fatos extraídos da contracapa do livro ou da introdução que possam ajudá-lo na sua leitura do livro da forma como pretendia o autor. No caso da edição da Penguin de *Dom Quixote*, por exemplo, a quarta capa lhe conta que Cervantes começou sua história como uma paródia de canções e novelas tradicionais de cavalaria; então, escreva: "Paródia das tradicionais histórias de cavalaria" (ou algo parecido), como um recado para você mesmo.

Agora, leia o sumário. *Dom Quixote* tem muitos capítulos curtos; os títulos dos capítulos – Capítulo 1. *Que trata da condição e exercício do famoso e valente fidalgo Dom Quixote de La Mancha*; Capítulo 2. *Que trata da primeira saída que de sua terra empreendeu o engenhoso Dom Quixote*; Capítulo 3. *Onde se conta a graciosa maneira por que*

Dom Quixote se armou cavaleiro, etc. – dizem-lhe que a história se desdobrará em eventos separados e breves. Os títulos dos capítulos de *A Letra Escarlate* ("Hester e o Médico"; "Hester e a Pérola"; "O Ministro numa Enrascada") apresentam a você os personagens principais da história. Em ambos os casos, os títulos dos capítulos lhe dirão como abordar o livro. *Dom Quixote* é uma aventura episódica; *A Letra Escarlate*, um exame de personagens. Se um romance não possui capítulos com títulos (*1984*, *Morro dos Ventos Uivantes*, *O Grande Gatsby*), isso também é importante; o escritor achou as várias partes da história tão intimamente relacionadas que ficou difícil dividi-las e intitulá-las. Se os títulos dos capítulos lhe dão alguma dica sobre o conteúdo do livro, você poderá registrar uma ou duas sentenças para sua referência.

Agora, comece a ler o Capítulo 1.

Elabore uma relação dos personagens ao longo da leitura. Em algum lugar de seu bloco de notas (bem debaixo do título ou, quem sabe, do lado esquerdo da página), você poderá criar uma lista de personagens: seus nomes, suas posições e seus relacionamentos uns com os outros. Algumas vezes (especialmente em obras russas), os personagens têm dois (ou mais) nomes; sua lista de personagens pode ajudá-lo a se lembrar deles corretamente. Se o romance trata de uma família, elabore uma tabela genealógica dos personagens (do contrário, jamais se lembrará corretamente dos parentes de *Oliver Twist*).

Identifique brevemente o principal evento de cada capítulo. Ao término de cada capítulo, escreva em seu bloco de notas uma ou duas sentenças que descrevam o evento principal do capítulo. Elas devem representar estímulos de memória para você, e não *resumos* detalhados do enredo. Tente limitar-se a um acontecimento importante por capítulo. "Dom Quixote decide tornar-se um cavaleiro, então ele escolhe Aldonza Lorenzo para ser a sua dama e lhe dá o nome de Dulcineia del Toboso." Esse é um resumo perfeito do Capítulo I de *Dom Quixote*. Sentenças como essa vão ajudá-lo a entender o andamento geral das coisas – sem falar que a retomada da leitura depois de uma interrupção vai ficar mais fácil. Em algum momento de sua leitura, surgirá pelo menos uma crise que o atrapalhará em seu estudo, e você não vai querer reler quatrocentas páginas do desenvolvimento do enredo só porque se esqueceu dos acontecimentos anteriores.

Faça anotações iniciais de passagens que lhe pareçam interessantes. Ao longo dessa leitura inicial, não pare para escrever reflexões longas sobre o conteúdo do livro. Contudo, se você se deparar com um trecho que lhe pareça particularmente importante, ponha-o entre parêntesis, dobre o canto da página e escreva uma nota para si mesmo em seu diário. ("Página 31: será importante registrar que foram os *livros* que levaram Dom Quixote à loucura?"). Dê um jeito de distinguir as suas notas dos seus resumos de conteúdo; escreva-as nas margens do seu diário, em uma página diferente ou com uma cor diferente.

Dê ao livro seu próprio título e subtítulo. Quando você terminar de ler o livro, volte e releia seus resumos dos capítulos. Será que eles estão lhe fornecendo um esboço claro e coerente dos acontecimentos da obra? Em caso afirmativo, você pode passar para o próximo passo: a titulação. Caso contrário, terá de reescrever seus resumos: apague todos aqueles detalhes que não lhe parecem essenciais agora, acrescente eventos ou personagens importantes que possam ter-lhe escapado.

Assim que você estiver satisfeito com seu esboço, dê um título breve ao livro e um subtítulo mais longo. Antes de poder fazer isso, entretanto, você terá de responder a duas perguntas:

1. Qual é o personagem central deste livro?
2. Qual é o evento mais importante do livro?

Se você tiver dificuldade para responder a essas questões, pergunte-se o seguinte: há algum ponto do livro em que os personagens se transformam? Há algum acontecimento que faz com que todo mundo mude de comportamento? Existem muitos momentos importantes em O *Peregrino*, mas a mudança mais radical do herói da história acontece logo no começo, quando ele ouve as palavras do Evangelista e atravessa correndo a chancela do portão, gritando: "Vida, vida, vida eterna!". Ele é outro homem depois disso – e, embora passe por múltiplas provações e tentações, sua nova personalidade não se altera. Retome a lista dos principais acontecimentos que você anotou para cada capítulo e tente identificar qual foi o mais central e transformador da vida de todos.

Uma vez que você tenha identificado esse evento, pergunte-se: qual dos personagens é o mais afetado? Esse provavelmente será o herói (ou a heroína) do livro. (Contudo, não se preocupe demais com essa questão; você poderá mudar de ideia depois de ter feito uma segunda leitura, mais profunda, das partes importantes do livro).

Agora, dê ao livro um título que mencione o personagem principal, e um subtítulo que conte como esse personagem é afetado pelo evento principal do livro. *Viagem de Cristão para a Cidade Celestial: como um homem comum respondeu ao convite do Evangelista, deixando seu lar para trás e iniciando a jornada durante a qual encontra várias figuras que representam verdades bíblicas; ele encara Apolião; vence uma série de tentações que tentam afastá-lo da estrada para a Cidade; e finalmente cruza o Jordão rumo à glória.* Isso resume a história.

Segundo nível de investigação: leitura no estágio lógico

Sua primeira leitura do livro deve lhe dar uma ideia da história como um todo: um conto arrebatador que você acompanhará do começo ao fim, sem parar para digerir ou verificar detalhes. Agora você vai focar seu olhar em elementos individuais do livro. A essa altura, o ideal seria que você relesse todo o romance, mas a menos que você seja uma pessoa rica, independente e solteira (como os cavalheiros eruditos dos séculos passados), provavelmente não o fará. Então, retome os trechos entre parênteses ou marcados que você anotou na sua primeira leitura completa. Alguns parecerão irrelevantes agora; outros de repente se revelarão centrais.

Se você estava lendo não ficção, começará agora a analisar o argumento do escritor: de que ideia ele está querendo convencê-lo? Que evidência está lhe dando para você acreditar no argumento dele?

Entretanto, a ficção tem uma finalidade diferente da filosofia, ou da ciência, ou da história. O romance não lhe apresenta um argumento; ele o convida a penetrar em outro mundo. Ao analisar um livro não ficcional, você poderá se perguntar: será que ele está sendo convincente? Quando você avalia um romance, no entanto, deve perguntar-se: terei eu sido persuadido? Até que ponto consigo ver, sentir, ouvir esse outro mundo? Poderia eu simpatizar com as pessoas que ali vivem? Será que eu entenderia as vontades, os desejos e os problemas delas? Ou será que nada disso mexe comigo?

Como qualquer outra habilidade, o pensamento crítico sobre um romance se torna mais simples com a prática. O breve guia para a análise literária apresentado a seguir não pretende ser um curso de pós-graduação em crítica literária. Tampouco pretende torná-lo um crítico. Essas questões vão, antes, começar a conduzi-lo a um modo de pensar mais analítico. À medida que você se exercitar em fazer essas perguntas, outras perguntas (e respostas) virão à sua cabeça.

Em seu diário, tome nota das respostas para as perguntas listadas a seguir. É claro que nem todas elas se aplicarão a qualquer romance; se uma das questões parece não ter nenhuma boa resposta, deixe-a de lado e siga em frente. E lembre-se de que não há necessariamente "respostas certas" para essas questões. (Os críticos poderiam ficar discutindo eternamente se *Moby Dick* está mais perto do realismo ou da fantasia). Contudo, sempre que você tomar nota de uma resposta, cite-a *diretamente do romance*, a fim de dar sustentação à sua resposta. Isso o manterá focado no livro. Usar uma citação direta evitará que você faça asserções genéricas – e sem sentido, como "*Moby Dick* trata da busca do homem por Deus". Essa sentença deve ser seguida imediatamente por: "Isso pode ser visto na cena em que..." e, então, uma descrição da cena.

Esse romance é uma "fábula" ou uma "crônica"? Todo romancista pertence a um ou dois gêneros. Alguns escritores querem nos puxar para um mundo bem parecido com o nosso; eles nos dizem o tempo todo como as pessoas se comportam, em vidas governadas pelas mesmas regras que regulam a nossa própria vida. Esses escritores nos convencem de que toda emoção vem da mesma raiz; toda ação, de uma reação. Esses autores produzem "crônicas" – histórias que se desenrolam em nosso próprio universo.

Outros romancistas nunca tentam nos convencer de que o mundo do livro seja real. Essas fábulas de "era uma vez" nos transportam para um lugar onde se aplicam leis diferentes. "Eu parti da Inglaterra", observa Gulliver, "e fui capturado por uma gente de oito centímetros de altura". "E então eu vi que havia um caminho para o inferno, mesmo diante dos portões do céu", o Cristão nos diz. O escritor de fábulas não começa com: "Às 9 horas da manhã de um sábado chuvoso de junho", e sim com: "Era uma vez...". *O Peregrino* e *Viagens de Gulliver* foram escritos por contadores de fábulas; *Orgulho e Preconceito* e *Retrato de uma Senhora*, por cronistas.[12]

Esta é a primeira pergunta que você deve se fazer com relação ao romance: será que a narrativa está ocorrendo em um mundo regido pelas leis que governam *minha* existência? Ou será que há eventos fantásticos no livro que não se enquadram na realidade que eu conheço?

Uma vez que você tenha respondido a essas questões, pode então refletir sobre uma destas três perguntas a seguir (mais uma vez, tente tomar nota de uma citação ou duas do romance que deem sustentação a cada resposta):

1. Se esse romance se passa no nosso mundo – uma crônica, portanto –, como o escritor nos revela essa realidade? Será que ele tenta nos convencer de que o mundo dele é real mediante a apresentação cuidadosa de detalhes físicos – as refeições que as pessoas fazem, o estilo e as cores de suas roupas, o cenário que as cerca? Ou será que, para isso, ele foca o detalhe *psicológico*: os processos da mente, a ascensão e queda das emoções, a lenta descoberta das motivações?

2. Se o escritor está nos apresentando um mundo fantástico, qual é o seu objetivo?

Será que está escrevendo de forma *alegórica*? Em uma alegoria, o escritor estabelece uma correspondência estrita e rigorosa entre alguma parte da sua história (um personagem, um evento, um lugar) e outra realidade, literal. Em

[12] Na ficção contemporânea, essa distinção pode ser vista mais claramente no mundo da ficção científica e no da fantasia, sendo que a ficção científica é definida (nas palavras de Orson Scott Card) como uma história com "porcas e parafusos". Em uma obra de fantasia, Frodo consegue colocar o Anel do Poder em seu dedo e se tornar invisível; na ficção científica, ele tem de desaparecer ao manipular as ondas quânticas no *continuum* espaço-temporal. Note que a ciência não precisa ser *real*; mas tem de ser ao menos compatível com o conhecimento científico atual, com as leis do universo como as conhecemos atualmente.

O *Peregrino*, Cristão carrega um enorme fardo nas costas; esse fardo representa o pecado. Nas *Viagens de Gulliver*, os personagens guerreiam entre si para ver se os ovos cozidos devem ser quebrados pela parte de cima ou de baixo; a disputa amargurada entre os adeptos do quebrar de ovos pela parte de cima e pela parte de baixo é uma referência alegórica à controvérsia sobre a observância mais apropriada da Eucaristia, que fervilhava na época de Swift. (A escolha da alegoria por parte de um autor é em si a expressão de uma opinião, e você pode ter problemas com isso: nem todo mundo acha que o debate sobre a Presença Real [do corpo de Cristo na Eucaristia] seja tão insignificante quanto o debate sobre a maneira de se quebrar ovos.)[13]

Na ausência de alegorias, o escritor de fábula estaria só *especulando*? Nesse caso, os elementos fantásticos não têm uma correspondência estrita e rigorosa com o nosso mundo; ao contrário, a estranheza de ambientes não familiares representa ideias levadas a seu extremo. George Orwell escreve de forma fantástica sobre um mundo que não existe, mas ele não quer fazer nenhum paralelo entre o Big Brother e algum político contemporâneo. No estranho universo de *1984*, certos aspectos da vida moderna são estendidos, exagerados e expandidos até um extremo impensável, a fim de demonstrar seu perigo potencial.

3. Será o romance essencialmente realista, mas com alguns elementos fantásticos? Nesse caso, você não pode classificá-lo simplesmente como uma "fábula". *A Letra Escarlate* narra eventos bastante corriqueiros – infidelidade, o nascimento de uma filha ilegítima –, mas seu clímax envolve ao menos um elemento fantástico. *Jane Eyre* é a história de um povo realista que vive (de forma infeliz) em casas normais, mas Jane ouve uma voz fantasmagórica em um momento de clímax: seria um sonho? Quando um escritor introduz elementos fantásticos em contos de características inicialmente realistas, ele está ilustrando

---

[13] Se você desconfia das alegorias, mas precisa de alguns detalhes culturais e históricos para achar os paralelos, dê uma olhada na introdução; consulte uma *Norton Anthology*, que em geral traz notas de rodapé dos elementos mais importantes da alegoria da obra clássica; ou use a ferramenta de pesquisa Google da internet (www.google.com) e faça uma pesquisa *on-line* por "Alegoria em [título da obra]" (não se esqueça de usar as aspas).

um fenômeno real que é poderoso demais para ser descrito em termos realistas. Você será capaz de identificar esse fenômeno?

O que o personagem central (ou personagens) está querendo? O que está no seu caminho? E que estratégia ele adota para superar esse obstáculo? Quase todo romance (mesmo o mais moderno) constrói-se ao redor dessas questões básicas. Você pode fazê-las para quantos personagens quiser, mas comece pela pessoa que lhe pareça a mais proeminente.

O que Elizabeth Bennet está querendo? Essas questões mais centrais muitas vezes parecem ter uma resposta direta. Elizabeth Bennet quer se casar. Os cristãos querem ir para a Cidade Celestial, Heathcliff quer Catarina, Ahab quer a baleia.

Em geral, porém, uma necessidade ou um desejo mais profundo, mais essencial, encontra-se além desse desejo superficial. Você muitas vezes consegue alcançar essa motivação mais profunda fazendo a segunda pergunta: *o que está no caminho dela?* O que está destruindo o preparo de Elizabeth Bennet para o casamento, o que complica a vida dela e ameaça destruir sua felicidade? Sua família: a impetuosidade de sua irmã mais nova; sua ridícula mãe; seu pai passivo e cínico. Elizabeth quer se casar, mas seu desejo mais profundo vai além do matrimônio. Ela deseja abandonar o mundo para o qual havia nascido e ingressar em um novo mundo (fazer essa pergunta também evitará que você dê uma resposta simplista demais como: Ahab *não queria* apenas pegar a baleia).

Agora, vamos classificar um pouco mais. Será que é uma *pessoa* que está impedindo a heroína de alcançar seus desejos mais profundos? Em caso positivo, será que essa pessoa é uma "vilã" no sentido clássico, ou uma malfeitora que deseja fazer mal a algum outro personagem? (Simon Lengree, em *A Cabana do Pai Tomás*, é um vilão clássico.) Ou será que o "vilão" é simplesmente outro personagem com um profundo desejo pessoal que se choca com o propósito da heroína? (A mãe, o pai e a irmã de Elizabeth Bennet, ao perseguirem os próprios interesses, não estão conscientes dos seus efeitos desastrosos sobre o romance cheio de conflitos de Elizabeth.)

O obstáculo no caminho da heroína não precisa ser uma pessoa. Uma série de circunstâncias, uma força maligna que vive a empurrá-la na direção errada, um conjunto de eventos impessoais que se juntaram para complicar a vida dela – coisas assim também podem impedir a heroína de alcançar o que deseja. O mundo do romancista pode demonstrar que seres humanos estão sempre à mercê de uma criação falha e decaída – ou de um universo indiferente ou mecânico, em que eles se tornam tão insignificantes quanto moscas.

Uma vez que você tenha identificado ou ao menos tenha feito uma tentativa de identificar o que um personagem deseja, e qual é o "obstáculo" que o afasta da realização desse desejo, já pode começar a responder à terceira questão: que estratégia um personagem está adotando a fim de superar os obstáculos que estão no seu caminho? Teria ele aberto caminho entre os opositores usando de força e riqueza para superar as dificuldades? Será que ele usou de manipulação, esquematização ou planejamento? Ele teria exercitado sua inteligência? Será que rangeu os dentes e seguiu em frente? Teria ele se curvado diante da pressão, murchado e morrido? São estratégias assim que produzem o enredo de um romance.

Essas perguntas básicas poderão conduzi-lo ao final até dos romances mais modernos da nossa relação. Os personagens sempre ansiaram pelo escape, pela liberdade, por uma existência ideal e pelo controle da vida deles. Jack Gladney, em *Ruído Branco*, de DeLillo, deseja encontrar o sentido inerente à vida, não o sentido imposto a ele pelas corporações que já construíram a história de sua vida por ele (uma história que envolve a compra constante de todas as coisas que elas produziam). O que o impede de achar esse sentido? Ele consegue encontrá-lo no final? (Três chances para adivinhar.)

Quem está contando a história? As histórias não flutuam no ar; elas são contadas por uma voz. Que voz é essa? Em outras palavras, qual é o *ponto de vista* do escritor?

Um ponto de vista, como outros aspectos da ficção, pode ser repartido em uma dúzia de outros, todos sutilmente diferentes. Se você não pretende fazer nenhum estudo detalhado sobre a arte da ficção,[14] só o que precisa fazer é

[14] Nesse caso, você poderá adquirir *The Rhetoric of Fiction*, de Wayne Booth, e *The Fiction Editor*, de Thomas McCormick, dois guias clássicos para saber como (e por quê) os romancistas conseguem produzir o efeito que produzem.

familiarizar-se com os cinco pontos de vista básicos. Cada qual com suas vantagens e suas compensações.

1. O ponto de vista da primeira pessoa (eu), que oferece uma perspectiva bastante imediata, mas limitada. A primeira pessoa permite que você ouça os pensamentos mais privados de um personagem — mas, em troca, você pode ver apenas o que acontece dentro do alcance da visão desse personagem e só pode conhecer os fatos dos quais ele tem consciência.

2. A segunda pessoa ("Você caminha rua abaixo e abre a porta...") não é comum, e geralmente é usada em obras experimentais (e jogos de aventura). Assim como o ponto de vista da primeira pessoa, a segunda pessoa mantém o leitor intimamente envolvido com a história e leva o senso de imediatismo para além do que uma primeira pessoa consegue levar. Entretanto, a segunda pessoa também tende a limitar o escritor ao tempo presente, podando qualquer reflexão sobre o passado.

3. A terceira pessoa limitada (também chamada de "terceira pessoa subjetiva") conta a história do ponto de vista de um personagem particular, investigando a mente do personagem, mas usando os pronomes da terceira pessoa (*ele* ou *ela*), mais do que os pronomes da primeira pessoa. Essa perspectiva permite ao escritor ganhar um pouco de distância da história, mas ainda o limita àqueles eventos em que o personagem, de cujo ponto de vista se lê a história, pode efetivamente ver e ouvir. Uma variante útil disso — e talvez a estratégia narrativa mais comum nos romances listados abaixo — é a "terceira pessoa múltipla", que permite ao escritor usar o ponto de vista de vários personagens diferentes, pulando do "lado de dentro" de um personagem para o "interior" de outro, com o intuito de oferecer perspectivas múltiplas.

4. "A terceira pessoa objetiva" conta a história de uma perspectiva distante, remota. O narrador pode ver tudo o que está acontecendo, como se ele estivesse pairando no espaço, acima da cena, mas não pode olhar para dentro do coração ou da mente de nenhum personagem. O escritor que usa a terceira pessoa objetiva ganha um tipo de perspectiva não passional, mas perde a habilidade de nos dizer o que os personagens estão pensando e sentindo; temos de

deduzir isso das ações e das expressões dos próprios personagens. A terceira pessoa objetiva é o ponto de vista do diretor do filme.

5. O ponto de vista onisciente – o mais popular até o século XIX – coloca o escritor no lugar de Deus. Ele é capaz de ver e explicar tudo. É capaz de explicar tanto os grandes eventos do universo quanto os pensamentos que ocupam os cantos mais recônditos da alma do personagem. O ponto de vista onisciente é muitas vezes também – mas nem sempre – o ponto de vista do autor; ele permite ao autor refletir sobre a moral e registrar suas ideias pessoais sobre os eventos do livro. (Nos tempos vitorianos, o ponto de vista onisciente permitia ao escritor dirigir-se diretamente ao leitor: "Querido leitor, que culpa profunda aquela mulher teve de sofrer!").

Que ponto de vista o escritor escolheu adotar? O que ele ganha e o que perde com isso? Uma vez que você tenha identificado o ponto de vista, faça uma experiência: reconte uma passagem crucial do romance de um ponto de vista diferente. O que isso mudaria na história?

Qual o cenário da história? Toda história acontece em um *lugar* físico. Esse lugar é natural ou construído pelo homem? Se for natural, até que ponto as florestas, campos e céus refletem as emoções e os problemas dos personagens? Nuvens cobrem o céu quando a heroína chora, o vento aumenta conforme os ânimos entram em conflito? Ou será a natureza indiferente às lutas do herói? As respostas a essas perguntas vão revelar para você como o romancista vê a relação humana com o mundo físico. Será que a humanidade está tão intimamente conectada com a natureza que a Terra responde ao dilema humano? Ou será que o universo é indiferente? Somos vistos como o centro do universo, ou simplesmente como insetos que rastejam sobre a sua superfície indiferente?

Cenários construídos por homens – uma cidade, uma casa, um quarto – também podem refletir a vida interior dos personagens: ordenada e limpa, desarrumada e confusa. "Quando voltei no dia seguinte", escreve o narrador de O *Estrangeiro*, de Camus, "os pequenos ventiladores ainda agitavam o ar pesado, e os jurados acionavam os seus pequenos abanadores espalhafatosos em uma espécie de ritmo constante. O discurso de defesa me parecia interminável".

A atmosfera pesada, invariável, reflete a própria inabilidade do narrador de atravessar a bruma de confusão em torno dele.

Procure outros trechos descritivos e pergunte a si mesmo: quem está presente na cena? Qual é o aspecto do cenário? Como o personagem o percebe? O que isso tem a ver com seu estado mental?

Que estilo o escritor está empregando? O "estilo" não diz respeito apenas ao vocabulário que um escritor usa (mono ou polissilábico?), mas também ao comprimento geral das sentenças; elas são curtas e concisas? Ou são complexas, com muitas orações e ideias subordinadas?

No começo do século XX, romancistas realistas fizeram um esforço concentrado para se afastar de sentenças complexas e complicadas – produto do esforço reflexivo e muitas canetadas – rumo a um estilo mais coloquial e informal, mais próximo do linguajar que as "pessoas reais e simples" usariam em conversas cotidianas. Esse afastamento da linguagem formal refletiu uma mudança nas ideias a respeito do "bom estilo".

Você pode identificar se o escritor está usando linguagem (ou *dicção*) formal, com alguns poucos artifícios simples e mecânicos. Em *Classical Rhetoric for the Modern Student* [Retórica Clássica para o Estudante Moderno], Edward Corbertt sugere o seguinte:

1. Escolha um parágrafo longo e conte as palavras de cada sentença. Qual é a sentença mais curta? Qual a mais longa? Qual é a quantidade média de palavras por sentença?

2. No mesmo parágrafo, conte o número de substantivos e verbos que tenham três ou mais sílabas.

3. Quantos substantivos no parágrafo se referem a *coisas* concretas (povos, cenários, animais, vestuário, comida, etc.), e quantos se referem a *ideias* abstratas?

4. Quantos verbos do trecho descrevem atividade física (correr, pular, escalar, corar) e quantos descrevem atividade mental (preocupar-se, antecipar-se, alegrar-se)?[15]

[15] Edward Corbett. *Classical Rhetoric for the Modern Student*. 4. ed. Oxford, Oxford University Press, 1999, p. 341-77.

Esses exercícios mecânicos podem ajudá-lo a começar a avaliar se o estilo do escritor é "simples" (curto, palavras comuns, sentenças simples) ou mais complexo e ornamentado.

Agora, considere três trechos dos diálogos de três personagens diferentes e compare-os, usando o exercício acima. Será que todos esses personagens têm falas semelhantes (esse é um erro comum – mesmo na obra de grandes escritores)? Ou será que os seus padrões de discurso refletem o fato de que eles têm contextos diferentes, trabalhos diferentes, vidas diferentes?

* *Imagens e metáforas.* Há alguma imagem particular frequentemente repetida? Os personagens se veem constantemente atravessando rios e caminhando por florestas? Há alguma cor em particular (um vestido branco, uma rosa branca, um céu branco) que ocorre mais de uma vez? Em *O Grande Gatsby*, um par de enormes olhos de madeira, abandonados pelo oculista, que queria usá-los em um outdoor, aparece triste sobre uma superfície cinza. Em *Possessão*, A. S. Byatt faz muito uso das cores verde e azul e sua relação com a água e o gelo glacial.

Uma vez que você tenha identificado uma imagem que se repete, pergunte-se: isso é uma metáfora? Em caso afirmativo, o que ela representa? Uma *metáfora* é um objeto físico ou ato que representa outra coisa – uma atitude, uma situação, uma verdade. Uma metáfora é diferente de uma alegoria. Uma alegoria envolve uma correspondência equivalente entre diferentes elementos da história e as realidades que eles representam; uma alegoria é um *conjunto* de metáforas relacionadas, enquanto a metáfora é uma única imagem que pode veicular múltiplos sentidos. Os enormes olhos de madeira em Gatsby são recorrentes. Como os olhos de Deus, eles estão vigiando os personagens constantemente, mas são cegos e indiferentes e não dão sentido à vida dos que estão sob seu olhar fixo. Eles também olham por sobre uma planície, que poderia ser transformada em um movimentado bairro comercial, mas que se tornou um descampado. Assim, os olhos de madeira servem de metáfora para a ausência de Deus, mas também chamam nossa atenção para o vazio essencial na vida esplêndida e próspera de Daisy e seu círculo.

Cenas de abertura e fechamento. Agora, tome um tempo para examinar as cenas de abertura e fechamento. O início de um romance deverá atraí-lo imediatamente para o problema central de uma história. Será que o escritor está sugerindo um mistério, ao começar a esboçar um cenário incompleto que você não consegue entender imediatamente? Se for isso, quem sabe a intenção do livro seja mostrar como os seres humanos são capazes de superar conhecimentos parciais, usando sua perspicácia e sua determinação para dar sentido à confusão. Será que o livro começa com violência e cor, prendendo-o pela ação pura? Sendo assim, quem sabe a intenção seja a de retratar os seres humanos como ocupados e eficientes no seu mundo. Ou será que ele começa com passividade ou estagnação? Talvez a intenção seja justamente o contrário: revelar o desamparo essencial da humanidade. "É uma verdade universalmente aceita", começa Jane Austen em *Orgulho e Preconceito*, "que um homem solteiro dotado de fortuna deveria estar à procura de uma esposa". Essa sentença simples contém todos os maiores temas do romance: a necessidade de casamento, o desejo pela prosperidade independente e a natureza volúvel das "verdades universalmente aceitas", pois os personagens veem suas convicções mais profundas serem rechaçadas, uma a uma, à medida que a história vai se desdobrando. Henry James começa o *Retrato de uma Senhora* com um chá no jardim da frente de uma casa inglesa: "O verdadeiro crepúsculo levaria horas para acontecer", escreve ele, "mas os raios de luz do verão estavam começando a declinar, o ar amadurecia, as sombras se esticavam por sobre a relva densa e suave". A tranquilidade e a languidez do cenário europeu são logo estilhaçadas pela chegada de um norte-americano vigoroso, e esse conflito entre as culturas antiga e nova é a preocupação central de James.

Agora que você considerou a abertura, vá ao final. John Gardner sugere, em *The Art of Fiction* [A Arte da Ficção], que as histórias têm dois tipos de final. Temos a *resolução*, quando "nenhum acontecimento adicional pode se dar (o assassino foi pego e enforcado, o diamante foi encontrado e devolvido ao seu dono, a dama arredia foi capturada e se casou)". Em contraste a esse tipo, temos o final da *exaustão lógica*, em que os personagens alcançaram "o estágio da repetição infinita; mais eventos podem se seguir..., mas todos eles vão expressar a mesma coisa – por exemplo, o aprisionamento dos personagens em rituais vazios ou alguma reação bastante errada em relação às pressões de seu ambiente".[16]

Que tipo de final tem um livro? A *resolução* descrita por Gardner mostra certa confiança de que podemos triunfar sobre o nosso mundo, controlar nossa existência descobrindo regras que podemos seguir para obter sucesso (ou quebrar de forma desastrosa). O final da *exaustão lógica*, por outro lado, mostra que estamos imobilizados, impotentes, condenados a repetir sempre as mesmas ações. Cada tipo de final demonstra certa filosofia sobre a natureza da vida humana. Você concorda com essa filosofia?

Esta questão (será que eu *concordo*?) nos leva ao terceiro estágio de leitura: a fase retórica.

Terceiro nível de investigação: leitura no estágio retórico

Suas respostas às questões do estágio lógico devem começar a revelar as ideias que estão no âmago de cada romance. Ao longo do estágio retórico, você terá de decidir se concorda com aquelas ideias ou não.

Esses grandes romances se distinguem tão significativamente entre si – e a abordagem pessoal que você fizer deles dependerá muito da sua própria filosofia de vida, das suas crenças religiosas, da sua experiência de trabalho e lazer e da sua vida familiar – que não sou capaz de estabelecer "tópicos de discussão" assim de um modo rápido e concreto. Contudo, posso sugerir um tópico ou outro que ajudarão você a começar o processo de interação com as ideias dos romances. Lembre-se de que o exame do romance feito no estágio retórico deve ocorrer em parceria com outro leitor. Você inicia o diálogo respondendo a uma das perguntas a seguir e pede que seu parceiro de leitura faça o mesmo. Se você conduzir suas discussões por carta ou e-mail, sua carta inicial poderá consistir em apenas alguns parágrafos que respondam a uma das questões abaixo; seu parceiro de leitura poderá responder com as próprias ideias; e, então, você poderá partir para a próxima pergunta. Mesmo se você estiver discutindo o livro cara a cara com seu

[16] John Gardner, *The Art of Fiction: Notes on Craft for Young Writers*. New York, Knopf, 1983, p. 53.

parceiro, anote suas respostas no seu diário, de modo que essas anotações sirvam de "histórico" do desenvolvimento das suas ideias sobre a leitura de ficção.

Que perguntas você deve fazer? A maioria delas estará relacionada a uma dúvida central: esse livro apresenta um retrato preciso da vida? Será que ele é *verdadeiro*?

As ideias que você discutirá no estágio retórico da leitura de romances têm a ver com a natureza da experiência humana: qual o perfil das pessoas? O que as orienta e as molda? Será que somos livres? Se não, o que nos amarra e nos restringe? Há algum homem ou mulher ideais? Existirá algo como um ideal de homem ou mulher – ou será que essa ideia, em si, sugere algum tipo de "verdade" transcendental que não passa de ilusão?

Você simpatiza com os personagens? Com quais e por quê? Você é capaz de achar algum ponto de empatia (identificação emocional ou intelectual) com cada personagem principal? O dilema dos personagens, ou sua reação ao dilema, precisa provocar algum tipo de reconhecimento; mesmo nos personagens mais bizarros e maníacos deve haver alguma coisa que possamos reconhecer. "Embora possamos ver de cara que o Capitão Ahab é um louco", observa John Gardner, "atestamos sua sede furiosa pelo conhecimento da verdade".

Em um grande romance, mesmo os malfeitores possuem alguma emoção ou motivação com que o leitor possa se identificar. O bandido do romance é um vilão não por ser um monstro, mas porque alguma qualidade real dele foi distorcida e exagerada, até se tornar destrutiva. De maneira semelhante, a heroína não deve possuir uma bondade em estado puro, ninguém se identificaria com um personagem assim. Sua grandeza deveria resultar da sua vitória sobre defeitos que podemos compartilhar ou com os quais nos identificamos. Se ela deixa de ser vitoriosa, como Lily Bart em *The House of Mirth* [A Casa da Felicidade], de Edith Wharton, deveríamos pensar que sua derrota poderia ter sido a nossa; se estivéssemos no lugar dela, nós também poderíamos ter sucumbido.

Tente identificar qual traço de personalidade lhe permite simpatizar ou não com cada personagem: a busca de Ahab pela verdade; o desejo de beleza de Lily Bart; a sede de liberdade de Huck Finn. Você sente essa qualidade em si mesmo, ou a observa nos outros? Será que essa qualidade se encontra distorcida, ou exagerada, ou de alguma forma infringindo as regras no romance? Que tendência oposta a destrói, ou se coloca no caminho de seu florescimento completo? Você também reconhece esse impulso contrário em si mesmo?

Depois, reflita: se o autor escolheu essa qualidade como característica central do personagem, será que está fazendo uma afirmação, através dessa escolha, sobre a condição humana? Sobre os desejos universais que todos os seres humanos compartilham, e a oposição que todos nós também encaramos quando tentamos satisfazer esses anseios?

A técnica do escritor lhe dá uma ideia de sua "tese central" – de sua compreensão da condição humana? O ponto de vista, o cenário, o uso de detalhes, o nível de reflexão consciente: cada uma dessas técnicas pode implicar certo compromisso filosófico do escritor. Considere as implicações do seu ponto de vista. Os narradores do século XIX gostavam do ponto de vista que lhes permitia (de fato) assumir a posição de Deus: ver tudo, descrever tudo e emitir juízos morais sobre tudo. No entanto, não são poucos os críticos que observaram que o declínio lento do uso do ponto de vista onisciente teve paralelo no declínio da crença tradicional em Deus como ser que tudo vê e tudo determina. Sem o ponto de vista onisciente, não há ponto de vista "padrão" único, normal; cada personagem tem uma perspectiva diferente sobre o que está acontecendo, e nenhum ponto de vista é definido como o *verdadeiro*.

O que a perspectiva do livro lhe diz sobre a forma como os seres humanos são moldados? Se o romancista acredita que somos produtos do nosso meio – que o espaço e o tempo em que vivemos determinam quem somos –, ele prestará atenção redobrada aos cenários físicos. No entanto, se ele crê que o homem é uma alma livre, com poder de controlar o seu entorno, será mais provável que se concentre no que se passa dentro da cabeça dos personagens. Em vez de descrições minuciosas do cenário físico, produzirá registros não menos detalhados de emoções, pensamentos e estados de espírito.

Seria o romance autorreflexivo? Descobrir mais sobre a condição humana a partir do romance: isso é mesmo possível? Histórias sobre as pessoas podem veicular verdades? Será que as palavras escritas podem comunicar algo de verdadeiramente significativo sobre a existência?

A resposta a essas questões não é um *sim* automático. O romancista assume que, enquanto escreve, suas palavras veiculam algum tipo de sentido real para os leitores; que a existência humana pode ser reduzida a uma página e, ainda assim, permanecer reconhecível. A maioria dos escritores, no entanto, também tem sérias dúvidas se isso realmente acontece. O romance reconhece essa tensão? Será que ele chama a atenção para si mesmo, ou para os atos de ler e escrever? Os personagens da história também leem? O que eles ganham com a sua leitura? Há tipos de leitura que são louvados e outros, condenados? Os personagens escrevem? Se esse for o caso, o que eles esperam alcançar através de seus escritos? Eles são imortalizados ou destruídos pelo que escrevem?

Se o romance for autorreflexivo, ele afirma que a narração de histórias *pode* levar a uma declaração dotada de sentido sobre a existência humana — ou será que ele questiona essa possibilidade? Os romances que dão início e fim à relação a seguir, *Dom Quixote* e *Possessão*, estão separados um do outro por quase quatrocentos anos. Contudo, ambos os escritores refletem sobre o ato de ler e escrever. Dom Quixote perde a visão da realidade pelo excesso de leitura; os personagens centrais de *Possessão* são redescobertos por meio de histórias, poemas e cartas que deixaram para trás.

Será que o escritor foi influenciado por sua época? A resposta do senso comum a essa pergunta pareceria ser *afirmativa*. Entretanto, esse foi, por muitas décadas, um tópico altamente debatido, com os chamados *formalistas* afirmando que um romance deveria ser tratado em seus próprios termos, como um artefato que não tem nada a ver com o seu tempo (ou talvez o autor não tenha nada a ver), e que o conhecimento da época do autor não contribui em *nada* para a compreensão da obra em questão.

É cada vez mais difícil defender que seja possível ler *O Grande Gatsby* (por exemplo) sem saber nada sobre os Estados Unidos da década de 1920. Contudo, agora o pêndulo balançou para o extremo oposto, com críticos literários que afirmam que um romance não é nada *além* de um produto de seu tempo, devendo ser lido como um tipo de história imaginativa, uma reflexão sobre os costumes sociais – particularmente aqueles que oprimem uma raça, um gênero ou uma classe específica. Assim, *A Letra Escarlate* conta-nos como os puritanos tratavam as mulheres adúlteras, *As Aventuras de Huckleberry Finn* é sobre a escravidão em meados do século XIX, e *Coração das Trevas* revela a mentalidade dos colonialistas em relação aos povos nativos.

Tudo isso é verdade, mas esses romances são muito mais do que reflexões sobre seu próprio tempo; vê-los em princípio como mini-histórias da cultura seria reduzi-los. O leitor sensível deverá optar pelo caminho do meio: assumir que o escritor tenha sido influenciado pela sabedoria aceita pela sua época, mas também conceder-lhe o benefício da imaginação. Talvez ele tenha sido capaz, quanto a alguns aspectos do romance, de dar um salto imaginativo que o pôs à frente dos seus contemporâneos.

Como parte de sua discussão no estágio retórico, você poderá querer ler uma breve história dos tempos em que o escritor viveu. Esse não precisa ser um projeto enorme; algumas poucas páginas de um texto básico lhe darão uma ideia dos tempos do escritor. A relação de romances tende a focar obras americanas e inglesas, de modo que você pode pensar em adquirir *History of the American People* [História do Povo Americano], de Paul Johnson, e *Oxford History of Britain* [História Britânica], de Kenneth O. Morgan. Uma história levemente mais detalhada – que dá um pouco mais de atenção às tendências sociais e culturais – é *A History of England* [História da Inglaterra], de Clayton Roberts e David Roberts, em dois volumes que se sobrepõem: *Volume I: Prehistory to 1714* [Volume I: Pré-História a 1714], e *Volume II: 1688 to the Present* [Volume II: 1688 até o presente]. Para uma visão mais ampla do mundo, procure por *History of the World* [História do Mundo], de John Morris Roberts, revista em 1993 e publicada nos Estados Unidos pela Oxford University Press, ou *World History: A New Perspective* [História do Mundo: uma Nova Perspectiva], de Clive Ponting, publicada por Chatto & Winders em 2000. A história de Ponting é mais breve e mais focada em política que a de Roberts.

Uma boa regra de ouro é ler as obras publicadas vinte anos antes e vinte anos depois do lançamento do livro em questão, de modo que ao ler *O Peregrino*, por exemplo, você leia a respeito dos eventos ocorridos entre 1660 e 1700. Você achará útil manter algum tipo de breve linha do tempo, em qualquer uma das margens da parte de cima do seu diário, ou em folhas separadas, para que possa se lembrar de acontecimentos importantes.

Se isso for demais para você, pode pular essa parte do estágio retórico concernente a leituras complementares. É melhor ler o romance e deixar a parte histórica de lado do que desistir de todo o projeto. Por outro lado, você não entenderá *As Aventuras de Huckleberry Finn* completamente sem antes ter lido sobre a lei dos escravos fugitivos; e *1984* não terá sentido completo se você não souber alguma coisa sobre a política e a cultura britânicas de 1949, quando George Orwell escreveu o seu texto pessimista.

Há alguma tese nesse livro? Agora, tente reunir essas diferentes considerações em uma declaração final: o que exatamente o escritor está lhe dizendo?

Um romance não é uma tese, e uma história nunca deve ser reduzida a um silogismo. O propósito mais importante do romancista é conduzi-lo através da experiência, e não convencê-lo de alguma coisa. No entanto, muitos romances *contêm* alguma ideia. O escritor, ao descrever a vida de um personagem particular, faz uma declaração sobre a condição humana em geral. Jack Gladney, o professor de estudos sobre Hitler que protagoniza o romance de DeLillo *Ruído Branco*, está se afogando no caráter efêmero de sua cultura; e isso, DeLillo quer nos dizer, acontece com todos nós. Os personagens infelizes de Thomas Hardy lutam contra as forças naturais implacáveis que sucessivamente os empurram para a lama, da qual estão sempre se esforçando para sair. Só que eles *sempre* perdem. E isso, Hardy quer que você saiba, aplica-se a todos nós.

Então, pense sobre o que acontece aos personagens principais e *por quê*. Há alguma questão discutida em torno da sorte do herói (ou da heroína), ou da queda do vilão?

Você concorda? Agora, você pode se fazer aquela derradeira pergunta sugerida acima: essa obra está dizendo a *verdade*?

Aqui você deverá considerar dois sentidos da palavra *verdade*. Um romance que é convincente, vivo, atraente, cuidadosamente escrito, de modo que cada detalhe corresponda à realidade, um romance que o chama para dentro do seu mundo e o mantém interessado no destino dos seus personagens — esse romance é *real* e reflete nossas experiências do mundo. Contudo, uma obra pode ser verdadeira nesse sentido e, ao mesmo tempo, apresentar uma ideia sobre como a experiência humana *deveria ser* e que seja contrária às nossas convicções.

Ou então, uma obra pode retratar em cores vivas um aspecto da existência humana, ao mesmo tempo que sugere que esse é o único nível de vida que os homens podem ter.

Uma história pode ainda sugerir que sequer *existe* um "deveria ser" – nada existe pelo que lutar além daquilo que vemos, nada para acreditar além do que já existe.

Podemos rejeitar essas ideias com todas as forças, sem, no entanto, deixar de achar o livro "plausível". Então, em que sentido pode o livro ser considerado *verdadeiro*?

Relacionada a essa, há uma indagação final: o que *pretende uma obra ficcional*? A troco de que você está lendo ficção, afinal? Você esperava descobrir alguma verdade sobre a natureza humana? Um romance deve revelar alguma verdade dura, difícil de encarar sobre nós mesmos? Será que os romances revelam o fim inevitável de certas linhas de conduta? Ou será que são, pelo contrário, agentes de mudança moral? Será que eles nos propõem modelos para que possamos alinhar nossos caminhos? Essa ideia – de que a ficção nos fornece modelos — tem, em si, um pressuposto subjacente: de que existe algum padrão para o comportamento humano que se aplica a todos nós, a todas as culturas, e nosso objetivo na vida é descobrir tal padrão.

Certa vez, ideia oposta a essa foi expressa por Alexander Pope na frase: "Tudo o que é, está certo". Nenhum romance esboça um ideal único, pois achar que existe um padrão imutável de comportamento, que governa os povos em todos os tempos, seria uma posição intolerante e míope. Não compete ao romance fornecer modelos. Ele simplesmente explora realidades: ele abre inúmeras portas para você perscrutar, mas não sugere quais limiares você deve cruzar.

RELAÇÃO COMENTADA DE ROMANCES

Defoe, Richardson e Fielding ajudaram a criar o romance, mas eles não estão nessa relação; os estudiosos de literatura os acham fascinantes, mas a prosa deles está indubitavelmente superada. "E assim aconteceu com a Sra. Booby", escreve Richardson em *Pamela*, "que caminhava de braços dados com Joey certa manhã no Hyde Park, quando a Sra. Tittle e a Sra. Tattle passaram por acaso em sua carruagem. *Meu Deus*, diz a Sra. Tittle, *será que posso crer nos meus olhos? É a Sra. Booby?*".

Pamela e *Joseph Andrews*, de Fiedling, são, os dois, sátiras, gênero que se desatualiza com mais rapidez. A prosa de Defoe se dá ligeiramente melhor, mas longos trechos de *Robinson Crusoé* são dedicados à miniexcursão, um gênero popular na época.

> Ocorreu que o meu pai Má-Sorte fez o tempo provocar cerração por três ou quatro dias, enquanto eu estava no vale; e não sendo capaz de ver o sol, caminhei a esmo desconfortavelmente, até ser obrigado a ir à praia, procurar meu posto e voltar pelo mesmo caminho pelo qual havia ido; e então, em pequenas excursões, voltei para casa, o tempo estava excessivamente quente, e minha arma, munição e machadinha estavam muito pesadas.

E por aí afora, sem que nada de especial acontecesse. Assim, nossa "Relação Comentada de Romances" começa com Cervantes, que precedeu esses escritores ingleses, e depois passa para Bunyan e Swift. A lista tende a apresentar romances originalmente escritos em inglês (literatura americana e britânica), embora eu tenha tentado incluir importantes obras da literatura mundial, disponíveis em traduções acessíveis. Essa relação é representativa, não detalhada; os romances que constam da lista foram escolhidos não apenas pelo seu valor permanente, mas também porque ilustram um estágio importante no desenvolvimento do romance (o impulso alegórico, no caso de Bunyan), ou porque suas ideias e seus personagens hoje fazem parte da nossa língua.

As edições recomendadas combinam letra de fácil leitura, preço acessível e aparato crítico mínimo[17]. Uma parte dos romances mais antigos também está

---

[17] Esses critérios valem apenas para as edições inglesas originalmente recomendadas pela autora. (N. T.)

disponível nas Edições Dover Thrift, que oferecem literatura para as massas sem notas explicativas, não têm muito espaço em branco, ao preço de um a três dólares cada. (Você encontrará a relação completa das Edições Dover Thrift em http://www.doverpublications.com).

Leia a relação a seguir, que está em ordem cronológica:

MIGUEL DE CERVANTES

Dom Quixote, 1605

Edições recomendadas: *Dom Quixote*. 2 vol. Trad. Ernani Ssó. São Paulo: Penguin-Companhia, 2012.

O Engenhoso Fidalgo D. Quixote de La Mancha. 2 vol. Trad. Sergio Molina. São Paulo: Editora 34, 2002-2007.

Alonso Quixada, um fidalgo pobre do interior com muita imaginação e sem muito dinheiro, torna-se tão enfeitiçado pelas histórias de cavalaria que lê dia e noite a ponto de vender um terreno bom para o cultivo só para comprar livros. Em pouco tempo, passa a imaginar que está vivendo em uma história romanesca; ele se rebatiza de Dom Quixote, elege uma moça da vila para ser a sua musa, recruta o camponês Sancho Pança como escudeiro e parte para a sua busca. Cervantes faz uso das convenções literárias do conto *picaresco*, em que um vagabundo perambula pelos campos aproveitando-se da ingenuidade das pessoas que encontra pelo caminho. Contudo, Dom Quixote é inocente nessa jornada, e as pessoas que encontra (há 669 personagens em *Dom Quixote*) em geral são cabeças-duras que não toleram histórias muito fantasiosas. Dom Quixote e Sancho Pança caminham de aventura em aventura, enquanto os amigos e os vizinhos de Quixote tramam capturá-lo e trazê-lo de volta para casa. No final, eles têm sucesso, e Dom Quixote é levado de volta para La Mancha, para tratar sua loucura. Enquanto ele se recupera vestindo um pijama verde de flanela, o jovem Sansão Carrasco, filho de um vizinho, volta da universidade com a notícia de que as aventuras de Dom Quixote foram postas em livro com mais de mil e duzentos exemplares impressos! Entusiasmados com sua fama, Sancho e Dom Quixote partem para outra aventura. Carrasco, que foi recrutado pela vila para trazer o velho homem mais uma vez de volta, faz-se passar por outro cavaleiro e persegue a dupla através de uma série completa de aventuras. Finalmente, atuando como o "Cavaleiro da Branca Lua", ele derrota Dom Quixote e o manda para casa; Dom Quixote trota de volta para sua fazenda, mas logo adoece, tem febre alta e morre. À primeira vista, *Dom Quixote* é uma contradição, um romance antilivro. A loucura de Dom Quixote é provocada pela leitura; Sansão Carrasco, o universitário graduado, é vingativo e ineficaz. No final do romance, o pobre fidalgo, Alonso Quixada, morre e é enterrado. Entretanto, Dom Quixote, o cavaleiro criado pela leitura e mantido vivo pela escrita, vive para sempre. As aventuras de Dom Quixote são divertidas, mas o verdadeiro fascínio de *Dom Quixote* encontra-se na atenção constante de Miguel de Cervantes à maneira como as fábulas podem se tornar verdadeiras na imaginação do leitor.

JOHN BUNYAN

O PEREGRINO, 1679

Edição recomendada: *O Peregrino*. 2. ed. revisada.
Trad. Gordon Silva Hop. São Paulo: Mundo Cristão, 2008.

Tanto *Dom Quixote* quanto *O Peregrino* ocorrem no mundo da fantasia, claramente contrastado com o mundo real. O herói de Cervantes é louco; o conto de John Bunyan é um sonho. No sonho, o herói esfarrapado, Cristão, tem um fardo nas costas e um livro na mão; o fardo está arruinando a vida dele, e o livro lhe diz que deve fugir de casa para não ser destruído. Um visitante misterioso, chamado Evangelista, indica-lhe uma porta estreita, coberta de vime. Cristão acaba conseguindo passar pela porta e acha uma cruz, ponto no qual o fardo cai de suas costas. Contudo, esse é apenas o começo de sua missão espiritual; agora ele deve iniciar uma jornada até a Cidade Celestial. No caminho, ele luta contra o monstro Apolônio, escapa dos *goblins*[18] que assombram o Vale da Sombra da Morte, resiste às tentações da Feira das Vaidades (uma cidade convencida das virtudes do capitalismo desenfreado), cruza espadas com o Gigante Desespero e, finalmente, atinge o Rio da Morte, onde o "grande horror" recai sobre ele. Resgatado por Esperança, ele alcança a praia e é escoltado por homens reluzentes até a presença de Deus (A

[18] Espécie de duendes. (N. T.)

sequência de *O Peregrino*, escrita seis anos depois do primeiro [livro], é muitas vezes reeditada como Parte II; ela conta a história da esposa de Cristão, Cristiana, e seus quatro filhos, que seguem seus passos alguns anos mais tarde). Cristão, como bom clérigo puritano, está propenso a demonstrar verdades espirituais de forma sistemática, quantitativa, como se as verdades espirituais não fossem nada mais do que uma questão de preencher um formulário pré-impresso. Não obstante, a ameaça do inferno nunca está ausente em *O Peregrino*. Quando Cristão entra triunfante na Cidade, ele vê outro peregrino levado a uma porta misteriosa aos pés da cidade, para a qual ele se precipita. "Então eu vi", termina ele sobriamente, "que há um caminho para o Inferno, mesmo diante dos Portões do Céu".

JONATHAN SWIFT

Viagens de Gulliver, 1726

Edição recomendada: *Viagens de Gulliver.* Trad. Paulo Henriques Britto. São Paulo: Companhia das Letras, 2010.

O cirurgião do navio, Lemuel Gulliver, tenta navegar do Ponto A ao Ponto B, mas a má navegação, ataques de piratas, motins e tempestades fazem-no sair do curso o tempo todo. Primeiro ele naufraga na ilha de Liliput, onde é aprisionado por pessoas de aproximadamente oito centímetros de altura (uma verdadeira façanha). Quando ele finalmente consegue escapar para a Inglaterra, seus conterrâneos o atacam como um ser grotescamente imenso. Na segunda viagem de Gulliver, ele acaba em uma ilha de gigantes, onde é tratado como um animal doméstico. Dessa vez, é resgatado por uma águia que o agarra e solta sobre o mar, perto de um navio britânico. De volta à Inglaterra, porém, ele sofre da mesma incômoda mudança de percepção; seus conterrâneos agora lhe parecem anões. Incansável, planeja outra viagem para longe de casa e descobre a Lapúcia, uma ilha voadora onde os homens são obcecados pela música e pela matemática, enquanto as mulheres cobiçam os homens menos preocupados da ilha vizinha. A quarta e última viagem de Gulliver o leva a uma ilha habitada em parte por criaturas bárbaras, meio humanas, chamadas Yahoos, e em parte por cavalos graciosos, inteligentes, chamados de Houyhnhnms. Quando finalmente volta são e salvo para Inglaterra, Gulliver fica tão revoltado com os seus conterrâneos (que agora lhe parecem Yahoos), que compra dois cavalos e muda para dentro de um estábulo, a fim de morar com eles. Pobre Gulliver: supõe-se que as viagens ampliam horizontes, mas conviver com versões exageradas do comportamento humano termina por restringi-lo ao ódio obstinado por toda a raça humana. As *Viagens de Gulliver* são uma aventura da percepção e (parcialmente) do poder da propaganda; Swift leva você a ver as coisas através dos olhos de Gulliver e a aceitar as versões que ele tem dos eventos – fazendo com que, sem perceber, você muitas vezes se volte para bem longe da "verdade".

JANE AUSTEN

Orgulho e Preconceito, 1815

Edição recomendada: *Orgulho e Preconceito*. Trad. Alexandre Barbosa de Souza. São Paulo: Companhia das Letras, 2011.

Orgulho e Preconceito não lida com o mundo masculino de aventuras e viagens marítimas, mas com o mundo interno das mulheres, antecipando, desse modo, em dois séculos, o *boom* de Oprah na ficção feminina. O romance começa assim: "É uma verdade universalmente aceita que um homem solteiro dotado de fortuna deveria estar à procura de uma esposa". Uma esposa é a cereja do bolo para o Sr. Bingley e o Sr. Darcy, dois solteirões endinheirados e em uma posição incontestável no mundo. Sem maridos, entretanto, as cinco filhas da família empobrecida dos Bennet só podem ter perspectivas de um lento declínio para a pobreza. Quando o Sr. Bengley aluga uma casa na vizinhança, a filha mais velha, meiga e dócil, apaixona-se por ele. No entanto, o amigo dele, Sr. Darcy, fica estarrecido com a vulgaridade da Sra. Bennet e a baixa condição social do resto da família, convencendo seu amigo volúvel a desistir de Jane. Nesse meio tempo, o Sr. Darcy se sente atraído, contra a sua vontade, pela segunda filha, Elizabeth, e acaba pedindo sua mão em casamento da forma mais desagradável possível. Elizabeth rejeita-o indignada. Um libertino dissoluto, que foi amigo de infância de Darcy, seduz a irmã mais nova, a selvagem e incontrolável Lydia – e Darcy se empenha para corrigir a situação. Ele também empurra Bingley para Jane, e Elizabeth, acalmada por essas provas de mudança de atitude, concorda em se casar com ele. Seu pai consente ("De fato, ele é o tipo de homem", observa o Sr. Bennet, "a quem eu não ousaria negar coisa nenhuma que ele condescendesse em me pedir"), e o romance termina com um casamento duplo. *Orgulho e Preconceito* é um dos romances mais satisfatórios da literatura, mas termina com uma pergunta não respondida: Elizabeth, que se irritava com um mundo em que a aparência é tudo, muda-se para o meio dele ao se casar com um dos homens mais ricos (e mais conservadores) da Inglaterra. Como será que ela vai lidar com a nova vida?

CHARLES DICKENS

OLIVER TWIST, 1838

Edição recomendada: *Oliver Twist*. Trad. Machado de Assis e Ricardo Lísias. São Paulo: Hedra, 2002. (Publicado originalmente no *Jornal da Tarde* do Rio de Janeiro, entre 23 abr. e 23 ago. 1870).

Uma garota desconhecida dá à luz uma criança em um asilo, para depois morrer sem revelar a sua identidade; seu bebê, que acabara de nascer, está deitado ofegante em um colchão de lã grossa. Se o bebê estivesse "cercado por avós cuidadosos [...] e de médicos de grande sabedoria, ele inevitável e indubitavelmente teria morrido em questão de minutos". Como, no entanto, ninguém está presente, a não ser um médico sobrecarregado e uma enfermeira bêbada, o bebê sobrevive. É com essa ironia da sorte que somos apresentados a Oliver Twist, a criança órfã que merece todo o amor e cuidado do mundo, mas que, ao contrário, é usada pelos adultos desde a sua infância. A enfermeira que o cria rouba suas esmolas; a paróquia o aluga por cinco libras para um fabricante de caixões; quando ele foge para Londres, o Sr. Fagin, um receptador de objetos roubados, o ensina a esvaziar os bolsos dos transeuntes. Oliver é resgatado das ruas pelo próspero Sr. Brownlow, mas dois outros ladrões, Sr. Monks e Sr. Sikes (com ajuda da amante prostituta de Sikes, Nancy), sequestram-no de volta e o forçam a ajudá-los em um roubo. As proprietárias da casa, Sra. Maylie e sua sobrinha, Rose, pegam Oliver em flagrante e decidem adotá-lo, mas Monks e Sikes estão determinados a sequestrar a criança novamente. Nancy, que começa a se arrepender de seu envolvimento, avisa Rose e a Sra. Maylie sobre o plano de sequestro; quando Sikes descobre a traição, bate nela até matá-la (Dickens é um observador perspicaz de fenômenos para os quais não há rótulo clínico: "Tenho de voltar", conta Nancy a Rose, que tenta convencê-la a abandonar Sikes. "Sinto-me atraída por ele, apesar de todo o sofrimento e dos maus-tratos por que passei; e penso que sempre me sentiria, mesmo se soubesse que acabaria morrendo nas mãos dele"). Oliver apresenta Rose e a Sra. Maylie ao seu benfeitor anterior, Sr. Brownlow, e os três adultos armam uma cilada para Sikes e Monks quando estes fazem sua tentativa de sequestro. Sikes se enforca por acidente enquanto tenta escapar da emboscada. Monks é capturado e se revela como o meio-irmão ilegítimo de Oliver; sua perseguição a Oliver devia-se à sua tentativa de roubar a herança do menino. Em duas das coincidências mais impressionantes, Rose se revela como tia de Oliver, e Brownlow se dá conta de que ambos, Monks e Oliver, são filhos de um antigo colega de escola dele, Edward Leeford. O enredo pouco provável de Dickens (deixei três quartos dele de fora) pretende demonstrar que as crianças que sobrevivem em Londres o conseguem por pura sorte, porque indivíduos benevolentes ficam com pena delas. *Oliver Twist* recebeu originalmente o subtítulo de *The Parish Boy's Progress* [O Progresso do Pequenino da Paróquia] em uma alusão satírica ao título de Bunyan. Cristão é um homem maduro, que pode ir atrás do próprio destino, mas Oliver Twist é inteiramente dependente da boa vontade de estranhos.

CHARLOTTE BRONTË

JANE EYRE, 1847

Edições recomendadas: *Jane Eyre: An Autobiography*. Trad. Doris Goettems. Edição bilíngue. São Paulo: Editora Landmark, 2010.

Jane Eyre. Trad. Heloisa Seixas. Rio de Janeiro: Edições BestBolso: 2011.

Jane Eyre, uma órfã criada por uma tia que não gosta dela e por primos que a atormentam, primeiro escapa da escola, depois assume o cargo de governanta em uma propriedade rural de Thornfield. Seu patrão, o arrojado e manipulador Sr. Rochester, persuade Jane a se casar com ele; ela aceita, mas no dia de seu casamento descobre que a risada estranha e maníaca e os acontecimentos sobrenaturais na casa são causados pela esposa do Dr. Rochester, Bertha, que havia ficado louca pouco tempo depois de seu casamento e se encontrava confinada no sótão. Rochester, impedido de cometer bigamia, tenta convencer Jane a viver com ele; mas ela foge por entre os pântanos e acaba na casa de parentes distantes, a família Rivers. Ela fica com as irmãs Diana e Mary e é cortejada pelo irmão delas, o devoto e reservado St. John Rivers. Quando, porém, St. John se declara, dizendo a Jane que Deus a havia convocado para ser tanto sua esposa quanto sua assistente nas viagens missionárias que faz, Jane recusa. Felizmente, ela herda uma pequena quantia de dinheiro de um tio distante, o que lhe dá um pouco mais de independência. Ponderando seu próximo passo, Jane tem uma visão repentina e viva do Sr. Rochester chamando-a. Ela volta para uma Thornfield em cinzas e ruínas. A esposa louca de Rochester havia posto fogo na casa consigo dentro; Rochester vê-se agora livre para casar de novo, embora tenha ficado cego e marcado pelo fogo. Jane casa-se com ele assim mesmo ("Querido Leitor", anuncia ela, em um dos trechos mais famosos, "eu me casei com ele"), cuida dele e, no fim do romance, os dois têm um filho. Rochester é um dos grandes maus-caracteres da literatura: *sexy*, charmoso, rico e de má reputação. Em Jane, Charlotte Brontë cria a mulher perfeita para ele; ela se recusa a tornar-se sua esposa até que ela, não ele, possa ser a parte dominante do casal.

NATHANIEL HAWTHORNE

A Letra Escarlate, 1850

Edições recomendadas: *A Letra Escarlate.* Trad. Cecília Gouvêa. São Paulo: Abril, 2012.

A Letra Escarlate. Trad. Christian Schwartz. São Paulo: Companhia das Letras, 2011.

Hester Prymne fica grávida, muito tempo depois de seu marido ter se perdido no mar. Sua comunidade puritana ameaça executá-la por adultério, mas quando o pastor, Arthur Dimmesdale, intervém em seu favor, os mais velhos da vila permitem que ela continue viva – desde que use uma letra *A* escarlate costurada na parte da frente de seu vestido. Hester dá à luz sua filha, Pearl, e vive sossegada, até que um estrangeiro aparece na cidade. Esse homem, marcado pelo tempo, passara longos anos entre os índios; ele diz se chamar Roger Chillingworth, mas Hester o reconhece como seu marido desaparecido. Humilhado pela gravidez de Hester, Chillingworth se recusa a revelar sua identidade real à cidade. Em vez disso, insinua-se como amigo de Arthur Dimmesdale, que ele suspeita (com razão) seja o pai de Pearl. Sob a aparência de camaradagem masculina, ele submete Dimmesdale à tortura mental, até que o pastor sobe ao púlpito e confessa seu pecado diante da cidade toda; abre a camisa para revelar um estigma bizarro (um *A*, que se formou na carne do seu peito), e morre em seguida. Chillingworth, privado do rato que fazia parte de seu joguinho de gato e rato, também morre. Hester se muda para longe com Pearl, mas reaparece inesperadamente alguns anos mais tarde, usando ainda o *A* costurado em seu vestido, e prossegue vivendo em Massachusetts até a sua morte. Pearl, que nasceu fora dos constrangimentos legais da sociedade, consegue escapar de todas as pressões sociais e viver feliz para sempre; mas só alcança essa liberdade abandonando definitivamente o mundo anglo-americano, casando-se com um nobre misterioso. (Ninguém nunca o viu, mas Hester recebe com frequência cartas com um "brasão desconhecido para a heráldica inglesa").

HERMAN MELVILLE

Moby Dick, 1851

Edição recomendada: *Moby Dick*. Trad. Lance Stahlberg, Lalit Kumar Singh e Érico Assis. São Paulo: Farol Literário, 2009.

Moby Dick. Trad. Rita Galvão. São Paulo: Abril, 2012.

Um diretor de escola (cuja verdadeira identidade nunca é revelada, ainda que ele nos diga para chamá-lo de "Ismael") decide, irrequieto, mudar de vida. Ele embarca no navio baleeiro *Pequod* junto com o arpoador Queequeg, um canibal tatuado dos mares do sul. O capitão do Pequod é Ahab, um baleeiro maníaco com uma cicatriz que atravessa todo o seu corpo e uma perna de madeira. Ahab está determinado a encontrar e matar a grande baleia branca Moby Dick. Quando finalmente a baleia é localizada, baixam-se barcos do navio para caçá-la; Ahab está no barco da frente, mas Moby Dick ataca seu barco e o destrói. Ahab é resgatado e mais uma vez a tripulação persegue a baleia branca. No terceiro dia da caçada, a baleia se lança contra o próprio navio e o estilhaça; a corda do arpão de Ahab se enrola em torno do seu pescoço e o arrasta para debaixo da água; a tripulação toda morre, exceto Ismael, que é resgatado por um navio que estava de passagem.

Isso pode soar bastante direto, mas o romance é um longo exercício de simbolismo. Do que se trata *realmente*? Do impulso humano de "criar e destruir deuses e heróis" (Eric Mottram); do "silêncio inescrupuloso" de Deus diante da busca humana pela verdade espiritual (James Wood); da linguagem, que tem "tantos sentidos que acabamos sem sentido" (Wood de novo); da busca humana pelo conhecimento, que traz "miséria tanto quanto maravilha" (James McIntosh); da rejeição da autoridade cultural e da subversão de verdades culturais aceitas (Carolyn Porter); de ansiedade heterossexual e identidade homossexual (há uma quantidade grande demais de críticos para serem citados aqui). O romance trata também da obsessão; da busca infrutífera pela verdade que é vislumbrada tantas vezes, mas jamais encontrada; do isolamento e da solidão essenciaid do *eu* humano, mesmo quando cercado de companhia; do conflito entre o homem natural, selvagem, descomplicado (Queequeg) e os homens educados, confusos, inconstantes (Ismael). E mostra (é claro) como caçar, arpoar e retalhar uma baleia.

HARRIET BEECHER STOWE

A Cabana do Pai Tomás, 1851

Edição recomendada: *A Cabana do Pai Tomás: a Vida entre os Humildes*. Trad. Nélia Maria Pinheiro Padilha Von Tempski-Silka. Curitiba: Juruá Editora, 2011.

Pai Tomás é um escravo que trabalha na plantação de Arthur Shelby, em Kentucky. Shelby é um patrão consciencioso, mas não deixa de ser um dono de escravos, e Tomás continua sendo sua propriedade pessoal. Então, quando Shelby contrai dívidas, vende Tomás "rio abaixo" para os mercados de escravos do Sul, temidos pelos escravos por sua grande crueldade, pelo clima quente e úmido e pelo trabalho exaustivo nos campos. Vender Tomás, que havia convivido com a família por anos, é ruim, mas Shelby também vende Harry, um menino de cinco anos, arrancando-o de sua mãe, Eliza. Quando sua esposa protesta, com indignação, Shelby insiste que suas dívidas não lhe deixam outra alternativa. Contudo, a Sra. Shelby, que, sendo mulher, possui maior sensibilidade moral do que qualquer homem, discute com o marido. Eliza, escondida, ouve a discussão, pega o filho e foge. Ela tenta convencer Pai Tomás a ir com ela, mas ele fica para trás por pura lealdade, sabendo que Shelby necessita do dinheiro da sua venda. Pai Tomás acaba pagando com a vida por essa sua identificação equivocada com os objetivos dos brancos. Ele viaja para o Sul, mas, no caminho, salva a vida da pequena Eva St. Clare, uma criança inacreditavelmente boa, de cachos dourados e tuberculosa. A pequena Eva convence seu pai a comprá-lo e, em seu leito de morte, implora ao Sr. St. Clare que liberte Pai Tomás. St. Clare concorda, mas, antes de poder cumprir sua promessa, acaba sendo morto acidentalmente. Sua esposa vende Tomás para pagar suas dívidas, e Tomás é espancado até morrer pelo seu novo dono, o bêbado e cruel Simon Legree.

Eliza chega a Ohio depois de cruzar um rio perigoso, cheio de placas de gelo flutuantes. Encontra refúgio na casa de um senador pró-escravidão mas que, movido pelos apelos dela, muda de ideia e a envia para uma comunidade quaker, que, por sua vez, a ajuda a escapar para o Canadá. Nesse meio-tempo, Arthur Shelby, que se sente culpado por sua decisão de vender Harry e Tomás, decide cuidar melhor dos seus escravos.

Quando ele descobre as circunstâncias da morte de Tomás, depara-se com dois outros escravos que estavam fugindo do tratamento brutal de Simon Legree; um deles, Cassy, revela-se mãe de Eliza. Shelby volta para Kentucky e liberta todos os escravos remanescentes. Cassy e seus companheiros vão para o Canadá e se encontram com Eliza; todos os fugitivos decidem ir para a Libéria, a nova colônia para ex-escravos. Da mesma forma que Dickens, Stowe quer que os leitores sintam as emoções dos pobres infelizes. Contudo, enquanto Dickens consegue encontrar esperança em indivíduos benevolentes, Stowe, em última instância, os vê como pessoas impotentes diante de um sistema injusto. Ela deseja uma reforma social completa e utiliza temas bastante apelativos (crianças que correm perigo, mães desoladas, mulheres santas) da ficção contemporânea "para mulheres" em uma tentativa de engajar as emoções (e assim a determinação) de seus leitores nesse projeto.

GUSTAVE FLAUBERT

Madame Bovary, 1857

Edições recomendadas: *Madame Bovary*. Trad. Mario Laranjeira. São Paulo: Penguin-Companhia, 2011.

Madame Bovary: Costumes da província. Trad. Fúlvia Maria Luiza Moretto. São Paulo: Nova Alexandria, 2009.

Madame Bovary. 2. ed. Trad. Araújo Nabuco. São Paulo: Abril Cultural, 1971.

Gustave Flaubert, o "pai do realismo", mata sua heroína porque ela tenta viver em um romance de folhetim. Emma Rouault casa-se com o médico de um vilarejo, Charles Bovary, porque gosta da ideia de ser esposa de um médico. No entanto, a realidade é tão tediosa que ela adoece. Seu marido desiste de praticar medicina na área rural e se muda com ela para a cidade de Rouen, onde ela dá à luz uma menina. A maternidade, porém, não preenche seu anseio por romance; quando a filha baba nela (certamente uma das grandes realidades da vida), Emma recua horrorizada. Ela se sente atraída pelo oficial de justiça Léon – até ele deixar a cidade – e provoca a ira de sua sogra, que reclama que Emma está ocupada demais "lendo romances e todo tipo de livro ruim [...] Trata-se de um negócio perigoso, meu filho". Desejosa de romance e cansada do seu marido chato, com suas unhas sujas e seu jeito bruto de camponês, Emma está pronta para receber a atenção do solteirão da cidade, Rodolphe Boulanger, que é "uma espécie de galanteador: houve muitas mulheres na vida dele". Boulanger, porém, não é nenhum príncipe. Ele tem um caso com Emma, promete fugir com ela e depois ignora o encontro marcado. ("Não posso carregar o peso de uma criança!", ele pensa consigo. "Imagine o trabalho que daria. E quantas despesas!"). Emma, decepcionada, inicia um caso com Léon, que acabara de voltar para a cidade; ela se afunda em dívidas, gastando o dinheiro do marido sem que ele saiba, até que o oficial de justiça aparece para confiscar a propriedade deles. Nem Léon, nem Rodolphe a ajudam, então ela toma veneno. Até nesse momento, ficção e realidade estão em guerra: "Como é bonita", diz um empregado mirando o cadáver de Emma, belamente vestido, até que um "líquido negro" escorre da boca da falecida "como vômito" e mancha-lhe os babados da roupa. Charles Bovary morre de tanto desgosto, deixando órfã a filha, que precisará trabalhar em uma tecelagem de algodão – o que certamente é garantia de que ela não cometerá os mesmos erros da mãe, que necessitavam de uma fonte regular de dinheiro para serem cometidos.

FIÓDOR DOSTOIÉVSKI

Crime e Castigo, 1866

Edição recomendada: *Crime e Castigo*. 6. ed. Trad. Paulo Bezerra e Evandro Carlos Jardim. São Paulo, Editora 34, 2009.

Raskólnikov comete um assassinato que nem ele mesmo entende. Sua família é pobre e sua irmã Dúnia precisa de um dote, então Raskólnikov mata um agiota idoso e sua irmã para pegar as joias que estão na casa deles – embora as joias fossem baratas e dificilmente os tornariam ricos. Raskólnikov acaba chamando a atenção do inspetor de polícia, Porfírio Petrovitch. Quando se dá conta de que está sob suspeita, por um momento Raskólnikov considera se entregar, mas abandona o plano quando começa a se interessar pela prostituta Sônia, a devotada filha de um escriturário falecido e de uma tuberculosa.

Nesse meio-tempo, a irmã de Raskólnikov, Dúnia, consegue se envolver com três homens ao mesmo tempo. Ela termina seu noivado com o burocrata mesquinho Lujin e se envolve com o amigo de Raskólnikov, Razumíkhin. Lujin, amargurado com a rejeição sofrida, dá dinheiro a Sônia e depois a acusa de tê-lo roubado (felizmente, um vizinho o vê e a inocenta). Dúnia também atraiu a atenção de um ex-aluno seu, o sinistro Svidrigailov, que a segue rumo a São Petersburgo. Quando Raskólnikov acaba confessando os assassinatos que havia cometido a Sônia, Svidrigailov ouve tudo e convence Dúnia a entrar no seu quarto e a tranca lá dentro. Ele promete ajudar a salvar Raskólnikov se Dúnia concordar em se casar com ele, mas ela se recusa; finalmente, Svidrigailov a liberta e, desesperado, se suicida. Todos esses amores prevertidos contrastam com o amor oferecido a Raskólnikov por Sônia, Dúnia e sua mãe. Quando todas elas o aconselham a limpar a sua consciência, finalmente Raskólnikov se entrega e é sentenciado a oito anos de prisão na Sibéria. Dúnia e Razumíkhin se casam; Sônia vai com Raskólnikov para a Sibéria, onde passa a morar perto do presídio e a ajudar a cuidar dos presos. Encarcerado, Raskólnikov sofre de orgulho ferido: "Se ao menos eu estivesse sozinho e ninguém me amasse, se eu mesmo nunca tivesse amado!", pensa ele consigo, "*Nada disso teria acontecido!*". Entretanto, ele guarda uma edição da Bíblia debaixo de seu travesseiro, um presente de Sônia. Quando pega o livro, a história de seu crime termina e uma nova história começa – mas Dostoiévski não faz nenhuma tentativa de contar [essa história]. "Começa aqui um novo relato", escreve o autor, "o relato da renovação gradual de um homem [...] a sua transição gradativa de um mundo para outro, seu contato com uma nova realidade até então desconhecida. Este poderia se tornar assunto para uma nova história – mas a nossa termina aqui". O relato cuidadoso de Dostoiévski sobre o crescente incômodo de Raskólnikov com o crime que cometeu é uma descrição clássica dos estágios da culpa; tem algo de contemporâneo, mesmo um século e meio depois.

LIEV TOLSTÓI

Ana Karênina, 1877

Edição recomendada: *Anna Kariênina*. Trad. Rubens Figueiredo. São Paulo: Cosac Naify, 2005.

Stiepan Arcáditch está em apuros – foi pego traindo a esposa, Dolly. Felizmente, a irmã de Stiepan, Anna, está vindo para a cidade. Ela negocia uma trégua entre seu irmão e sua cunhada e se encontra com o Conde Vrónski, que estava de olho na irmã mais nova de Dolly, Kittty. Quando Vrónski vê Anna, se apaixona; Anna, apesar de ser casada e ter um filho de oito anos, tem um caso cada vez mais evidente com Vrónski; ela engravida do amante e foge com ele. Nesse meio-tempo, Kitty, que estava apaixonada por Vrónski, é aos poucos consolada por outro pretendente, o íntegro e bem-sucedido Liévin. Eles se casam e trabalham juntos para administrar a propriedade rural de Liévin.

Anna e Vrónski separaram-se. Seu filho é tirado dela por ordem de Stiepan; ela se consome de sofrimento, culpa e "uma irritação interna baseada em sua convicção de que o amor dele tinha diminuído". Vrónski, por sua vez, "começa a lamentar o fato de ter se colocado em uma situação difícil por causa dela". O relacionamento dos dois entra em decadência: eles brigam; Anna corre para a estação de trem, com a intenção de fugir. Enquanto olha para os vagões, pensa: "É isso... e eu hei de puni-lo e escapar de todos e de mim mesma". Então, ela se joga debaixo do trem. Vrónski, devastado, alista-se no exército.

Liévin e Kitty também não estão felizes; Liévin está passando por uma crise de fé que quase o leva ao suicídio. Entretanto, os dois estão unidos por algo maior que o amor romântico – eles têm o tipo de estrutura formal de família que faltava a Vrónski e Anna. As responsabilidades de Liévin para com sua família e sua propriedade forçam-no a aguentar firme. E enquanto ele continua, perseverante, "abrindo mão de seu padrão de vida individual e definido", recebe o dom da fé. Uma força espiritual preenche as estruturas vazias de sua existência. No final do livro, ele reflete: "Devo seguir em frente da mesma forma [...] acontece que a minha vida agora [...] já não é mais sem sentido, como era antes, ela tem um sentido inquestionável de bondade que tenho o poder de lhe atribuir". O romance de Tolstói termina com uma mistura habilidosa de esperança e realismo; a nova força de Liévin não depende das circunstâncias, mas da sua decisão de acreditar nas dimensões espirituais de sua vida cotidiana.

THOMAS HARDY

The Return of the Native [O Regresso de um Nativo], 1878

Embora não haja tradução do livro para o português,
há um filme de televisão com esse título, estrelado por Catherine Zeta-Jones,
dirigido por Jack Gold e com roteiro de Robert Lenski.

The Return of the Native começa não com um herói ou uma heroína, mas com um capítulo inteiro sobre o cenário: Egdon Heath, uma força natural por si mesma, um "espaço sombrio de relevos altos e baixos [...] singularmente colossal e misterioso em sua monotonia tenebrosa". Eustacia Vye vive em Egdon Heath. Ela é uma moça forte, com "instintos tendentes ao inconformismo", e planeja uma vida que mostra "a estratégia ampla de um general", mais do que "as artes menores que se consideram femininas". Ela anseia escapar de Egdon Heath, e quando Clym Yeobright, um moço bem-sucedido da cidade, volta para o pequen vilarejo, ela o vê como seu salvador. Os dois se casam – porém ela fica enfurecida com a decisão dele de permanecer em Egdon Heath, tornando-se diretor de escola. E as coisas ficam piores.

Clym lê demais, arruína sua visão e filosoficamente se torna um lenhador. Presa na armadilha de uma existência parecida com a de uma camponesa, à mercê de forças que se encontram além do seu controle, Eustacia tem um caso com seu antigo pretendente, Damon Wildeve. Quando a mãe de Clym fica sabendo disso, visita a casa dos Yeobright para intervir. Entretanto, Eustacia está se divertindo com Wildeve (na ausência de Clym – e não ouve sua sogra bater à porta). A mãe de Clym vai embora, para num campo para descansar e é picada por uma cobra (Eustacia não é a única personagem à mercê de forças naturais hostis). Clym, ao voltar do trabalho, depara-se com a mãe à beira da morte. Ele fica sabendo pelos moradores do vilarejo que ela havia sido vista vindo da casa dele, então pede explicações à sua esposa e descobre o caso dela. Eustacia sai de casa para fugir com Wildeve, mas no caminho para se encontrar com ele, no meio da noite, cai (ou pula) em um moinho d'água e se afoga. Damon pula atrás dela e também se afoga. Como a água, as forças da natureza e da sociedade borbulham, formam piscinas e fluem em torno dos personagens de *The Return of the Native*, terminando por submergi-los em suas tentativas frustradas de escapar. Hardy é o maior "escritor de cenários" da língua inglesa, e seus pântanos, campos e montanhas são reais o bastante para serem tocados e degustados; suas densas e ameaçadoras florestas e seus poços profundos fazem o leitor se arrepiar.

HENRY JAMES

Retrato de uma Senhora, 1881

Edição recomendada: *Retrato de uma Senhora*. Trad. Gilda Stuart. São Paulo: Companhia das Letras, 2007.

Isabel Archer é uma moça americana com um pretendente tipicamente americano – Caspar Goodwood, homem de negócios, alto, moreno e com um maxilar bem definido. Contudo, a tia de Isabel, que vive há anos com o marido e o filho em uma propriedade rural inglesa, decide resgatá-la dos Estados Unidos selvagens e mostrar-lhe a Europa. Na Inglaterra, Isabel é cortejada por Lorde Warbuton e está propensa a se apaixonar pelo primo dela, Ralph. Nesse meio-tempo, sua amiga americana Henrietta Stackpole, a independente e persistente repórter de uma publicação americana, chega à Inglaterra. Preocupada com a atração que a velha (e, a seus olhos, decadente)

Europa exerce sobre Isabel, Henrietta convida Goodwood para visitá-la – mas Isabel, determinada a traçar o próprio destino, manda Goodwood ir embora.

Felizmente Isabel não precisa levar sua autoconfiança muito longe, pois seu tio morre e, a pedido de Ralph, deixa metade de seus bens para Isabel. Com dinheiro no bolso, Isabel conhece uma viúva da alta sociedade, Madame Merle, e decide viajar com ela. Madame Merle lhe apresenta Gilbert Osmond, um americano extravagante e dissimulado, que tem uma filha de quinze anos, Pansy. Isabelle aceita o pedido de casamento de Osmond, mas Ralph alega que ela estaria abrindo mão de sua liberdade: "Você merece algo melhor do que cuidar das sensibilidades de um diletante estéril!", lamenta ele. Isabel se recusa a lhe dar ouvidos. Três anos mais tarde, porém, o casamento acabou com ela: sua sabedoria, sua curiosidade e seu brilhantismo diminuíram. Quando Isabel descobre que Madame Merle é, na verdade, a mãe de Pansy, e tem sido amante de Osmond há tempos, fica doente diante da traição do marido. Ela anuncia que viajará para a Inglaterra (contra a vontade de Osmond) para ver Ralph, que está no leito de morte. Depois da morte do primo, Isabel se encontra novamente com Caspar Goodwood; o americano lhe implora que deixe Osmond e volte para a América com ele. Ela se recusa, mas o romance termina de forma ambígua, com Goodwood descobrindo por meio de Henrietta Stackpole que Isabel havia retornado a Roma. "Escute", diz Henrietta, "é só você esperar". Será que Isabel acaba voltando para o antigo namorado? Não sabemos, mas em seus esforços para ser livre, ela sempre acaba se enrolando em correntes; por que o casamento com Goodwood lhe traria maior liberdade?

MARK TWAIN

As Aventuras de Huckleberry Finn, 1884

Edição recomendada: *As Aventuras de Huckleberry Finn*. Trad. Rosaura Eichenberg. Porto Alegre: L&PM, 2011.

As Aventuras de Huck. Trad. Monteiro Lobato. São Paulo: Brasiliense, s.d.

Depois de descobrir seis mil dólares em uma gruta, Huckleberry Finn começa, de repente, a ser muito requisitado. Tom Sawyer quer que ele se junte ao bando de ladrões. A viúva Douglas e sua irmã, srta. Watson, planejam civilizá-lo; e seu pai alcoólatra o sequestra e o arrasta para uma cabana na floresta. Huck aprecia a liberdade de fumar, falar palavrões e viver na sujeira, mas não gosta de ser surrado diariamente, então simula o próprio assassinato sangrento e foge. Na floresta, encontra um escravo da srta. Watson, Jim, que também havia fugido para não ser vendido. Huck e Jim partem pelo Mississípi em busca de liberdade. Ao longo do caminho, eles exploram um barco naufragado (Huck faz de conta que conhece o proprietário). Deparam-se com um bando de balseiros presunçosos (Huck faz de conta que é filho de um trabalhados ribeirinho); participam de uma amarga rixa de família (Huck faz de conta que é órfão); e finalmente se juntam a dois vigaristas, que alegam ser o Rei da França e o Duque de Bridgewater, exilados.

Huck os segue de perto, enquanto o Duque e o Rei fazem de conta, alternadamente, que são evangelistas, atores, artistas de circo e herdeiros há tempo perdidos de um curtidor rico. Enquanto isso, Jim permanece na balsa, com medo de ser capturado. Quando o Duque e o Rei – sem dinheiro e com suas fraudes descobertas – vendem Jim para um fazendeiro local por alguns dólares extras, Huck planeja libertá-lo. Ele faz de conta que é Tom Sawyer; Tom Sawyer aparece para ajudar e se passa por Huck Finn; Jim, que poderia muito bem fugir sozinho, faz de conta que está em uma masmorra, de modo que os meninos possam planejar um resgate bem elaborado. Todos os três são pegos, mas Tom Sawyer anuncia em alto e bom som que Jim já estava livre esse tempo todo. A srta. Watson havia morrido dois meses antes e lhe concedera a liberdade em seu testamento, mas Tom quis encenar o falso resgate apenas pelo gostinho de "*aventura*" da situação.

"Acho que eu fugi [...]", reclama Huck no fim do livro, "porque a Tia Sally vai me adotar e me civilizar e não posso suportar isso. Já passei por isso". O voo de Huck em direção à liberdade – a quintessência da busca do americano – o força a trocar de identidade o tempo todo, sem nunca parar em lugar algum. Como escreve David F. Burg, Huck entende "que se manter em movimento é o mais perto possível que alguém pode chegar da liberdade".[19]

[19] David F. Burg, "Another view of Hucklebrry Finn". *Nineteenth-Century Fiction*, Oakland, vol. 29, n. 3, dec. 1974, 299-319, 319.

STEPHEN CRANE

A Glória de um Covarde, 1895

Edição recomendada: *A Glória de um Covarde: um Episódio da Guerra Civil Americana*. Trad. Sérgio Rodrigues. Rio de Janeiro: Lacerda, 2000.

Henry Fleming, um menino do campo que estava lutando na Guerra Civil, preocupa-se com a sua capacidade de ser corajoso. No início de sua primeira batalha, ele se vê no meio de uma confusa e caótica massa de soldados, todos atirando para todos os lados; ele também começa a atirar, satisfeito e aliviado com a ideia de já se ver lutando (as cenas de batalha de Crane são fascinantes por seu realismo extremo e ponto de vista limitado; ele é o equivalente do século XIX da câmara de vídeo portátil, oferecendo uma visão não profissional, uma perspectiva de homem comum sobre os eventos). Os soldados ao redor de Henry recuam. Henry segue o exemplo deles, como havia feito antes – mas, dessa vez, seguir a multidão o leva para uma fuga covarde. Sentindo-se envergonhado e culpado, Henry reintegra seu regimento, arrastando-se miseravelmente atrás dos que se feriram de forma honrosa: "Ele julgava estar assistindo a uma procissão de seres eleitos [...] Nunca conseguiu ser igual a eles". Ele imagina que os outros soldados estão zombando dele quando passa. Subitamente, a fila de feridos é assaltada por uma onda de homens que flui por eles em retirada. Henry se agarra a um soldado que vem passando e pergunta-lhe o que aconteceu, mas o homem, em pânico, dá-lhe uma coronhada com seu fuzil e foge. Agora ferido, Henry finalmente consegue abrir caminho de volta para seu acampamento e conta que foi ferido na batalha ("Ah", disse o cabo, examinando-lhe a cabeça, "sim, você foi atingido de raspão por uma bala. Ficou um calombo estranho, como se algum sujeito tivesse lhe dado uma coronhada"). Logo o regimento submerge novamente na batalha. Henry se esconde atrás de uma árvore e continua atirando cegamente para a frente. Quando a poeira baixa, ele descobre (para sua surpresa) que esteve na linha de frente da batalha: é um herói, não mais um covarde. Stephen Crane chamou *A Glória de um Covarde* de um retrato do medo, mas o medo e a bravura têm pouca relação com a reputação de Henry; seu heroísmo é puramente acidental.

JOSEPH CONRAD

CORAÇÃO DAS TREVAS, 1902

Edições recomendadas: *Coração das Trevas*. Trad. Sergio Flaksman. São Paulo: Companhia das Letras, 2008.

Cinco velhos amigos se reuniram em um iate no Tâmisa. Um deles – Marlow, um marinheiro vagabundo – conta a história de sua viagem para o Congo. Contratado por uma companhia de comércio para inspecionar um centro de produção de marfim, Marlow abre seu caminho lento e difícil até as profundezas da África. Durante a jornada, ouve repetidas vezes falar do misterioso sr. Kurtz, outro empregado da companhia de comércio. O sr. Kurtz envia carregamentos magníficos de marfim e também toma conta dos seus trabalhadores nativos muito bem, fazendo a companhia enriquecer ao mesmo tempo que educa os africanos. À medida que Marlow chega cada vez mais perto do centro de operações de Kurtz, contudo, depara-se com portos degradados, equipamentos quebrados e africanos hostis. Quando finalmente encontra Kurtz, o homem está à beira da morte; ele havia se tornado mais selvagem do que os nativos e devastado toda aquela região do Congo em suas tentativas de embarcar quantidades cada vez maiores de marfim. Antes de Marlow conseguir enviá-lo de volta à Inglaterra, Kurtz morre, balbuciando: "O horror! O horror!". Da mesma forma que o Cristão de Bunyan, Marlow havia feito uma peregrinação. Sua viagem para o interior da África havia sido uma jornada para os recônditos mais íntimos da alma humana, mas em vez da Cidade Celestial, ele só encontrou confusão, ilusão, falta de clareza, falta de sentido, mentiras e morte. De volta à civilização, Marlow se encontra com a noiva de Kurtz, que pergunta pelas últimas palavras do amado; Marlow mente, dizendo à mulher que ele morreu balbuciando o nome dela. As últimas palavras de Kurtz revelam a única verdade que ele havia descoberto sobre a existência humana – mas essa verdade ninguém é capaz de encarar. E as trevas não estão apenas na África. Quando Marlow termina sua história, os homens do iate olham para cima e veem um "aglomerado de nuvens negras [...] um céu sombrio [...] o coração de uma treva imensa" pairando sobre a paisagem inglesa.

EDITH WHARTON

A Casa da Felicidade, 1905

Edição recomendada: *A Casa da Felicidade*. Trad. Lucília Rodrigues. Mem Martins: Publicações Europa-América, 1994.

A *socialite* nova-iorquina Lily Bart tem 29 anos e ainda não está casada (que horror!); sem dinheiro, depende da mesada que sua tia lhe dá de má vontade e apela para os amigos para manter os luxos que satisfazem seu senso de beleza. Com medo de que seus dias como hóspede perpétua acabem quando deixar de ser jovem e encantadora, Lily tenta, de forma relutante, agarrar um marido rico. Suas opções são limitadas: Simon Rosedale, o financista judeu, cujo dinheiro lhe garante um lugar perpétuo na alta sociedade, já a pediu em casamento, porém ela não aguenta se rebaixar tanto (o antissemitismo de Wharton é sintomático de seus tempos). Lawrence Selden, um advogado atraente e simpático, que infelizmente é pobre demais para o gosto dela. Sua predileção é por Percy Gryce, um milionário gordo, desinteressante, que coleciona documentos da cultura americana e sempre obedece à mãe. Contudo, Lily despreza as próprias ambições maritais e seus planos mal traçados falham, arruinando-lhe a reputação ao longo desse processo. Quando deixa de ser uma "beleza pura", Lily entra em decadência com rapidez surpreendente, através das camadas da sociedade da Era de Ouro. Por fim, tenta a vida como estilista de chapéus, mas não consegue aguentar a jornada de dez horas de trabalho. Demitida de seu emprego, obrigada a viver em uma pensão barata enquanto suas economias definham e acometida de insônia, Lily toma uma dose dupla de hidrato de cloral para dormir e nunca mais acorda. Quem sabe haja coisas que o dinheiro não possa comprar, mas nos Estados Unidos de Wharton não se pode viver sem ele.

F. SCOTT FITZGERALD

O Grande Gatsby, 1925

Edições recomendadas: O *Grande Gatsby*. Trad. Vanessa Barbara. São Paulo: Penguin-Companhia, 2011.

O *Grande Gatsby*. Trad. Brenno Silveira. São Paulo: Abril Cultural, 1980.

Nick Carraway deixa sua tranquila cidade natal do Meio-Oeste e aluga uma casa em Long Island Sound. Sua bela prima, Daisy, vive na outra margem do canal. O misterioso milionário, Jay Gatsby, mora em uma mansão exuberante, nova em folha, bem ao lado dele. Gatsby ama Daisy desde os tempos do colégio. Seu desejo é revestido de frases românticas, mas o que na verdade ele adora em Daisy é o fato de ela encarnar a riqueza; ela "brilha como prata, segura e orgulhosa acima das lutas acaloradas dos pobres". Quando o marido de Daisy, Tom, tem um caso com Myrtle Wilson, a esposa do mecânico, Jay Gatsby convence Nick a fazer o papel de cupido entre ele e Daisy. O próprio Nick acaba em um relacionamento apaixonado com a *socialite* Jordan Baker. Como todos os três casos correm em paralelo, as tensões entre os três personagens centrais se intensificam (a mulher do mecânico aparentemente não conta). Durante um jantar desastroso no [restaurante] Plaza, Tom zomba de Gatsby e o acusa de adultério. Daisy e Jay Gatsby saem juntos e voltam para o Sound no carro de Gatsby. Acidentalmente, atropelam Myrtle, que cruza o caminho deles. Daisy estava dirigindo, mas Gatsby assume a culpa. O marido de Myrtle descobre a identidade de Gatsby, invade a mansão e atira nele; depois comete suicídio.

Nick organiza o funeral, mas ninguém comparece. Tom e Daisy se afastam, Jordan Baker casa com outra mulher. E finalmente Nick volta para a sua cidade no Meio-Oeste, trocando Nova York e sua beleza ilusória pelos valores sólidos da América interiorana.

VIRGINIA WOOLF

Mrs. Dalloway, 1925

Edição recomendada: *Mrs. Dalloway*. Trad. Tomaz Tadeu.
Belo Horizonte: Autêntica, 2012.

Clarissa Dalloway sai de sua casa pela manhã para comprar flores para a festa que daria naquela mesma tarde – e somos imediatamente mergulhados no seu desconexo fluxo de pensamento, cheio de imagens luminosas. *Mrs. Dalloway* acompanha os pensamentos de três personagens principais no decurso de um único dia, em 1923. Clarissa Dalloway, uma mulher da alta sociedade londrina, em seus cinquenta e poucos anos, lembra-se dos tempos remotos em que era cortejada por Peter Walsh, antes de tê-lo rejeitado. Peter Walsh, agora apaixonado por uma mulher muito mais jovem, também medita sobre aquele tempo e se lembra de seu primeiro contato com o marido de Clarissa. Septimus Warren Smith, um soldado em estado de choque, à beira da desintegração total, vive reconstituindo os acontecimentos da guerra e vê seus amigos morrendo em chamas. As vidas físicas dos três cruzam-se não mais do que duas vezes; uma, quando Peter Walsh leva Septimus e sua esposa em lágrimas para passear no parque; e novamente, no final do dia, quando o médico de Septimus comparece à festa de Clarissa e comenta, casualmente, que seu jovem paciente cometeu suicídio há poucas horas. Na verdade, porém, a história não ocorre no mundo físico, mas em um universo diferente: uma realidade mental em que as leis que governam o tempo e o espaço são diferentes, em que personagens que nunca se encontraram pessoalmente se interceptam misteriosamente em pensamentos, e onde Septimus e Clarissa, que não se conhecem, são semelhantes. Septimus não consegue enfrentar a Inglaterra em ruínas do pós-Primeira Guerra Mundial. Clarissa Dalloway sobrevive, mas apenas porque se recusa a refletir profundamente ("Ela era alienada de tudo", escreve Woolf, "não tomava conhecimento nem da língua, nem da história; raramente lia um livro agora, exceto memórias, na cama").

FRANZ KAFKA

O PROCESSO, 1925

Edição recomendada: *O Processo*. Trad. e posfácio Modesto Carone. São Paulo: Companhia da Letras, 2014.

"Alguém deve ter espalhado mentiras sobre Josef K.", começa *O Processo*, "pois sem ter feito nada de errado ele foi preso certa manhã". É a manhã do seu aniversário de trinta anos e, a princípio, Josef pensa que se trata de uma brincadeira. Contudo, um inspetor aparece e garante-lhe que não se trata de brincadeira; ele é, sem dúvida, culpado, mas até o seu julgamento, tem o direito de continuar tocando a vida. Josef K. persiste na tentativa de refutar a acusação, mas como nunca consegue saber de que é acusado, todas as suas tentativas terminam em confusão. Ele se defende na frente de espectadores apenas para descobrir que, na verdade, todos são funcionários públicos do tribunal; descobre também que os guardas que o prenderam da primeira vez estão sendo açoitados pelo que fizeram e tenta intervir; tenta contratar um advogado, mas encontra-o doente, acamado, e é persuadido a se afastar da cama pela enfermeira do advogado (que tenta seduzi-lo), e depois volta para descobrir que o escrevente-chefe do tribunal tinha chegado na sua ausência. Essas tentativas irracionais e oníricas de se defender se arrastam por um ano inteiro. Na manhã do seu trigésimo primeiro aniversário, outros dois guardas aparecem e ordenam que Josef K os acompanhe. Ele se dá conta de que pretendem executá-lo – mas embora tenha uma oportunidade de escapar deles, permite que o matem. As palavras de abertura de Kafka sugerem que ele vivia em um mundo racional; "deve ter" implica algum tipo de causa e efeito, "falsa acusação" pressupõe algum tipo de padrão de justiça. Entretanto, essa ordem racional é uma ilusão. Nenhum dos procedimentos do tribunal faz sentido; finalmente, as palavras que representam esses procedimentos (acusação, veredito, crime, culpa e mesmo o próprio nome de Josef K.) também acabam esvaziadas de significado. No final, os executores de K. levam-no a julgamento, em silêncio. A ordem racional do universo e as palavras que o expressam provam ser fantasmas.

RICHARD WRIGHT

Filho Nativo, 1940

Edição recomendada: *Filho Nativo: Tragédia de um Negro Americano*. Trad. Monteiro Lobato. 3. ed. São Paulo; Companhia Editora Nacional, 1966.

Filho Nativo. Trad. Jusmar Gomes. São Paulo: Best Seller, 1987.

Bigger Thomas vive em Chicago, em um apartamento infestado de ratos e controlado pelo rico sr. Dalton. Os Dalton cobram aluguéis abusivos dos inquilinos negros para depois doar uma parte do dinheiro a escolas para negros, o que os deixa com a consciência mais leve. Quando Bigger consegue um emprego como motorista na propriedade dos Dalton, Mary Dalton – a filha da família – e seu namorado, Jan, tratam Bigger como um igual. Por estranho que pareça, Bigger considera isso irritante ("Por que não o deixam em paz?", pensa ele quando Jan o cumprimenta. "Ele era muito consciente de sua pele negra e possuía uma convicção incômoda de que Jan e homens como ele [...] faziam-no sentir sua pele negra só de ficar ali olhando para ele)". Em mais um gesto igualitário, Jan e Mary convidam Bigger para um drinque. Todos os três ficam embriagados. Bigger leva a cambaleante Mary para casa e, de volta para o seu quarto, ele a beija. Ao ouvir a mãe dela se aproximando pelo *hall* externo, ele coloca um travesseiro sobre sua boca, para mantê-la quieta. Logo em seguida, fica estarrecido ao se dar conta de que Mary está morta. Em pânico, Bigger enfia o corpo dela na fornalha e convence sua namorada, Bessie, a ajudá-lo a escrever uma falsa carta de despedida, envolvendo Jan. Bessie, entretanto, começa a se apavorar e Bigger acaba por assassiná-la com uma tijolada enquanto ela dorme. O assassinato de Bessie passa despercebido. Contudo, a polícia acredita que Bigger assassinou Mary Dalton e passa a caçá-lo, invadindo as casas dos negros por todo o território sulista. Capturado e levado a julgamento, Bigger se torna um ícone de tudo que os brancos temem nos negros: força, sexualidade e espírito de vingança pelos maus-tratos do passado.

Jan, incomodado por sentir que de algum modo é responsável pela situação de Bigger, contrata o advogado Max para defender o assassino de sua namorada ("Eu estava [...] sofrendo pela Mary", conta ele a Bigger, "e, então, pensei em todos os negros que foram mortos, os negros que tiveram de sofrer quando seus familiares foram capturados e levados como escravos"). Max admite a culpa de Bigger, mas argumenta que a vida dele havia sido "destruída" pelos maus-tratos dos brancos. Embora Max peça pena de prisão perpétua para o réu, em virtude de circunstâncias extenuantes, Bigger é sentenciado à morte. O romance de Wright é um exercício inovador de naturalismo escrito sob a perspectiva negra; os americanos brancos podem até ter lutado contra forças naturais, mas os americanos negros foram as ferramentas físicas dessa batalha.

ALBERT CAMUS

O Estrangeiro, 1942

Edição recomendada: *O Estrangeiro*. 29. ed. Trad. Valerie Rumjanek. Rio de Janeiro: Record, 2008.

Do mesmo modo que *Filho Nativo*, *O Estrangeiro* trata de um assassinato que, insignificante em si mesmo, revela algumas verdades sobre a existência humana.

O assassinato de Mary Dalton mostra a distorção incorrigível das relações entre brancos e negros nos Estados Unidos. O assassinato do árabe, em *O Estrangeiro*, demonstra que os eventos da vida não têm um sentido último. As ações de Meursault, o personagem central do romance, são apresentadas em uma sequência lacônica, não enfática, de modo que nenhuma ação tenha mais importância do que a outra. A mãe de Meursault morre, então ele vai ao enterro porque todos parecem esperar sua presença lá. No dia seguinte ao funeral, ele se depara com Marie por acaso, e os dois vão para a cama. Meursault lê um jornal velho, vê os torcedores voltarem de um jogo de futebol, decide comer o seu lanche e diz a Marie que se casará com ela, se ela achar que isso lhe dará prazer: "Na verdade, isso não tem importância nenhuma", pensa ele. O vizinho do andar de cima de Meursault, Raymond, pede que ele o ajude a humilhar sua namorada. Meursault concorda ("Não havia nenhuma razão para não lhe fazer esse favor"), mas isso enfurece o irmão da moça, que agride Raymond com a ajuda de um amigo árabe. Caminhando pela praia mais tarde, Meursault vê o amigo árabe dormindo à sombra de uma rocha e dispara cinco tiros no corpo do homem, sem nenhuma razão particular. Ele é imediatamente preso e levado a julgamento. Por recusar-se a mostrar qualquer emoção, é julgado como um criminoso perigoso e insensível e sentenciado à morte. No entanto, Meursault espera ansioso pela execução, pois a morte é a única certeza da vida; ele se sente como se estivesse "na iminência da liberdade [...] abri meu coração para a indiferença benigna do universo".

Na filosofia "do absurdo" de Camus, não há sentido na vida; todos os seres humanos estão condenados à morte, enfrentando um fim inevitável. A única resposta possível é admitir que a morte virá, e, então, viver ativamente no presente, sem se arrepender de suas escolhas. Camus escreve em "O Homem Absurdo" que qualquer um que chegue a essa verdade, com certa tranquilidade, está "imbuído do absurdo". As ações não têm significado, mas têm consequências, e "essas consequências devem ser consideradas com calma [...] Pode até haver pessoas responsáveis, mas não há culpados".[20] A decisão de Meursault de matar o árabe é aceitável porque ele está disposto a sofrer as consequências da

[20] Albert Camus, "The Absurd Man". In: The Myth of Sisyphus and Other Essays. Trad. Justin O'Brien. New York, Vintage Books, 1991, p. 67.

escolha feita; em sua forma de agir, e em sua aceitação calma da morte, ele é o modelo do "homem absurdo".

GEORGE ORWELL

1984, 1949

Edição recomendada: *1984*. Trad. Wilson Velloso.
São Paulo: Companhia Editora Nacional, 1966.

1984, de George Orwell, brindou-nos com as expressões "Big Brother" ["Grande Irmão"] e "Thought Police" ("Polícia do Pensamento"), sem falar de todo um conjunto de temores sobre a invasão da nossa vida privada. Winston Smith vive em um apartamento em Londres, onde uma televisão que transmite e capta imagens monitora todos os seus movimentos e palavras. Retratos do Big Brother, o líder do Partido, lembram-no de que está sempre sob a vigilância da Polícia do Pensamento. Winston trabalha para o Ministério da Verdade, que constantemente reescreve livros e jornais, de modo que o Big Brother apareça como tendo previsto todos os acontecimentos políticos antes de terem ocorrido. O Ministério da Verdade tem o objetivo de reduzir todas as línguas à novilíngua[21], a língua oficial, que tem o vocabulário reduzido a cada ano que passa: "No final", explica um oficial, "nós faremos com que o *thoughtcrime* (crime de pensamento) seja literalmente impossível porque não haverá palavras que o possam expressar".

Winston se rebela contra o partido, começando a escrever um diário. Sua rebelião logo assume formas mais ativas: ele inicia um caso com sua colaboradora, Julia, e aceita um convite do seu superior, O'Brien, para ingressar em uma irmandade secreta, que luta contra o Partido. No entanto, O'Brien se revela um espião do Partido, e assim que Winston e Julia se filiam à irmandade são presos. O'Brien se encarrega da reabilitação de Winston, convencendo-o de que tudo que precisa fazer é acreditar em tudo que o Partido dita: "O que quer que o

---

[21] Língua ambígua e contraditória, inventada por Orwell para que os líderes políticos de 1984 pudessem manipular e ludibriar melhor a classe trabalhadora de Oceania. (N. T.)

Partido tome por verdade, é verdade mesmo", ensina O'Brien. "Não é possível enxergar a realidade senão olhando através dos olhos do Partido". Finalmente, Winston começa a ceder; sentado em sua cela, ele escreve "A liberdade é uma escravidão. Dois mais dois são cinco". O'Brien, porém, quer que ele ame o Big Brother, não que simplesmente o obedeça. O passo final da conversão forçada de Winston acontece quando O'Brien ameaça enfiar-lhe a cabeça em uma gaiola cheia de ratos famintos, para que eles possam roer-lhe rosto. Diante disso, Winston grita: "Façam isso com Julia! Não comigo! Com Julia!". Seu amor por Júlia acaba; agora ele pode passar a amar o Partido. O inferno na terra de Orwell não aconteceu no ano de 1984. Contudo, em sua visão deprimente e detalhada do mundo, em que tanto a mente quanto a vontade podem ser manipuladas por instituições grandes e poderosas, ele estava décadas à frente dos pós-modernistas e sua condenação da nossa sociedade dominada pela propaganda.

RALPH ELLISON

O Homem Invisível, 1952

Edição recomendada: *O Homem Invisível*. Trad. Mauro Gama.
São Paulo: José Olympio, 2013.

Em *O Homem Invisível*, o narrador anônimo existe sob um véu que mostra ao leitor a figura, concebida por um homem branco, do que um negro deveria ser. Ele ganha uma bolsa subsidiada por brancos de uma faculdade sulista para negros, lutando contra outros estudantes negros em um ringue de boxe. Por ele ser articulado e apresentável, a faculdade lhe pede que guie um curador branco que está de visita pelo câmpus. O curador insiste em ser levado a uma favela rural e depois a um bar frequentado por veteranos de guerra negros. No bar, um neurótico veterano negro ataca o curador. Quando o diretor da faculdade descobre esse episódio, expulsa o narrador e o envia para trabalhar no Norte, com "cartas de referência" que aconselham os empregadores a não contratá-lo. O jovem finalmente encontra um emprego em uma fábrica de tintas famosa por sua tinta branca. Ele se envolve em uma briga, abandonando as suas latas de tinta sem supervisão; elas explodem, deixando-o inconsciente, e ele vai parar em um hospital, onde é forçado a participar de experimentos de tratamento de choque. Ele acaba escapando do hospital e tem um colapso na rua, onde é socorrido por outros negros, que lhe dão um lar. Ele se torna um porta-voz da Irmandade, uma organização que trabalha em prol dos negros oprimidos, encarregando-se da área do Harlem. Contudo, ao se se desentender com a Irmandade, dá-se conta de que eles o viam como um mero instrumento da sua causa. Pego no meio de uma revolta incitada pela Irmandade, o narrador cai em um bueiro. Dois policiais tampam o bueiro. Assim, ele passa a morar em um porão secreto, em que instala 1.396 lâmpadas que se alimentam de energia elétrica roubada. Ele já havia sido visto pelos outros como um brilhante garoto negro; como guia para o que há de pior na vida negra; como um trabalhador que não pensa; como um objeto de experimentos; como um porta-voz; mas nunca como ele mesmo. Todos ao seu redor, elucubra o narrador, "só sabem [...] ver a si mesmos, ou invenções de sua imaginação – enfim, tudo e qualquer coisa, menos eu mesmo". No submundo, o Homem Invisível é agora literalmente invisível, como ele foi metaforicamente invisível por toda a sua vida; mas o romance brilhante de Ellison o tornou visível para o leitor atento.

SAUL BELLOW

Agarre a Vida, 1956

Edição recomendada: *Agarre a Vida*. Trad. Donaldson M. Garschagen. Rio de Janeiro: Rocco, 1986.

Tommy Wilhelm, hospedado em um hotel porque estava separado da esposa e dos filhos, depende do pai já idoso e irascível para pagar sua estada no hotel. Tommy está falido e tem esperança de fazer fortuna na Bolsa de Valores com a ajuda de Tamkin, um doutor que alega ser especialista em mercado de ações – mas que desaparece de forma misteriosa quando a Bolsa entra em queda vertiginosamente, sumindo com o dinheiro de Tommy. O romance acontece em um único dia, mas Tommy passa boa parte do tempo refletindo sobre o passado, relembrando todas as tentativas feitas para se reerguer como um novo homem. Ele tentara ser ator, mas fracassara. Mudara seu nome de Wilhelm Adler para

Tommy Wilhelm ("Wilhelm sempre teve o forte desejo de se tornar Tommy. Entretanto, nunca conseguiu se sentir como Tommy"). Gabara-se diante dos amigos de que iria se tornar o vice-presidente da firma em que trabalhava, mas não obteve a promoção. Envergonhado demais para ficar e admitir seu fracasso, pede demissão, mas permite que seu pai se orgulhe de seu cargo de vice-presidente, mesmo que ambos saibam que o título é falso. Cada uma de suas reinvenções de si mesmo fracassa, inclusive a tentativa final de se tornar um investidor, isso porque insiste em confiar na recomendação do Dr. Tamkin, apesar de estar meio desconfiado de que ele seja uma fraude. No fim do dia, Wilhelm se vê no funeral de um estranho, em que é confundido com um parente do morto: "De todas as pessoas que estavam na capela, só ele estava aos soluços. Ninguém sabia quem ele era. Uma mulher disse: 'Será que é o primo de Nova Orleans que estavam esperando? [...] Deve ser alguém realmente próximo para ficar [chorando] assim". Conforme chora, Wilhelm encontra felicidade em suas lágrimas. Aqui, finalmente ele encontra, aos olhos dos outros, a importância que sempre buscou – mesmo que baseada em uma identidade falsa.

GABRIEL GARCÍA MÁRQUEZ

CEM ANOS DE SOLIDÃO, 1967

Edição recomendada: *Cem Anos de Solidão*. 48 ed. Trad. Eliane Zagury. Rio de Janeiro/São Paulo: Editora Record, 2000.

José Arcadio Buendía e sua esposa, Úrsula, são primos; Úrsula teme ter um filho com um rabo de porco, então expulsa o marido da cama. Quando um vizinho faz troça de seu casamento não consumado, José Arcadio Buendía mata-o em um duelo e, depois, visita o quarto de Úrsula com uma paixão de hombridade não provada. O bebê de Úrsula, quando nasce, não tem rabo de porco, mas o vizinho assassinado insiste em perambular pela residência do casal à noite, para lavar o sangue do seu pescoço no banheiro. Por essa razão, José Arcadio Buendía se muda com a esposa e os filhos para fundar a nova cidade de Macondo.

Macondo, a princípio isolada, é por fim aberta para o mundo externo por tribos de ciganos – um dos quais, Melquíades, possui um manuscrito misterioso escrito em sânscrito. O comércio com outras cidades lhes traz prosperidade, mas também problemas. O filho mais velho de José Arcadio Buendía foge com os ciganos; seu segundo filho, Aureliano, torna-se tenente-coronel e luta em batalhas sangrentas em uma guerra civil remota até que sua mãe ameaça matá-lo com as próprias mãos. ("É como se você tivesse nascido com um rabo de porco", vocifera ela.) Aureliano acaba se retirando para a sua oficina para criar peixinhos-dourados, e seu sobrinho-neto, Aureliano Segundo, torna-se o centro da vida familiar. Segundo casa com uma mulher bonita, pretensiosa e histérica, mas dá continuidade a seu caso com uma mulher da vila, Petra Cotes, que o torna próspero ao caminhar ao redor da propriedade dele, espalhando sua aura de fertilidade. Entretanto, mesmo a prosperidade mágica enfraquece diante do progresso econômico: uma estação ferroviária abre em Macondo e comerciantes ianques chegam com o trem para vender bananas. Essa companhia de bananas introduz todo o tipo de problemas em Macondo: desordem, violência, assassinato e mais problemas familiares ("Olha só a bagunça em que fomos nos meter", reclama o irmão de Segundo, o coronel Aureliano Buendía, "só porque convidamos os gringos para comer umas bananas"). Liderados por Aureliano Segundo, os trabalhadores da companhia de bananas entram em greve; enfurecidos, os comerciantes ianques invocam uma chuva de quatro anos de duração que acaba levando o proletariado encharcado à submissão.

Quando o neto de Segundo, Aureliano Babilônia, alcança a maioridade, desenvolve duas obsessões. Uma paixão incestuosa por sua tia, que o torna pai de um bebê com rabo de porco. E fica encantado pelo misterioso manuscrito dos ciganos, que chegou até Macondo gerações atrás. Depois de anos de tradução, ele descobre que o manuscrito conta toda a história do clã dos Buendía, até os seus próprios dias – não "em uma ordem de tempo humano convencional, mas [...] de tal forma que [os eventos] coexistam em um só instante". Gabriel García Márquez segue a mesma estratégia, justapondo eventos normais e mágicos e lançando dúvidas sobre a possibilidade de uma ficção "realista" que registre com precisão algum tipo de "história objetiva" da humanidade. Na *sua* história familiar, imaginação e fatos coexistem lado a lado de forma indistinta um do outro.

ITALO CALVINO

Se um Viajante numa Noite de Inverno, 1972

Edição recomendada: *Se um Viajante numa Noite de Inverno*. 2. ed. Trad. Nilson Moulin. São Paulo: Companhia das Letras, 2002.

Salman Rushdie chamou esse livro de "o mais complicado livro que você [...] jamais irá ler", mas você não ficará tão perdido se souber que esse romance se inicia de onze formas diferentes e tem apenas um final. O narrador de Calvino fala diretamente com você, o leitor. Ao começar a ler, você logo descobre que o seu romance (aparentemente sobre espionagem, envolvendo uma troca de malas) deve ter tido algum erro de impressão, pois as primeiras 32 páginas vão se repetindo. Você leva o livro de volta à livraria e, chegando lá, encontra o Outro Leitor, uma moça bonita que também foi trocar seu livro com erro de impressão. O livreiro lhe dá outro exemplar do livro, mas esse romance revela ser uma história totalmente diferente. E assim que você se aprofunda na leitura, descobre que o resto das páginas está em branco. E assim vai pelo restante do livro; cada história que inicia, leva você a outro início. Esses dez primeiros capítulos de abertura estão vinculados à sua busca de encontar o final de cada um dos romances – e, finalmente, de descobrir quem é o responsável pelo estado caótico desses livros. No fundo de tudo isso há uma terceira questão: por que Calvino está fazendo isso? A cada início de romance, ele simula uma fórmula de ficção (romance policial, aventura, a chegada à maturidade). Enquanto você procura o romance "real" entre os contos todos, o autor lhe diz de forma constante (e clara) que qualquer "realidade" que você possa encontrar é tão ilusória quanto qualquer romance que você tenha começado a ler. "Quero que você perceba", lê-se no início de um dos romances, "ao redor da história, uma saturação de outras histórias que eu poderia contar [...] um espaço cheio de histórias [...] em que você possa se mover para todos os lados, como no espaço". Qualquer "ordem" que você possa encontrar neste livro (ou na vida) terá sido imposta pela vontade. Ela não terá nada a ver com a realidade.

TONI MORRISON

CÂNTICO DE SALOMÃO, 1977

Edição recomendada: *A Canção de Solomon*. Trad. Evelyn Kay Massaro. São Paulo: Best Seller, 1988.

Milkman Dead nasceu no hospital de caridade de uma cidade de Michigan. Seu pai, Macon Dead, é um cobrador de aluguel, um exilado: um negro que vive no Norte, cujos ancestrais americanos estão no Sul e cujos ancestrais africanos são inteiramente desconhecidos. Macon tem uma irmã, Pilate, que nasceu depois que sua mãe morreu no parto. Misteriosamente, Pilate não tem umbigo. Quando crianças, Pilate e Macon testemunharam o assassinato de seu pai e correram para se esconder em uma caverna na Pensilvânia. Um branco idoso e inofensivo estava dormindo ali. Enfurecido, Macon assassinou o homem e depois descobriu sacos cheios de pepitas de ouro na caverna. Pilate não deixou Macon pegar o ouro e depois fugiu (levando o ouro), enquanto Macon estava fora da caverna. Ela tentou achar emprego na Virgínia, mas os empregadores tinham preconceito contra sua falta de umbigo. Pilate acabou voltando para a caverna, coletou os ossos que lá encontrou e foi morar na cidade em que seu irmão havia se instalado. Ela levou consigo sua filha ilegítima, Reba; a filha de Reba, Hagar; e um saco verde misterioso que (supõe Macon) contém as pepitas de ouro da caverna.

Milkman tem um relacionamento de doze anos com Hagar, mas se cansa dela e busca a companhia de seu amigo, Guitar, "a única pessoa que me resta, cuja lucidez nunca falha". Guitar, porém, tornou-se politicamente ativo, ele se filiou a uma sociedade chamada "Sete Dias", que executa um homem branco sempre que um homem, mulher ou criança negra é assassinada. Milkman acha a política tediosa, mas quando Guitar precisa de dinheiro para levar a cabo uma de suas matanças por vingança, ele se oferece para ajudá-lo a roubar o ouro de Pilate. Contudo, o saco verde que se encontrava no porão da casa de Pilate contém ossos, em vez de ouro. Então, Milkman parte em uma viagem pela Pensilvânia para descobrir o que aconteceu com as pepitas de ouro. Ele não acha o ouro, mas descobre as suas raízes: encontra os personagens que povoavam as histórias de Pilate sobre a sua infância, e se dá conta de que as canções sem sentido que as crianças cantam nas ruas mencionam os nomes de seu avô e sua avó, seus tios e suas tias. Ele também se dá conta de que Guitar o está seguindo – e que Guitar se tornou seu inimigo. Ao final do romance, Guitar atira em Milkman para ficar com o ouro. A peregrinação de Milkman do Norte para o Sul se dá no sentido oposto ao da fuga do escravo fugitivo; trata-se da peregrinação de um escravo liberto, que retorna ao Sul para enfrentar os resquícios remanescentes da uma cultura escravista, a fim de recuperar seus laços familiares.

DON DELILLO

Ruído Branco, 1985

Edição recomendada: *Ruído Branco*. Trad. Paulo Henriques Britto.
São Paulo: Companhia das Letras, 1987.

Jack Gladney é um professor de Estudos sobre Hitler, no College-on-the--Hill. Sua esposa, Babette, que tem pavor patológico da morte, está tomando medicamentos obtidos no mercado negro de "psicofarmacêuticos", fornecidos por uma obscura agência que justamente faz pesquisas com medicamentos, anunciando-os em folhetos de promoção de supermercados. Sua grande e diversa prole (resultado de seis casamentos diferentes) luta contra várias inseguranças estranhas. Gladney, na tentativa de achar alguma ordem nesse caos, é surpreendido pelo vazamento de um produto químico que espalha uma enorme nuvem tóxica preta por toda a paisagem. Os moradores são evacuados da cidade, até que a nuvem finalmente se dissipa. Ao voltar para casa, Gladney começa a investigar o fornecedor das pílulas de sua esposa. Quando localiza o homem e troca tiros com ele (imitando os velhos heróis), nada de particular acontece. No fim do livro, Gladney, Babette e seus filhos terminam em um supermercado, fazendo compras (de novo), como faziam toda a semana: nada havia mudado. *Ruído Branco* é como um *1984* desprovido de Big Brother; ele nos convence de que a vida não tem nenhum sentido real. Uma certa ordem no caos de eventos é promovida pela mídia e por empresas que querem que compremos seus produtos. Elas inventam para nós histórias que parecem dar sentido à nossa vida, mas que, na verdade, nos convencem de que devemos adquirir seus produtos.

A. S. BYATT

Possessão, 1990

Edição recomendada: *Possessão*. Trad. Paulo Henriques Britto. São Paulo: Companhia das Letras, 2002.

Roland Mitchell é um acadêmico que não encontra emprego, um ex-aluno de pós-graduação intimidado que só consegue pagar o aluguel trabalhando para seu ex-orientador de tese, James Blackadder. Blackadder é a maior autoridade sobre o prolífico poeta vitoriano Randolph Henry Ash, e Roland passa seus dias pesquisando as cartas de Ash. Certo dia, na Biblioteca de Londres, Roland descobre uma carta esquecida de Ash endereçada a uma amante misteriosa. Ele rouba a carta junto com sua colega, Maud Bailey, e começa a pesquisar a identidade da moça – e descobre Christabel Mott, que também foi poetisa vitoriana e se notabilizou no feminismo americano. Maud e Roland saem à caça de pistas sobre o relacionamento de Christabel e Randolph Henry através de um labirinto fascinante de cartas e diários que sugerem mistérios não revelados, além de poemas brilhantes, artigos críticos, biografias e histórias, que adicionam mais detalhes à história de amor improvável. Roland e Maud, por sua vez, são perseguidos pelo inimigo mais feroz de Blackadder, o estudioso americano Mortimer P. Cropper, que quer usar sua fortuna para comprar todas as cartas de Ash e levá-las para fora da Grã-Bretanha. Ao longo da sua pesquisa, por mais que relutem, Maud e Roland se apaixonam um pelo outro. E quando chegam ao centro do labirinto, descobrem um segredo surpreendente – o qual eu não vou revelar, já que Byatt confia no suspense do enredo para conduzir o leitor às últimas páginas do livro.

Fontes recomendadas:

JOHNSON, Paul. *A History of the American People*. New York: HarperCollins, 1999.

MORGAN, Kenneth O. (ed). *The Oxford Illustrated History of Britain*. Ed. rev. Oxford: Oxford University Press, 2001.

PONTING, Clive. *World History: A New Perspective*. London: Chatto & Windus, 2000.

ROBERTS, Clayton; ROBERTS, David e BISSON, Douglas R. *History of England: Volume I: Prehistory to 1714*. 4. ed. Englewood Cliffs: Prentice-Hall, 2001.

ROBERTS, John Morris. *The Penguin History of the World*. 3. ed. New York: Penguin, 1995.

CAPÍTULO 6

A história do eu: autobiografias e memórias

"Quando eu tinha a sua idade..."

As pessoas sempre têm histórias para contar sobre si. Santo Agostinho (teólogo, estudioso, herdeiro africano da civilização romana) e Harriet Jacobs (escrava, mãe, fugitiva africana da cultura americana) escreveram autobiografias. Contudo, a habilidade de Santo Agostinho em pôr palavras no papel não torna o relato sobre sua conversão "melhor" do que a crônica de Jacobs sobre a pobreza e a fuga. Ninguém precisa ser um especialista para escrever uma autobiografia.

Entretanto, o autobiógrafo está imbuído da velha convicção de que os detalhes da sua vida serão de interesse para um público desconhecido e aleatório. Trata-se de uma convicção que vai contra qualquer regra de bom comportamento em festas: não fique falando de si mesmo. O autobiógrafo, porém, insiste em lhe contar sobre seus pais, seus colegas de escola, seus pressentimentos quanto ao casamento, sublimemente convencido de que você ficará encantado.

O que o faz pensar que você vai ler as elucubrações dele?

POR QUE A AUTOBIOGRAFIA É MAIS COMPLICADA DO QUE VOCÊ IMAGINA

No princípio, era Santo Agostinho.

Santo Agostinho, nascido no Norte da África, no final do Império Romano, é o primeiro "autobiógrafo". Ele não foi o primeiro escritor a anotar detalhes da sua vida cotidiana; diários e relatórios têm sido mantidos desde os tempos em que os seres humanos começaram a ter consciência da passagem do tempo e a dominar a escrita. Entretanto, Santo Agostinho foi o primeiro escritor a contar a história de sua vida.

Transformar a vida em uma história não é tão simples quanto possa parecer. Quem costuma escrever um diário, registra os eventos de cada dia sem se preocupar em fixá-los em um padrão geral. O autobiógrafo, porém, precisa pôr ordem em sua vida, explicando os pensamentos e os acontecimentos que lhe parecem importantes apenas em retrospecto. E essa retrospectiva é, em si, moldada de acordo com o propósito geral que o autobiógrafo escolheu dar à sua vida.

Assim, a retrospecção que o autobiógrafo faz não se atém somente aos acontecimentos – ele os vê como parte de um projeto que só existe porque o escritor decidiu que uma explicação (e não outra) faz sentido para a sua vida.

Vamos dar um salto à frente no tempo, do século IV para o século XX. Richard Rodriguez, nascido de pais mexicanos e criado na Califórnia, quando criança, falava inglês na escola elementar de Sacramento, mas falava espanhol em casa ("Esses sons diziam [...] *estou me dirigindo a você com palavras que nunca uso com* los gringos. *Eu o vejo como alguém especial, próximo, e não como um estranho. Você pertence a nós. É da família*)". No entanto, quando os professores de Rodriguez sugeriram que ele necessitava praticar mais o inglês, seus pais fizeram questão de que o inglês também fosse falado em casa. Em sua autobiografia, *Hunger of Memory* [Fome de Memória], ele escreve:

> Num sábado de manhã, entrei na cozinha, onde os meus pais estavam conversando em espanhol. Eu não tinha me dado conta de que eles estavam falando espanhol, mas quando me viram, percebi que começaram a falar inglês. Aqueles sons gringos que eles pronunciavam me assustaram. Eu estava sendo tratado como um estranho. Naquele momento de mero mal-entendido e profundo *insight*, senti um nó na garganta, invadido que fui por uma tristeza doentia. Eu me virei depressa e deixei a sala [...] nos dias seguintes, fui ficando com cada vez mais raiva por ser obrigado a ouvir a minha mãe e meu pai dizendo sempre de novo: "Fale conosco *en inglés*" (*Em inglês*). Foi só então que decidi aprender o inglês em sala de aula. Algumas semanas depois, aconteceu o inesperado: levantei a mão para arriscar uma resposta [à professora]. Falei claramente e em voz alta. E não achei nada demais quando a classe inteira me entendeu. Naquele dia me afastei da criança desamparada que eu havia sido até alguns dias antes. A crença, a garantia tranquilizadora de que eu era aceito em público finalmente se apoderou de mim.[1]

[1] Richard Rodriguez, *Hunger of Memory: The Education of Richard Rodriguez*. New York, Bantam, 1982, p. 21-22.

Será que isso ocorreu exatamente da forma como Rodriguez o descreve? Não, é claro que não. A consciência do homem adulto encontra-se uma camada acima da memória da criança. A criança estava com raiva; só o adulto sabe que aquele havia sido um "momento de mero mal-entendido e profundo *insight*". A criança só havia dado uma resposta em inglês; apenas o Rodriguez maduro pode ver conexão entre essa pergunta e e a conversa na cozinha, algumas semanas antes. Essa história em particular só ganha importância porque Rodriguez vê a história da sua vida como a história de sua entrada na vida pública americana. "Eu me volto para considerar o menino que já fui", escreve ele, "a fim de, em última instância, descrever o homem que sou hoje. Eu me lembro da perda dolorosa que sofri, para definir o que eu havia ganhado em troca". Se ele tivesse decidido que sua vida girava em torno da emergência da sua sexualidade, ou do desenvolvimento de um grande talento criativo, o evento na cozinha certamente teria tido um sentido totalmente diferente.

Em outras palavras, a história de Rodriguez sobre o acontecimento na cozinha não é uma reconstrução objetiva do passado. Pelo contrário, é parte de uma narrativa construída por um escritor que tem muito em comum com o romancista. Rodriguez está levantando uma questão e tecendo os pontos da trama que nos conduzem à interpretação do clímax de sua história. É isso o que faz o autobiógrafo. E é por isso que Santo Agostinho é o primeiro autobiógrafo, porque ele escolhe um sentido para dar à sua vida e ordena os eventos de modo que reflitam esse sentido. Para Rodriguez, esse sentido está em como ele se tornou um americano; para Santo Agostinho, em como se tornou um seguidor de Deus.

Contudo, as *Confissões* de Santo Agostinho também trazem pelo menos mais quatro inovações, que são a razão de sua história ter se tornado em si um modelo segundo o qual outros autobiógrafos moldam sua própria vida (de forma consciente ou não). Ao contrário de escritores anteriores, Santo Agostinho escolhe narrar apenas os acontecimentos que pertencem ao esquema que ele está esboçando. Então, ele ignora o fato de ter se tornado pai de uma criança. Em vez disso, passa páginas e páginas falando de quando era adolescente e roubou peras de um pomar, incidente que ele trata como uma bela metáfora do pecado original de Adão e Eva para mostrar que as falhas destes também estão nele. Ao contrário dos escritores anteriores, Santo Agostinho encara suas decisões e seus pensamentos, e não os grandes eventos externos, como os verdadeiros marcos de uma vida. Como o herói de um épico antigo, ele sai em busca de novas terras, mas sua peregrinação é a saga interna da corrupção para a santidade. Ao contrário dos autores anteriores, Santo Agostinho põe seu eu íntimo no centro do universo. Sua história não trata de um romano, ou de um norte-africano, ou de um membro da igreja, mas de *Agostinho*, um indivíduo, cuja vida privada tem um enorme sentido sobrenatural. Diferentemente dos escritores anteriores, Santo Agostinho só vê um momento de sua vida – a sua conversão – como o eixo em torno do qual tudo gira. Dar um significado para seu passado; relacionar tudo mais a ele; descrever o mundo *interior* do eu íntimo; encontrar o evento "divisor de águas" do passado que fez do eu o que ele é hoje: tudo isso se transforma em convenções da autobiografia, a partir de Santo Agostinho.

E Santo Agostinho é o primeiro escritor a responder à perturbadora questão: *quem gostaria de ouvir falar da minha vida?* Para Santo Agostinho, tanto quanto para Margery Kempe, Santa Teresa d'Ávila, John Bunyan, Thomas Merton, e uma linha ininterrupta de autobiógrafos espirituais que se estende até Charles Colson, a resposta é: *todos aqueles que são pecadores como eu* (um público-alvo bastante vasto). Se o propósito da autobiografia é indicar como os pecadores podem alcançar a graça, o autobiógrafo pode ser humilde e, ao mesmo tempo, autocentrado. Preciso, o autoexame individual (uma atividade mais gratificante) tem uma importância enorme para milhares de leitores. Afinal de contas, se eles têm a mesma imagem divina adormecida dentro de si, devem encontrar o mesmo Deus, fazendo o mesmo autoescrutínio.

A autobiografia de "confissão" veio para ficar, mas outro tipo de história de vida começou a despontar ao lado dela. O foco religioso da Idade Média começa a se obscurecer, e os iluministas decidem que não são, antes de tudo, *pecadores*, e sim, *seres humanos*. Afinal, trata-se da era da invenção; um vidreiro veneziano genial criou um espelho em que as pessoas podem ver o próprio rosto sem a distorção causada pelo bronze polido. E pensadores dos séculos XVI e XVII convencem-se de que são capazes de vislumbrar seu eu íntimo com tanta clareza quanto podem ver o próprio rosto.

Assim, Michel de Montaigne, René Descartes e Jean-Jaques Rousseau roubam a invenção de Santo Agostinho, a autobiografia, e fogem com ela. Contam histórias da jornada do seu eu íntimo rumo à conversão secular em direção a novas terras – não da santidade, mas do autoconhecimento.

Isso desvia o núcleo da autobiografia para novas vinculações. Para Santo Agostinho e seus colegas autobiógrafos religiosos, a jornada rumo à santidade é a jornada rumo ao autoconhecimento. Seu argumento é claro: a santidade é a qualidade essencial de Deus. Assim, quanto mais santo se torna o eu, mais ele se torna parecido com Deus. E como o eu é a imagem de Deus, quanto mais ele se assemelha a Deus, mais se torna ele mesmo, aproximando-se cada vez mais da *realidade*.

Entretanto, quando o autobiógrafo iluminista perscruta seu cerne interior, não enxerga a face de Deus ali refletida. Ele vê um eu que existe de forma independente de Deus, independente da sociedade e até da própria vontade (o termo técnico é "autonomia"). A realidade desse ser livre e autônomo depende única e exclusivamente de... seu próprio eu.[2]

Na ausência de uma definição relativamente concreta desse eu, como a de "imagem de Deus", os autobiógrafos viram-se forçados a aderir ao ceticismo – à admissão de que eles não sabiam exatamente o que se encontrava lá dentro, no seu íntimo. Montaigne, o primeiro autobiógrafo "pós-agostiniano", anunciava em sua coleção de ensaios (cuja primeira edição data de 1580) que, uma vez que não podia definir com certeza o que era esse "eu" misterioso, ou seu nível de conhecimento, ele se limitaria a "avaliar" (examinar) a si mesmo, em um esforço para contar ao leitor o que ele *pensava* ser. Descartes concluiu, em 1641, que não poderia ter certeza de sua existência como um "eu sensível" (tendo em vista que seus sentidos poderiam estar a enganá-lo), ou como um "eu emocional" (as emoções são igualmente não confiáveis), ou até mesmo como um "eu religioso" (pois o seu conhecimento de Deus não era mais infalível que os sentidos e/ou

---

[2] Na cronologia adotada em *Autobiography: The Self-Made Text* (New York: Twayne, 1993, p. xvi), James Goodwin localiza com precisão o "registro mais antigo do uso da palavra *eu* no sentido filosófico moderno de identidade intrínseca, que permanece a mesma por diversos estágios da mente e da experiência", como tendo ocorrido em 1674, nas *Poetical Works* do poeta menor Thomas Traherne: "Trago um eu secreto no peito trancado / Que não está na roupa ou na pele pendurado".

as emoções). Tudo o que ele sabia era o que estava *pensando* sobre o problema, e, assim, a única declaração que poderia fazer com alguma certeza era a de que "eu sou, eu existo, é necessariamente uma verdade à medida que ela seja declarada por mim ou concebida pela minha mente".

Então, se esses autobiógrafos não sabem exatamente quem eles são, qual poderia ser o propósito da autobiografia?

Como se vê, o fato é que o ceticismo não muda o propósito de uma autobiografia. A história de uma vida *continua* servindo de exemplo para os leitores, um modelo através do qual eles podem entender sua própria vida. O autobiógrafo cético só não supõe que os leitores estejam buscando a santidade acima de tudo; afinal, o conhecimento de Deus não é mais considerado a jornada do autoconhecimento. No entanto, a autobiografia do cético demonstra como o escritor moldou sua história, de modo que seja capaz de definir o seu eu mesmo na ausência de certeza – na ausência do Deus que dava forma concreta à jornada de Santo Agostinho. A autobiografia cética conta ao leitor: *aí* está o sentido que eu escolhi dar à minha vida. Descobri que o meu eu esquivo era um ser pensante. Será que esse sentido lhe parece atraente?

Esse eu esquivo poderá não se revelar como um ser pensante, como ocorreu para Descartes. Pelo contrário, o eu pode se revelar como um americano, como na autobiografia de Richard Rodriguez (você também poderá achar um meio-termo entre sua ancestralidade e sua cidadania atual). Ou, então, poderá ser uma mulher que batalha contra as pressões para ser doméstica, como na autobiografia de Jill Ker Conway, *The Road from Coorain* [A Estrada de Coorain] (você também poderá descobrir-se como uma estudiosa, embora tudo ao seu redor esteja lhe dizendo que a identidade do seu eu seja simplesmente a de *filha*). Ou, então, seu eu poderá se revelar como o de um empreendedor bem-sucedido nos Estados Unidos, apesar de suas origens humildes, como na narrativa de Benjamin Franklin sobre sua vida no novo mundo. Contudo, o que quer que se descubra que seja o eu, o escritor defenderá sua genuinidade, sua autenticidade – e a oferecerá como um exemplo a ser seguido.

Esse tipo de autobiografia pode até ser pós-agostiniana, mas a autobiografia agostiniana não desaparecerá. John Bunyan publicou a história de sua vida, *Graça*

Abundante ao Principal dos Pecadores, para um público extremamente receptivo, em 1666. Ela passou por seis edições em dois anos, e as autobiografias espirituais se multiplicaram ao longo dos dois séculos seguintes. Todos os livros da lista que se encontra no final deste capítulo são ou espirituais, ou céticos; são guias até Deus, ou até a autodefinição. Ainda assim, os dois tipos de autobiografia permanecem como "primos", apresentando alguma semelhança familiar devida ao ancestral comum, Santo Agostinho.

E esses primos continuaram a manter o hábito de emprestar e tomar emprestado um do outro. A autobiografia cética muitas vezes se entrega a um tipo de confissão, bem parecida com a confissão de pecados que se encontra na autobiografia espiritual. Na autobiografia cética, entretanto, a confissão não é nenhum caminho rumo ao favor de Deus. Em vez disso, a disposição de se expor, mostrando os próprios defeitos e tudo o mais, torna-se um sinal de sinceridade, uma razão a mais para que seus leitores acreditem em você e (quem sabe) adotem seu estilo de vida. Nem a autobiografia espiritual escapa da necessidade típica dos céticos de justificar os modos [de ser] do seu eu para os leitores que questionam sua sinceridade. Santa Teresa d'Ávila ofereceu sua história a Deus, contudo, ela também escreveu como forma de autodefesa (e de angariar apoio para seus planos de erigir um convento) diante dos seus superiores, que duvidavam da realidade de suas visões. *Nascido de Novo*, de Charles Colson, poderá oferecer aos leitores um caminho para Deus, mas Colson certamente não se esqueceu de todos aqueles *outros* leitores que preferem saber exatamente o que houve no caso Watergate.

CINCO MINUTOS DE HISTÓRIA DA CRÍTICA DA AUTOBIOGRAFIA

Do mesmo modo que os romances, a maioria das autobiografias tem enredos: começos, meios e fins. Contudo, enquanto os romancistas estão conscientes de si mesmos como artistas, os autobiógrafos muitas vezes são "escritores por acaso", que jamais se considerariam profissionais. Os romancistas pensam sobre as convenções e as dificuldades de escrever ficção, e algumas vezes até redigem longos ensaios sobre como elaborar romances. A maior parte dos autobiógrafos, no entanto, põe os eventos da sua vida no papel sem consultar os especialistas ou discutir teorias de composição autobiográfica. Os romances podem ser classificados em escolas e movimentos, como o *realismo* e o *naturalismo*; já as autobiografias não podem ser classificadas de forma conveniente.

Entretanto, é ilusório achar que falta arte à autobiografia. Os escritores de autobiografias aplicam certas técnicas. Eles não só reestruturam o passado de uma maneira que faça sentido no presente, mas também seguem certas convenções ao narrar a sua vida. Podem até fazer as duas coisas de forma inconsciente — e isso não deixa de ser uma *arte*.

Considere a abertura mais clássica de uma autobiografia, aquela usada por Benjamin Franklin em sua *Autobiografia*: "Eu nasci", escreve Franklin, "em Boston, na Nova Inglaterra. Minha mãe era [...] filha de Peter Folger, um dos primeiros colonizadores da Nova Inglaterra". Quando o ex-escravo norte-americano Frederick Douglass põe a história de sua vida no papel, ele também começa pelo seu nascimento e sua ancestralidade. "Nasci em Tuckahoe", conta ele. "Não sei ao certo qual é a minha idade [...] Nunca vi minha mãe o bastante para identificá-la como tal e não mais do que quatro ou cinco vezes na vida [...] Ela me abandonou sem deixar a menor pista de quem era o meu pai".

Todavia, enquanto a família de Franklin lhe havia proporcionado um protótipo de si mesmo (seus ancestrais eram homens livres, que valorizavam a leitura e a escrita e se recusavam a baixar a cabeça diante de autoridades religiosas abusivas), a família de Douglass não participa do restante da sua história. Por que, então, ele começa com o seu nascimento e ascendência? Porque, embora nunca tenha lido nenhum livro sobre a arte de escrever uma autobiografia, havia lido outras histórias de vida, e a leitura o conscientizou de que uma autobiografia "apropriada" começa com o nascimento e ancestralidade familiar.

Trata-se de uma convenção da autobiografia.

Essas convenções passaram mais ou menos despercebidas até 1950, quando os acadêmicos finalmente voltaram seu interesse para histórias de vida. A autobiografia sempre foi considerada um tipo de empreendimento literário de segunda classe, um tanto indulgente, que não requer nenhuma habilidade especial a não ser a fascinação infinita consigo mesmo. Ao longo dos anos de 1950, porém, um aglomerado de livros e artigos sugeria que a autobiografia não era, de forma nenhuma, a atividade simples e direta que parecia ser. Antes, o autobiógrafo, como Roy Pascal escrevia já em 1960, "meio que descobre, meio que cria, um esboço e uma verdade mais profunda do que a aderência à verdade histórica e factual jamais poderia reivindicar".[3]

A razão por que a autobiografia se tornou um tópico para a investigação crítica, de uma hora para a outra, nos anos de 1950, nunca foi explicada, mas – como a maior parte dos fenômenos de meados de século – esse novo interesse provavelmente teve algo a ver com o trauma do pós-guerra. Roy Pascal reivindicava que a autobiografia pode ser um caminho para a descoberta de uma verdade mais verdadeira do que o fato histórico, porque ele viveu em tempos em que as pessoas sensatas ansiavam pela vitória sobre os fatos históricos (aquele registro de puras chacinas e holocausto). A ideia de que o crítico, olhando para os fatos pela lente da história de uma vida, pudesse encontrar uma verdade mais profunda para além deles deve ter parecido bela e incrivelmente promissora.

Nos anos de 1950, a psicologia freudiana também havia se popularizado. A ideia de *subconsciente* foi incorporada à nossa linguagem, tingindo de forma irrevogável nossas ideias sobre o eu esquivo.

Freud explicou que nosso subconsciente nos orienta, mesmo quando não estamos completamente conscientes disso, e precisa ser desenterrado, se quisermos ter esperança de ter liberdade para agir, em vez de nos comportarmos como fantoches de impulsos inexplicáveis. É claro que o apóstolo Paulo forneceu uma explicaçao para o conflito entre o consciente e o subconsciente alguns milhares de anos antes, quando lamentou "[...] pois não pratico o que quero, mas faço o que detesto".[4] No entanto, o modelo paulino de dois eus opostos requeria uma crença na visão agostiniana do eu autêntico como imagem de Deus. O modelo de Freud era muito mais simpático aos estudiosos e aos teóricos, que há tempos já haviam abraçado a visão cética, iluminista, do eu como autoprojetado, autogo-

---

[3] Roy Pascal, *Design and Truth in Autobiography*. Cambridge, Harvard University Press, 1960, p. 61-83.

[4] Cf. Romanos 7,15 b. (N. T.)

vernado, e (no final das contas) autocompreendido. Assim, Freud foi considerado mais apropriado do que Paulo quando se precisa explicar os atos humanos mais misteriosos. Ele ofereceu uma solução que não demandava submissão a algum poder divino externo, mas, antes, uma compreensão crescente do espaço interior. A autobiografia (da mesma forma que uma sessão de terapia bem aproveitada) examinava o espaço interior, ordenando, identificando e classificando cada impulso.

Assim, na era freudiana (e ainda estamos nela), os críticos se tornaram cada vez mais interessados nas estratégias que o eu da autobiografia usa para organizar os espaços dentro de si. Como a mente consciente (o ego) justifica seus atos? Como se explicam aqueles impulsos que emanam do subconsciente? O autobiógrafo tenta descobrir *por que* ele sempre se ressentiu de seu irmão mais velho, e passa a usar a autobiografia como meio de explicação.

Como a mente consciente, o eu que se senta para escrever uma autobiografia foi empurrado, puxado e levado por forças que nunca compreendeu completamente. Esse eu começa a pôr sua vida no papel – à proporção que ele reflete sobre os eventos passados, começa a descobrir as próprias motivações, os próprios impulsos subconscientes. Ele escreve em primeira pessoa – eu –, mas o eu da autobiografia vive aqueles eventos passados com um conhecimento negado para o eu no momento da ocorrência dos eventos. No final, o eu da autobiografia acaba se revelando uma pessoa bem diferente do eu que representa.

Esse *insight* não era nada novo. Um autobiógrafo ocasional, que refletiu sobre esse paradoxo, remonta a Montaigne, que escrevia em 1580: "Ao modelar essa figura [o "eu" em seus ensaios] por mim mesmo, tive de moldar e compor a mim mesmo tantas vezes, a fim de pôr para fora o meu eu, que o modelo se desenvolveu, firmou-se e adquiriu forma até certo ponto por si mesmo. Ao pintar-me a mim mesmo para os outros, eu me pintei com cores mais claras do que as minhas cores originais. Eu criei o meu livro tanto quanto o meu livro me criou". Freud, no entanto, desenvolveu uma linguagem que permitia aos críticos literários discutir esse paradoxo como um problema *teórico*. A primeira explosão de livros e artigos, que ocorreu em meados e fins dos anos de 1950, gerou uma discussão crítica que continua atual: qualquer biblioteca universitária [de hoje] incluirá títulos que vão desde o simples até o ininteligível, de Robert Sayre ("A pessoa que é capaz de escrever a sua história pode elevar-se da condição de desconhecida e pouco articulada"), até Rodolphe Gasche ("a autobiografia não deve, de forma alguma, ser confundida com a vida propriamente dita do autor, com a série de acidentes empíricos que compõe a vida de uma pessoa empírica real").[5]

Essa discussão crítica contínua (além de frequentemente se tornar ininteligível) de certa forma também acabou gerando indicadores de *gênero* para a autobiografia. Em algum momento do início dos anos de 1970, estudiosos se deram conta, com grande surpresa, de que as mulheres pensavam de modo diferente, em relação aos homens, sobre sua vida. Santo Agostinho, o primeiro autobiógrafo, criou-se ouvindo as narrativas de heróis gregos e romanos, homens cujas virtudes ele deveria imitar. À semelhança disso, sua jornada espiritual assumiu o mesmo gosto de peregrinação espiritual épica.

Entretanto, Margery Kempe nunca teve a opção de se modelar de acordo com um herói épico. Como a maior parte das mulheres, não havia recebido uma formação propriamente dita. Em vez de narrativas épicas, havia ouvido histórias de realização doméstica. Cercada por seu marido e seus quatorze filhos, era incapaz de pensar sua vida como uma jornada solitária. Assim, como a experiência de Santo Agostinho poderia moldar a história de vida *dela*?

Como gênero, as autobiografias de mulheres pareciam estar sendo distorcidas por uma tradição literária incorrigível, que insistia que elas vissem suas lutas e suas conquistas por lentes masculinas. Instruídas a serem pacientes, quietas e devotadas ao homem da sua vida, as mulheres produziam autobiografias em que o "eu" era paciente, submisso e passivo. As autobiografias espirituais das mulheres não tratavam de nenhuma luta corpo a corpo contra o pecado, mas das dificuldades da submissão passiva a um Deus masculino. No século XIX, era de se esperar que o eu de uma autobiografia feminina confessasse sua inadequação, e não que reagisse vigorosamente à oposição. Como observa Patricia Spacks, a autobiografia mostra uma face pública, mas enquanto a "face do homem se volta

[5] Robert Sayre, *The Examined Self: Benjamin Franklin, Henry Adams, Henry James*. Princeton, Princeton University Press, 1964; Rodolphe Gasche, *apud* Jacques Derrida. *The Ear of the Other: Autobiography, Transference, Translation*. Trans. Peggy Kamuf. Ed. Christine V. McDonald. New York, Schocken Books, 1985.

para o mundo [...] incorporando sua força característica", a face pública de uma mulher deve demonstrar a "predisposição para a submissão".[6] Mesmo no caso de ativistas sociais, como Jane Addams e Ida Tarbell, essa face submissa persiste. Em seu estudo das histórias de vida de mulheres, Jill Ker Conway destaca que a correspondência pessoal dessas mulheres é impetuosa e cheia de convicções, mas que suas autobiografias as retratam como vocacionadas para o ativismo passivo, tendo sido chamadas pelas causas, em vez de saírem em busca destas.

O gênero da "autobiografia negra" – particularmente nos Estados Unidos, com seu passado escravista – sofre o mesmo tipo de distorção. Os autobiógrafos afro-americanos viram-se copiando os moldes praticados pelos brancos, mesmo quando essas formas não eram adequadas para moldar a vida deles. Nas primeiras autobiografias afro-americanas (as "narrativas de escravos"), o escritor começa invariavelmente pelo nascimento e pelo parentesco, à semelhança de um escritor branco. Contudo, o começo real da história acontece pouco depois, em um evento que se tornou uma convenção da autobiografia negra: o reconhecimento da negritude. Todo escritor afro-americano vê-se a si mesmo simplesmente como uma *pessoa* – até chegar a um ponto da infância em que ele é visto com desdém ou horror por alguma outra pessoa. Nesse momento, o eu não se vê mais como "normal", mas como diferente, como negro. Desse momento em diante, o autobiógrafo afro-americano se confronta com uma visão dupla. Como o autobiógrafo branco, ele tenta criar-se a si mesmo nas páginas do seu livro, mas ao fazer isso, ele não consegue deixar de ver-se através dos olhos hostis dos outros. A negritude torna-se (nas palavras de Roger Rosenblatt), tanto em sua identidade quanto em seu destino trágico, uma "condição que prescreve e predetermina a vida".[7]

Há uma segunda convenção que marca quase toda autobiografia afro-americana: a entrada para o mundo da leitura e da escrita. Quando Frederick

---

[6] *Apud* Carolyn G. Heilbrun, *Writing a Womans' Life*. New York, Ballantine Books, 1988, p. 22.

[7] Roger Rosenblatt, "Black Autobiography: Life as the Death Weapon". In: *Autobiography: Essays Theoretical and Critical*. Ed. James Olney. Princeton, Princeton University Press, 1980, p. 171.

Douglass era criança, sua ama começou a ensiná-lo a ler. O marido mandou, porém, que ela parasse: "O aprendizado não vai lhe fazer bem, mas lhe causar prejuízo", disse ele com severidade. "Se você ensiná-lo a ler, ele vai querer saber como se escreve, e quando aprender isso, ele vai querer fugir com as próprias pernas".[8] Assim, as aulas terminaram, mas Douglass convenceu uma jovem branca, conhecida sua, a ensinar-lhe o alfabeto. Aprender a escrever foi uma espécie de conversão para Douglass, o ponto em que ele deu um passo para dentro de um novo mundo. Através da leitura, ele adquiriu um vocabulário que (como Douglass mesmo argumenta) "permitiu-me dar voz a muitos pensamentos interessantes que passavam pela minha cabeça e que estavam se extinguindo pela falta de palavras com as quais eu pudesse dar lhes expressão".[9] E através da escrita ele ingressou no mundo branco não apenas como vítima, mas como testemunha e ativista. Escrever lhe deu poder até sobre seu passado de escravidão, uma vez que agora ele tinha como registrar seus tempos de escravo e recheá-los de julgamento moral sobre os proprietários de escravos. "Eu não conseguia me satisfizer inteiramente só com *narrar* coisas erradas – sentia-me como se as estivesse *denunciando*", escreve ele. "Nem sempre consegui conter minha indignação moral com os perpetradores da perversidade escravocrata o suficiente para uma declaração circunstanciada dos fatos".

A autobiografia permite ao escritor recriar a própria vida, fazer uma leitura retrospectiva de eventos passados e dar forma e sentido àquilo que parecia absurdo. Então, em que isso poderia ser diferente da ficção? (E será que é motivo para ficarmos chateados se os fatos parecem um pouquinho exagerados?)

À medida que a crítica da autobiografia ganhava força, mais acadêmicos começavam a questionar a divisão entre o fato e a imaginação. A fé na realidade fria e dura dos fatos – no conhecimento capaz de ser *comprovado* pela observação, experimentação ou qualquer outro método científico de estabelecimento da verdade – tornou-se parte do nosso ponto de vista ocidental por ocasião do advento da Renascença; essa confiança na prova científica como o teste

[8] Frederick Douglass, "Capítulo 6". In: *Narrative of the Life of Frederick Douglass, an American Slave*: Written by Himself, 1845.

[9] Frederick Douglass, "Capítulo 11". In: *My Bondage and My Freedom*, 1855.

derradeiro da verdade separa a "era moderna" (iniciada nos tempos de Copérnico) daquilo que veio antes. Contudo, na última terça parte do século XX, os pensadores começaram a questionar a infalibilidade da prova científica. Eles destacaram que há muitos tipos diferentes de certeza, e que a "comprovação" no sentido moderno exalta a certeza científica acima de todas as outras. Eles enfatizaram que os cientistas também eram pessoas e que estavam em condições de descobrir, além dos fatos existentes, fatos que eles tinham a esperança de existirem. Eles destacaram que um "fato", particularmente na autobiografia, é um objeto que nos escapa das mãos. Se dois personagens históricos podem apresentar dois relatos diferentes de um mesmo evento, será que esses relatos poderiam ser *ambos* verdadeiros – dependendo do ponto de vista?

Esses inquiridores do modernismo foram intitulados *pós-modernistas* (O modernismo e o pós-modernismo são ligeiramente diferentes, nesse contexto, do modernismo e do pós-modernismo literários, descritos no capítulo anterior). O pós-modernismo ajudou a autobiografia a prosperar, tendo em vista que os pós-modernistas geralmente se recusam a rotular um ponto de vista como "mais válido" do que o outro, o que significa que o mecânico suburbano tem tanto direito de contar sua história de vida quanto o presidente. No entanto, ao louvar cada ponto de vista individual como válido ("ambos os relatos da batalha são verdadeiros – apenas, os escritores estavam em lados opostos do campo de batalha, só isso!"), o pós-modernismo foi se emancipando de sua base sobre o ponto de vista normativo: aquele que é verdadeiro para todo mundo. Você já não lê uma autobiografia para descobrir a verdade sobre eventos passados (essa hipótese governou as memórias de exilados políticos por décadas). Lemos autobiografias muito mais para descobrir como é ver o mundo de outro ponto de vista, na pele de outra pessoa. Se esse ponto de vista é traçado com vivacidade, de modo que você *entenda* a vida de uma mulher, de um ex-escravo ou de um imigrante mexicano de segunda geração, será que é tão importante que esses *eventos* sejam "precisos"?

Como muitas questões postas pelos pós-modernistas, essa permanece em aberto. Na maioria dos casos, porém, o leitor que examina uma autobiografia é um pós-modernista praticante, mesmo que não se dê conta disso. Ele não está à procura dos fatos, tão amados pelos modernistas. Ele está demonstrando (nas palavras de James Olney) "uma fascinação com o eu e seus mistérios profundos, infindáveis, e, junto com essa fascinação, uma inquietação a respeito da obscuridade e da vulnerabilidade daquela entidade que ninguém jamais viu, tocou ou provou".[10] O leitor de autobiografias (sejam espirituais, sejam céticas) espera receber um mapa para guiá-lo através de águas intransitáveis, um guia para os espaços interiores mais profundos. E se, por acaso, ele consegue, *de fato*, descobrir o que aconteceu exatamente no caso Watergate, isso não representará nada além de um bônus inesperado.

COMO LER UMA AUTOBIOGRAFIA

Primeira leitura básica: leitura do estágio gramatical

Em sua primeira leitura de uma autobiografia (a leitura no "estágio gramatical"), você estará fazendo uma pergunta simples: o que aconteceu? Tome as asserções do autor pelo que parecem. Você não estará em condições de reconhecer o todo da vida dele enquanto não fizer a leitura de toda a obra, então, deixe para fazer a crítica da interpretação que o autor dá ao seu passado para a sua segunda leitura completa. Lembre-se de marcar, de algum modo – dobrando o canto da página ou fazendo anotações no seu diário –, trechos que pareçam ser especialmente significativos. Embora você ainda não saiba que significado seja esse (e, em uma segunda leitura, os trechos podem se revelar como realmente importantes), essas anotações simplificarão sua busca por respostas a perguntas de análise que serão sugeridas mais adiante.

Examine o título, a capa e o sumário. Esse levantamento inicial do livro é sempre o primeiro passo. Siga o mesmo procedimento que você utilizou com os romances que leu no Capítulo 5: Com o diário e um lápis por perto, leia a folha de rosto e a quarta capa do livro. Escreva o título do livro, o nome do autor e a data

[10] James Olney, *Autobiography: Essays Theorical and Critical*. Princeton, Princeton University Press, 1980, p. 23.

de publicação no topo de uma página em branco. Escreva ainda uma frase curta sobre quem é o autor (pensador, freira, político, escravo).

Dê uma olhada no sumário. Muitos autobiógrafos não dão título aos capítulos, mas os que o fazem fornecem-lhe uma previsão da estrutura que o autor dá à sua vida. *Mein Kampf* [Minha Luta], por exemplo, começa com "No Lar dos Meus Pais", "Raça e Povo", "A Força é Mais Forte Sozinha" e "O Direito à Autodefesa", que lhe dão uma amostra de como Hitler se assumia: ele se identifica com o povo alemão, de modo que o seu próprio "sofrimento" e ascensão refletem os da nação alemã (isso também lhe permite fazer o que bem entende em sua ascensão ao poder, pois, a seus próprios olhos, ele é a Alemanha). Se você conseguir obter uma visão geral do propósito do autor, escreva uma ou duas sentenças curtas sobre o que pode ser esse propósito.

Quais são os eventos centrais da vida do autor? Quando você fez sua primeira leitura do romance, anotou os eventos principais de cada capítulo para obter uma breve visão geral do enredo. Quando você lê uma autobiografia pela primeira vez, deve estar atento para os eventos da vida do escritor. Embora o foco do autor possa estar no desenvolvimento intelectual, ou em uma mudança de estado mental, são os eventos físicos de uma vida que proporcionam uma estrutura à qual os desenvolvimentos internos podem ser atrelados. Relacione todos esses eventos, em ordem, do lado esquerdo inferior de uma página. Tente limitar sua relação a uma só página; uma autobiografia pode estar abarrotada de incidentes, mas você não precisa anotar todos eles em seu esboço inicial. Selecione os acontecimentos centrais. Pergunte-se a cada capítulo: de todos esses acontecimentos, quais são os dois mais importantes? (Esse procedimento parece um tanto mecânico e reducionista, mas sempre que lhe pareça haver três eventos importantes em um só capítulo, não se sinta obrigado a eliminar um deles – e quando se trata de uma autobiografia longa com muitas seções, como a de Gandhi, você terá de eliminar capítulos inteiros). Acontecimentos como: nascimento, educação, mudança ou viagem, casamento, assumir uma ocupação, catástrofe (imersão em pobreza, prisão, divórcio, morte de entes queridos), parentesco, grande conquista, aposentadoria – são acontecimentos assim que formam o "esqueleto" de uma vida. Ao arrolar esses eventos, tente também notar o que os torna únicos – não escreva "ele aceitou o primeiro trabalho que apareceu", mas "ele começou a trabalhar como advogado e, a princípio, odiou o emprego".

Uma autobiografia ocasional (como as que foram escritas por Descartes e Nietzsche) tem muito poucos eventos externos (ou nenhum). Nas *Meditações* de Descartes: "Eu abri espaço na minha agenda de hoje para sentar e escrever tudo isso de uma só vez" é o único evento que você consegue entrever, e Nietzsche não apresenta nenhum "acontecimento". Nesse caso, tente anotar os eventos *intelectuais* primários – as conclusões a que o escritor chega enquanto organiza suas evidências. Preste atenção em palavras como "portanto...", ou "eu concluí que...", ou "ficou claro que..." (ou algum sinônimo), a fim dc identificar essas conclusões; esses "termos de conclusão" lhe dizem que, tendo reunido certa quantidade de fatos, o escritor está pronto para lhe contar o que esses fatos significam.

Que eventos históricos coincidem – ou se fundem – com esses eventos pessoais? À medida que você for arrolar os eventos pessoais do lado esquerdo inferior de sua página, mantenha os olhos abertos para os eventos históricos – aqueles grandes acontecimentos no mundo *externo* (irrupção da guerra, uma mudança nas leis que afeta os direitos do narrador, catástrofes naturais). Liste esses eventos do lado inferior direito da página, do outro lado dos eventos pessoais com os quais coincidem.

O papel que a história desempenha na releitura de uma vida varia. Às vezes, os eventos históricos afetam a vida do escritor diretamente; o trecho que relata o "Ato de Fuga do Escravo" (*Fugitive Slave Act*) torna a posição de Douglass no Norte dos Estados Unidos precária; a vida de Gandhi na Índia sofre uma alteração permanente com as agitações causadas pela repressão britânica às liberdades dos nativos. Por vezes, guerras e catástrofes aparecem apenas como ruídos sombrios nos bastidores. Outras vezes, os eventos históricos são citados apenas de forma indireta, porque, na época do escritor, eles faziam parte do conhecimento geral que se dissipou nos dias de hoje. No Capítulo 5, sugeri que a consulta a um livro de história mundial em volume único poderia pôr o romance em perspectiva; você pode querer consultá-lo agora para obter mais detalhes sobre eventos que parecem nebulosos na autobiografia. Um dos mais úteis livros para esse fim é *The Timetables of History* [As Linhas de Tempo da História], uma obra de referência que lista os maiores eventos de cada ano da história, registrados em sete categorias diferentes (política, música, arte, e assim por diante). É fácil identificar os anos que abrangem a vida do escritor e tomar nota dos acontecimentos que lhe pareçam significativos (a ausência de uma circunstância histórica na autobiografia pode ser tão significativa quanto a sua presença).

Você também pode anotar essas informações adicionais do lado inferior direito da página, mas escreva-as com uma cor diferente – ou diferencie-as de alguma outra forma das informações históricas fornecidas pelo *próprio autor*.

Qual é a pessoa (ou o povo) mais importante na vida do escritor? Que eventos compõem o esboço dessa história? Os seres humanos se definem em contraste com os outros: descobrimos nossa autodefinição em nossa singularidade. O singular é tudo aquilo que ninguém mais possui [além de você]. À medida que contamos a história do que nos torna únicos, também temos de contar outras histórias a fim de demonstrar que a nossa é diferente.

Assim, toda autobiografia esboça mais de uma vida. Todo autobiógrafo conta pelo menos uma história diferente que faz o contraponto à sua história. Muitas vezes, essa história é de um dos pais; a autobiografia de Jill Ker Conway é, em grande escala, a história de seu relacionamento com sua mãe. Na narrativa, ela esboça um retrato completo dessa figura trágica, uma mulher de grande energia e talento que é impedida de exercitar seus dons e, assim, submerge na paranoia e na instabilidade. Sua história corre lado a lado com a de Conway e a envolve em certo receio: e se Conway, que era cheia de energia e talento como sua mãe, também não estiver em condições de superar as restrições que a sociedade impõe às mulheres?

Nietzsche fala do seu pai; Harriet Jacobs, sobre o mestre que a atormentou; Gertrude Stein, sobre os pintores de Paris; Elie Wiesel, sobre a irmã mais nova que desapareceu nos campos de concentração e que veio a simbolizar todas as crianças judias desamparadas e destruídas pelo ódio. Em sua leitura, tente identificar a figura que está no centro da vida do autor. Em outra folha de papel, faça uma lista breve dos eventos que moldaram *essa* vida – conforme narrado pelo autobiógrafo, mas com certo grau de distanciamento.

Dê outro título e subtítulo ao livro. Tente dar um título e um subtítulo a cada autobiografia, depois de tê-la finalizado, como você fez com os romances. Esse título servirá para refrescar sua memória quando estiver passando para o estágio de análise e tentando descobrir os propósitos do autor. Se você está tendo dificuldade, preencha as seguintes frases:

Trata-se da história de ________________, em que [nome do autor]...

Para preencher o primeiro espaço, use um único substantivo que melhor descreva o autor; na segunda oração, descreva uma ou duas de suas realizações mais notáveis. É assim que Franklin, o pai da autobiografia norte-americana, se apresentará:

Trata-se da história de um homem de negócios, em que Benjamin Franklin consegue alcançar riqueza e proeminência por meio de sua determinação e seu trabalho duro, mesmo tendo partido da estaca zero.

Ou então, alternativamente:

Trata-se da história de um americano, em que Benjamin Franklin se livra de toda opressão e forja exatamente a vida que desejava.

Há inúmeras formas de intitular uma autobiografia, uma vez que a vida tem muitas facetas; não fique se perguntando se está fazendo "certo" ou "errado". Você voltará a isso mais tarde e decidirá se o título que definiu continua sendo sua melhor alternativa.

Segundo nível de investigação: leitura no estágio lógico

Agora que você identificou os principais eventos da autobiografia, deve descobrir o plano geral (a *temática*) que dá a liga de toda a obra. Volte àqueles trechos que você marcou como interessantes ou confusos e releia-os. Além disso, revisite seu esboço; releia as seções da autobiografia que lhe pareceram mais centrais para a vida do autor.

Depois, abra o seu diário para tomar nota das suas respostas para as seguintes questões. Cada uma tem por objetivo ajudá-lo a responder à mais central de todas as perguntas: *que padrão o escritor descobriu em sua vida?*

Qual é a temática que amarra a narrativa? Comece levantando uma hipótese: forme uma primeira teoria sobre o *tema* da autobiografia.

Primeiro, determine se a autobiografia é essencialmente *espiritual* ou *cética* em sua orientação. A autobiografia espiritual tem como plano organizador o relacionamento do escritor com o divino. O conhecimento verdadeiro sobre Deus ou a transformação do estado espiritual servem como o clímax da sua vida. Entretanto, esse movimento em direção à realização espiritual pode assumir diferentes formas: uma jornada; uma batalha; o enfrentamento de um julgamento que precisa ser superado; uma revelação psicológica que dá a conhecer a verdadeira natureza do eu. Que tipo de metáforas o autor está usando para representar seu desenvolvimento espiritual? E o que isso revela sobre sua compreensão do divino? Será que o novo conhecimento de Deus é um mundo novo a ser descoberto; um território a ser conquistado pela força; ou um espelho em que nós vemos nossa verdadeira face?

Se a autobiografia é *cética*, o escritor está tentando entender a própria história, desprovida de espiritualidade, como seu tema organizacional primordial. "Cético" não quer dizer necessariamente "profano"; a experiência religiosa pode continuar tendo um papel, mas algum outro tema fornece-lhe começo, meio e fim. Que tema é esse? Seria ele "relacional", descrevendo as lentas resoluções (ou dissoluções) de relacionamentos com pais, filhos ou amantes? Seria ele "conflituoso", apresentando a vida como um conflito entre duas opções possíveis? Para as mulheres, ele pode envolver a escolha entre a vida doméstica e a profissional; entre uma vida convencionalmente feminina ou uma vida de ativismo intelectual ou social. Para os homens, essa oposição pode tomar a forma de um conflito entre uma carreira esperada e uma desejada; ou, quem sabe, entre a existência como uma figura pública e a felicidade como uma figura privada. Será que [o tema] é "heroico", forjando o escritor no molde do herói ou da heroína míticos que enfrentam dificuldades e superam obstáculos? Será "representativo", transformando o herói em um símbolo de todos os outros homens e mulheres que compartilham da mesma condição? (Harriet Jacobs representa a mãe escravizada; Benjamin Franklin, o jovem americano em busca de riqueza e liberdade). Ou será "histórico", descrevendo um fenômeno histórico (a emancipação da mulher, por exemplo) através da lente de uma experiência do escritor? Esses temas podem servir como pontos de partida para o seu pensamento, mas você não deve se sentir preso a eles; você poderá criar as suas próprias categorias ao longo da leitura.

Quando tiver estabelecido uma temática possível, escreva algumas sentenças que a descrevam. Você voltará a ela e a revisará no final de sua análise.

Qual é o ponto de virada dessa vida? Há alguma espécie de "conversão"? A "conversão" é o ponto em que o escritor compreende uma grande verdade sobre si mesmo e muda a direção de sua vida; ou experimenta algo tão abalador ou grandioso, que nunca mais será o mesmo depois daquilo. Até as autobiografias céticas contêm conversões. A transformação de um estado de ser para outro é *necessária* à autobiografia; se o escritor tivesse sido sempre o mesmo, não haveria sentido em apresentar os eventos de sua vida em ordem cronológica. Ele poderia simplesmente escrever a história de uma vida, sendo ele mesmo o narrador objetivo, imutável. A autobiografia, no entanto, não é uma história [qualquer]; mas a história do desenvolvimento de uma vida que se modifica. Preste atenção na mudança. Como vimos anteriormente, os escritores afro-americanos muitas vezes identificam sua mudança com o primeiro reconhecimento de sua negritude, quando eles passam a se ver através dos olhos de outro. Muitos autobiógrafos chegam a um reconhecimento progressivo de si como pessoas independentes e poderosas, e não como coadjuvantes de outro alguém. Os autobiógrafos espirituais vislumbram o divino e têm sua visão permanentemente alterada.

Retome seu esboço. Há algum capítulo que parece aglutinar eventos importantes? Essa aglutinação pode ocorrer imediatamente antes ou logo depois de um ponto de transição? Será que você consegue localizar as palavras-chave "pela primeira vez"? Frederick Douglass é criado pela avó e rodeado por "bondade e amor" – até que ela o leva para a plantação do seu senhor e o abandona lá. Quando ele olha ao redor, sua avó havia desaparecido. "Eu nunca havia sido enganado antes", reflete Douglass, "e certo ressentimento se misturou à minha tristeza por ter sido abandonado por minha avó [...] Essa foi minha primeira iniciação às realidades do sistema escravista".

Uma autobiografia pode conter mais do que um ponto de mutação; há outras transições na história de Douglass (seu aprendizado do alfabeto, sua batalha com o seu senhor de escravos, Covey), embora esta tivesse sido a primeira e mais fundamental. É possível que você consiga apontar para uma transição como a mais central; ou, então, para dois pontos diferentes da história que lhe pareçam igualmente importantes. Você também poderá achar que, embora uma mudança definida tenha ocorrido entre o começo e o fim de uma autobiografia, de modo que o eu que narra os primeiros capítulos lhe pareça bem diferente do eu do final, a mudança seja mesmo mais gradual. Escreva uma nota sobre a rapidez ou a lentidão dessa "conversão" e como o narrador se transformou.

O escritor se desculpa do quê? Ao se desculpar, como ele se justifica? "Eu sou uma personagem onerosa", escreve May Sarton, "muitas vezes de difícil convivência". Contudo, ela acrescenta imediatamente: "Entre as coisas que não suporto e que me fazem ficar de cabelo em pé feito um gato ouriçado estão a pretensão, a presunção e a grosseria, que muitas vezes se mostram na formulação de uma frase. Odeio a vulgaridade, a grosseria da alma". Bem, quem é que não odeia isso? Isso nos torna *todos* difíceis de lidar. Uma vez que nenhuma vida é impecável, toda autobiografia contém um relato de erros. E como os seres humanos acham psicologicamente impossível conviver com a culpa, as desculpas para esses erros são quase sempre seguidas de justificativas.

Se você for capaz de achar e marcar essas confissões e as justificativas, elas vão ajudá-lo a visualizar o padrão de vida do escritor. Pedidos de desculpas se apresentam de forma diferente na autobiografia espiritual e na cética. A autobiografia espiritual requer a confissão do erro, sem justificativa; o escritor está em condição de desabafar seus erros diante de Deus, porque a grosseria de seu pecado não afeta o perdão de Deus. A presença do olho divino faz com que seja possível ser franco. (Na verdade, em algumas autobiografias espirituais, quanto pior o pecado, maior o perdão.) Na tradição cristã, o perdão significa que a alma nasceu de novo, ela se renovou. Então, o escritor que fala da sua vida pervertida anterior à conversão, com efeito, está falando de uma *pessoa* diferente – o que permite uma autocrítica ainda mais devastadora.

Por outro lado, o escritor da autobiografia espiritual está bastante consciente de que os leitores (sem contar Deus) também estão descobrindo esses erros. Então, mesmo quando um escritor se confessa diante de Deus, ele poderá se justificar diante de você, o leitor. Será que é isso que acontece? Em caso positivo, onde?

Na autobiografia cética, a confissão de erros assume um formato diferente. A confissão honesta é difícil – quem sabe até impossível – quando o escritor revela sua alma para uma massa de ouvintes. O reconhecimento honesto de erros requer que o confessor esteja seguro do ouvido receptivo do ouvinte. Na ausência de um perdão garantido, o escritor tem de cercar as confissões de explicações a fim de que os leitores, que não estejam propensos a um perdão benevolente, não descartem sua vida toda, por julgá-la indigna. Um exemplo típico de uma confissão assim é a explicação que Gandhi dá ao seu fracasso em proporcionar uma educação decente aos seus filhos: "Minha incapacidade de lhes dar a devida atenção e outras causas inevitáveis impediram-me de proporcionar a eles a educação literária que desejava, e todos os meus filhos queixavam-se de mim nesse ponto", escreve ele. "No entanto, sou da opinião de que [...] a educação artificial que eles poderiam ter tido na Inglaterra ou África do Sul [...] jamais lhes teria ensinado a simplicidade e o espírito de estar a serviço dos outros, algo que eles demonstram ter na vida deles hoje, ao passo que se levassem uma vida artificial isso poderia ter sido um sério obstáculo ao meu trabalho público". Ao admitir seu erro, Gandhi não apenas o cerca de justificativas ("causas inevitáveis"), mas também fornece uma razão pela qual seu erro levou-o a um resultado melhor.

Qual é o modelo – o ideal – de vida dessa pessoa? A autobiógrafa pede desculpas pela sua vida no ponto em que a história que ela conta diverge daquela que ela *desejaria* poder contar. Ela se desculpa porque deixou de alcançar algum *ideal*. Qual seria esse ideal? Seria o de estudiosa perfeita, o de esposa/filha/mãe ideal, o de líder dinâmica?

Qualquer que seja o ideal, o autobiógrafo está sempre se avaliando de acordo com ele. "Em toda autobiografia pode-se perceber um esforço em direção à perfeição", escreve Roger Rosenblatt, "perfeição de um tipo que conecta o indivíduo com um padrão cósmico [...] Há um ideal absoluto para todo autobiógrafo. Quem sabe, ficar aquém dele seja a primeira fonte de inspiração da autobiografia; mas se é para entendermos os detalhes da vida que está à nossa frente, temos de conhecer esse ideal de maneira tão completa quanto conhecemos as 'realidades' que nos são dadas".[11]

Reveja seu título, seu subtítulo e seu tema. Retome as justificativas que o escritor apresenta. Pergunte-se: se esse escritor pudesse ser perfeito, quem seria? Que características pertencem a essa figura ideal que ele parece comparar a si mesmo? Há alguma pista de onde esse ideal possa ter surgido? A mãe que se sente culpada por ter perdido a cabeça com seus filhos absorveu a imagem da Mãe Ideal (sempre paciente, sempre radiante, capaz de entreter uma criança de três anos por horas apenas com dois palitos de sorvete e um tubo de cola). A autobiógrafa que pede desculpas por suas falhas como esposa ou como filha também absorveu uma imagem do que ela *deveria* ser. Talvez isso tenha vindo de sua leitura, dos seus pais ou da sua comunidade religiosa. Ou, quem sabe, de uma coisa vaga, que chamamos "sociedade", que engloba a mídia, a escolarização e a opinião de quaisquer conhecidos. Você é capaz de traçar as origens dessa imagem ideal?

Qual é o fim da vida: o lugar aonde o escritor chegou, encontrou um fim, descobriu tranquilidade? Uma peculiaridade da autobiografia é que o escritor tem de levar a história para um fim antes de ela ter terminado. Como observou Montaigne em seus *Ensaios*, nenhuma vida pode ser convenientemente avaliada antes da morte; por causa da "incerteza e mutabilidade dos casos humanos, que mudam levemente de estado para estado [...] [Todas] as outras ações em nossa vida devem ser testadas pela pedra de toque desse feito derradeiro [...] A análise dos frutos de meus estudos foi prorrogada para depois da morte".

Contudo, a história de vida escrita pelo protagonista da história não pode esperar até a morte do autor. Então, o autobiógrafo *cria* um fim, um ponto de chegada. "Poderia relatar muitos mais procedimentos de Deus para comigo",

---

[11] Rosenblatt, op. cit.,p. 176.

conclui Bunyan em *Graça Abundante ao Principal dos Pecadores*, "mas foram estes, dentre os despojos conquistados na batalha, que eu dediquei para manter a casa de Deus". *Ele venceu a batalha*: embora o "verdadeiro" John Bunyan tivesse continuado a lutar contra dúvidas e tentações pelo resto de sua vida, o John Bunyan "autobiográfico" – o eu que conta essa história – encontrou a vitória final.

Essa questão do "ponto de chegada", talvez mais do que qualquer outra, põe em destaque a diferença entre o narrador da autobiografia e a pessoa real que se encontra por trás dele. Como poderia qualquer pessoa vivente conhecer o formato final da vida dela? Na ausência dessa certeza, ela tem de criar uma opinião final sobre sua vida e registrá-la para podermos conferir.

Releia o capítulo final da autobiografia. Procure declarações conclusivas, que muitas vezes (mas nem sempre) são introduzidas por "palavras indicativas de tempo", como: *então, desde então, agora*, ou *durante*. (As memórias de Darwin, por exemplo, encerram-se com a constatação: "Não estou consciente de nenhuma mudança na minha mente ao longo dos últimos trinta anos", o que determina o fim, surpreendentemente precoce, de sua *vida escrita*). Lembre-se de que o escritor selecionou esse capítulo em particular como um ponto privilegiado para olhar para trás e ver toda a sua vida explanada segundo um padrão significativo por trás dele; o último capítulo usualmente contém a peça final do quebra-cabeça, aquela que dá sentido a todo o resto.

Escreva um breve parágrafo (duas ou três sentenças) que descreva a posição do escritor no final da autobiografia (onde ele está? O que está fazendo?) e cite qualquer avaliação fornecida pelo próprio autor.

Agora, revisite a primeira questão: qual é a temática da vida desse autor? Volte ao tema que você sugeriu no começo desse processo avaliativo. Ele ainda lhe soa plausível, agora que você examinou as transições e as conclusões, as apologias e os ideais [do autor]? Cada um desses elementos deve ter esclarecido o tema: agora você deve ter uma ideia melhor de como o escritor está se construindo no papel, como o eu da história está sendo formado. Se tiver mudado de ideia, revise sua descrição do tema da autobiografia. Depois, revisite o título e o subtítulo. Será que eles também necessitam ser revisados à luz de seu estudo mais profundo?

A fase avaliadora da leitura da autobiografia centrou-se no retrato de uma vida individual. Para passar para o estágio final da leitura, amplie seu ponto de vista em relação àquela vida escrita. Que conclusões mais amplas o escritor extrai a respeito do grupo ao qual pertence (homens, mulheres, imigrantes, ativistas), ou, de maneira ainda mais ampla, sobre a natureza humana de maneira geral?

Lembre-se de que esse estágio da leitura deve ser desenvolvido preferencialmente na companhia de outro leitor. Responda à primeira questão (por escrito ou no diálogo) e peça que seu parceiro de leitura também a responda. Depois, faça seu parceiro responder à segunda pergunta; e forneça [sua] resposta. Esse diálogo permite que cada um de vocês possa assumir, alternadamente, o papel do advogado do diabo.

O escritor está escrevendo para si mesmo ou para um grupo? Será que o escritor está se vendo como uma alma solitária, única, que não pode ser imitada? Isso é muito raro; é muito mais frequente que a biografia apresente um exemplo capaz de ser seguido por um grupo maior de pessoas – ou uma forma de vida que determinadas classes de pessoas são forçadas a adotar.

Teria May Sarton escrito para a alma criativa; Frederick Douglass, para o homem negro; Harriet Jacobs, para a mãe escravizada; Richard Rodriguez, para o hispano-americano? Nesse caso, para quais [mais especificamente]? Cuide para não generalizar demais. Que tipos de leitores poderão se identificar realmente com a situação do autobiógrafo? Rodriguez descreve uma experiência que talvez fosse reconhecível para a maioria dos hispano-americanos de segunda geração – mas quais partes da sua história são únicas para ele, para sua família e educação particulares? Estaria ele incorrendo no erro de assumir uma universalidade para sua experiência da qual outros podem não compartilhar?

Faça as seguintes perguntas a cada autobiografia: que partes de sua experiência o escritor assume como universais? Quais ele vê como única e exclusivamente dele? Será que você faz parte do "público-alvo" do escritor, do qual se esperaria maior identificação com a experiência do autor? Sendo esse o caso, sua experiência lhe soa plausível? E, caso contrário, que episódios da história refletem a *sua* própria experiência?

Finalmente, faça um julgamento moral. Se o escritor está erigindo um exemplo que deve ser seguido pelos outros, você o considera bom? Não se esqueça de definir o que você entende por *bom*. Será que "bom" significa "socialmente construtivo" ("Se todos se comportassem dessa maneira, será que a sociedade funcionaria de forma mais harmoniosa")? Ou então, "eticamente consistente" (será que esse exemplo se alinha com as leis da moralidade, ou com as de Deus, como eu as entendo)? Ou, ainda, "autorrealizador" ("qualquer um que se comporte dessa forma alcançaria seu mais alto potencial como ser humano")? Esses são três sentidos muito diferentes para a palavra "bom", embora tendêssemos a usar palavras comuns como essa sem pensar cuidadosamente sobre o sentido pretendido. Então, pense agora. O uso consciente da linguagem é uma marca do leitor bem formado.

Quais são os três momentos ou estruturas de tempo da autobiografia? Lembre-se de que toda autobiografia envolve três dimensões de tempo distintas: o momento em que os eventos narrados aconteceram realmente; o momento em que o escritor pôs os acontecimentos no papel; e o momento em que a autobiografia é lida.[12] Em seu primeiro estágio de leitura, você se familiarizou com a primeira dimensão de tempo, quando listou os acontecimentos da vida do autor. Reserve algum tempo agora para pensar na segunda e na terceira dimensão.

O momento da segunda dimensão de tempo, o momento em que o autobiógrafo escreveu, é intrigante. *Por que* o escritor sentou-se naquele momento particular do tempo e decidiu colocar sua vida no papel? Será que uma criança pediu informações sobre sua família? (Esse foi o motivo declarado por Benjamin Franklin para escrever.) Será que a morte estava se aproximando? Será que um evento político ou cultural impulsionou o narrador para o centro das atenções, de modo que o público está demandando detalhes? Ou quem sabe ele havia sido intimado, preso ou eleito presidente?

[12] Devo esse *insight* ao livro de Erik H. Erikson, *Gandhi's Truth: On the Origins of Militant Nonviolence*. New York, W. W. Norton, 1993.

Descubra a razão confessa do autor para dar à sua vida uma forma escrita. (Só um egomaníaco – quem me vem à cabeça é Nietzsche – assumiria que é intrinsecamente interessante.) Pergunte a si mesmo se essa razão lhe parece plausível. (Será que o filho de Franklin chegou a pedir ao pai que desse uma forma escrita a toda a sua vida? Em todos os casos, nunca mais se ouve falar do filho depois do primeiro parágrafo.) Em seguida, pergunte-se: será que o autor estava em um ponto alto ou baixo [de sua vida] quando começou a escrever? A história foi escrita em um ímpeto que levou três meses, ou ao longo de 25 anos? Uma autobiografia escrita na prisão (como foi o caso da de Bunyan) cria um padrão diferente para eventos passados, ela é distinta da escrita realizada no auge da vida, depois de uma grande realização e aclamação pública. Uma autobiografia escrita em um curto período de tempo abarca a atitude do narrador em um único e breve período de sua vida; uma escrita desenvolvida ao longo de anos pode demonstrar uma visão mais panorâmica, pois o escritor revisa e retoma seu padrão inúmeras vezes.

Finalmente, como a autobiografia se modificou ao longo dos anos que se passaram desde sua publicação? Livros são objetos vivos; eles mudam de leitor para leitor; de década para década; de era para era. A autobiografia de Hitler, publicada antes da Segunda Guerra Mundial, soa pateticamente enganosa e tenebrosamente ameaçadora aos ouvidos [de hoje]. A autobiografia de Franklin revela uma confiança ilimitada no trabalho duro, na parcimônia e na capacidade de promover até mesmo o mais pobre imigrante para os níveis mais altos da sociedade norte-americana; no mundo atual, essa confiança soa ingênua. As visões de Margery Kempe, que começam logo depois do nascimento do seu primeiro filho, podem ser facilmente diagnosticadas como psicose pós-parto; o apelo de Booker T. Washington a ex-escravos, para que se esqueçam do poder político, ao menos por um momento, soa ofensivo aos ouvidos contemporâneos.

Você jamais conseguirá se desvencilhar das lentes contemporâneas, mas pode, ao menos, estar consciente de que as está usando. Cuidado com o esnobismo cronológico:[13] as pessoas do passado não eram mais ignorantes ou menos brilhantes do que as de hoje. Boa dose de antidepressivos poderia ter dado um

[13] Expressão muito usada também por C. S. Lewis e que significa que tudo o que é mais recente ou novo é melhor do que as coisas do passado. (N. T.)

fim às visões de Margery, mas não teriam solucionado a maioria das dificuldades subjacentes à vida dela; e a ciência médica moderna não trata da psicose pós-parto melhor do que os confidentes de Margery – que confirmaram seu chamado religioso, dando-lhe, assim, permissão para se afastar de uma vida que ela achava literalmente insuportável.

Faça um esforço para entender cada autobiografia em seus próprios termos – só *depois* é que você deve colocá-la na estrutura do seu próprio tempo. Faça a si mesmo aquela pergunta mais característica do estágio retórico: será que *concordo* com isso? O que será mais válido, nossas compreensões a partir do mundo contemporâneo, ou aquelas do seu próprio tempo? No século XVI, Margery abandonou seus quatorze filhos, trocando-os por uma vida religiosa. No século XX, uma mulher do Texas, que estava em uma situação de estresse parecida, tomou os medicamentos prescritos pelo seu médico, ficou em casa com seus cinco filhos e os afogou todos na banheira. Quem agiu de forma mais responsável?

Em que consiste o julgamento do escritor? Na "Nota ao leitor" que prefacia a autobiografia de Thomas Merton, *A Montanha dos Sete Patamares*, William H. Shannon observa que ela contém três níveis de compreensão:

> Primeiro, temos o nível *histórico*: o que realmente aconteceu na sua vida. Depois, temos o nível *relembrado*: o que Merton estava em condições de se lembrar dos eventos da sua vida. A memória é muitas vezes seletiva, o que quer dizer que o passado lembrado nem sempre coincide com o passado histórico. Finalmente, há o nível do *julgamento monástico* [...] o compromisso monástico, que colore a forma como Thomas Merton (seu nome religioso era Padre Louis) conta a história. Pode-se dizer, a meu ver, que *A Montanha dos Sete Patamares* é a história de um jovem chamado Thomas Merton sendo julgado por um monge chamado Padre Louis [e julgado com muita severidade, nota Shannon].[14]

Esses mesmos níveis de sentido podem ser encontrados em toda autobiografia. Todo relato tem uma dimensão histórica, uma dimensão "lembrada" e

[14] William H. Shannon, "Note to the Reader". In: Thomas Merton, *The Seven Storey Mountain*. New York, Harcourt, 1998, p. xxii-xxiii.

uma dimensão *julgada*. O que ou a quem o escritor está julgando? Será que esse olho crítico está voltado para si mesmo ou para os outros? Se ele faz uma autocrítica, com base em que ele faz esse julgamento? (Você se lembra daquele ideal da sua leitura do estágio lógico?) Se ele julga os outros – a sociedade, a família, Deus –, qual a validade de sua crítica? Quem é responsável, em última instância, pelos seus sucessos e fracassos: a sociedade, a família, Deus?

Você concorda? Em sua visão, será que o escritor está transferindo a culpa – ou será que fez uma autocrítica severa demais?

Você chega a alguma conclusão diferente daquela do autor sobre seu padrão de vida? Quando você passa os olhos sobre o quadro de eventos que esboçou na sua primeira leitura, e depois sobre as avaliações que você fez na segunda, poderá ver dois padrões bem diferentes. A vida do autobiógrafo pode lhe parecer autodestrutiva, ou insignificante ou vingativa; mas o *escritor* enxerga um padrão de generosidade e vitimização. Ora, você também poderá enxergar um grande autossacrifício e coragem, mas o autobiógrafo resumiu tudo a: *quão desprezível e indigno sou eu!*

Se *você* fosse procurar um padrão nos eventos apresentados, qual seria? Esse é um exercício difícil, uma vez que não lhe foram necessariamente dadas todas as informações de que precisa. Lembre-se de que o escritor inclui aquelas partes da sua vida que seguem certo padrão e elimina as que parecem não se encaixar.

No entanto, você poderia fazer outra pergunta relacionada a essa: o que está faltando? O que você poderia esperar encontrar nessa obra e que *não está* ali? E por que o autor achou por bem deixar isso passar despercebido?

Há duas maneiras pelas quais você poderia chegar ao "elemento faltante": através do seu conhecimento da vida do escritor, baseado em outras fontes (você sabe que ele foi casado com a mesma mulher por 35 anos, contudo, ele nunca a menciona: por que será?), ou por meio de pistas que o escritor mesmo fornece. Thomas Merton se refere a um "passado" que o impediu de entrar para a ordem religiosa na sua primeira tentativa, mas nunca descreve esse passado (embora Shannon o dedurasse em suas "Notas ao Leitor"). Franklin observa que ele só cometeu três ações no passado que poderiam ser consideradas menos do que perfeitas (o que é meio difícil de acreditar). May Sarton escreve de forma tão evasiva sobre um caso de amor, que você poderá passar batido por ele em uma primeira leitura. Qual a razão disso? Até que ponto os elementos faltantes poderiam abalar o padrão que o escritor está construindo do seu equilíbrio? Será que eles geram um padrão totalmente diferente?

Você concorda com o que o escritor fez? Será que ele foi honesto, de acordo com suas elucidações? Ou será que, depois de refletir, você se sentiu ludibriado?

Que benefícios você tira dessa história? Que expectativas você trouxe para a história? Até que ponto você esperava descobrir como funciona o gênio, ou como um casamento difícil pode ser suportado, ou como vencer a loucura? E até que ponto o relato da vida do autor ajuda a entendê-lo? Ou será que você continua perscrutando os contos da adolescência de Rousseau, pensando: "sim, mas isso continua não explicando por que um homem poderia deixar todos os seus filhos aos cuidados de um orfanato".

Por trás dessa questão está uma suposição que vale a pena ser examinada: que o brilhantismo científico, ou a glória literária, ou um novo sistema filosófico possam ser explicados quando examinamos [mais a fundo] a vida do homem ou da mulher que os alcançou. Cada uma das biografias da relação a seguir foi escrita por um homem ou uma mulher empreendedora; foi esse empreendimento que justificou a escrita da autobiografia. Contudo, até que ponto os eventos de uma vida contribuem para explicar o que um homem ou uma mulher realizou?

Em uma autobiografia, por mais provisório que seja, você será capaz de ver um ser humano bem-sucedido tateando o segredo do sucesso. Todavia, você também poderá chegar a se perguntar até que ponto alguém, mesmo um gênio, pode entender o trabalho de sua própria mente. Às vezes, a autobiografia é como um namoro. As pessoas envolvidas são incapazes de fazer qualquer tipo de avaliação objetiva – por outro lado, ninguém mais pode fazer essa avaliação por eles.

Enfim: será que você está entendendo mais sobre a criatividade, ou sobre a escravidão, ou sobre a experiência com Deus agora do que antes de começar a ler? Ou será que você continua por fora?

RELAÇÃO DE AUTOBIOGRAFIAS COMENTADAS

SANTO AGOSTINHO

CONFISSÕES, 400 D.C.

Edições recomendadas: *Confissões*. Tradução e notas de Arnaldo Espírito Santo, João Beato e Maria Cristina de Castro-Maia de Sousa Pimentel. Lisboa: Imprensa Nacional / Casa da Moeda, 2000.

Confissões. Trad. J. Oliveira Santos e A. Ambrosio de Pina. São Paulo: Nova Cultural, 1999.

Como pode um rebelado contra Deus tornar-se um homem que tem Deus como a "luz do meu coração"? O relato de Santo Agostinho sobre sua vida esboça a resposta: ele acha que já tinha lembranças de Deus, seu Criador, desde bebê. No entanto, sua vontade e seu intelecto não conheciam Deus. Quando menino, ele só estudava para a autoglorificação; quando jovem, se entregava aos "hábitos da carne" e tinha uma amante. Consciente de certa "pobreza de mente", tentou preencher esse espaço vazio, tornando-se professor (em Cartago) e um seguidor do profeta radical Manes. Permanece na seita maniqueísta por nove anos, esperando a chegada de um especialista para responder a todas as suas dúvidas mais profundas sobre o bem e o mal. Contudo, quando o especialista finalmente vem, Santo Agostinho descobre que ele "ignora as artes liberais" e tem apenas "conhecimento [...] de um tipo bem convencional". Seu intelecto não fica satisfeito, e o seu entusiasmo pela seita começa a definhar. O mesmo ocorre com seu entusiasmo pelo ensino, pois seus alunos se tornam mais arruaceiros e ignorantes a cada ano que passa. "Lá estava eu, já aos trinta anos", escreve Santo Agostinho, "e continuava a me revolver na mesma lama".

Em um esforço por regularizar sua vida, ele rejeita sua amante (e seu filho), depois de anos de relacionamento; vai para Milão dar aulas; e estuda primeiro o neoplatonismo, depois, a epístola de Paulo aos Romanos. Ambos lhe proporcionam mais satisfação intelectual do que a teologia maniqueísta – mas, embora sua mente se tornasse convencida da verdade do cristianismo, sua vontade ficava para trás.

Sentado em seu jardim em Milão, "chorando na agonia amargurada de meu coração", ele ouve uma voz de criança dizer: "Pega e lê". Ele pega a Epístola aos Romanos e lê: "Vesti-vos do Senhor Jesus Cristo e não procureis satisfazer os desejos da carne".[15] Então, ele escreve: "Essas últimas palavras tiveram uma ação imediata: foi como se uma luz de alívio fluísse para o meu coração. Todas as sombras de dúvida foram dissipadas". Ele para de lecionar, é batizado e volta para casa.

Então, como o rebelde foi se tornar um santo? Sua vontade finalmente se uniu à sua memória e ao seu intelecto, no conhecimento de Deus. Santo Agostinho foi o primeiro autobiógrafo a dividir o ser humano em três [partes]: uma vez que o homem é feito à imagem de Deus, que é Três em Um, os seres humanos consistem em memória (que reflete o Pai), intelecto (que reflete Cristo, o "Logos" ou Palavra) e vontade (o Espírito). Essas três partes são independentes umas das outras – na verdade, elas brigam entre si. Deus é a memória do homem, desde o nascimento; qualquer mente questionadora, à procura da verdade, também encontrará Deus; mas para a conversão acontecer de fato, até a *vontade* tem de se alinhar à vontade de Deus – coisa que enfim aconteceu no jardim em Milão. Mesmo dividindo o homem em três partes, Santo Agostinho lamenta a inadequação do esquema: "Vejo que é difícil compreender a mim mesmo", escreve ele, "eu me tornei um lodaçal causador de dificuldades e muito suor para mim mesmo".

MARGERY KEMPE

The Book of Margery Kempe [O Livro de Margery Kempe], 1430

Edição recomendada: Não há edição em português.

Margery Kempe ditou sua autobiografia para um concidadão em 1432, pouco antes de sua morte, aos 59 anos. Quatro anos depois, um sacerdote transcreveu essas anotações em uma narrativa em terceira pessoa, que se refere à narradora como "essa criatura". Embora as palavras de Kempe tenham sido escritas

[15] Cf. Romanos 13, 14. (N. T.)

por meio de dois pares de mãos masculinas, revelam uma vida totalmente feminina, cercada pela gravidez constante e as demandas da vida doméstica. Como Santo Agostinho, Margery Kempe é dilacerada por desejos. No entanto, ao contrário de Santo Agostinho, Kempe não é livre para perambular pelo mundo medieval à procura de satisfação. Assim mesmo, ela é arrastada constantemente em direção ao divino. Depois do nascimento traumático do seu primeiro filho, ela vê "demônios [...] todos atiçados pelas chamas incandescentes do fogo", que lhe ordenam abandonar sua fé. Sua família, temendo que ela atentasse contra si mesma, mantém-na "amarrada", até que ela tem uma visão de Cristo sentado do lado de sua cama. Diante disso, ela fica "estável em suas faculdades mentais", volta para a vida cotidiana e se torna primeiro uma fabricante de cerveja, depois dona de um moinho.

Ambos os empreendimentos fracassam, e Margery tem uma visão que lhe recomenda viver "sem os deveres do matrimônio", para que ela pudesse experimentar a alegria celestial. O Sr. Kempe, que não se deixou convencer, responde que só abrirá mão do sexo quando Deus também aparecer diante dele. Assim, Margery continua a cumprir com suas obrigações matrimoniais, dando à luz quatorze crianças. Ela também começa a ter visões místicas, viajando pelo tempo e pelo espaço na companhia de um anjo. Quando Margery ora para que seu marido permaneça casto, ele é tomado pela impotência ("Você não é uma boa esposa", protesta ele melancolicamente). Finalmente, eles acabam chegando a um acordo: se ele prometesse não se "imiscuir" com ela, Kempe pagaria as dívidas dele com o seu próprio dinheiro.

O chamado espiritual de Kempe é finalmente reconhecido pelo arcebispo de Canterbury, que lhe dá a permissão de se vestir de freira. Apesar da oposição, ela se torna cada vez mais "uma mulher santa", fazendo peregrinações para Jerusalém e Roma e se encontrando com a famosa mística Juliana de Norwich. Mesmo depois de se tornar uma figura pública, porém, é arrastada novamente para a vida doméstica: seu marido idoso mergulha na senilidade e Kempe volta para casa para cuidar dele. "E por isso", escreve Kempe, "seu trabalho foi investido no muito lavar e torcer, e acender fogueiras; o que a impediu de alcançar a plenitude de sua contemplação".

MICHEL MONTAIGNE

Os Ensaios, 1580

Edição recomendada: *Os Ensaios*. 3 vol. Trad. Rosemary Costhek Abílio. São Paulo: Martins Fontes, 2002.

Os eventos externos da vida de Montaigne aparecem apenas de forma indireta nos seus ensaios: ele frequentou a faculdade e se tornou advogado; casou-se e teve vários filhos (apenas um, uma menina, sobreviveu); herdou a propriedade da família e dispensou a prática advocatícia para devotar todo o seu tempo aos estudos. Seus estudos, no entanto, foram perturbados pelo fato de ter caído em um "estado de espírito melancólico" e [ser acometido por] "delírios" desconcertantes. Ele se propôs a escrever os *Ensaios* com o intuito de controlar seus pensamentos desordenados; sem qualificações políticas ou acadêmicas, optou por escrever sobre o que conhecia: "Eu mesmo sou a matéria do meu livro", conta ele ao leitor. Em uma época em que apenas poderosos e famosos escreviam sobre os eventos esplêndidos de suas vidas, Montaigne reivindicava que o real interesse de uma vida não se encontra em eventos externos (que são públicos), mas em pensamentos, hábitos e emoções que perfazem o eu privado.

Você não precisa ler todos os ensaios, a menos que esteja particularmente interessado nas guerras da França do século XVI. Comece pela orientação de Montaigne: "Do autor ao leitor". No Livro I, leia os Capítulos 2 a 4, sobre o poder da emoção e da tristeza para moldar (e distorcer) o eu; o Capítulo 9, sobre a memória; os Capítulos 19-21, sobre uma forma de viver que olha invariavelmente para a frente, rumo à morte; o Capítulo 26, sobre a educação (dos meninos); o Capítulo 28, "Sobre os relacionamentos afetivos" (que em outras edições foi intitulado "Sobre a amizade", e que é o ensaio mais conhecido de Montaigne); o Capítulo 29, sobre o relacionamento do homem com a sociedade; e o Capítulo 51, sobre a natureza não confiável das palavras.

No Livro II, leia o Capítulo 1 e os Capítulos de 5 a 8, sobre as várias qualidades que compõem o que pensamos ser nosso eu "essencial" ou "verdadeiro"; o Capítulo 10, sobre o valor de estudar a vida dos grandes homens (Montaigne faz um apelo ao leitor aqui, encorajando-o a reconhecer a sua própria vida como "grande"); e os Capítulos 17-21, 29 e 31, que completam as reflexões de Montaigne sobre as virtudes e os vícios, que compõem o eu.

Finalmente, no Livro III, leia os Capítulos 1 e 2, sobre a diferença entre ações "úteis" e ações "boas", e o Capítulo 13, "Sobre a experiência". Aqui, Montaigne pondera sobre a natureza da verdade: será a mente capaz de raciocinar até alcançar a certeza? Imerso em especulações, Montaigne estabelece um histórico de vida em torno dos detalhes do dia a dia; ele escolhe, por livre e espontânea vontade, limitar sua visão a troco da sanidade, traçando fronteiras ao redor do mundo demasiadamente amplo. "Se você está em condições de examinar e administrar a sua vida", conclui ele, "terá realizado a maior missão de todas".

SANTA TERESA D'ÁVILA

Livro da Vida, 1588

Edição recomendada: *Livro da Vida.* Tradução e notas Marcelo Musa Cavallari. São Paulo: Penguin-Companhia, 2010.

Escrita em castelhano e traduzida pela primeira vez para o inglês em 1611, a autobiografia de Santa Teresa começa na infância. Como Santo Agostinho, ela conhece a bondade de Deus, mas a rejeita. Contudo, enquanto Santo Agostinho se rende às tentações intelectuais, Santa Teresa é seduzida pela vaidade física; ela tenta "atrair os outros com minha aparência [...] usando perfumes e todas as vaidades ao meu alcance". Enviada para uma escola dentro de um convento, Santa Teresa aprende que "o mundo é vaidade, e passará logo". Ela tem medo de ir para o inferno e, assim, força-se a se tornar freira, assumindo o hábito por pura autodeterminação, sem nenhum amor verdadeiro por Deus. Deus a recompensa com a alegria no desempenho da vocação, porém ela logo se dá conta de que a negligência na observação da Regra dentro do convento lhe dava liberdade demais para satisfazer às suas vaidades. Ela se afasta de Deus, mas Ele a reprova e a ensina a se voltar para Ele em oração. (Aqui, Santa Teresa interrompe sua narrativa para descrever os quatro estágios da oração e seu lugar na experiência que a alma tem de Deus). Dando prosseguimento à sua história, Santa Teresa conta acerca de sua maior visão (dos tormentos do inferno) e do seu chamado para estabelecer um convento em que a Regra fosse seguida "com a máxima perfeição possível". Com a ajuda de uma "dama enviuvada" que tinha posses, Santa Teresa funda a Casa de São José, onde as freiras podem viver uma vida mais penitente. Ela sofre a oposição de seus superiores, que acham que suas visões são ilusórias. Contudo, ao lutar contra essa "perseguição severa", Santa Teresa recebe uma revelação: "um arrebatamento espiritual impossível de descrever [...] uma verdade que é a realização de todas as verdades". Essa verdade não verbal – que é maior que as verdades de "muitos homens instruídos" – dá-se em forma de um arroubo em que ela vislumbra a verdade da Trindade. Santo Agostinho se agarra ao neoplatonismo e ao Novo Testamento, e Montaigne às certezas da vida cotidiana; mas Santa Teresa não encontra a verdade nem no intelecto, nem na existência física. Ela remete seus leitores a uma experiência direta, mística, de Deus; a um "estado de êxtase", em que a alma pode receber "revelações verdadeiras, grandes benefícios e visões". E ela apela constantemente para seus leitores confiarem nas próprias visões – mesmo quando, quem sabe, homens instruídos as condenem como ilusórias.

RENÉ DESCARTES

Meditações, 1641

Edições recomendadas: *Meditações*. Em: *Obras Escolhidas*. Trad. Bento Prado Júnior. São Paulo: Perspectiva, 2010.

Meditações sobre a Filosofia Primeira. Trad. Fausto Castilho. Campinas: Editora da Unicamp, 2004.

É possível que Descartes invejasse a certeza de Santa Teresa; ele foi um homem profundamente religioso, mas de temperamento incapaz de aceitar a verdade divina sem questioná-la. Nas *Meditações*, Descartes não conta a história de sua vida física ("Eu nasci em..."), mas antes a história de uma vida intelectual, que "começa" no dia em que ele se senta para ordenar suas ideias e discernir aquelas que são realmente confiáveis. Ele começa pelos seus sentidos, perguntando: como sei que a experiência do mundo é verdadeira? Não sei, responde ele, pois algumas vezes seus sentidos o têm ludibriado (dizendo-lhe, por exemplo, que um objeto distante está mais próximo do que na realidade está). Se seus sentidos o enganam sobre alguma coisa, é possível que eles o enganem sempre, e que todas as suas ideias do mundo externo estejam erradas. Ele também não pode provar, sem sombra de dúvida, que Deus (em quem Descartes já acredita, antes de conhecê-lo como poderoso e bom) não permitiria que ele fosse enganado; é possível que algum gênio maligno tenha interferido e o esteja mantendo em um estado de ilusão.

Descartes pode estar iludido sobre as coisas que percebe, mas uma coisa é certa: ele está *pensando sobre* o problema. E se ele está pensando, ele deve *existir*. Assim, ele conclui: "Eu certamente existo, se estou me convencendo de alguma coisa [...] cumpre, enfim, concluir que essa proposição 'penso, logo existo' seja necessariamente verdadeira todas as vezes que a enuncio ou que a concebo em meu espírito".

Tendo resolvido esse problema, Descartes pode agora voltar-se para outras questões – a existência de Deus, a natureza da verdade, o relacionamento entre a mente e o corpo. "Vou agora fechar os olhos", ele prossegue, "tapar os ouvidos e desligar todos os meus sentidos. Apagarei do meu pensamento todas as imagens ou coisas físicas [...] remetendo-me somente a mim mesmo e olhando mais profundamente para dentro de mim. Vou tentar, gradualmente, tornar-me mais bem conhecido e mais familiar a mim mesmo. Sou um *ser pensante*". Santo Agostinho, Margery Kempe e Santa Teresa associam sua percepção do eu ao seu relacionamento com Deus; Montaigne, à sua existência cotidiana. Descartes, entretanto, descobre a si mesmo em sua própria mente. Ele não existe como um ser dotado de sentidos (o que poderia ser ilusório) ou como um ser que sente (sendo as emoções igualmente ilusórias) ou como um homem religioso (pois seu conhecimento de Deus também é cheio de dúvidas); ele existe, sem discussão, apenas como um ser pensante. Essa vasta mudança na forma como o eu se considera a si mesmo ecoa por todas as autobiografias posteriores, que continuam a escavar a mente, partindo do pressuposto de que o que pensamos revelará quem somos.

JOHN BUNYAN

Graça Abundante ao Principal dos Pecadores, 1666

Edição recomendada: *Graça Abundante ao Principal dos Pecadores.* Trad. Laura Maçal Lopes. São José dos Campos: Editora Fiel da Missão Evangélica Literária, 2012.

Como um não conformista, Bunyan rejeita a Igreja Anglicana – seus ritos, suas doutrinas, sua autoridade e suas congregações. E isso faz dele um solitário. Ele anseia por congregar-se com outros irmãos de fé; quando ele ouve "três ou quatro mulheres pobres, sentadas à porta, ao sol, conversando sobre as coisas de Deus", tem um profundo desejo de ingressar em uma vida totalmente nova. As mulheres, contudo, escreve ele, parecem estar "do lado ensolarado de alguma montanha alta [...] enquanto eu estava encolhido, tremendo de frio do outro lado". Entre as mulheres e ele, Bunyan vê uma parede; ele não consegue encontrar nenhuma forma de atravessá-la, até que descobre "uma fresta estreita [...] No fim, depois de grande esforço, consegui atravessar primeiro com a cabeça, e depois de me ajeitar um pouco, com meus ombros e meu corpo inteiro; depois fiquei extremamente feliz, fui e me sentei no meio delas, e assim, fui confortado pela luz e calor do sol delas".

Enfim, desfrutando da companhia de pessoas que abraçavam a mesma crença, Bunyan deveria estar seguro e cheio de graça. No entanto, ao conforto e à esperança temporários que ele sente, segue-se um desejo obsessivo por blasfemar, dando continuidade ao processo cíclico. Bunyan volta a lutar contra a tentação, sendo "reposto em seu juízo perfeito", mas é novamente assaltado pela tentação, compreende a graça, e luta novamente contra a culpa. Ao final, ele entende que sua justiça não é própria dele, mas aquela de Jesus Cristo: "Agora as correntes caíram dos meus pés de fato". Será esse o ato final? Ainda não; a escuridão cai mais uma vez sobre sua alma, até que Deus lhe assegura, com uma passagem da Bíblia, que: *"Vós chegastes ao Monte Sião, à cidade do Deus vivo* [...] *ao quartel general dos primogênitos* [...] *aos espíritos dos justos aperfeiçoados"*. Finalmente, Bunyan encontra companhia, que se coloca do seu lado na presença de Deus. Ele não está mais sozinho. Será que, enfim, alcançou a salvação? Talvez, mas, para Bunyan, a conversão não é um momento único, e sim um longo caminho a ser percorrido, com um olho sempre voltado cautelosamente para trás: da mesma forma que Cristão em *O Peregrino*, Bunyan era ameaçado pela "porta para o inferno, mesmo diante dos portões do céu".

MARY ROWLANDSON

The Narrative of the Captivity and Restoration [Narrativas do Cativeiro e Restauração], 1682

Edição recomendada: Não há edição em português.

As narrativas de cativeiro eram uma forma peculiarmente americana de autobiografia, em que colonizadores brancos que tentavam domar o deserto dos Estados Unidos, cercados de espinheiros, ervas daninhas, pragas e tempestades, eram (como a gota d'água) raptados por índios hostis – que se tornavam uma personificação do mal espiritual determinado a acabar com os colonos que estavam tentando estabelecer o reino de Deus na terra.

Na narrativa de Mary Rowlandson, os índios atacam o pequeno povoado de Lancaster, Massachussets, enquanto o marido de Mary – o pastor da cidade – está em Boston, solicitando que o governador de Massachusetts envie soldados para Lancaster, a fim de proteger os residentes. Mary vê sua irmã mais velha e seus sobrinhos serem mortos, mas ela é capturada viva, junto com sua jovem filha (ferida por uma bala de mosquete) e seus outros filhos. Nove dias depois, a garota morre. Os índios a enterram, e Mary e seus filhos sobreviventes são mantidos em cativeiro. Para evitar represálias, seus captores os levam para áreas menos populosas. Mary registra cada dia da marcha em seu diário. Ao longo das páginas, ela reflete sobre a similaridade entre a própria situação e a dos personagens do Antigo Testamento, que também sofreram. Sua experiência é constantemente comparada à deles, com a possível resposta de Deus traçada nos mesmos termos. Ameaçada de morte ao mínimo movimento na tenda em que estava confinada, Mary lamenta: "Agora, posso dizer com Davi, em 2 Samuel 24, 14: *Estou em grande angústia* [...] Essa situação angustiante se manteve por um dia e meio, até que o Senhor, cuja misericórdia é imensa, lembrou-se de mim".

Posta para trabalhar, Rowlandson se depara com chefes índios gentis e outros não tão gentis (as mulheres eram especialmente antipáticas com ela).

Finalmente, ela é resgatada e reencontra seu marido em Boston. Embora seus filhos ainda estivessem em cativeiro, acabam sendo resgatados e reunidos aos seus pais. "Aprendi a olhar para além dos problemas presentes e menores", escreve Mary, "e a ficar calma sob o domínio deles, como Moisés disse, em Êxodo 14, 13: *não temais; permanecei firmes e vereis o que Iahweh fará hoje mesmo para vos salvar*".

JEAN-JACQUES ROUSSEAU

CONFISSÕES, 1781

Edição recomendada: *Confissões*. Tradução, introdução e notas Fúlvia M. L. Moretto. São Paulo: Editora Unesp, 2009.

Em linhas gerais, a autobiografia de Rousseau segue o modelo da de Santo Agostinho; como este, Rousseau anuncia que todos os homens são iguais em sua pecaminosidade. "Ó Ser Eternal, congregue ao meu redor a multidão dos meus companheiros", escreve ele, "faça com que cada um deles revele seu coração aqui aos pés do seu trono, com a mesma sinceridade da parte deles; e depois, deixe qualquer um deles dizer, se ousar: *Eu fui uma pessoa melhor do que aquele homem*". No entanto, ao contrário de Santo Agostinho, Rousseau alega que a pecaminosidade é a qualidade que o torna mais humano; ele a celebra, em vez de lamentá-la. Ele nos conta tudo sobre suas fantasias sexuais perversas, sua propensão para roubar ("Decidi que roubar e ser pego andavam juntos e constituíam, em certo sentido, um contrato [...] A partir da força dessa ideia, comecei a roubar com uma mente mais tranquila do que antes."), sua decisão de colocar todos os quatro filhos em um orfanato (ele se refere ao nascimento do segundo filho simplesmente como um "inconveniente"), suas animosidades, seus ódios, suas falhas. E alega que tudo isso faz parte essencial do eu que foi formado, não por Deus, mas por um conjunto aleatório de influências em sua infância e críticas sociais severas. Rousseau não pinta nenhum quadro do eu que ele *deveria* ser; ele meramente expõe o seu eu *como ele é*, recusando-se a pedir desculpas por isso.

Desprovido de qualquer eu "ideal" para usar como referência, Rousseau é incapaz de pôr ordem na história de sua vida. "Quanto mais avanço na minha narrativa", escreve, "menos ordem e sequência estou apto a introduzir nela".

No entanto, ele acaba triunfando sobre essa confusão quando anuncia simplesmente: "*Eu sou*, como Deus no deserto". (A analogia com o Êxodo é intencional; Rousseau não é a imagem de Deus, ou um ser pensante, mas simplesmente *ele mesmo*.) E, como Deus, ele não pode ser julgado.

As *Confissões* se encerram com o relato de Rousseau sobre a leitura pública de sua autobiografia diante de vários cidadãos proeminentes. Ele termina a leitura, segundo conta, com um desafio: "Quanto a mim, declaro publicamente e sem medo, por meio desta, que qualquer um que [...] examine minha natureza, meu caráter, minha moral, minhas inclinações, meus prazeres, meus hábitos, com seus próprios olhos e pense que eu sou um homem desonrado, é, ele mesmo, um homem que deveria ser estrangulado". Em face dessa declaração, seu público guarda silêncio, sem arriscar nenhum comentário. Rousseau é como é, e ninguém ousa julgá-lo.

BENJAMIN FRANKLIN

A Autobiografia de Benjamin Franklin, 1791

Edição recomendada: *Autobiografia de Benjamin Franklin*. Trad. Aydano Arruda. São Paulo: Ibrasa, 1963.

Com sua *Autobiografia*, Benjamin Franklin inventa o Sonho Americano: o garoto pobre de Boston se torna bem-sucedido nos negócios, sem a ajuda das conexões familiares ou por meio de alguma herança. E o personagem de Franklin é tão "feito por si mesmo" quanto sua fortuna; ele decide quais virtudes desenvolver e se dispõe a alcançá-las pelo simples trabalho duro: "Humildade", escreve ele. "Seja como Jesus e Sócrates". Ele também trabalha suas mazelas sem nenhuma ajuda externa; marca seus defeitos em uma placa de marfim com um lápis e os apaga com uma esponja molhada quando são superados. Em toda a sua *Autobiografia*, Franklin se refere de forma consistente aos seus erros (e seus pecados contra outros) como *errata*, erros de impressão não intencionais, facilmente corrigíveis no próximo acerto de contas. Ele é capaz de se livrar de seus defeitos com a mesma facilidade com que consegue enriquecer. Contudo, esse retrato de um eu que prospera sozinho é uma ilusão. A família de Franklin lhe conferiu as habilidades inestimáveis de ler e escrever, e o seu irmão mais velho lhe ofereceu o primeiro emprego. E a rejeição de Franklin a suas falhas é igualmente suspeita. Sua relutância em admitir erros graves dá um tom de arrogância ao personagem do *self-made man* americano. Pelos dois séculos seguintes, esse personagem viria a se inspirar em um comentário de Franklin, na Parte I [de sua autobiografia]: "Ser uma *criatura razoável* é algo muito conveniente, uma vez que isso nos torna capazes de achar ou criar uma razão para tudo quanto intentamos fazer".

HENRY DAVID THOREAU

Walden, 1854

Edição recomendada: *Walden*. Trad. Denise Bottmann.
Porto Alegre: L&PM Editores, 2010.

Thoreau é um Franklin às avessas: a história de Franklin conta aos homens americanos como tornar-se um homem bem-sucedido, mas Thoreau vê a economia americana como um pântano que é uma armadilha para todos os homens, ricos ou pobres. Até mesmo aqueles que herdam terras tornam-se escravos dela, forçados a trabalhar como "máquinas", a fim de fazer a terra render. "A massa dos homens", escreve Thoreau, em uma de suas frases mais famosas, "leva uma vida bastante desesperadora". Assim, Thoreau oferece um novo padrão para a vida americana. Ele se recolhe em uma cabana, construída com as próprias mãos, nas proximidades da lagoa de Walden. Esse afastamento da economia americana é puramente simbólico (a cabana dista apenas dois quilômetros e meio do centro da vila mais próxima), porém lhe permite construir uma identidade temporária como um homem livre da necessidade econômica, que rejeita a necessidade de comprar, vender ou trabalhar.

As descrições que Thoreau faz de sua vida simples em *Walden* não são soluções econômicas (ele sabe perfeitamente bem que não é possível que os Estados Unidos como um todo se recolham para a floresta), mas uma forma de protesto. Seus ensaios não progridem cronologicamente, mas discutem diferentes aspectos de sua vida na lagoa: como viver uma vida solitária; como tratar os visitantes; o valor da leitura; suas tentativas de cultivar alimentos. "Simplifique, simplifique", prega Thoreau. "A nação em si [...] é [...] um estabelecimento de difícil manejo e superpopuloso [...] arruinado pela ostentação e pelo desperdício negligente, pela falta de cálculo e de objetivo, como os milhões de domicílios do país; e a única cura para isso, bem como para eles, é uma economia rígida, uma austera e mais do que espartana simplicidade e a elevação do propósito [de vida]". Thoreau se coloca como um exemplo de simplicidade, seus meses em Walden são um padrão para ser seguido. *Walden* mostra a possibilidade de um novo tipo de existência, "uma vida bela e dotada de asas", capaz de romper a casca seca do passado.

HARRIET JACOBS

Incidentes da Vida de uma Escrava Contados por Ela Mesma, 1861

Edição recomendada: *Incidentes da Vida de uma Escrava Contados por ela Mesma.* Trad. Waltensir Dutra. Rio de Janeiro: Campus, 1988.

Criada por uma avó rígida para se tornar virtuosa, Harriet Jacobs encara um dilema insolúvel: seu dono, "Dr. Flint", está determinado a torná-la sua amante. Quando ele a proíbe de se casar com o homem negro que ama, Jacobs encara uma escolha difícil, não entre manter a sua virtude e abandoná-la, mas entre abandoná-la por opção própria ou entregá-la ao homem que odeia. Assim, para se proteger, ela inicia um caso com um vizinho branco, e com ele concebe dois filhos. Esse relacionamento com o "Sr. Sands" serve-lhe de proteção temporária, mas o Dr. Flint continua obcecado por ela; ele se recusa a vendê-la, e o Sr. Sands acaba casando com uma mulher branca e termina seu caso com Jacobs. Embora tenha várias oportunidades para escapar, ela se recusa porque teria de deixar seus filhos para trás. Desesperada para evitar os galanteios do Dr. Flint, ela decide simular uma fuga – e passa sete anos vivendo em um espaço apertado no sótão da [casa de] sua avó. Finalmente, Jacobs e seus filhos conseguem escapar, mas a Lei para Escravos Fugitivos determinava que eles poderiam ser presos, mesmo no Norte. Por fim, Jacobs acaba sendo comprada por um amigo branco simpático e posta em liberdade, contudo ela acha essa uma vitória amarga. "Um ser humano, que está sendo *vendido* na cidade livre de Nova York! [...] sou profundamente grata ao amigo generoso que me concedeu [a liberdade], mas desprezo o canalha que exigiu pagamento pelo que nunca lhe pertenceu ou era seu".

Jacobs sabe que seu uso de nomes ficcionais (ela se dá o pseudônimo de "Linda Brent"), sua boa prosa inglesa e seus seis anos de existência dentro de um sótão tornam sua história difícil de acreditar, de modo que sua autobiografia inclui algumas cartas de brancos respeitáveis, que asseguram sua credibilidade. As vozes brancas se tornaram, assim, um elemento inextricável na história de Jacobs, refletindo a realidade da própria escravidão: "O escravismo é uma maldição para os brancos tanto quanto para os negros", escreve Jacobs. "Ele torna os pais brancos cruéis e sensuais; os filhos, violentos e licenciosos; ele contamina as filhas e lança as esposas na desgraça. E quanto aos da raça negra, ele exige uma caneta mais capaz do que a minha para descrever o extremismo de seus sofrimentos e a profundidade de sua degradação".

FREDERICK DOUGLASS

Life and Times of Frederick Douglass

[Vida e Tempo de Frederick Douglass], 1881

Edição recomendada: Não há edição em português.

(Douglass escreveu sua autobiografia em três momentos diferentes. A primeira versão, Narrative Life of Frederick Douglass: An American Slave *[Vida Narrativa de Frederick Douglass: um Escravo Americano], foi publicada em 1845; a segunda,* My Bondage and My Freedom *[Minha Escravidão e minha Liberdade], em 1855; e esta terceira versão, em 1881. Cada autobiografia reconta e altera histórias em relação à versão anterior.)*

Nascido de pais que nunca conheceu, Frederick Douglass é criado por seus avós; eles são amorosos e gentis, habilidosos na pesca e na jardinagem e bastante respeitados pelos vizinhos. No entanto, quando alcança idade suficiente para trabalhar, Douglass é levado à plantação de seu dono em meio a uma multidão de outras crianças. Privado de sua identidade familiar, ele é tratado como um animal (as crianças se alimentam em um cocho "como os porcos"). Douglass, porém, recusa-se a ser um animal; em vez disso, luta por uma nova compreensão de si mesmo. Ele aprende a ler, apesar das objeções do seu dono ("Se ele for ler a Bíblia, isso o tornará para sempre inadequado para o serviço escravo", declara o homem), e começa a se considerar um ser humano pensante e falante. Quando leva uma surra e sofre abusos do brutal senhor de escravos, Covey, Douglass entra em luta corporal e o põe no chão — e finalmente encontra condições de pensar em si mesmo como *homem*. "Essa luta com o Sr. Covey", escreve Douglass, "reavivou em mim um sentido de humanidade. Eu me tornei uma pessoa diferente depois da briga. Antes, eu não era nada – agora eu era um homem". Equipado, tanto mental quanto emocionalmente, para a vida como homem livre, Douglass foge para Massachusetts e é recrutado pelos abolicionistas para contar suas experiências como escravo para plateias de homens brancos do Norte. Novamente, ele se reinventa, dessa vez como palestrante e pensador – de forma bem-sucedida demais para o gosto dos seus amigos abolicionistas, que o advertem a manter "um pouco do seu linguajar da época da colonização [...] Não é bom que você pareça estudado". O medo deles se torna realidade quando Douglass é denunciado como impostor; seu público começa a dizer que ele "não fala como escravo, não se parece com um escravo, nem age como escravo". "Eles acreditavam", escreve Douglass, "que eu nunca estive ao sul da linha de Mason e Dixon". Em resposta a essa acusação, ele pôs no papel toda a sua história de vida como escravo – reivindicando que os anos passados em grilhões formavam uma parte essencial de sua *nova* identidade.

BOOKER T. WASHINGTON

Memórias de um Negro, 1901

Edição recomendada: *Memórias de um Negro.* Trad. Graciliano Ramos. São Paulo: Companhia Editora Nacional, 1940.

A escravidão acaba na infância de Washington, mas, na economia do pós-guerra civil, os empregos para os [escravos] libertos são escassos e nada agradáveis. Washington, sua mãe e seu padrasto vão para a Virgínia Ocidental trabalhar nas minas de sal. Embora Washington não seja escravo, está preso à pobreza. A educação torna-se, para ele, como foi para Douglass, o caminho para a formação de uma nova identidade. Washington se reconstrói como estudioso e professor. Ele abre seu caminho nas escolas noturnas, ingressa na Universidade de Hampton, faz pós-graduação, volta à Universidade de Hampton como professor e, em 1881, lidera uma "escola normal" para estudantes negros de Tuskegee. A escola tem por objetivo desenvolver habilidades práticas: na visão de Washington, os negros podem criar uma nova identidade racial para si – como cidadãos, não como escravos e vítimas – com paciência, educação, trabalho duro e boas maneiras. Esqueça a política por um momento, ele adverte os seus leitores, e vá aperfeiçoar sua higiene, suas maneiras à mesa e sua habilidade de lidar com o dinheiro, e assim os brancos acabarão por lhe dar poder político por puro respeito.

Washington aparece, em sua autobiografia, como um homem humilde, que trabalha duro e é totalmente admirável, um líder ideal para pessoas com problemas. Todavia, sua visão "acomodada" das relações raciais leva-o a um conflito com outros intelectuais negros, que o acusam de ignorar a necessidade de igualdade em nome da paz. Contudo, Washington se vê como um modelo para sua raça. Por toda a sua autobiografia, refere-se à própria experiência como ideal para outros jovens negros. Se ele trabalhou nas minas de sal e frequentou a escola à noite, eles também poderiam fazer o mesmo. Ele se dispôs a usar um gorro feito em casa quando criança, em vez de insistir que a sua mãe gastasse dinheiro precioso com um novo; eles deviam se contentar em ser parcimoniosos e economizar para ter sua independência econômica, em vez de esbanjar dinheiro por aí, na tentativa de ser iguais aos brancos. Ele alcançou proeminência e poder com a mesma persistência paciente que recomendava aos outros.

FRIEDRICH NIETZSCHE

Ecce Homo, 1908

Edição recomendada: *Ecce homo*. Trad. Paulo César de Souza. São Paulo, Companhia de Bolso: 2008.

Embora Nietzsche anuncie um propósito autobiográfico convencional (ele traçará as influências que o tornaram o homem que é, em 1888, aos 48 anos), seus capítulos (começando com "Por que eu sou tão sábio" e "Por que eu sou tão inteligente") não estão em ordem cronológica, nem são lógicos. Como autobiografia, *Ecce Homo* tem um paralelo com a tentativa de Descartes de encontrar seu eu no próprio intelecto, ou com a tentativa de Bunyan de encontrá-lo no amor de Deus – ou com a tentativa de Washington de achar seu eu no trabalho duro e na educação. Entretanto, Nietzsche acha seu eu em outro lugar. Resumir a filosofia de Nietzsche em poucas palavras é impossível, uma vez que ele era um existencialista e tendo em vista que o existencialismo é uma rejeição de todos os sistemas de filosofia e todas as explanações da existência humana. Por sua vez, toda ação humana (e toda a vida humana) deve criar seu sentido. Todo homem é completamente livre para escolher o próprio caminho. A existência é tão infinitamente variada que não pode ser reduzida a nenhum tipo de sistema. Não há "código moral" no universo – não há "certo e errado". O que há são simplesmente escolhas e suas consequências, com as quais se deve arcar depois das escolhas terem sido feitas.

Assim, a autobiografia de Nietzsche é um hino à singularidade de sua existência; trata-se de um relato das suas escolhas e das consequências destas. No final, ele ralha contra o "conceito de homem bom", que é "fraco, doentio e mal construído [...] um ideal que se opõe ao homem orgulhoso e bem constituído, ao homem afirmativo" – este último, o homem que tem a coragem de fazer suas escolhas e que encontra sentido nesse ato de escolha. Nietzsche escreveu *Ecce Homo* em três semanas e enlouqueceu duas semanas depois de ter enviado o manuscrito para o editor; o título é retirado do Novo Testamento, quando Pilatos o usa para destacar Jesus Cristo das massas antes de sua crucificação. Para Nietzsche, porém, Cristo não é "o homem"; *ele* é que é. Ele não se oferece como modelo (o que estabeleceria um padrão, um "ideal" que se aplicaria a todos), mas antes como um exemplo – um homem que encontra sentido em fazer suas escolhas e conviver com suas consequências.

ADOLF HITLER

Mein Kampf [Minha Luta], 1925

Edição recomendada: *Minha Luta/Mein Kampf*. Trad. Klaus Von Puschen. São Paulo: Centauro, 2005.

Hitler escreveu *Mein Kampf* [Minha Luta] enquanto estava na prisão pela tentativa malsucedida de evitar que a Baviera se separasse da República

Alemã. No relato que Hitler apresenta da própria vida, toda escolha que ele faz é ditada por suas tentativas de reconduzir a Alemanha à sua glória do passado; ele é o Todo-Mundo Alemão; suas derrotas representam as humilhações da Alemanha, e sua ascensão ao poder corre em paralelo com o retorno da Alemanha ao triunfo.

Desde criança, escreve Hitler, ele se perguntava por que é que os alemães não têm a "boa sorte de pertencer ao Império de Bismarck". Ele acredita que a derrota da Baviera pela França e sua consequente sujeição ao governo francês (que Hitler chama frequentemente de "o tempo da humilhação mais profunda da Alemanha") poderiam ter sido evitadas se o povo alemão tivesse se unido. Então, desde há tempos, ele está determinado a trazer as partes divididas da Alemanha de volta para a "grande pátria-mãe alemã". Ele se recusa a se tornar um oficial do governo e se volta para a pintura, não por razões pessoais, mas porque não aguenta fazer parte de um governo que serve aos interesses da França, em vez de servir aos da Alemanha. Seus estudos em Viena, seu envolvimento inicial com a política, seu serviço no Exército da Baviera durante a Primeira Guerra Mundial, sua afiliação ao Partido dos Trabalhadores Alemães, sua impaciência com o governo alemão "incompetente e cheio de falhas" são todos motivados por "um amor intenso" pelo povo alemão e um "ódio profundo pela Áustria [dominada pelos franceses]". Hitler se vê como o único homem capaz de "empregar quaisquer métodos vigorosos e radicais" para restaurar o poder à Alemanha; seu furor contra a influência demoníaca do sangue judeu e contra a "perda da pureza racial" que "destruirá para sempre qualquer felicidade interna" são misteriosamente combinados com um apelo constante pelo fim da burocracia enfadonha, que soa perfeitamente razoável. Digerir todos esses insultos é cansativo, então você não precisa ler a biografia toda. Na Parte I, leia os Capítulos de 1 a 6 e o Capítulo 11; na parte II, leia os Capítulos 2 a 4, 10, 11 e 15, que demonstram claramente a fantástica compreensão que Hitler tinha de técnicas de propaganda. O século XX pode até ter rejeitado a doutrina de pureza racial de Hitler, mas suas técnicas de propaganda continuam em amplo uso – ainda que tenham se voltado para servir ao mercado, não mais aos Estados nação.

MOHANDAS GANDHI

Autobiografia: Minha Vida e Minhas Experiências com a Verdade, 1929

Edição recomendada: *Autobiografia: Minha Vida e Minhas Experiências com a Verdade*. Trad. Humberto Mariotti *et al*. São Paulo: Palas Athena, 2009.

A autobiografia de Gandhi é a história de uma vida em roupagens emprestadas: trata-se de um pensador oriental que usa moldes ocidentais para contar, ao Ocidente, a história de sua procura pela verdade espiritual. "Não conheço ninguém do Oriente que tenha escrito [uma autobiografia]", diz-lhe um amigo quando ele estava começando sua empreitada, "exceto aqueles que tiveram influência ocidental. E o que você pretende escrever? E se você rejeitar amanhã as coisas que defende como princípios hoje...?". Assim, a autobiografia de Gandhi é, em parte, um pedido de desculpas por *ser* uma autobiografia, enfim. Ele escreve que pretende descrever como chegou às verdades espirituais que, na época, moldavam suas ações políticas e "como minha vida não consistia em nada, além daquelas experiências, a verdade é que essa história assumirá a forma de uma autobiografia".

Gandhi nasce na Índia, sob o regime britânico; ele se casa aos treze anos (um costume indiano, pelo qual ele sente que deve se desculpar) e aos dezenove viaja para a Inglaterra (sem a esposa e o filho pequeno), para estudar direito. Retorna à Índia como advogado, mas não encontra muito trabalho. Assumindo um cargo temporário na África do Sul, descobre que o povo indiano, classificado como "de cor", sofre discriminação. Ele permanece na África do Sul por quase vinte anos, trabalhando pelos direitos dos indianos. Finalmente, quando volta para a Índia, no meio da crise pós-Segunda Guerra Mundial, ele se depara com os supremos chefes britânicos impondo restrições aos seus vassalos indianos. Seus protestos não violentos contra essa repressão culminam com a erupção, por todo o país, da desobediência civil, que finalmente força os britânicos a tomar conhecimento deles. Por toda a história, Gandhi faz autorreflexões para descobrir os princípios espirituais que governam suas ações políticas. O principal deles é o princípio *Ahisma*, ou não violência, que se torna o princípio orientador da vida de Gandhi; "um devoto de *Ahisma*", escreve Gandhi, "haverá de se manter fiel à sua crença se a mola propulsora de todas as suas ações for a compaixão, se ele se afastar, da melhor forma que puder, da destruição até mesmo da mais insignificante das criaturas". E ele descobre essa verdade espiritual por meio de uma "profunda autointrospecção". Ele conta que tem "sondado" a si mesmo "de ponta a ponta, e examinado e analisado cada situação psicológica [...] [Minhas conclusões] me parecem ser absolutamente corretas, e, por enquanto, parecem ser definitivas".

GERTRUDE STEIN

A Autobiografia de Alice B. Toklas, 1933

Edição recomendada: *A Autobiografia de Alice B. Toklas*. Trad. Milton Persson. Porto Alegre: L&PM Editores, 1984.

Gandhi toma emprestados trajes estranhos, mas Gertrude Stein faz o mesmo com a vida de outra pessoa; sua autobiografia é, nas palavras de Estelle Jelenik, "uma dissimulação do eu em forma de palavras".[16] Ela usa a voz da sua companheira, Alice B. Toklas, mas apenas as primeiras páginas tratam da vida de Toklas; depois a narrativa se volta para a própria Stein. A autobiografia começa com o clássico "Eu nasci...", contando a história do nascimento de Toklas na Califórnia, e vai acompanhando a vida dela até o final da casa dos vinte anos, em meras três páginas, quando (ao que tudo indica) ocorre o ponto de transição da sua vida: ela se encontra com Gertrude Stein e escreve que "encontrou um gênio". A partir desse ponto, acrescenta Stein, na voz de Tolklas, "iniciou-se uma vida nova para mim". Essa "pseudoconversão", típica das autobiografias padrão, é a passagem da narrativa para a história de Gertrude Stein, sua vida em Paris, sua amizade com os pintores Pablo Picasso, Henri Matisse e Paul Cézanne; a ofensiva alemã, que a força a deixar Paris; e seu trabalho no hospital de refugiados de guerra. A narrativa é constantemente desviada para biografias concisas de outras personalidades; o efeito cumulativo disso é parecido com o daqueles retratos compostos de centenas de quadradinhos coloridos, cada um dos quais, quando examinados de perto, revelam-se como a imagem de algo diferente. No final, o leitor obtém um perfil de Gertrude Stein, formado a partir dos perfis de inúmeras outras pessoas.

---

[16] Estelle C. Jelinek, *The Tradition of Women's Autobiography: from Antiquity to the Present*. Boston, Twayne Publishers, 1986.

A autobiografia de Stein apresenta características que os críticos rotularam de "tipicamente femininas" (em contraposição às autobiografias tipicamente masculinas que a precederam): ela escreve de forma anedótica, contando as histórias de pessoas, em vez da política; e sua história é contada de forma não cronológica (se os capítulos estivessem em ordem cronológica, o Capítulo 4 seria o primeiro, seguido pelos Capítulos 3, 1, 2, 5, 6 e 7). Essa falta de preocupação com a ordem transforma a autobiografia de Stein em um jogo, algo muito parecido com a versão literária de *Os Sete Suspeitos*.[17] Para ter qualquer pista do eu real de Stein, o leitor tem de reordenar as peças e descobrir qual está faltando.

THOMAS MERTON

A Montanha dos Sete Patamares, 1948

Edição recomendada: *A Montanha dos Sete Patamares.*
Trad. José Geraldo Vieira. Belo Horizonte: Editora Itatiaia, 1997.

Thomas Merton se tornou um novo homem quando entrou para a ordem trapista. Sua autobiografia conta a história do "velho" Merton, um intelectual egocêntrico e autocentrado, que agora está (metaforicamente) morto. Assim, ele julga a própria vida com intenso rigor, acusando-se de falta de amor, aquela virtude que, desde seus primórdios, é central à vida cristã. O hábito de excluir seu irmão mais novo de suas brincadeiras de criança, escreve ele, era "o padrão e o protótipo de todo pecado; a vontade deliberada e formal de rejeitar o amor desinteressado por nós, pela razão puramente arbitrária de que [...] não nos agrada ser amados". A história da juventude, educação e dos tempos de Cambridge de Merton quer nos mostrar que seu pecado de fato segue esse padrão, pois ele sempre rejeita o amor de Deus.

A mente de Merton começa a aceitar Deus antes da sua vontade. Quando ele lê um livro sobre a filosofia medieval, começa a se dar conta de suas concepções sobre Deus – "um personagem barulhento, dramático e passional, um ser vago, ciumento, obscuro" – não procedem de Deus, mas de imagens traçadas por outras pessoas. Uma vez libertado dessa ideia distorcida de Deus, Merton começa a ler teologia

[17] Filme de mistério policial com traços de comédia, de 1985, que se baseia em um jogo de tabuleiro chamado "Detetive". (N. T.)

para descobrir quem é Deus e é atraído para a Igreja Católica e sua teologia – "uma doutrina tremenda, profunda e unificada". Entretanto, essa compreensão intelectual não leva Merton mais perto de aceitar o amor de Deus. Ele se condena por ficar discutindo "horas a fio sobre o misticismo e o conhecimento experimental de Deus" enquanto "rega o calor de sua argumentação a uísque e soda". No final, ele só se torna capaz de se submeter ao amor de Deus rendendo-se à instituição da Igreja, aceitando seus ditames com humildade. "A conversão do intelecto não é suficiente", escreve ele, um tema que perpassa as histórias de conversão, desde Santo Agostinho até Colson; "se a vontade [...] não pertencer completamente a Deus".

C. S. LEWIS

Surpreendido pela Alegria, 1955

Edição recomendada: *Surpreendido pela Alegria*.
Trad. Eduardo Pereira e Ferreira. São Paulo: Mundo Cristão, 1998.

A autobiografia de Lewis é, por um lado, a história do seu desenvolvimento intelectual e imaginativo, e, por outro, a narrativa de como ele se tornou tão fascinado pela fé cristã. Essa dupla narrativa vive na iminência de as duas partes entrarem em conflito, quem sabe até de forma fatal. O título da história de Lewis vem de sua tentativa de descobrir a fonte de Alegria,[18] uma experiência penetrante, que ele não é inteiramente capaz de descrever em palavras: "Tratava-se de uma sensação, é claro, de desejo; mas desejo de quê? [...] Algo bem diferente da vida comum [...] algo, como se diria hoje, que 'pertence a outra dimensão'". A busca de Lewis por Alegria se revela como o liame que mantém seu intelecto e sua fé unidos. A princípio, ele persegue Alegria com o intelecto, estudando mitologia nórdica e outros temas que lhe traziam aquele assombro de Alegria no passado. A parte central do livro descreve a educação de Lewis, em que ele pinta um retrato acalorado da sua vida escolar, do tutor que lhe ensinou grego e de seu prazer em descobrir livros e mais livros que falavam diretamente à sua busca da Alegria.

[18] Em inglês: *Joy. Trata-se de uma palavra especial, central ao pensamento de Lewis, que não pode ser traduzida simplesmente por "alegria" (embora seja assim traduzida para o português), mas, possivelmente, por "felicidade". Trata-se da Sehnsucht do alemão, do longing inglês, ou quem sabe da "saudade" em língua portuguesa. Por isso, usamos Alegria em letra maiúscula.* (N. T.)

No entanto, conforme o prazer de Lewis vai se transformando "de modo imperceptível no interesse de um estudioso", ele se dá conta de que a Alegria se esvaneceu. Mais ou menos na mesma época, ele se convence da verdade intelectual do teísmo: "Eu capitulei", escreve ele, "e admiti que Deus era Deus; ajoelhei-me e orei: quem sabe naquela noite eu fosse o mais abatido e relutante dos convertidos da Inglaterra". A vontade de Lewis, contudo, ainda não é a de Deus. Ele continua determinado a "não 'sofrer interferência' [...] 'a chamar a minha alma de minha'". A Alegria, a imaginação e o intelecto mantêm-se afastados até o fim da história, quando a *vontade* de Lewis é finalmente convertida de uma maneira completamente inacessível à sua razão: "Eu sei perfeitamente bem quando, mas não faço ideia de como, o passo final foi tomado. Fui levado a Whipsnade em uma manhã ensolarada. Quando partimos, eu não acreditava que Jesus Cristo era o Filho de Deus, e quando chegamos ao zoológico, passei a acreditar. Entretanto, eu não passei a viagem toda absorto em pensamentos". Só então é que Lewis se viu capaz de experimentar Alegria novamente – não como um fim em si mesmo, mas como uma placa de sinalização indicando-lhe a direção do divino.

MALCOLM X

A Autobiografia de Malcolm X com a Colaboração de Alex Haley, 1965

Edição recomendada: *Autobiografia de Malcolm X*. 2. ed.
Trad. A. B. Pinheiro de Lemos. Rio de Janeiro: Record, 1992.

A autobiografia de Malcolm X foi escrita por outra pessoa: Alex Haley, que convenceu Malcolm X a lhe revelar seus pensamentos contínua e ininterruptamente, enquanto ele, Haley, formulava-os no formato de uma autobiografia. Essa colaboração com outro escritor introduz uma voz diferente no âmago da história e, no final, acaba mudando toda sua forma. Haley começou a trabalhar na autobiografia enquanto Malcolm X ainda era seguidor de Elijah Muhammad e o principal representante da Nação do Islã (que pregava a necessidade de reparações e o estabelecimento de uma nação negra à parte dentro dos Estados Unidos). Em 1964, Malcolm rompeu com Muhammad e a Nação do Islã, desiludido que estava com os casos extraconjugais de Muhammad ("Eu que sempre preguei com tanta firmeza sobre questões de moral", escreve ele em tom de tristeza, "descobri que os muçulmanos foram traídos por Elijah Muhammed em pessoa.") e pouco à vontade com a retórica cada vez mais violenta deles. (Depois do rompimento, Malcom descobriu que essa Nação havia aprovado seu assassinato.) Ele forma a sua própria organização e começa a pregar "a força espiritual necessária para livrar nossa gente dos vícios que destroem a força moral da nossa comunidade". Contudo, embora Malcolm desejasse voltar atrás e reescrever as primeiras partes da sua autobiografia, que fala de forma tão esplendorosa sobre a Nação do Islã, Haley protestou. No final, as seções completas de sua autobiografia se mantiveram intactas, de modo que *A Autobiografia de Malcolm X* indica com extraordinária clareza a "conversão" de um estado mental para outro. Ela também mostra uma presciência estranha: nos capítulos de abertura, Malcolm escreve: "Sempre tive a convicção de que eu, inclusive, seria morto de forma violenta". No final do capítulo, ele resume sua vida como "uma vida que, de certa forma, já acabou [...] agora, cada dia que vivo é como se já estivesse morto". No epílogo, Haley conta acerca do assassinato de Malcolm, que aconteceu depois de a autobiografia ser completada, mas antes da sua publicação.

MAY SARTON

Journal of Solitude [Diário da Solidão], 1973

Edição recomendada: Não há edição em português.

A poeta e romancista May Sarton escreveu uma série de diários para publicação, em cada um dos quais ela tenta dar sentido a uma parcela particular de sua vida. Esse diário é uma tentativa de compreender a natureza da solidão, numa época em que Sarton está passando pelo sofrimento do fim de um relacionamento amoroso. Lutando para encontrar um sentido em seu isolamento, Sarton tenta definir o valor de seu trabalho, que demanda que esteja só. Ela dá vazão à sua frustração com a suspeita interna (comum às mulheres criativas) de que estava se esquivando de suas responsabilidades, ficando a sós com seus livros em vez de se dedicar às pessoas. Enquanto escreve, ela se dá conta de que o amor – o desejo de estar com outra pessoa – tem o potencial de arruinar seu trabalho. "Talvez seja mais difícil para as mulheres", lamenta ela, "serem 'unidirecionadas', fica bem mais difícil para elas abrir espaço em torno de qualquer coisa que queiram fazer que vá além das tarefas domésticas e da vida familiar. A vida delas é fragmentária". Esse diário é cheio de escuridão e fragmentação, mas Sarton tenta sucessivamente trazer significado e sentido ao seu caos. "A escuridão novamente", ela observa, em uma segunda-feira:

> Uma crítica aniquiladora no *Times* de domingo [...] agora é hora da velha batalha pela sobrevivência [...] em um nível mais profundo, cheguei a crer (quem sabe essa seja uma maneira de sobreviver) que havia uma razão para os repetidos golpes que sofri – que não fui feita para o sucesso e que, de certo modo, a adversidade fosse o meu estado espírito [...] De alguma forma as grandes nuvens puseram o dia em ordem, um presente esplendoroso conforme elas passam por sobre a nossa cabeça.

Será que realmente acreditamos que as nuvens tornam a miséria de Sarton irrelevante? Não, mas podemos acreditar que ela *desejava* que fossem capazes disso.

No final do livro, Sarton continua a sentir culpa quanto à sua decisão (em parte autoimpingida, em parte imposta a ela) de viver no isolamento. Entretanto, conclui: "Começo a ter indícios, agora, do retorno para algum eu profundo que foi absorvido e maltratado demais para funcionar por muito tempo. Esse eu me diz que fui feita para viver sozinha, feita para escrever poemas para os outros".

ALEKSANDR I. SOLJENÍTSIN

Arquipélago Gulag, 1973 (em inglês)

Edição recomendada: *Arquipélago Gulag*. 3. ed.
Trad. Francisco Ferreira *et al*. São Paulo: Difel, 1976.

A autobiografia de Soljenítsin varia entre a narrativa em primeira, segunda e terceira pessoa à medida que reproduz o tom de pesadelo e absurdo da captura e do aprisionamento sob o sistema soviético. "Eles pegam você no meio do corredor da fábrica, depois de terem verificado seu crachá – e você está preso", escreve Soljenítsin. "Você é preso por um peregrino religioso a quem deu abrigo por uma noite 'em nome de Jesus Cristo'. Você é preso pelo inspetor da companhia de energia elétrica que veio ler o seu relógio de consumo de energia. Você é preso pelo ciclista que o atropelou na rua, pelo condutor de trem, pelo motorista de táxi, pelo caixa do banco." Soljenítsin atribui a submissão do povo russo ("quase ninguém tentou fugir") à "ignorância generalizada [...] Quem sabe eles *não prendam* você? Quem sabe tudo isso caia no esquecimento?". Esse memorial, no entanto, foi escrito como um chamado à ação, com a intenção de convencer seus leitores de que nada disso cairia "no esquecimento" de fato. Soljenítsin conduz o leitor através do aprisionamento, do interrogatório e da deportação para os "campos de trabalho corretivo", onde homens, mulheres e crianças sobrevivem durante décadas, trabalhando duro a temperaturas abaixo de zero, subsistindo à base de mingau de semolina.

A autobiografia de Soljenítsin não é a história apenas dele mesmo, mas de todos esses prisioneiros, contada em detalhes claros para que a ideia abstrata do aprisionamento se torne concreta, a fim de que o resto do mundo finalmente ficasse sabendo. Contudo, o homem Soljenítsin também muda ao longo da história. Aprende que ele também é maldoso: "Na intoxicação do jovem pelo sucesso, eu me sentia infalível e, por isso, era cruel. Na saciedade do poder, eu era um assassino e um opressor [...] E foi só quando me deitei ali, na palha podre da prisão, que percebi dentro de mim as primeiras agitações do bem". Com sua prisão, Soljenítsin aprende que a revolução é a solução errada para a opressão. "Mesmo nos melhores corações", conclui ele, "resta ali [...] um resquício de maldade ainda arraigada. Desde então, comecei a compreender a verdade de todas as religiões na palavra: elas lutam contra uma maldade que está *dentro do ser humano* [...] E a partir daquele tempo, compreendi a falsidade de todas as revoluções da história: elas destroem apenas *os portadores* do mal contemporâneo a elas".

CHARLES W. COLSON

NASCIDO DE NOVO, 1977

Edição recomendada: *Nascido de Novo*. Trad. Eliseu Pereira. São Paulo: Abba Press, 2001.

Colson, o "capanga" de Richard Nixon durante os anos de Watergate, conta sua história como faz Santo Agostinho, identificando seu erro principal e expondo-o em confissão pública. Esse erro, no entanto, não tem *nenhuma* relação com Watergate – que é mencionado apenas no começo do livro e que, continua insistindo Colson, *não* envolveu *nenhuma* ação errada da sua parte. Como obra de confissão, *Nascido de Novo* é infinitamente intrigante na sua tensão constante entre honestidade e relações públicas; os pecados que Colson confessa são todos espirituais, pois ele nega que quaisquer crimes "legais" jamais tenham ocorrido. Seu crime é seu orgulho pessoal: "O orgulho esteve no cerne da minha vida", escreve ele, "até onde consigo me lembrar [...] É claro que não conhecia Deus. Como *poderia?* Eu estava muito ocupado comigo mesmo. *Eu* havia feito isso ou aquilo, *eu* havia alcançado, *eu* havia sido bem--sucedido, e *eu* não dei crédito nenhum a Deus, nem mesmo agradecendo a Ele por *qualquer* dos dons que havia me dado". Como Santo Agostinho, Colson faz um esforço para entender racionalmente sua nova crença: "Por toda a minha formação, insistia-se que a análise precede a decisão". Como Santo Agostinho, ele compartilha sua [nova] crença imediatamente com um amigo – o homem de negócios e empreendedor, Tom Philips, que havia escalado até o topo da sua empresa por "inteligência perspicaz e habilidade pura" e que lhe garante que sua experiência é perfeitamente válida. Como Santo Agostinho, Colson se converte através de um livro – no caso de Colson, uma das obras de C. S. Lewis sobre teologia. Todavia, ao contrário de Santo Agostinho, Colson descobre uma dimensão bastante pública na sua conversão. "Será que poderia haver algum propósito em tudo o que aconteceu comigo?", pergunta ele na introdução. "E então, comecei a enxergar. A nação toda estava em trevas; havia raiva, amargura e desilusão por todo o país. Enquanto minha inclinação era pensar em termos de reformas grandiosas, Deus parecia estar dizendo que a renovação do nosso espírito nacional pode começar em cada pessoa – com a renovação do espírito individual." Por toda a sua história, Colson associa a espiritualidade pessoal ao reavivamento nacional. Ele situa sua história de conversão não apenas como a narrativa da queda e ascensão de um homem, mas como protótipo para "consertar" os Estados Unidos; da mesma forma que Booker T. Washington, ele vê em sua história um modelo para toda uma nação.

RICHARD RODRIGUEZ

Hunger of Memory: The Education of Richard Rodriguez

[Fome de Memória: a Educação de Richard Rodriguez], 1982

Edição recomendada: Não há edição em português.

O capítulo de abertura de *Hunger of Memory* abre caminho para a compreensão que Rodriguez tem de si mesmo, um filho de imigrantes hispânicos que vive nos Estados Unidos: "Meus escritos são políticos porque tratam de minha mudança para a cidade, para longe da família", escreve ele. "Isto representou o meu amadurecimento: tornei-me homem ao tornar-me um homem público". A língua falada se torna o símbolo desse afastamento da identidade da família rumo à identidade pública. Rodriguez aprende a falar inglês na escola apenas a partir do momento em que seus pais se recusaram a falar espanhol com ele em casa. Isso representou um grande ganho e uma perda perturbadora. Rodriguez não é mais a "criança em desvantagem,", mas agora há um silêncio novo em casa: "[À medida que] nós, crianças, aprendíamos cada vez mais inglês, passávamos a trocar cada vez menos palavras com os nossos pais". As mesmas palavras que tornaram Richard Rodriguez uma voz pública, silenciavam-no em casa. Para Rodriguez, no entanto, aquilo foi necessário. Sua história serve de modelo para outras crianças de língua espanhola; sua autobiografia é, em parte, uma apologia da educação [em língua] inglesa e da rejeição da educação bilíngue, que priva as crianças da chance de participação pública completa. "Em público", escreve ele, "a individualidade completa é alcançada, paradoxalmente, por aqueles que são capazes de se considerar membros da coletividade [...] Foi só quando eu estava em condições de pensar em mim mesmo como um americano, e não mais como um estrangeiro numa sociedade *gringa*, que pude procurar pelos direitos e pelas oportunidades necessárias para uma individualidade pública completa". Na narrativa de sua história, Rodriguez explora outras tensões entre seus eu público e o privado: o conflito entre suas realizações públicas em termos acadêmicos e sua vida intelectual privada; seu relacionamento com a Igreja, que, através de sacramentos e rituais públicos, "livrou [a mim] do fardo de estar sozinho diante de Deus"; e, finalmente, o próprio processo de pôr no papel cenas de sua vida em forma de uma autobiografia pública.

JILL KER CONWAY

THE ROAD FROM COORAIN [A ESTRADA DE COORAIN], 1989

Edição recomendada: Não há edição em português.

A autobiografia de Conway não começa com seu nascimento, mas com uma meditação de quatorze páginas sobre a paisagem rústica e bela da Austrália. Foi essa paisagem – e suas demandas àqueles que tentam viver nela – que moldou a infância e a adolescência de Conway. Ela nasceu em uma remota fazenda de criação de ovelhas na Austrália, filha caçula inesperada de uma família de meninos que carrega desde cedo a imagem da "mulher ideal": econômica, forte, imperturbável, boa administradora, que "aprendeu a consertar as coisas que quebravam em casa, e que sufocava quaisquer desejos que pudesse ter pela beleza". Sua mãe é essa mulher ideal. Entretanto, conforme Conway crescia, ela via a seca, os desastres naturais e a tragédia privarem seus pais de sua preciosa fazenda. Determinada a escapar desse mundo duro, confia em seu legado intelectual para criar uma vida nova para siestudante. Contudo, ela continua sendo perseguida pela mãe, que – despojada de sua fazenda no interior, o mundo dentro do qual ela pode realizar um trabalho significativo – se transforma "administradora" supercontroladora, paranoica e irracional de seus filhos. Conway escreve: "Eu tinha sete anos e ainda sequer havia posto os olhos em outra criança do sexo feminino", e a história de sua vida é toda tecida por suas tentativas de descobrir como as mulheres podem achar um lugar no mundo, se esse mundo não lhes permite exercer seus talentos de forma livre.

ELIE WIESEL

ALL RIVERS RUN TO THE SEA: MEMOIRS

[TODOS OS RIOS CORREM PARA O MAR: MEMÓRIAS], 1995

Edição recomendada: Não há edição em português.

As lembranças de Wiesel do holocausto estão divididas entre o desejo de encontrar respostas e a noção de que essas respostas vão desiludi-lo para sempre. "Auschwitz", escreve ele no difícil primeiro volume de sua autobiografia, "não é concebível nem com Deus e nem sem Ele". Levado para o campo [de concentração], Wiesel perde sua família. Uma vez liberto, descobre que nenhum país o acolherá. Por fim, Charles de Gaulle convida um grupo de refugiados, entre eles Wiesel, para viver França. Lá, aos dezesseis anos, ele tem de aprender de novo o que é levar uma vida "normal". Todas as suas certezas, mesmo as certezas rituais da fé, perdem o sentido: "Por quanto tempo nós deveríamos recitar a oração pelos mortos? O período de luto normalmente dura 11 meses, depois da morte de um parente. O que acontece, porém, quando não se sabe a data da morte? Os estudiosos da Halachá[19] não sabiam como resolver a situação". Wiesel acaba reencontrando duas de suas irmãs que sobreviveram aos campos, volta a estudar e começa seu trabalho como jornalista do jornal judeu *Zion in Kampf* [Sião em Luta]. Ele prossegue descrevendo seu envolvimento contínuo com o jornalismo, com o discurso político, com o movimento público pela criação do Estado de Israel, e assim vai, até os anos de 1960. Isso daria um belo fecho à história, mas Wiesel prefere terminar as suas memórias relatando o sonho que teve pouco antes de seu casamento:

> Com que um homem pode sonhar quando está nos seus quarenta anos e tomou a decisão, consagrada pela Lei de Moisés, de constituir um lar com a mulher que ama? Ele se vê quando criança, agarrado à sua mãe. Ela murmura algo. Seria algo sobre o Messias? Ele sente vontade de dizer a ela: 'Você morreu e Ele não chegou. E mesmo se tivesse chegado, seria tarde demais'. Ele caminha com o pai para o culto do Shabbat e, de repente, vê-se nas fileiras de um cortejo de enterro [...] Sem fazer barulho algum, ele chama uma menininha bonita e acaricia seus cabelos loiros. Seus pensamentos escalam montanhas e descem caminhos íngremes, perambulam por cemitérios invisíveis, buscando estar a sós e, ao mesmo tempo, fugindo da solidão, recebendo histórias já contadas e aquelas que ele ainda tem para contar.

A autobiografia de Wiesel é uma tentativa de contar essas histórias e, por um momento, trazer de volta à vida todas aquelas crianças, aquelas mulheres e aqueles homens condenados. Sua mãe simboliza todas as mulheres judias,

[19] Conjunto de leis religiosas dos judeus. (N. T.)

arrancadas de seus filhos sem ter tido sequer uma chance de dar adeus; sua irmãzinha simboliza todas as crianças massacradas; seu pai simboliza todos os homens judeus, removidos da comunidade dos vivos antes do tempo.

Fonte recomendada:

GRUN, Bernard; e BOORSTIN, Daniel J. *The Timetables of History: A Horizontal Linkage of People and Events*. 3. rev. ed. New York: Touchstone Books, 1991.

CAPÍTULO 7

A história do passado: narrativas de historiadores (e políticos)

A história é, acima de tudo, debate. Trata-se de um debate entre historiadores diferentes...
Os debates são importantes; eles criam a possibilidade de mudar as coisas.
John H. Arnold

Imagine um historiador em ação. É possível imaginá-lo nos arquivos da biblioteca da universidade, conferindo os registros mais antigos: cartas, inventários, recibos de compra. Pode-se ainda pintá-lo debruçado sobre artefatos empoeirados: moedas, cerâmicas, inscrições sobre pedaços de pedra. Ou lendo velhas crônicas de batalha, decifrando registros gregos de vitórias e reconstruindo a cronologia da guerra.

Na verdade, ele também poderia estar em seu escritório, lendo o livro mais recente de outro historiador, com os pés em cima da mesa. Tendo em vista que a história é (em parte) a investigação de eventos do passado, os historiadores estudam as evidências deixadas por aqueles que viveram muito – ou nem tanto – tempo atrás. Essas evidências incluem documentos de todos os tipos: faturas, contas e recibos, bem como diários e cartas. Como podemos saber de que modo funcionava a economia das plantações sulistas americanas? Através da categorização meticulosa da papelada, como o registro da venda e compra de escravos por meio de fornecedores, da cotação de preços para a safra. Traços físicos deixados por aldeias, viajantes e pelo avanço de exércitos também são vitais. Como podemos saber até onde os romanos penetraram na Grã-Bretanha? Por meio de pistas deixadas por acampamentos, por restos de estradas e muralhas em ruínas sob a relva.

Contudo, essa é apenas uma parte do que faz um historiador. "Na verdade, os estudiosos", observa Neville Morley em sua cartilha sobre o estudo da história antiga, "não gastam todo o tempo deles estudando fontes 'primárias' como essas; eles se ocupam com mais frequência do estudo dos argumentos de outros historiadores".[1]

A principal tarefa do historiador não é apenas relatar o que aconteceu, mas explicar *por que* [aconteceu]; não apenas construir um simples quadro dos fatos, mas contar uma história sobre eles. Esse projeto geralmente é desenvolvido com base no diálogo com outros historiadores, e não só elucubrando sobre as evidências em si. O historiador nunca se senta diante de uma coleção de documentos e artefatos com a "mente vazia". Sua mente já está cheia de teorias de outras pessoas sobre os motivos da queda de Roma, ou por que os afro-americanos escravos desenvolveram uma cultura própria tão cheia de energia. Ao examinar as evidências, ele já se pergunta: será que as teorias que conheço dão conta de explicar isso? Ou eu seria capaz de elaborar uma interpretação melhor?

As narrativas dos historiadores têm muito em comum com as narrativas dos romancistas. Como num romance, fatos históricos contam a história de um "herói", de um indivíduo, ou de um país, ou então, quem sabe, de um grupo particular dentro de um país, como mulheres trabalhadoras, soldados, escravos. Da mesma forma como o herói do romance, esse herói histórico se confronta com um problema (baixos salários, demandas da guerra) e descobre uma estratégia para lidar com ele. A conclusão de uma história, como o clímax de um romance, pronuncia um julgamento final sobre a estratégia escolhida pelo herói.

Ao contrário do romancista, entretanto, o historiador deve tecer seu enredo ao redor de certos dados históricos. Para usar uma metáfora simplista: é como se os dois escritores estivessem pintando o retrato de uma mulher sentada à mesa. Contudo, enquanto o romancista a retrata usando sua imaginação, podendo atribuir à mulher qualquer rosto, raça, idade e roupas, o historiador retrata uma mulher real, jovem, branca, sentada ao ar livre à mesa de um restaurante em St. Louis. Ele pode pintá-la de tal forma que o pano de fundo se esvaneça e sua individualidade se destaque. Pode pintá-la como uma figura onírica que se destaca em um cenário colorido e movimentado. Pode pintá-la de modo que

---

[1] Neville Morley, *Ancient History: Key Themes and Approaches*. New York, Routledge, 2000, p. ix.

nós possamos observar sua raça, idade e sua expressão preocupada, mas sem atentar para suas roupas. Ele pode até obscurecer sua face ao mesmo tempo que descreve seu vestido maltrapilho e sua bolsa desgastada em detalhes. Ele não pode, porém, transformar uma mulher jovem branca em uma matriarca oriental de meia-idade ou em um homem afro-americano.

Na obrigação de aderir ao que veem à sua frente, os historiadores compartilham da tarefa dos autobiógrafos. Ambos moldam eventos "reais" de uma maneira que conduza o leitor a uma determinada interpretação, que faça com que aqueles eventos se encham de sentido. Entretanto, até bem pouco tempo atrás, os historiadores rejeitavam qualquer comparação com os autobiógrafos. Afinal de contas, a autobiografia não pode ser absolutamente objetiva. Como observa Georges Gusdorf: "ela revela [...] o esforço de um criador em dar sentido à sua narrativa mítica". A objetividade, acrescenta Gusdorf, faz parte do trabalho do historiador, que precisa "discernir" os fatos para além do mito.[2]

Por gerações inteiras, a objetividade foi tida como a única qualidade do historiador. O historiador que tem envolvimento *pessoal* com determinado tema é visto tradicionalmente como não confiável e antiprofissional. A autobiografia, como epítome do envolvimento pessoal com eventos do passado, tem sido classificada como o nível mais baixo de empreendimento acadêmico. Pouca atenção é dada à autobiografia, até mesmo como fonte de informação sobre o passado. Como destaca o historiador Jeremy Popkin, "os manuais padrão para estudantes previnem-nos contra a confiança nesses 'menos convincentes de todos os relatos pessoais'".[3]

De onde vem esse ideal do historiador perfeitamente objetivo?

---

[2] Georges Gusdorf, "Conditions and Limits of Autobiography". In James Olney (ed). *Autobiography: Essays Theoretical and Critical*. Princeton, Princeton University Press, 1980.

[3] Jeremy D. Popkin. "Historians on the Autobiographical Frontier". *American Historical Review*, Bloomington, vol. 104, n. 3, jun. 1999, p. 725-48. Popkin está citando o manual de G. Kitson Clark, *The Critical Historian*.

QUINZE MINUTOS DE HISTÓRIA DA HISTÓRIA

A escrita da história – a que muitos se referem como "historiografia" (*graphos* em grego significa "escrita") –, desenvolvida no decurso de milhares de anos, tem a sua própria história. Minha tentativa de esboçar essa enorme e complicada "história da historiografia" deve ser entendida como o pontapé inicial para a sua compreensão sobre o assunto. Ela estabelece conexões simples entre coisas que, na verdade, têm conexões múltiplas e complexas. Ela sugere causas diretas ("A impaciência combinada com o racionalismo levou ao romantismo") onde, na verdade, vários fatores entram em ação e o "resultado" pode ter coexistido por muitos anos com a "causa". Ela simplifica grandes *insights* filosóficos, examinando-os *apenas* à medida que se aplicam à escrita da história. Eis a razão por que, para certo tipo de escrita historiográfica, palavras como "Relativismo" e "Pós-Modernismo" são assim escritas com letras maiúsculas, transformadas em nomes próprios.

Imagine-se como um leitor iniciante de história. Leitores iniciantes necessitam da simplicidade antes de poderem progredir para a complexidade. Quando você ensina a uma criança a pronúncia das letras pela primeira vez, você diz a ela que o *a* tem um som que aparece na palavra "gato". Na verdade, há várias outras pronúncias da letra "a", mas se você for dizer a uma [criança] iniciante todas as pronúncias possíveis de "a" de uma só vez, ela poderá se confundir totalmente e desistir ou, ainda, recusar-se a aprender a ler; então, ela deve aprender apenas as pronúncias mais simples de início. Depois que ela começar a ler, poderá entender as complexidades adicionais da letra *a*. O esboço a seguir fornece um "quadro" que facilita a abordagem da história. Conforme você for desenvolvendo o hábito de ler história, irá acrescentando novas complexidades à essa estrutura simples.

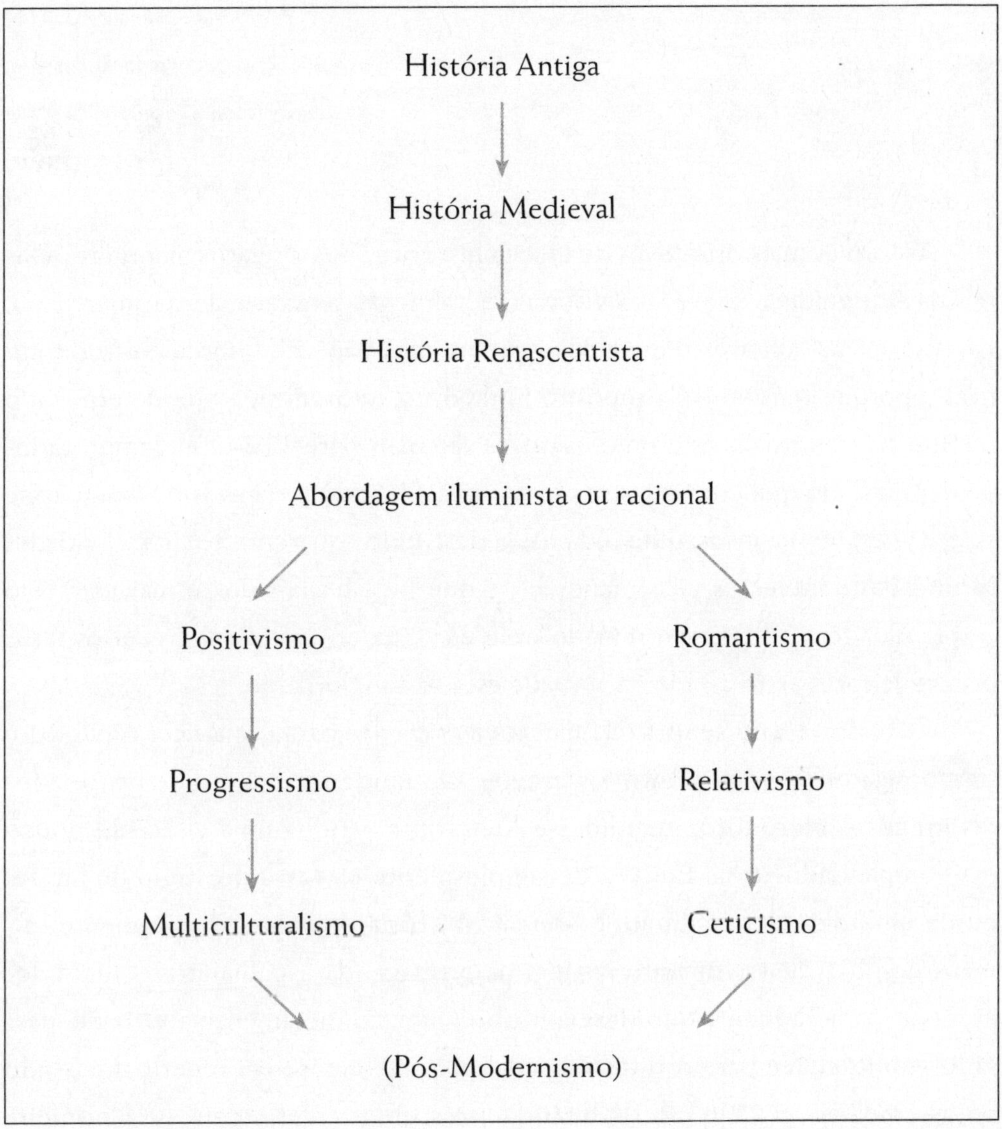
História Antiga
História Medieval
História Renascentista
Abordagem iluminista ou racional
Positivismo
Romantismo
Progressismo
Relativismo
Multiculturalismo
Ceticismo
(Pós-Modernismo)

HISTÓRIA ANTIGA

A história ilumina a realidade,
aviva a memória,
fornece orientação para o dia a dia.
Cícero

As formas mais primitivas de escrita histórica são os relatos mantidos pelos reis da Antiguidade sobre suas vitórias (geralmente sem falar de suas derrotas). Essas crônicas militares têm valor histórico, mas não são "escritas historiográficas", porque têm um só propósito limitado: a imortalização de determinado rei. Em termos atuais, as crônicas antigas são mais parecidas com comunicados de imprensa do que com registros históricos. Quando o rei assírio Senaqueribe se gaba de que sua invasão de Judá havia destruído "quarenta e seis [...] cidades fortificadas e inúmeras vilas menores", e que Judá havia sido "esmagada" pelo "esplendor terrível do meu reinado", ele não está tentando esclarecer os fatos para os leitores assírios. Ele na verdade está se vangloriando.

A "história", no sentido de narrativa coerente para esclarecer o passado, surgiu pela primeira vez entre os gregos. O grande triunvirato de historiadores gregos – Heródoto, Tucídides e Xenofonte – tinha uma visão um pouco mais ampla da história. Em vez de simplesmente elevar o prestígio de um rei ou de um líder, eles tentaram escrever a história de *homens* (basicamente homens gregos). Seu propósito ia além da propaganda espalhafatosa: Tucídides escrevia para "aqueles que desejam obter um conhecimento exato do passado, como chave para o futuro, o qual provavelmente vai repetir o passado ou assemelhar-se a ele". E os historiadores gregos definiram, pela primeira vez, os limites entre mito e "história". Heródoto traça uma linha [divisória] cuidadosa entre verdade e absurdo; essa linha abrange territórios nem sempre reconhecidos pelo historiador moderno (Heródoto fica bastante admirado com os relatos de um país cheio de pessoas com um olho só que roubam ouro de grifos), mas ele está consciente de que essa fronteira *existe* de fato. Em seus esforços por registrar o que *realmente aconteceu* – ou, nas palavras de Tucídides, de relatar um "conhecimento exato do passado" –, os historiadores gregos eram inovadores.

Por outro lado, entretanto, suas histórias apresentavam uma semelhança com as crônicas antigas que as precederam. As histórias gregas estão centradas em heróis e muito preocupadas com reis e generais. Para os antigos, a "história" acontece quando grandes homens exercitam suas ambições, seus planos, seus esquemas, suas batalhas, seus triunfos; ou então, quando se mostram carentes [de realizações]. "Ciro", inicia o historiador Xenofonte, "começou a planejar tornar-se rei [...] quando algum membro da corte vinha visitá-lo, era tratado de tal forma que ia embora mais leal a ele do que ao rei". A diplomacia estratégica de Ciro acarretou uma sequência de eventos, e ele se tornou o maior dos reis persas por causa de suas ambições, e não porque um grande padrão o tivesse decretado. A história não possuía "grandes padrões". A história era composta por uma aglomeração de narrativas inter-relacionadas, cada uma contando a vida de um grande homem, observando-se que cada história de vida carregava em si as próprias causas. Nenhum "propósito" isolado submetia as narrativas desses historiadores gregos a um grande Plano; o Plano se tornaria visível apenas com o advento do cristianismo.

HISTÓRIA MEDIEVAL

Assim diz Iahweh ao seu ungido,
a Ciro que tomei pela destra,
a fim de subjugar a ele nações e desarmar reis...
Eu mesmo irei na tua frente e aplainarei lugares montanhosos.
Isaías 45,1-2

Os historiadores medievais transformaram a história então formada por uma série de histórias menores, interligadas em uma história longa, sequenciada, com um começo e um fim decretados por Deus. As histórias interligadas de historiadores antigos eram articuladas por conexões desconjuntadas e imprevisíveis. Com o cristianismo, essas conexões foram ordenadas em uma linha reta que apontava, de forma tão invariável quanto uma seta, para o Fim. Ciro se tornou rei porque Deus assim havia planejado há muito tempo, não por causa de sua ambição de reinar.

O primeiro historiador medieval é (naturalmente) Santo Agostinho, cujo livro *Cidade de Deus* provou-se tão central à ideia da história ocidental quanto foram suas *Confissões* para a ideia ocidental do eu. Depois de os godos terem saqueado Roma, em 410 d. C., houve rumores generalizados de que os cristãos haviam causado a catástrofe, ao abandonarem os deuses antigos. Em resposta a isso, Santo Agostinho iniciou um projeto de escrita de treze anos, uma "história teórica", em que argumentava que a história toda era o registro dos feitos de duas entidades políticas separadas – o Reino de Deus e o reino dos homens – que coexistem no mesmo espaço e tempo. Os membros dos dois reinos compartilham certos objetivos (o desejo de viver em paz, por exemplo), mas, no final, perseguem propósitos diferentes: um busca o poder e o outro serve a Deus. Essa coexistência cria as tensões e os conflitos da história, nos quais Deus está levando seu reino ao aperfeiçoamento, enquanto homens incrédulos lutam e resistem a ele.

Esse senso de história como desdobramento do plano de Deus representou uma reformulação cristã do método dos historiadores hebreus, que viam todo o passado de Israel (e todo o futuro) como a realização do plano de Deus para formar um "povo santo" sobre a terra. Transferindo o lar derradeiro dessas "pessoas santas" da terra para o céu, os historiadores medievais passaram a ficar em condições de contar a história de todo o universo, desde a criação, em uma só linha ininterrupta. Todas as ações de Deus na história apontavam para o nascimento de Cristo e, depois dele, passavam a apontar para os tempos do retorno de Cristo. Isso foi extremamente esclarecedor para os historiadores, que agora estavam em condições de encontrar sentido no que antes parecia disforme. A fé no Deus eterno e a razão – aquela faculdade que põe o caos em ordem e organiza fragmentos de informação em padrões – combinaram-se para levar os historiadores a uma história que tinha a criação como ponto de partida e a renovação do mundo na extremidade final. Enfim, os eventos históricos passaram a fazer sentido.

No entanto, imaginar a história como a oficina eterna de Deus não contribuiu muito para incutir nos historiadores medievais a diferença entre os tempos antigos e o deles mesmos. Se todos os homens são feitos à imagem de Deus, eles são parecidos em essência; se todos são parte de uma história, não há mais diferença entre os tempos antigos e o presente do que há entre o primeiro ato de uma peça e seu ato final. Assim, a história medieval é marcada não apenas pela ênfase no providencialismo, mas também pela tendência a encarar os antigos e os contemporâneos exatamente da mesma maneira. (A arte medieval inevitavelmente veste os personagens bíblicos com roupagens medievais e coloca armas do século XV nas mãos de reis hebraicos.) A sensação do passado como um país estrangeiro (de onde vem a famosa frase de L. P. Hartley, eles "fazem as coisas de forma diferente")[4] só começou a se desenvolver com a Renascença.

HISTÓRIA DA RENASCENÇA

A história é a forma intelectual como
a civilização presta contas do passado a si mesma.
Johann Huizinga

"Entre os séculos XV e XVIII", observa a historiadora Joyce Appleby, "o esquema cristão da história passou a perder gradativamente a credibilidade. A certeza e a convicção sobre os propósitos de Deus nos assuntos humanos deram espaço a dúvidas cada vez mais intensas".[5]

Isso é verdade. Ainda assim, a figura popular de uma enorme ruptura entre a Idade Média cristã e uma Renascença secular é reducionista. Por um lado, "a história cristã" nunca se ausentou totalmente: para cada nova colônia europeia

---

[4] As frases de abertura do romance de Hartley, de 1953, *The Go-Between [são as seguintes]: "O passado é um país estrangeiro. Lá as coisas são feitas de forma diferente".*

[5] Joyce Appleby et al. *Telling the Truth About History*. New York, W. W. Norton, 1995, p. 58. Esse é um texto excelente sobre as práticas e os problemas dos historiadores da América do Norte, e eu devo muito à sua autora por seus *insights* nítidos sobre o relacionamento contínuo entre história e ciência. Appleby qualifica essa afirmação mais para a frente, embora ela continuasse a falar de duas eras radicalmente diferentes.

que se formava nas Américas, havia um historiador que reivindicava que Deus, em pessoa, havia planejado aquele assentamento para finalmente instaurar seu reino sobre a terra. No entanto, mais central à prática da história na Renascença, foi o desenvolvimento de um senso do passado que o via como um lugar longínquo e hostil, que se separava do presente não pela geografia, mas pelo *tempo*. O senso do tempo (que nos permite, no presente, traçar uma linha reta que vai da esquerda para a direita e chamá-la de "linha do tempo") dependia da hipótese cristã que via o tempo como uma progressão, uma realidade linear, com um início pouco desenvolvido e um fim aprimorado.

Por volta de 1600, os europeus começaram a usar a palavra "primitivo" para significar "pouco desenvolvido" ou "ainda não moderno". Como destaca John Lukacs,[6] essa ideia do primitivo (inferior, porque é distante no tempo) substituiu a ideia grega de "bárbaro" (inferior, porque está distante no espaço, bem afastado das terras gregas). O conceito de "primitivo" foi seguido de perto pela ideia de "anacronismo", algo que acontece fora da ordem correta no tempo. O senso de diferença histórica não surgiu de repente. Os romanos de Shakespeare são indubitavelmente elisabetanos ("O relógio bateu três horas!", grita Cássio, apesar de não terem existido relógios na Roma antiga), e continuaram sendo apresentados com calças na altura dos joelhos e perucas empoadas até pelo menos o século XVIII. Contudo, ao longo da Renascença, o tempo linear tornou-se uma realidade aceita. O historiador renascentista olhava para as coisas que os homens faziam, dentro da estrutura do tempo linear, e se perguntava "por quê"? Na busca por uma resposta, perseguia uma estratégia marcadamente diferente daquela do escritor medieval.

A razão não foi nenhuma "descoberta" repentina da Renascença, como se todas as gerações anteriores tivessem tido cérebros congelados. Pelo contrário, o que mudou na Renascença foi a matéria sobre a qual a razão exercia seus poderes. Um historiador medieval, deparando-se com um problema histórico ("Por que os anglo-saxões bárbaros invadiram as terras britânicas e massacraram os bretões nativos?"), estava mais propenso a entrar em questões profundamente teológicas sobre os propósitos de Deus e as formas desconcertantes como

[6] John Lukacs, *A Student's Guide to the Study of History*. Wilmington, ISI Books, 2000, p. 16.

sua vontade é executada. Já um historiador da Renascença, em face do mesmo desafio, voltava-se para o estudo do *homem*: seus desejos, seus medos e suas ambições. Nisso, a história renascentista era muito mais parecida com a história grega do que com a sua contraparte medieval; o que é pouco surpreendente, uma vez que os estudiosos da Renascença idolatravam o passado clássico.

Os gregos, porém, ficavam satisfeitos em poder atribuir certos eventos à obra dos deuses. Para o pensador da Renascença, as portas para essa forma de explanação estavam se fechando lentamente. A Renascença foi moldada por uma filosofia que encontrou sua expressão mais clara em Descartes, que (como vimos em suas *Meditações*) buscava um lugar mais seguro para firmar o pé, uma forma de saber que conclusões podiam ser consideradas *verdadeiras*. Descartes acreditava em Deus, mas desconfiava da habilidade divina de comunicar-se de forma tão direta com o homem. E as inovações tecnológicas – notadamente o telescópio – já haviam revelado que as explicações dadas pelos pensadores medievais, que alegavam raciocinar diretamente a partir do seu conhecimento de Deus, provavelmente estavam erradas. A única forma de se assegurar de uma conclusão *verdadeira* era raciocinar sistematicamente até alcançá-la, sem lançar mão da revelação divina ou dos propósitos divinos como ponto de partida. A montanha de Deus já não era o ponto que proporcionava a melhor visão panorâmica; a própria mente humana fornecia o pico mais alto.

O historiador medieval buscava descobrir o que Deus pretendia e iluminar esse propósito pela escrita da história. Já o historiador renascentista usava a razão para analisar uma cadeia de eventos do passado e descobrir por que uma civilização progrediu ou sucumbiu. E essas razões tinham enorme importância para a contemporaneidade. Se Deus não havia decretado o padrão da história, ele podia ser alterado e controlado. Descubra por que Roma caiu no passado e você poderá muito bem salvar a sua própria civilização de quedas similares em um futuro próximo. Maquiavel explorou o passado em busca de exemplos de liderança de sucesso. A partir dessa base histórica, ele reuniu argumentos para a prescrição de um conjunto de regras efetivas no presente. Thomas More, esboçando a sociedade ideal, retém dos gregos as ideias que pensava serem capazes de solucionar os problemas dos ingleses no futuro.

Pela primeira vez, a história se transformou em uma questão de *se tornar*, não de ser; de tentar explicar a forma como os países se desenvolvem em vez de simplesmente descrever como eles *eram*. E a própria palavra *tornar-se* implica um senso de progresso, de movimento em direção a um ponto final. Os historiadores da Renascença não demoliram os fundamentos do tempo linear que os cristãos haviam estabelecido. Em vez disso, derrubaram algumas paredes e construíram prédios sobre pedras angulares antigas, como numa colcha de retalhos. Ironicamente, o senso cristão do tempo como uma progressão linear de um tempo menos compreendido até uma realidade mais completa permitiu que os estudiosos posteriores sugerissem que a vida se desenvolve ao longo do tempo, de um estado primitivo para um estado avançado.

A ABORDAGEM ILUMINISTA OU RACIONAL

Estudar a história significa submeter-se ao caos
e, ainda sim, manter a fé na ordem e no sentido.
Hermann Hesse

Os estudiosos do iluminismo não construíram apenas prédios feitos de retalhos. Eles erigiram imensos e esplendorosos templos à Razão por todo o lado. Se tivessem tido chance, poderiam ter escolhido uma metáfora darwiniana alternativa: estavam finalmente saindo da lama medieval, dominada por Deus, rumo à praia sólida do racionalismo, para aquecer-se ao sol do livre pensamento.

Descartes havia sugerido (no início do século XVII) que a razão, e não a revelação divina, era a única e verdadeira fonte do conhecimento. Já John Locke, em meados do século XVII, propôs que o homem vem ao mundo desprovido de tudo, *a não ser* de sua capacidade de raciocinar. Vem sem nenhum conhecimento inato de Deus, nenhum instinto, nenhum patriotismo natural, mas dotado tão somente da habilidade de ver, tocar, sentir e ouvir o mundo físico, e de raciocinar sobre ele. Tudo o que o homem sabe, aprendeu analisando as evidências dos seus sentidos. *Essa* é a fonte de todo o conhecimento, e a razão do ser humano – lidar com evidência tangível, física, de modo que seja completamente confiável e imparcial – torna-se a fonte última da verdade. A mente do homem é que traz o "esclarecimento".

O impulso cristão de procurar um sentido abrangente para os eventos históricos permaneceu. Mas os historiadores agora procuravam esse sentido através do exercício livre de sua razão. Se fatores ilógicos, não razoáveis – fé religiosa, ou patriotismo –, tivessem influenciado o historiador, sua razão pura e confiável teria sido corrompida; ele já não estaria mais escrevendo a verdade. Da mesma forma, a verdade não poderia ter sido descoberta se os historiadores tivessem sido pressionados pela Igreja ou pelo Estado para chegarem a certas conclusões: "Se nos perguntarem: 'Estaríamos nós vivendo agora em uma era esclarecida?'", escreveu Immanuel Kant em 1784, "a resposta é 'não', mas vivemos em uma era de esclarecimento [...] Já temos o campo aberto para o homem lidar livremente com essas coisas". Liberdade significava não ter premissas: nenhuma crença em um Deus preexistente, nenhum medo de represálias do Estado. A história não fora feita para servir a nenhum tipo de objetivo ideológico. Ela fora feita para a descoberta da *verdade*.

Essa ideia de que um historiador seria capaz de encontrar a verdade através do exame científico do passado dependia de uma nova compreensão do universo. No final do século XVII, a "ciência natural" de Isaac Newton propôs algo inovador: leis universais, cósmicas, governariam cada nível de funcionamento do universo, desde os maiores corpos planetários até o mais ínfimo fragmento. Essas leis poderiam ser explicadas matematicamente – e elas eram constantes por todo o universo.

Agora, os filósofos do iluminismo tinham um modelo para a razão: a razão era como a gravidade. Da mesma maneira que a gravidade, ela era uma certeza matemática. Assim como a gravidade, ela era uma constante por todo o universo. À semelhança da gravidade, sempre apresentava as mesmas conclusões. Do mesmo modo que um experimento, se conduzido da forma apropriada, levava a um único resultado, também a história, desde que abordada da maneira apropriada, produziria uma única conclusão correta: a *verdade*.

As leis de Newton serviram como modelo não apenas para a razão, mas também para a própria história. Como os cientistas, os historiadores podiam descobrir leis históricas que eram tão reais e previsíveis quanto as leis físicas. Newton observou objetos em queda e, a partir daí, raciocinou até chegar à lei da gravidade; historiadores observaram nações em queda e, a partir daí, usaram a razão para desenvolver leis que governam impérios inteiros. Essas leis históricas, da mesma forma que as leis científicas, eram universalmente aplicáveis a todas as nações – da mesma maneira como a lei da gravidade governa todo objeto, seja ele grande ou pequeno.[7]

A busca pelas leis históricas não era um simples exercício acadêmico. Ela possuía urgência real. Por toda a Europa, o poder da monarquia estava se desintegrando; na França, foi completamente destruído em 1789. Os monarcas alegavam governar por direito divino, ter autoridade sobre os outros porque haviam sido escolhidos por Deus. No entanto, agora, os homens [comuns] estavam se vendo como iguais ao rei, possuindo uma capacidade igual de raciocinar e uma habilidade igual de governar a si mesmos. O apelo de um monarca à autoridade dada por Deus estava tão condenado quanto a crença universal no apocalipse.

Então, como as nações haveriam de governar a si mesmas sem um padrão de governo divinamente atribuído? Para responder a essa questão, os historiadores passaram a vasculhar o passado, a fim de encontrar as leis históricas universais que governavam as comunidades humanas. Locke concluiu que os homens governam a si mesmos assinando um contrato com seu governo; Rousseau, que eles fazem um contrato apenas entre si mesmos. Ao explicar esse novo comprometimento com o republicanismo, os historiadores confiavam cada vez mais na ideia da evolução histórica. Não apenas nações individuais, mas a própria história estava se desenvolvendo rumo à maturidade. As monarquias haviam sido feitas para crianças, mas as repúblicas eram para adultos. A ideia de "primitivo" *versus* "avançado" continuou a moldar a forma como pensamos sobre a história hoje: ela nos permite falar sobre o mundo "antigo", sobre a "Idade das Trevas", sobre tempos "pré-modernos", sobre a "modernidade" e sobre o "fim da história".

---

[7] Appleby, Hunt e Jacob estão entre os historiadores que notaram a conexão existente entre o desenvolvimento da ciência de Newton e o desenvolvimento da escrita histórica moderna (ver *Telling the Truth About History* , p. 52-76).

O iluminismo (da mesma forma que o realismo literário) nunca sai de cena totalmente. Ele moldou a identidade do Ocidente moderno. E como qualquer outro sistema coerente de crenças, tem seu próprio dogma, que continua sendo citado até hoje.

A razão é "autônoma" ou independente de qualquer outra parte do ser humano. A verdade sobre o mundo pode ser descoberta não por fé, não por intuição, mas através do exercício do único elemento mais importante da pessoa humana: a mente. E a mente é capaz de escapar de toda premissa, de modo a enxergar o que realmente é.

A autoridade institucional é suspeita. A autoridade não está preocupada, a princípio, com a verdade, mas com o poder. Assim, ela tende a insistir cegamente em ideias que ajudarão a mantê-la no poder, em vez de exercitar sua razão de maneira neutra (nos círculos acadêmicos, só é permitido recitar essa parte do dogma depois de acabar a pós-graduação).

Todo efeito tem uma causa, e essa causa pode ser descoberta. Não há mistério derradeiro no mundo; sempre há alguma explicação possível. Arthur C. Clarke, mais conhecido por seu *2001: Uma Odisseia no Espaço*, escreveu certa vez: "Uma tecnologia suficientemente avançada é indistinguível da magia". Esse mote é, antes de tudo, uma frase iluminista: tudo o que pode parecer miraculoso para nós apenas tem causas e efeitos que por enquanto nos são desconhecidos.

Os historiadores do iluminismo deram o melhor de si para remover todo o mistério do passado, colocando-o debaixo do escrutínio da ciência. O sentido grego de história como um conjunto de histórias, articuladas entre si pelas paixões de grandes homens, tinha dado lugar à compreensão medieval da história como a história singular da intervenção de Deus no tempo. Ao longo da Renascença, essa história singular se tornou a história do homem, em vez da história de alguma divindade. Agora, os historiadores viam a história como uma expansão dos fenômenos físicos, como algo que precisava ser explicado.

O iluminismo deu à luz duas linhagens de "filhos" historiadores. Uma servia ao pai; a outra o odiava. Da mesma forma que irmãos briguentos que fazem as pazes quando chegam aos cinquenta anos, as duas linhagens (depois de quatrocentos anos mais ou menos) acabam sentadas na mesma sala.

DO POSITIVISMO PARA O PROGRESSISMO E PARA O MULTICULTURALISMO (E DAÍ, PARA O PÓS-MODERNISMO)

POSITIVISMO[8]

A História é ciência, nem mais nem menos do que isso.

J.B. Bury

O positivismo, filho mais velho do iluminismo, foi uma paixão do século XIX por um ideal iluminista em particular: o historiador como cientista. O pai do termo *positivismo*, o sociólogo francês Auguste Comte, estava bastante deslumbrado com a ideia do cientista como sintetizador do conhecimento, capaz de observar os fatos sobre a existência humana e extrair deles leis que poderiam se combinar em uma Grande Teoria que a tudo explicava.[9] Na visão de Comte, os historiadores trabalhavam em conjunto nessa nobre tarefa.

Os positivistas sustentavam, de forma bastante lógica, que, tendo em vista que ambos, historiadores e cientistas, perseguem o mesmo fim magnífico, eles o devem perseguir da mesma maneira. Apesar do movimento rumo à "história científica" durante o iluminismo, durante a maior parte do século XVIII a história foi uma ocupação para amadores. David Hume, Edward Gibbon e Mary Wollstonecraft foram escritores e estudiosos, mas nenhum deles jamais foi "treinado" para ser historiador. Certamente, nenhum dos historiadores do século XVIII viveu de fazer história. Contudo, os positivistas do século XIX começaram a construir um sistema de treinamento científico, profissional, para os historiadores: seminários universitários, um período de aprendizado, a publicação de uma dissertação ou algum outro trabalho intelectual a fim de conquistar "lugar" entre os mais qualificados.

---

[8] *O positivismo é um termo técnico do direito, da linguística, da filosofia e da historiografia e tem significado diferente em cada um desses campos. Eu o estou usando aqui apenas no seu sentido historiográfico estrito, que se refere aos historiadores que viam sua tarefa como científica e racional.*

[9] Appleby, Hunt e Jacob usam a maravilhosa expressão *ciência heroica* em sua discussão sobre Comte e positivismo em *Telling the Truth About History*.

Grande parte desse treinamento científico envolvia o tratamento apropriado das fontes. Os historiadores alemães do século XIX foram os primeiros a traçar uma linha divisória entre as "fontes primárias" (diretamente produzidas pela pessoa ou pelo período que está sendo investigado) e as "fontes secundárias" (evidências de segunda mão ou outras obras acadêmicas). Os "historiadores científicos" modelaram seu uso de fontes de acordo com o uso que o cientista dá às evidências. Eles não continuariam mais a trabalhar com base no "ouvi dizer" (como Heródoto era bastante propenso a fazer), coisa que nenhum cientista faria. Eles tinham de pesar, medir e validar sua evidência primária.

"Evidência", então, chegou a significar tudo aquilo que podia ser pesado, medido e validado. Para o positivista, as grandes forças naturais eram muito mais dignas de estudo do que os grandes homens. Os eventos históricos não ocorriam por causa da ambição humana, mas por conta de fatores físicos: a distribuição de metais em um país em particular, ou de solo bom para determinados cultivos ou de montanhas que protegiam suas cidades. As paixões humanas eram suspeitas como explanação para uma mudança histórica – tão suspeitas quanto a mão da providência divina.

PROGRESSISMO

A história em si não é nada mais que a atividade
do homem em busca de seus propósitos.
Karl Marx

O progressismo – a fé em um progresso linear, a crença de que a história sempre marcha rumo a um mundo melhor, sempre avançando, sempre se aprimorando – foi a consequência natural do positivismo. Afinal de contas, os cientistas estavam progredindo de uma grande descoberta para outra, cada uma trazendo consigo a chance de transformar o mundo. Os historiadores fariam o mesmo.

O silogismo era simples: se os historiadores fizerem seu trabalho com meticulosa precisão científica, acabarão descobrindo leis históricas. Uma vez que as leis históricas são consideradas universais e imutáveis, elas podem prescrever ações futuras que ocasionarão uma existência mais perfeita. Pelo fato de a razão ser a parte mais poderosa do homem (muito mais poderosa do que a vontade), as recomendações serão executadas assim que as pessoas estiverem convencidas da sua necessidade. Convencer o intelecto de que determinados acontecimentos estão tomando o rumo certo significa sempre convencer a vontade, pois a vontade (mais fraca) está sempre debaixo do controle do intelecto (mais forte). (No uso político do presente, "progressista" é muitas vezes intercambiável com "liberal", o que explica por que a frase "a educação é a resposta" pode ser tomada tanto como supremamente progressista quanto quintessencialmente liberal, em termos de estratégia para a mudança social).[10]

Santo Agostinho, que considerava sua vontade pecaminosa bem mais forte do que sua razão, teria se revolvido no caixão ao ouvir isso. Entretanto, Santo Agostinho vivia em outro mundo. No seu universo, o Jardim do Éden representava o ponto culminante; desde o primeiro pecado, a condição humana estava se degradando cada vez mais, e apenas a intervenção divina direta poderia melhorar as coisas. O progressismo, porém, oferecia um futuro dourado à medida que o pobre, o criminoso e o obstinado se convertessem inexoravelmente à retórica da Razão. A história se tornou uma ferramenta de mudança: "Se quisermos que a história nos ajude a resolver [...] os grandes enigmas e sofrimentos da vida", disse o historiador Jacob Burckhardt aos seus ouvintes alemães, no fim do século XIX, "temos de [entender] [...] a verdadeira natureza da vida sobre a Terra [...] Felizmente para nós, a história antiga preservou alguns poucos relatos pelos quais podemos acompanhar de perto o crescimento, o florescimento e a decadência em eventos históricos notórios".[11] [Esperava-se que] aqueles padrões antigos fossem revelar princípios que os historiadores poderiam usar para aperfeiçoar o mundo.

---

[10] Já no Brasil, "progressista" é intercambiável com "socialista" ou "de esquerda", enquanto o "liberal" é o que é de "de direita". (N. T.)

[11] Jacob Burckhardt, *Reflections on History*. London, Allen & Unwin, 1943, p. 21. Esse livro reúne, em uma primeira tradução para o inglês, as palestras proferidas por Burckhardt na Alemanha, de 1868 até 1871, publicadas pela primeira vez naquele país em 1906.

A fé no progresso assumiu várias formas diferentes, umas mais otimistas do que as outras. Na prática da história inglesa, historiadores que viam o passado como um progresso rumo ao aperfeiçoamento foram chamados de historiadores partidários.[12] Na história americana, o movimento progressista via a história como uma luta constante entre "o povo" (trabalhadores honestos) e os "aristocratas" (corruptos e magnatas desonestos) para preservar o "Sonho Americano". Depois de um tempo de luta feroz, esse conflito levaria a uma democracia americana mais perfeita. O progressismo americano inspirou-se na obra de Karl Marx, talvez o mais famoso apologista do "progresso na história".

Marx estudou o antigo padrão de luta de classes em toda a existência humana e nessa luta encontrou o princípio histórico que – acreditava ele – poderia guiar a humanidade para uma existência mais perfeita. "A história de todas as sociedades existentes até aqui", começa o *Manifesto Comunista*, "é a história da luta de classes. Homem livre e escravo; patrício e plebeu; senhor e servo; mestre de obras e pedreiro; resumindo: opressor e oprimido sempre estiveram em constante oposição um ao outro". Como positivista, Marx acreditava que a chave para a história era a análise das condições tangíveis, materiais nas quais as pessoas viviam. Como crente no progresso histórico, ele estava convencido de que essa análise revelava uma lei histórica que poderia ser usada para reformar o futuro: os trabalhadores do mundo devem conquistar o controle sobre os "meios de produção" (as matérias-primas e o equipamento necessário para a produção de bens). Esse seria o advento da utopia do "paraíso dos trabalhadores".

Para Marx, a luta constante entre duas classes hostis de pessoas era como uma máquina que guiava a história rumo à perfeição. Mesmo sendo racionalista, entretanto, Marx emprestou essa ideia do filósofo místico Georg Hegel, que escrevia tratados longos e em grande parte incompreensíveis sobre a história como autorrealização do divino; enquanto a história progride, explicava Hegel, o "espírito divino" se revela cada vez mais através do esclarecimento gradual do sentido da existência. Marx rejeitava as meditações de Hegel sobre o "espírito

[12] A expressão *"whiggish", usada aqui em relação aos historiadores, refere-se aos whigs, facção política liberal a favor do parlamentarismo que exerceu importante papel na Revolução Gloriosa (1688) na Inglaterra.* (N. T.)

do mundo que se manifestou" (junto com a convicção de Hegel de que o processo havia chegado a uma realização completa na Prússia, em 1805), mas aproveitou a descrição de Hegel de como a história progride pela luta de duas forças opostas (em termos de Hegel; "tese" e "antítese") e que, a partir de sua luta, surge uma realidade nova e mais perfeita ("síntese").

A linha particular do progressismo de Marx alterou o progressismo para sempre. Ele tratava a classe mais baixa (que lutava contra a classe mais alta) como um elemento vital no movimento de avanço da história. Os trabalhadores eram a antítese da burguesia (as pessoas que controlam as fábricas e a produção de bens – o que os americanos chamariam de "classe média-alta"). Sem a luta entre antítese e tese, entre a classe mais baixa e a mais alta, não haveria *síntese*, nenhum progresso adiante, nenhum Estado comunista. Os trabalhadores se tornavam importantes em seu direito próprio. Eles não eram mais simplesmente os pobres, criminosos e equivocados que necessitavam ser convertidos pela razão, mas pessoas dotadas de poder próprio ("atuação"), de seus próprios valores e padrões de vida.

MULTICULTURALISMO

"Pela história, pela história real, solene, não consigo me interessar...
As querelas entre papas e reis,
com suas guerras e pestilência em cada página;
os homens tão exaltados a troco de nada,
e mulher praticamente nenhuma".
Catherine, In: Northanger Abbey, de Jane Austen

A revolução marxista da historiografia alterou o universo do historiador de forma irrevogável. Os primórdios do progressismo tendiam a ser elitistas, exaltando o trabalho das pessoas cultas (que também tendiam a ser bem-educadas e bem-sucedidas) e ignorando o conflito na história. No entanto, depois de Marx, pobres e oprimidos e sua luta contra a dominação tornaram-se partes essenciais da equação histórica.

Depois de Marx, os historiadores começaram gradualmente a estudar não apenas os economicamente oprimidos, mas *todas* as pessoas oprimidas e dominadas: as mulheres, que Marx parece nem ter notado, os afro-americanos, os americanos nativos, sem falar em hispânicos, moradores de rua, "subalternos" (povos que foram colonizados por invasores estrangeiros, como a Índia ocupada por britânicos) e assim por diante. O estudo dessa multiplicidade de culturas representou o primeiro estágio de um movimento que se expandiu para além do âmbito da historiografia e, algum tempo depois, adquiriu o nome de "multiculturalismo".

Esse estudo de pessoas antes ignoradas foi chamado algumas vezes de "história vista de baixo" – descrita pelo historiador Jim Sharpe como a que "resgata as experiências da massa da população [...] da total negligência dos historiadores".[13] Os historiadores que trabalhavam "de baixo" se deram conta de que focar *apenas* os "poderosos" – reis, generais e políticos – oferecia somente imagens parciais do passado. A "história vista de baixo" (também conhecida como "história social") usava fontes não tradicionais, como diários pessoais, histórias orais e entrevistas, para a construção de uma história alternativa que descrevia o que "pessoas reais" estavam fazendo enquanto grandes eventos passavam por cima delas. Alguns historiadores se voltaram para a análise quantitativa: distribuição de riqueza, resultados de censos, movimentos populares, índices de natalidade, causas de morte e centenas de outros conjuntos de dados. O historiador social podia tirar suas conclusões sobre os direitos das mulheres, por exemplo, examinando centenas de registros de impostos pagos, encontrando os casos em que mulheres foram registradas como proprietárias de terras e calculando as condições sob as quais elas haviam obtido a propriedade.

Os positivistas teriam aplaudido. Contudo, os historiadores sociais não usaram métodos quantitativos, principalmente, por serem científicos. Na verdade, os historiadores sociais tendiam a ter sentimentos mistos em relação à ciência, que havia sido produzida pelas elites escolarizadas para atropelar vidas alheias. Já os historiadores sociais que desejavam escrever sobre "os oprimidos anônimos" (para usar uma expressão de Laurence Veysey) confrontavam-se com um problema: as

[13] Jim Sharpe. "History from Below". In: *New Perspectives on Historical Writing*. 2. ed. Ed. Peter Burke. Philadelphia, Pennsylvania State University Press, 2001, p. 27.

"fontes primárias" tradicionais, como cartas e memórias, haviam sido quase sempre escritas por pessoas escolarizadas da elite – o que enviesava o foco da história em prol de um segmento relativamente pequeno e bem-sucedido da população, que era letrado e tinha tempo ocioso suficiente para escrever. Assim, os historiadores se voltaram para fontes novas, juntando as peças do quebra-cabeça das histórias de pessoas comuns a partir de registros de taxas, inventários, registros de nascimento e morte, propagandas, registros de salários e outros tipos de evidência.

Os historiadores sociais tendiam a se sentir incomodados em tirar dessas histórias conclusões que se aplicariam ao resto da humanidade. Afinal de contas, a "história tradicional" tinha cometido o erro de presumir que a vida das "pessoas comuns" podia ser explicada estudando-se os eventos ocorridos nos níveis mais altos da sociedade. O historiador social queria evitar cair na mesma armadilha, dando a cada vida seu peso apropriado, por ser única. *A Midwife's Tale: The Life of Martha Ballard* [História de uma Parteira: A Vida de Martha Ballard], de Laurel Thatcher Ulrich, conta-nos todos os detalhes da vida de uma parteira, Martha Ballard, mas Ulrich evita fazer declarações sobre o "trabalho de parto no século XVII", muito menos sobre as "mulheres na Nova Inglaterra colonial". Em vez disso, seu objetivo é nos contar sobre a vida dessa única mulher, uma vida que nunca teria ficado conhecida se não fosse por um diário; mesmo porque a lápide da parteira carrega o nome de seu marido em vez do dela mesma.

Nas suas formas mais extremas, a história social focava *exclusivamente* os anônimos oprimidos, dispensando quaisquer temas unificadores mais amplos que pudessem vincular a vida dos oprimidos a seus supostos opressores. Entretanto, até formas mais moderadas da "história vista de baixo" mostram que a visão iluminista das leis históricas universais que se aplicam a todos os homens (e mulheres) começou a entrar em crise. Muitos historiadores sociais rejeitaram a validade de uma "história da humanidade", defendendo, em vez disso, uma multiplicidade de histórias separadas. Qualquer tentativa de unificar essas histórias em um todo coerente, objetaram eles, reduziria inevitavelmente todas aquelas histórias únicas, forçando-as de volta ao anonimato.

Assim, o historiador social resistiu a generalizações, mantendo os olhos fixos em seu recorte do mundo, explicando apenas as verdades que governavam aquela cultura particular. Ele rejeitou o ideal de um ponto de vista objetivo, preferencial, que revelaria a verdade. Para isso, enxergava múltiplos pontos de vista, cada um emergindo de uma cultura particular e revelando uma versão diferente da verdade. "As generalizações", nas palavras do historiador social Edward Ayers, "nos entorpecem [...] para os tons emocionais da experiência histórica, dos contextos sutis e mutantes em que as pessoas tiveram de fazer escolhas [...] para a instabilidade das estruturas aparentemente mais permanentes".[14]

O que nos leva já ao pós-modernismo. Entretanto, antes de completarmos nossa jornada pela história, vamos voltar ao iluminismo mais uma vez para nos encontrar com aquela outra família de historiadores.

DO ROMANTISMO AO RELATIVISMO, DO RELATIVISMO AO CETICISMO (E DAÍ PARA O PÓS-MODERNISMO)

ROMANTISMO

O conhecimento histórico genuíno requer nobreza de caráter,
uma compreensão profunda da existência humana –
e não desinteresse e objetividade.
Friedrich Nietzsche

Embora todo pensador do século XVIII tenha sido afetado pelo pensamento do iluminismo, nem todo pensador do século XVIII acolhia alegremente o credo iluminista. O romantismo aceitou certas ideias iluministas, de forma mais ou menos acrítica. Como os progressistas, os românticos otimistas acreditavam que o homem estivesse destinado a triunfar sobre seu ambiente, elevando-se a alturas cada vez maiores. Os românticos, porém, viam o homem impulsionado para esses picos pelas entranhas quentes da imaginação e da criatividade – e não impulsionado para lá pela razão fria e calculista.

[14] Edward L. Ayers. "Narrating the New South". *Journal of Southern History*, Houston, vol. 61, n. 3, ago. 1995, p. 555-66.

Por um lado, os exercícios da razão eram limitados ao mundo físico. Muitos românticos rejeitavam o cristianismo tradicional da Idade Média. Muitos, no entanto, retinham uma crença panteísta em Deus, reconhecendo a presença do divino na natureza. Eles adoravam uma gloriosa realidade invisível que o homem podia vislumbrar para além do tangível e do físico. A teologia de Hegel do divino místico, revelando-se no progresso da história, era a essência do romantismo. Contra a insistência iluminista no que podia ser degustado, tocado e visto, os românticos insistiam na presença do mistério no mundo. Eles se negavam a achar causas singulares, explicáveis, para eventos históricos, ou respostas simples e racionais para as grandes questões. A complexidade do mundo demandava respostas múltiplas. Edward Gibbon apresenta tantas complexidades e explanações múltiplas para o declínio e a queda de Roma que nunca chega a uma interpretação definitiva.

Os seres humanos tinham essa mesma estrutura complexa. Para o romântico, classificar o homem apenas como criatura racional era tirar dele o que o tornava distintamente humano: criatividade, intuição, emoções, senso religioso, patriotismo. Contra o positivismo, os românticos tomavam posse de Immanuel Kant; Kant enfatiza a liberdade de pensar, e a liberdade era central na rejeição romântica da lógica positivista. Os positivistas haviam transformado o homem em uma peça de engrenagem, um computador, uma "máquina feita de carne" (nas palavras de Marvin Minsky), cujas ações poderiam ser calculadas com grande certeza a partir do exame dos fatores ao seu redor.

O historiador romântico desejava reintroduzir a emoção e a criatividade, as paixões e as ambições do homem, no estudo do passado. Os pensadores do iluminismo enfatizavam a igualdade entre os homens, com aquelas leis universais que governam todos os seres humanos. Os românticos, no entanto, exaltavam a singularidade do homem e sua infinita diversidade.

O iluminismo desdenhou o patriotismo como um corruptor irracional da razão, mas o respeito dos românticos pela diversidade produziu o respeito crescente pela identidade nacional. Para isso, os historiadores românticos seguiam o argumento do filósofo do século XVIII Johann Gottfried Von Herder. Herder estava disposto a acreditar que os eventos históricos tinham causas, mas ele era cético quanto à habilidade do homem em descobrir essas causas com qualquer grau de certeza, uma vez que era mais provável que elas não fossem únicas e simples, mas múltiplas e difíceis de discernir – ou quem sabe eram psicológicas, guiadas por paixões que permaneciam escondidas até mesmo para os próprios atores históricos. Os seres humanos eram poços de mistério profundo, e a história era um poço ainda mais profundo; alguns de seus desígnios e fissuras permaneceriam para sempre inacessíveis ao historiador.

A insistência de Herder no mistério derradeiro do homem, não na igualdade essencial da humanidade, poderia ter levado a um ceticismo em que ninguém mais fosse capaz de tirar nenhuma conclusão geral sobre a humanidade (de fato, escreveu Herder, o trabalho de "ordenar várias ocorrências [...] em um plano" estava além da razão; era um ato que pertencia, antes, ao "criador [...] pintor e artista").[15] Herder, contudo, como muitos pensadores desde a Idade Média, era impelido a sair em busca de algum princípio que governasse esse conjunto ordenado. Ele desejava uma história unificada, não uma história fragmentada, e encontrou seu princípio de organização no *naturalismo*.

Para Herder e os historiadores românticos que o seguiram, a identidade nacional era algo que todas as pessoas tinham em comum, mas que, ainda assim, permitia-lhes a individualidade. A identidade nacional, escrevia Herder, era determinada em parte pela paisagem física, em parte pelas circunstâncias e em parte "pelo caráter inato e autóctone do povo [...] Como o homem se origina *de* e *em* uma raça, portanto, seu corpo, sua educação e seu modo de pensar são genéticos".[16] Esse nacionalismo parecia combinar os melhores *insights* da ciência (o estudo de fatores físicos, como a paisagem, por exemplo), com o respeito dos românticos pelo *quê* intangível, pessoal, que torna as pessoas diferentes. Os historiadores descobri-

[15] Johann Gottfried von Herder. *Older Critical Forestlet* (1767-1768). Apud Michael N. Forester, "Johann Gottfried von Herder". In: *The Stanford Encyclopedia of Philosophy*. Ed. Edward N. Zalta. (Winter2001). Disponível em: http://plato.stanford.edu/archives/win2001/entries/herder. Acesso em: 23 ago. 2013.

[16] Johann Gottfried von Herder, *Materials for the Philosophy of the History of Mankind* (1784). Ed. Jerome S. Arkenberg. Edição eletrônica, publicada na *Internet Modern History Sourcebook*. Disponível em: http://fordham.edu/halsall/mod/1784herder-mankind.html. Acesso em: 23 ago. 2013.

ram um novo interesse nos escritos de história nacional. Os estudiosos passaram a investigar línguas nativas e colecionar contos do folclore nacional – como fizeram os irmãos Grimm, linguistas, quarenta anos mais novos do que Herder.

Alguns nacionalistas românticos desenvolveram um interesse menos fascinante pela pureza racial. Herder, que era alemão de nascença, cita o historiador antigo Tácito com aprovação. Ele escrevia que "as tribos germânicas, que nunca se degradaram misturando-se às outras, formam uma nação peculiar, não adulterada, original, que representa seu arquétipo". Herder acrescenta ameaçadoramente: "Agora, dê uma olhada em redor [...] As tribos da Alemanha têm sido degradadas, misturando-se a outras". Daí para a glorificação da identidade nacional, para a crença de que o progresso para a perfeição demandava o domínio sobre outras nações menos valorosas, faltava bem pouco.

RELATIVISMO

A história não é nada que possa ser memorizado.

R. G. Collingwood

Em 1957, Karl Popper dedicou seu livro, que refuta o nacionalismo romântico, "aos incontáveis homens e mulheres de todos os credos ou nações ou raças que se tornaram vítimas da crença fascista e comunista nas Leis Inexoráveis do Destino Histórico".[17]

Popper argumenta que a lógica impede qualquer um de prever o curso da história humana, seja "usando os recursos do método científico ou qualquer outro método racional". A história, escreve ele, é afetada pelo crescimento do conhecimento científico em si. Contudo, esse crescimento não pode ser previsto de forma nenhuma: "Se há o crescimento do conhecimento humano, não há como antecipar hoje o que tão somente saberemos amanhã". Então, a história também não pode ser prevista.

[17] Karl Popper, *The Poverty of Historicism*. New York, Basic Books, 1957.

O racionalismo romântico provou ser um sangrento beco sem saída, mas não havia volta para o progressismo, muito menos para o positivismo, para os românticos. A primeira metade do século XX destruiu não apenas a fé do homem no progresso esplendoroso para diante, mas também parte da fé inquestionável no poder da ciência para a revelação da verdade. O uso que Popper faz da razão (e mais adiante, no seu livro, dos princípios da física quântica) para negar a existência das próprias "leis universais" que os historiadores do iluminismo haviam proposto de forma tão presunçosa demonstra uma conscientização crescente dos limites da ciência. Seriam precisos mais vinte anos para o questionamento geral do papel da ciência como o revelador único e central da verdade, mas como o conhecimento científico havia sido usado recentemente para matar milhões de pessoas da forma mais eficiente possível, ela já não mantinha mais o seu *glamour* antigo.

Desconfiados de quaisquer reivindicações de verdade absoluta, os historiadores se moveram cuidadosamente rumo ao relativismo. Como o positivismo, o relativismo tem sentidos ligeiramente diferentes na ética, na epistemologia e em outros campos filosóficos. Contudo, para os historiadores, o relativismo sugere que seja equivocada a busca da "verdade absoluta", seja na história, seja *sobre* a história. No século passado, dezenas de vozes opostas reivindicavam em alto e bom som sua versão da verdade absoluta, e as escoravam tanto em evidências quanto no derramamento de sangue. Qual dessas vozes detinha a verdade absoluta? Nenhuma, responderam os historiadores; cada uma detém a verdade tão somente *da maneira que ela lhes parece, a partir da sua posição*.

O relativismo era similar à abordagem multicultural assumida pelos historiadores sociais, porém esta possuía suas raízes não no estudo de um grupo desprivilegiado qualquer, mas antes no desencantamento com todo o constructo iluminista. O iluminismo estava construído sobre a convicção de que havia dois tipos de objeto no mundo: aquele que estava sendo estudado e aquele que o estudava. Isso permitia alcançar objetividade, uma vez que os estudiosos poderiam se afastar inteiramente do seu objeto de estudo e visualizá-lo de uma distância segura, neutra. Agora, os relativistas rejeitavam a diferença entre o estudioso e seu objeto. No relativismo, o estudioso não tinha espaço para se posicionar de forma neutra e nenhuma verdade inerte e objetiva para estudar. Não importa em que posição o estudioso se coloque, ele sempre tocará, afetará, alterará e fará parte do seu objeto de investigação.

Fiel à sua herança romântica, o relativismo coloca o indivíduo e suas experiências bem no centro de todo conhecimento. Agora, a tarefa do historiador não era o estudo objetivo, mas a exploração do passado de sua perspectiva particular. O historiador não procurava mais encontrar alguma grande síntese intelectual, pois isso requereria dele assumir um posicionamento acerca da "verdade". Ele queria apenas colocar-se no lugar de indivíduos que viveram no passado.

O relativismo levava a história para longe do seu foco tradicional sobre a política, a história militar e a economia – todos os campos que requerem que o historiador chegue a uma conclusão geral sobre o país todo – e, em vez disso, direcionava o historiador rumo às experiências daqueles que poderiam ter tido uma história diferente para contar sobre os eventos históricos. "Este livro", escrevia Sarah B. Pomeroy, em seu estudo *Goddesses, Whores, Wives, and Slaves: Women in Classical Antiquity* [Deusas, Prostitutas, Esposas e Escravas: as Mulheres na Antiguidade Clássica], "foi concebido quando comecei a me perguntar o que as mulheres faziam enquanto os homens estavam ativos em todas as áreas tradicionalmente enfatizadas pelos estudiosos clássicos".[18] Se as mulheres estavam sendo excluídas da vida política, militar, econômica e intelectual, como foram por séculos, como a história intelectual, a história política ou a história militar poderiam contar alguma coisa próxima da história real de uma civilização?

Os historiadores intelectuais ou políticos podem até reivindicar serem *os* narradores da história de uma nação, mas os relativistas viam que eles não contavam nada mais do que *uma* história: aquela que só era verdadeira em relação a certos membros daquela sociedade.

[18] Sarah B. Pomeroy, *Goddesses, Whores, Wives, and Slaves: Women in Classical Antiquity*. New York, Schocken Books, 1975, p. 3.

CETICISMO

Nossos pensadores mais profundos concluíram
que não há tal coisa como a História –
isto é, uma ordem dotada de sentido para o amplo leque dos eventos humanos.
Francis Fukuyama

Como método histórico, o ceticismo – o hábito da dúvida em relação àqueles que reivindicam conhecer a verdade absoluta – esteve presente desde (pelo menos) Pedro Abelardo, que escreveu em 1120: "É duvidando que chegamos à pesquisa. E só através da pesquisa, percebemos a verdade". Todos os estudiosos utilizam certo grau de ceticismo.

Entretanto, o ceticismo como método histórico e o ceticismo como uma filosofia determinada sobre a natureza mesma da história eram duas coisas muito diferentes. O ceticismo histórico era o fim lógico do romantismo, tendo em vista que o historiador cético rejeitava totalmente o poder da razão para chegar a alguma conclusão abrangente sobre a existência humana. Ele simplesmente apresentava a sua versão do passado como uma entre muitas versões possíveis. Ele também nao declarava nenhuma parte do passado como boa ou má. Afinal de contas, o julgamento moral sobre qualquer parte do passado depende do ponto de vista daquele que a está julgando; outro historiador poderá ver o assunto com outros olhos. Aqueles que viveram no passado poderiam ter ainda outra perspectiva.

Em suas piores formas, o ceticismo produziu uma história perversa; em suas melhores formas, ele motivou os historiadores para estudos novos e complexos. Como destaca John Arnold, o cético que se pergunta "por que aconteceu o Holocausto?", e, ainda assim, recusa-se a acreditar na resposta convencional de que "[foi por causa de] Adolf Hitler", pode acabar negando o Holocausto em si – ou pode ser forçado a sondar profundamente os "elementos antissemíticos e fascistas dentro de outros países daquele período", demasiadamente esquecidos pelos historiadores tradicionais da Segunda Grande Guerra.[19]

[19] John Arnold, *History: A Very Short Introduction*. Oxford, Oxford University Press, 2000, p. 118.

Contudo, em todas as suas formas, o ceticismo leva todo estudioso a renunciar ao "mito da objetividade" e admitir que o ideal do historiador cientista está equivocado, uma vez que nenhum ser humano (nenhum cientista, inclusive) possui realmente a marca da razão mítica do iluminismo, que sempre é capaz de chegar à verdade, não importando identidade nacional, raça, classe, gênero, convicção religiosa, ambição, ganância ou aquelas outras partes concorrentes e competitivas da personalidade humana.

O que nos leva de novo ao pós-modernismo.

PÓS-MODERNISMO

A história é um argumento sem fim.
Peter Geyl

Pós-modernismo significa "depois da era moderna", mas embora a modernidade tenha precedido o pós-modernismo, ela ainda existe em paralelo a este. A modernidade começou com Galileu e sua convicção de que ele seria capaz de descobrir através da razão as leis que governam os céus. A modernidade abrange todo o período do iluminismo e para além dele; ela anunciava que "melhor" significava "mais depressa" e "mais eficiente". O Ocidente foi o primeiro a entrar para a modernidade e proclamou o evangelho da era moderna junto com a colonização e as exportações. Dessa forma, a modernização do mundo é sinônimo de sua ocidentalização. Incluso no "pacote" da modernidade, oferece-se a todo resto do globo o capitalismo ocidental, a democracia ocidental, a liberdade de imprensa, os direitos humanos, a igualdade de gêneros, os sistemas operacionais baseados em Windows e os hambúrgueres baratos. A modernidade é a expressão última dessa convergência rumo à descoberta das leis da história que são aplicáveis universalmente a todas as nações. A tendência inata da modernidade é a de estabelecer um só estilo de vida [considerado] "moderno" em todas as partes do planeta.

O pós-modernismo protestava que a modernidade não era *o* estilo, mas [apenas] *um* estilo de vida. O pós-modernismo destacava que, percorrendo todo o caminho de volta para a Renascença, quando o pronunciamento de Descartes se tornou o centro do pensamento iluminista, a conclusão "penso, logo existo" estava disfarçada como um lugar neutro a partir do qual fosse possível se posicionar. Ao estabelecer-se a razão como o centro da pesquisa, determinava-se onde o estudioso iria parar – da mesma forma que o "creio em Deus, logo existo" determinaria certo tipo de conclusão. De acordo com o pós-modernista, o eu não pode mais dizer "penso, logo existo", porque os seres humanos não têm uma identidade central única. Eles são compostos de vários impulsos e elementos, que às vezes são contraditórios: mente, emoções, crenças, preconceitos, gênero, preferência sexual, classe, tendências espirituais. O multiculturalismo, o relativismo e o ceticismo foram todos formas de pós-modernismo. De acordo com o pós-modernismo, pode, de fato, haver uma verdade sobre a história (os historiadores pós-modernistas são agnósticos nesse ponto), mas não há absolutamente nenhum meio de o historiador pós-modernista saber se ele a descobriu.

Então, como os pós-modernistas fazem história? Eles a fazem com muito, mas muito cuidado. Como teoricamente não há nenhuma declaração que eles possam fazer que seja verdade para todo mundo (nem mesmo para pequena parte desse "todo"), os historiadores pós-modernistas não fazem declarações universais ou generalizações abrangentes. Eles focam cuidadosamente vidas individuais e evitam até mesmo pequenas afirmações. Ler a história pós-modernista pode deixar o leitor desejoso de uma síntese – ou apenas de uma conclusão simples. Como observa o historiador Jeremy Popkin, o pós-modernismo incutiu grande força à prática da história, mostrando que "eventos aparentemente triviais, como a morte de uma mulher chinesa completamente desconhecida do século XVII, podem prover *insights* importantes para o processo histórico", mas esses "estudos de vidas singulares muitas vezes [...] deixam os historiadores frustrados: a evidência nunca é completa e conclusiva o bastante para responder a todas as nossas perguntas sobre a vida e o passado".[20]

[20] Popkin, op. cit., p. 729.

O pós-modernismo tende a ser uma linha de pesquisa para historiadores mais novos, muitas vezes para aqueles que trabalham com grupos de desprivilegiados. Estudiosos tradicionais o veem com certa reserva. O lamento de Popkins é um exemplo da *objeção* primeira ao pós-modernismo: ele evita fazer as perguntas *realmente* difíceis, e sua recusa em formular verdades sobre a existência humana não é nada mais (como se queixam os estudiosos tradicionais) do que simples erudição superficial. Alguns pós-modernistas conclamaram os historiadores a abandonar todas as narrativas lineares, que conectam causas a efeitos, em favor da adoção de modelos diversos. Elizabeth Deeds Ermarth, por exemplo, recomenda que os historiadores sigam o exemplo das artes visuais e pensem em termos de "colagem [...] misturar os fatos caleidoscópicos do passado, do presente e do futuro e moldá-los novamente em um modelo apropriado [...] Esse modelo de colagem tem a virtude de liberar os historiadores dos constrangimentos da linearidade, ou [...] da representação convencional do tempo".[21] A historiadora tradicional Gertrude Himmelfarb (entre muitos outros) retruca que, embora o pós-modernismo "nos incite com seu brado por liberdade e criatividade [...] ele pode ser um convite para o suicídio intelectual e moral".[22] Muitos praticantes da "história vista de baixo", dissuadidos pelas declarações extremas dos historiadores pós-modernos, rejeitaram todo e qualquer rótulo pós-moderno, preferindo chamar a si mesmos simplesmente de praticantes da "micro-história", da "história das mulheres", de "estudos subalternos" ou qualquer outro tópico.

A batalha entre a história tradicional e a pós-moderna continua, com aspereza inabalável de ambos os lados.

[21] Beverly Southgate, *History: What & Why? Ancient, Modern and Postmodern Perspectives*. London, Routledge, 1996, p. 123.

[22] Gertrude Himmelfarb, "Postmodernist History". In: Elizabeth Fox-Genovese e Elizabeth Lasch-Quinn (eds). *Reconstructing History: The Emergence of a New Historical Society*. New York, Routledge, 1999, p. 71-93.

O FIM DA HISTÓRIA

Nosso conhecimento do passado é algo pelo que lutamos;
ele vem de algum lugar,
é criado, derrotado e alterado.
Natalie Zemon Davis

No universo de *Star Trek* [*Jornada nas Estrelas*] (um universo estranho e ilógico que ocasionalmente consegue fazer uma afirmação filosófica ao longo de 55 minutos, descontando os intervalos comerciais), uma raça de vilões é mais cruel que as outras: a dos borgs. Os borgs são assimiladores. Eles querem que todas as demais civilizações também façam parte de sua comunidade. Intimidam a todos pelo universo, sussurrando com uma regularidade monótona: "Somos todos borgs. Não adianta resistir. Você acabará sendo assimilado". Nenhum borg tem consciência de si como um eu individual.

Pelo menos, não até o episódio "Eu-borg", quando o capitão Jean-Luc Picard e sua tripulação descobrem um adolescente borg revoltado e planejam infectá-lo com um tipo de vírus de computador, que ele espalhará por todo o resto da coletividade. O jovem borg desenvolve, porém, um senso de identidade individual e começa a se chamar de Hugh. Por conta disso, Picard e seus companheiros decidem abortar o plano do vírus. Eles acreditam que esse senso de eu individual – uma alma única, separada, dotada da própria identidade e dignidade – é tão poderoso que infectará a coletividade dos borgs e a tornará insatisfeita com sua existência coletiva.

Há um juízo de valor implícito nisso tudo: todos aqueles que se veem *primeiramente* como membros de uma comunidade, em vez de indivíduos, não se desenvolveram por completo. Eles continuam crianças incompletas, não tão maduras quanto aqueles que têm um senso ocidental do eu como individualidade Além disso, toda a história humana está se desenvolvendo rumo a essa ideia de individualidade. Ela é tão poderosa que, para vencer, só precisa ser introduzida. Esse é o "fim da história" – não o apocalipse, mas o objetivo final da história.

A expressão "o fim da história" vem de Francis Fukuyama, que defende que todas as nações se desenvolvem inexoravelmente rumo a uma democracia moderna liberal. Fukuyama ilustra uma verdade sobre a escrita histórica do Ocidente: nunca nos livraremos da herança cristã medieval que nos faz procurar um sentido, uma "finalidade" do processo da história. A história linear se tornou parte da nossa identidade no mundo ocidental; o diagrama do início desta seção mostra minha tendência de ver o tempo como uma linha que aponta para frente. E mesmo os pós-modernistas têm um "fim da história" em mente: um tempo paradisíaco de tolerância, quando todo e qualquer ponto de vista será aceito sem condenação.

COMO LER HISTÓRIA

Ao longo de sua leitura de textos de história, você vai se fazer as perguntas clássicas do detetive (e do jornalista): Quem? O quê? Quando? Onde? Por quê? No primeiro nível da investigação, faça essas perguntas em relação à história que o escritor está contando: de quem trata essa história? O que foi que aconteceu com eles? Quando e onde isso ocorreu? Como os personagens dessa história se tornaram capazes de enfrentar seus desafios? Ou por que eles fracassaram?

No segundo nível de investigação, você vai sondar a argumentação do historiador: que tipo de prova ele está oferecendo? Como ele defende suas asserções? Que evidências históricas ele oferece?

Finalmente, em um terceiro nível de investigação, pergunte-se: o que esse historiador está nos dizendo sobre a existência humana? Como a história explica quem são os homens e as mulheres e que lugar eles devem ocupar no mundo?

Primeiro nível de investigação: leitura do estágio gramatical

Observe o título, a capa, [a contracapa] e o sumário. Esse levantamento inicial do livro será sempre seu primeiro passo. Siga o mesmo procedimento que você adotou com os romances que leu para o Capítulo 5: com o seu diário e lápis por perto, leia a folha de rosto e a contracapa. Escreva o título do livro, o nome do autor e a data de escrita ou publicação no alto de uma folha em branco (essas [datas] nem sempre são as mesmas). Escreva ainda uma sentença breve sobre o autor (estudioso, freira, político, escravo). Se você for capaz de extrair alguma estrutura geral a partir do sumário, anote-a. (Por exemplo, em *A Cultura do Renascimento na Itália*, de Jacob Burckhardt, há um sumário imensamente detalhado, dividido em cinco seções gerais: "O Estado como Obra de Arte"; "O Desenvolvimento do Indivíduo"; "O Redespertar da Antiguidade"; "O Descobrimento do Mundo e do Homem"; "A Sociabilidade e as Festividades"; e "Moral e Religião". Você poderá listar esses seis tópicos abaixo do seu título, como um guia geral para o desenvolvimento da argumentação de Burckhardt.)

O escritor declara o propósito do livro? Comece lendo o prefácio ou a introdução; se não houver introdução, leia o primeiro capítulo (lembre-se de deixar para ler os prefácios críticos de *outros* estudiosos depois de ter lido o próprio livro). Busque o propósito do livro, que muitas vezes está descrito nessas primeiras páginas. São Beda, por exemplo, começa o seu *História Eclesiástica das Gentes dos Anglos* escrevendo: "Se a história serve para falar de homens bons e suas riquezas, o ouvinte atento se sentirá estimulado a imitar essas coisas boas; se serve para registrar os intuitos maus de homens malfeitores, o ouvinte devoto e sincero não será menos estimulado a evitar tudo o que é prejudicial e perverso, e ele mesmo perseguirá com maior cuidado tudo aquilo que aprendeu ser bom e aprazível aos olhos de Deus". Em outras palavras, São Beda pretende, através de sua história, ensinar a seus leitores como imitar o que é bom e evitar o que é prejudicial. Uma vez encontrado o propósito do autor, tome nota dele com as próprias palavras (ou copie-o, se for suficientemente breve).

Quais são os principais eventos da história? Em torno de quais acontecimentos concretos o historiador está construindo sua história? Faça uma relação cronológica desses eventos. Tente não incluir detalhes demais; se necessário, use um critério arbitrário e tome nota apenas do evento mais importante em cada capítulo ou subcapítulo.

Sobre quem é a história? À medida que você lê, anote os personagens principais que encontrar. Eles são indivíduos, grupos de pessoas (as "mulheres", em Wollstonecraft; os "trabalhadores", em George Orwell), ou nações inteiras? Se forem indivíduos, será que a história está focada em uma só pessoa, ou em uma rede de indivíduos que possam ser relacionados por laços familiares ou outros laços? Se o historiador estiver descrevendo um grupo de pessoas, como ele os distingue: por nacionalidade, sexo, idade, classe, trabalho, status econômico? E em qualquer um dos casos: será que o historiador está lhe contando uma história "*top-down*" (de cima para baixo) ou "*bottom-up*" (de baixo para cima)? Em outras palavras, ele estaria focando os personagens dotados de posses, influência e/ou poder político? Ou as pessoas "comuns" e sua vida cotidiana? Se o historiador está contando a história de nações inteiras, o que distingue cada uma delas? Como os seus povos se veem: como guerreiros, estudiosos, fazendeiros, pessoas livres? E em que sentido essa nação é melhor (ou pior) do que outras (aos olhos do historiador)? (Em obras como: *The True End of Civil Government* [O Verdadeiro Fim do Governo Civil], de Locke, ou *O Príncipe*, de Maquiavel, você poderá achar que os "personagens" centrais são os governantes ou o governo, de um lado, e um grupo muito genericamente definido como "homens governados", de outro).

Que desafio o herói está encarando? Uma vez descoberta a identidade do personagem ou grupo de personagens centrais, faça-se as mesmas perguntas básicas que você se fez na primeira leitura de um romance. Qual é o grande *problema?* O que está impedindo os personagens centrais de levar uma vida plena? No *Corra, Jordão, Corra*, há dois grupos de personagens centrais: escravos e donos de escravos; os dois grupos são desfigurados e aprisionados pela instituição do escravismo. As donas de casa de classe média em *Mística Feminina*, de Betty Friedan, são escravas da própria mística – a percepção de que cuidar da casa e dos filhos é a única aspiração feminina digna de ser realizada. Você poderá encontrar mais de uma resposta para essa pergunta: Barbara Tuchman, que escreve sobre um grupo relativamente grande de "pessoas do século XIV", faz listas de pragas, impostos, guerras, roubos e meia dúzia de outros desafios.

Quem é a causa ou quais são as causas desse desafio? Uma vez identificado o desafio encarado pelo personagem, pergunte-se: que explicação o escritor está oferecendo? Quem ou o que é responsável por isso? Em certos casos, a resposta será um sistema: Em *Corra, Jordão, Corra*, Genovese atribui os desafios encarados tanto pelos brancos quanto pelos negros, ao sistema que ele define como "paternalista". Em outros, [a causa] será muito mais concreta: as forças invasoras no "Dia D", em *O Mais Longo dos Dias*, que obviamente lutavam contra os nazistas. Em muitos casos, o escritor vai sugerir mais do que uma causa. Nesse caso, você terá de fazer uma lista.

Identificar a causa ou as causas de problemas históricos está no centro da historiografia. Em *History of England* [História da Inglaterra], de David Hume, por que a Câmara do Comuns chama o monarca a prestar contas diante do Parlamento? Em *Contrato Social*, de Jean-Jacques Rousseau, por que os homens decidem entrar para o contrato social? A tarefa do historiador é responder a esta questão: será que ele foi bem-sucedido em agir como agiu?

O que aconteceu com o herói? Se tivesse de resumir a história em um só parágrafo (como se fosse a sinopse de um filme), como você o faria? Você poderá começar usando as respostas às questões dos personagens e dos problemas acima. Complete a seguinte frase para si mesmo: "Diante do problema [do desafio], o personagem central ...". Como essa frase deve terminar? Que *atitude* o personagem tomou; de que maneira ele está lutando contra as desigualdades históricas; como ele planeja superar o problema histórico? Se o personagem for essencialmente passivo, que atitude ele deixou de tomar? (Um dos aspectos de *Vindication of the Rights of Women* [Em Defesa dos Direitos das Mulheres] pode ser resumido como "Diante do problema da sua falta de estudo, as mulheres deixaram de se dar conta de que precisavam pensar mais e sentir menos"). Se houver mais de um personagem central, ou mais de uma explicação, você poderá ter de construir mais de uma sentença como essa. Para os trabalhos mais teóricos, como *Senso Comum*, de Thomas Paine, você terá de pôr a sentença em forma de recomendação: "Diante da monarquia brutal e tirânica, os cidadãos das colônias deveriam...".

Esse exercício pode ser executado em vários níveis. Você pode repetir de forma breve a ideia preponderante: quanto à *A Cultura do Renascimento na Itália*, de Jacob Burckhardt, por exemplo, você poderá escrever simplesmente: "Diante das novas descobertas científicas e das novas ideias sobre como as nações deveriam ser constituídas, os cidadãos da Itália desenvolveram uma nova imagem de si mesmos como indivíduos, mais do que como membros de um grupo [qualquer]". Ou você poderá fazer uma lista bem detalhada. Cada subcapítulo do livro de Burckhardt apresenta um desafio diferente que os italianos da Renascença estavam enfrentando e uma análise diferente da sua resposta para cada um desses desafios.

Dê-se ao luxo de se deixar levar pelo seu interesse pelo livro. Se o tópico é de seu interesse, você poderá desejar escrever uma ou mais páginas, relacionando os vários problemas que o historiador tenta resolver e as formas como seus personagens centrais reagiram a cada um deles; se você achar o livro pouco inspirador, será suficiente elaborar um sumário mais geral. Em um livro como *Vidas*, de Plutarco, em que cada capítulo tem vida própria, cada qual com uma mini-história, será necessário escrever uma ou duas sentenças para cada biografia que você for ler.

Os personagens estariam avançando ou regredindo? Por quê? Em termos mais simples: será que a história é dinâmica? Os personagens estariam se tornando melhores ou piores no final da história? Será que os eventos da história aperfeiçoam ou destroem a sorte [dos personagens]? Ou será que os personagens são essencialmente imutáveis desde a primeira página do livro? Nesse caso, será que o historiador está sugerindo que a mudança deve acontecer em algum momento futuro?

Quando acontece a história? Essa é uma questão básica, mas certamente não é irrelevante para a historiografia. Ela se divide em quatro partes: que período o historiador abrange em seu estudo? Qual é a extensão de tempo que ele abrange? Seriam dez anos, toda a vida de uma pessoa, centenas de anos? Se o historiador está sendo teórico, como Rousseau e Locke, qual é a extensão de tempo que suas recomendações cobrem? Será que suas recomendações governamentais têm a pretensão de ser universais, valendo para todos os tempos, ou apenas para um ponto particular da história? Em que época viveu o historiador? E quanto tempo o separa de seu objeto?

Anote as respostas a essas perguntas – mas você também poderá achar útil manter uma linha do tempo paralela. Ela não precisa ser detalhada (você pode elaborar sua linha do tempo em uma página do seu diário, ou em uma folha de cartolina ou em um pedaço de papel-jornal, etc.), mas deve ter as datas abrangidas por cada história assinalada: a data de nascimento e morte do autor e, se for apropriado, os dois ou três eventos mais importantes destacados pelo historiador. Uma linha do tempo que contenha essas informações para cada história lida vai ajudá-lo a manter os historiadores e suas obras em ordem cronológica.

Onde acontece a história? Que parte do mundo está sendo descrita? Onde o autor se encontra em relação a ela? Está ele descrevendo o próprio país, em um ponto do passado, ou um lugar que se encontra distante dele tanto no tempo quanto no espaço? Quão distante é esse lugar do país dele – e da cultura? O "sentido de lugar" é tão importante para uma história quanto o sentido do tempo. Recorra a um mapa ou atlas, bem como a um globo terrestre. Se você tem um senso geográfico precário, a verificação do lugar físico em que cada história se passa vai ajudá-lo a começar a ordenar o mundo físico em sua mente.

Segundo nível de investigação: leitura no estágio lógico

Uma vez que tenha compreendido o conteúdo da história, você pode passar para a avaliação de sua precisão. Quando você analisou o romance, perguntou a si mesmo: quão bem desenvolvidos estão esses personagens? Suas ações combinam com a personalidade que o romancista desenvolveu para eles? Esta era uma questão de lógica interna: até que ponto o escritor estava seguindo as próprias regras? No entanto, ao ler história, você vai precisar dar um passo crítico além. O historiador estará usando de evidência externa para construir uma argumentação? Será que a história contada pelo historiador faz bom uso dela? Ou será que ele distorce a evidência, a fim de moldar a história de determinada maneira?

Verifique as principais afirmações do historiador. Releia os últimos dois parágrafos de cada capítulo e do capítulo final do livro. Estes costumam ser os lugares em que o historiador formulará uma afirmação-síntese – duas ou três sentenças que fazem uma breve revisão da interpretação das histórias (ou de outras evidências) que ele apresentou. Muitas vezes o penúltimo parágrafo conterá a afirmação sumária, enquanto o último vai lapidá-la para adquirir um brilho retórico. Em *As Almas da Gente Negra*, por exemplo, W. E. B. Du Bois conclui seu capítulo "Sobre o sr. Booker T. Washington e Outros" com a seguinte afirmação em seu penúltimo parágrafo: "O Sul deve ser guiado, fazendo uma crítica cândida e honesta, para afirmar melhor sua individualidade e corrigir seus erros contra a raça que injustiçou e continua injustiçando. O Norte – seu parceiro de culpa – não pode salvar sua consciência nem mesmo revestindo-a de ouro. Não podemos resolver esse problema por meio de diplomacia e brandura, ou exclusivamente pela 'política'". Esse é o núcleo da argumentação de Du Bois em todas as páginas precedentes: que o Sul e o Norte são ambos responsáveis pela situação dos negros, e que "a raça negra" deve convocá-los para assumir sua responsabilidade, em vez de esperar pacientemente pela reforma. O parágrafo final é uma convocação para que seus ouvintes assim procedam.

Ao encontrar essas afirmações sumárias, destaque-as, depois anote-as ordenadamente com suas palavras. Reserve um espaço extra entre cada uma das afirmações, para que você possa preencher na próxima parte da análise.

Que tipo de pergunta o historiador está fazendo? O ato de escrever história exige que o historiador responda a perguntas sobre o passado. Reveja as afirmações sumárias que você parafraseou e pergunte-se: a que tipo de questão elas estão respondendo? No exemplo acima, Du Bois está perguntando: "O homem negro deve ser um ativista, ou ele deve aperfeiçoar-se e aguardar o reconhecimento?". Ele responde afirmando a culpa do Norte e do Sul e exigindo o ativismo.

Você não precisará necessariamente identificar uma pergunta em cada parágrafo da história. Quando você for rever as afirmações sumárias, verá que o historiador poderá passar vários capítulos respondendo à mesma questão. Entretanto, uma vez que você tenha conseguido formular sua questão, anote cada questão no espaço logo acima da afirmação sumária que se propõe a responder.

Que fontes que o historiador está usando para responder a elas? O historiador está identificando suas fontes? Laurel Thatcher Ulrich, que baseia seu estudo de Martha Ballard no diário de Ballard, descreve sua fonte primária. Na maioria dos casos, entretanto, teremos de examinar as notas de rodapé com cuidado. Que tipo de fonte o historiador está privilegiando: documentos escritos (cartas, diários, contas, etc.), fontes orais (entrevistas, narrativas do folclore), ou as argumentações de outros historiadores? Que uso ele faz da mídia: revistas, jornais, propaganda? Está ele usando uma análise quantitativa da informação, retirada de registros de taxas ou fontes similares de dados primários? Ele está fazendo uso de fontes culturais não escritas, como canções, arquitetura, estilos de moda ou imagens? Se ele usa fontes visuais (pinturas, emblemas, bandeiras), que tratamento lhes dá: ele apenas os descreve ou fornece uma ilustração? Se ele não o faz, ao menos descreve a cor, a textura, as características, o lugar em que uma fonte visual apareceu, aqueles que as viram? Será que o historiador chega a expressar dúvidas ou reservas sobre qualquer parte de suas fontes? Você pode querer anotar os tipos de evidência primária usados. Essa evidência é retirada de uma base ampla? Ou será que o historiador está confiando demais em uma ou duas fontes limitadas?

Será que as evidências estão dando suporte à conexão entre questões e respostas? Agora que você tem perguntas e respostas, está na hora de dar uma olhada na evidência que o escritor fornece para articular as duas coisas. Quando W. E. B. Du Bois se pergunta: "O homem negro deve aperfeiçoar-se e aguardar o reconhecimento?", e responde: "Não, porque o Norte e o Sul são igualmente responsáveis pela sua situação", ele teria de providenciar dois tipos de evidência. Em primeiro lugar, ele deveria demonstrar a culpa do Norte e do Sul, fornecendo fatos históricos sobre o que eles fizeram com os negros; em segundo lugar, ele deveria fundamentar sua condenação da suposta "resignação paciente", mostrando que o Norte e o Sul reagiram tornando-se mais hostis, e não menos. E, de fato, é exatamente isso que ele faz: ele escreve que, por quinze anos, os ex-escravos foram convidados a "desistir de [...] três coisas – primeiro, do poder político; segundo, da insistência em ter direitos civis; terceiro, do ensino superior para os jovens negros – e concentrar todas as suas energias na educação industrial, na acumulação de riquezas, e na conciliação com o Sul [...] E qual foi o resultado dessa disputa pelos louros da vitória, qual tem sido a recompensa? Nos dias presentes ocorreu o seguinte: a cassação do negro, a criação legal de um status de inferioridade civil para o negro".

Às vezes, o historiador simplificará a relação entre a pergunta e a resposta para você, fazendo uma afirmação clara e causal. Ao passar os olhos nos capítulos que você já leu, tente identificar relações específicas entre fatos e interpretações, introduzidas pelas seguintes frases ou construções:

Em virtude do [fator histórico], o [personagem histórico atuou de determinada forma].

Tendo em vista o [fator histórico], o [personagem histórico atuou de determinada forma]. Portanto... [você deverá identificar um fator histórico antes dessa palavra e uma explicação depois].

Fica claro, então, que...

Segue-se que...

É pouco surpreendente que...

O resultado disso foi...

Uma vez que tenha se perguntado que tipo de evidência o historiador está lhe dando para articular perguntas e respostas, tome algum tempo para examinar essa evidência. Você provavelmente não será capaz de detectar erros em relação aos fatos; isso exigiria que você examinasse as fontes originais usadas pelo historiador. Contudo, você poderá avaliar como o historiador está *usando* a evidência que ele cita. Com as regras da argumentação, você poderá decidir se o historiador está tratando sua evidência com justiça, ou se ele está brincando de pega-pega com ela para chegar a uma conclusão predeterminada. Ao avaliar a evidência, identifique os seguintes erros comuns:

1. Desnorteamento causado pelo uso de proposições múltiplas: retome aquelas afirmações resumidas e veja se há mais de uma "proposição" implícita em cada uma delas. Uma proposição é uma declaração única sobre um fato; Du Bois apresenta quatro proposições no resumo acima: O Norte é culpado; o Sul é culpado; o ativismo funcionará; a resignação paciente não funciona. Embora não

haja nada de errado com as declarações que contenham múltiplas proposições, o historiador deverá apresentar uma evidência explicativa para cada proposição, para depois encerrar com uma declaração que acrescenta uma ou duas proposições adicionais à mistura. Pelo fato de você estar convencido de que a primeira proposição seja verdadeira, as outras poderão escapar à sua vista. Du Bois fornece evidências históricas convincentes de que a resignação paciente não funcionou no Sul, mas o que dizer das asserções de que o Norte é tão culpado quanto o Sul? Que evidências ele sugere para elas?

2. Substituição de uma pergunta por uma declaração: a estratégia retórica de substituir uma questão por uma afirmação é mais comum na argumentação oral do que na escrita, mas os historiadores que esperam incitar seus leitores à ação às vezes recorrem a essa técnica. No entanto, uma questão não fornece informação; ela implica uma declaração de fato, mas se for transformada em uma declaração, muitas vezes ela parecerá exagerada ou evidentemente falsa. "Vós que nos falais de harmonia e reconciliação", irrita-se Thomas Paine, em *Senso Comum*, "podeis restaurar-nos o tempo passado?". Essa questão obviamente pretende convencer o leitor de que a reconciliação é tão impossível quanto voltar ao passado. Contudo, Paine não declara: "A reconciliação é impossível" diretamente, porque, nesse caso, ele teria de basear essa declaração em evidências.

3. Proposição de uma falsa analogia: Paine reforça sua questão retórica com outra: "Podeis retornar a prostituição à sua inocência anterior? Tampouco é possível reconciliar a Inglaterra com os Estados Unidos". A analogia pretende ilustrar a impossibilidade de reconciliação, mas isso não é tudo o que ela faz; ela propõe outra comparação parcial que (sem dizê-lo diretamente) implica que a reconciliação seria um mal moral. Uma analogia pretende ilustrar uma parte do argumento; ela jamais deve ser tratada como um paralelo exato. Uma analogia popular do século XVIII deixa isso claro: dizer que o universo é como um relógio posto em funcionamento por um relojoeiro é uma analogia à relação entre Deus e sua criação – ele é responsável por sua existência, mas não precisa manter sua mão constantemente sobre ela para mantê-la funcionando. Entretanto, a analogia não deve ser usada para dar a entender que o universo vai "parar por falta de corda"; não é esse seu propósito. Um historiador que, como Paine,

também é um retórico habilidoso por vezes escolherá uma analogia inflamada para implicar uma conclusão (o mal moral da reconciliação) que ele acharia difícil de fundamentar, se fosse fazê-lo de forma direta.

4. A argumentação pautada pelo exemplo: contar uma história não é o mesmo que defender uma ideia. Betty Friedan, ao argumentar em *Mística Feminina* que as mulheres eram barradas de certas buscas intelectuais nos anos de 1950, escreve: "Garotas não deveriam estudar física: ela é 'antifeminina'. Uma garota recusou uma bolsa de estudos em ciências na Johns Hopkins para assumir um cargo em um escritório imobiliário. Tudo o que ela queria, segundo disse, era o que qualquer garota americana queria – casar-se, ter quatro filhos e viver em uma casinha no subúrbio."[23] A primeira frase pode até ser verdadeira, mas a segunda não a comprova. Será que ela se candidatou para essa bolsa? Ou será que ela lhe foi oferecida do nada? (Isso pareceria refutar sua argumentação.) Haveria outras garotas que poderiam ter aceitado essa bolsa? Quantas foram e em qual proporção? Não importa quão vívido possa parecer, o exemplo de uma mulher que esteja convencida de que deve ficar em casa e criar os filhos para ser verdadeiramente feminina não prova uma conspiração sistemática, nacional, para mandar as mulheres para a cozinha; isso teria de ser demonstrado por uma amostragem bem mais ampla de mulheres americanas.

5. Amostragem incorreta: sempre que um historiador cita certo número de particularidades e depois tira uma conclusão a partir dele, você deverá verificar se a conclusão é justificável. Quantos exemplos o historiador apresenta? Trata-se de um número significativo? Eles são "representativos" – isto é, extraídos de um grupo sobre o qual o historiador deseja tirar uma conclusão? (Os historiadores de mulheres, por exemplo, destacavam que as primeiras estudiosas feministas tendiam a dar exemplos de mulheres brancas, para depois tirarem conclusões sobre as mulheres em geral, sem incluir mulheres negras em sua amostragem.) Se a amostra não for suficientemente representativa para as conclusões do historiador, que grupo ela representa *de fato*? E pode a conclusão do historiador ser reformulada para dar conta desse grupo?

[23] Betty Friedan, *The Feminine Mystique*. New York, Dell, 1984, p. 73.

6. Generalizações apressadas: usar casos particulares na história é necessário e ao mesmo tempo complicado; embora as teorias de história devessem ser arraigadas em realidades históricas, é muitas vezes tentador tirar conclusões apressadas. Observe os seguintes argumentos:

As mulheres eram oprimidas na Grécia antiga.
As mulheres eram oprimidas na Grã-Bretanha antiga.
As mulheres eram oprimidas na China antiga.
Portanto, as mulheres eram oprimidas em toda civilização antiga.

A conclusão parece provável, mas o historiador não pode declará-la com plena confiança, a menos que tenha feito um levantamento exaustivo de toda civilização antiga. Na verdade, ele só pode concluir a partir disso que as mulheres eram oprimidas na Grécia, na Grã-Bretanha e na China antigas. Esse historiador tirou uma conclusão apressada. Ele poderia ter evitado o erro através da seguinte reformulação: "As mulheres foram oprimidas nas civilizações antigas das quais temos mais evidências históricas".

7. Erro na definição de termos: [a palavra] *oprimidas* também é problemática na conclusão acima. Será que ela significa "sem direito a voto, mas com direito à propriedade?"; "com direito ao voto e à propriedade, mas ganhando salários menores para fazer o mesmo serviço que os homens?"; "sem direito ao aborto?"; "mantidas em buracos e alimentadas com restos?". Os termos – e principalmente as abstrações – devem ser sempre definidos. É simples usar um conceito (liberdade, qualidade, opressão, virtude) sem defini-lo; mas as ideias exatas que se associam a cada uma dessas palavras mudam ao longo do tempo. Aristóteles e Santo Agostinho queriam dizer duas coisas bem diferentes quando falavam em *igualdade*. Retome seus resumos da argumentação do historiador. Será que a argumentação está fortemente apoiada em termos abstratos? Nesse caso, será que o escritor define esses termos? – dizendo-lhe, por exemplo, exatamente a favor de quais "direitos humanos" ele está argumentando? "Um estado de igualdade", escreve John Locke, com todo o cuidado, "[é aquele] em que todos os poderes [do Estado] e jurisdições são recíprocos, e nenhum sobrepuja o outro". Essa é uma definição política, e não social ou econômica; para Mary Wollstonecraft, a igualdade tem um significado bem diferente.

8. Raciocínio inverso:[24] a inversão do raciocínio ocorre quando se identifica uma relação causal onde ela não existe; toma-se uma descrição e identifica-se uma causa nela. Se um historiador declarasse, por exemplo: "Todo império que pôs sua confiança em exércitos mercenários acabou se desintegrando" (o que pode ser historicamente verdadeiro, embora envolva uma generalização apressada), ele pode estar em condições de dar base a essa argumentação através de evidências históricas. Se, entretanto, ele conclui a partir daí que: "Os impérios se desintegram porque confiam em exércitos mercenários", ele poderá estar ignorando outras causas que contribuíram [para o acontecimento]. Mesmo se pudéssemos provar que a primeira afirmação é sem dúvida verdadeira, seria ilógico concluir que os exércitos mercenários fossem a causa da desintegração. Poderia ser igualmente verdade que um império que se encontra [em processo] de desintegração convoca exércitos mercenários em uma tentativa desesperada de reforçar as suas [linhas de] defesa. Nesse caso, os mercenários seriam um sintoma, e não uma causa. O fato de dois eventos serem simultaneamente verdadeiros não quer dizer que um surja a partir do outro; esse pode até ser o caso, mas o historiador necessita de muito mais provas para apresentar alguma certeza, até mesmo parcial.

9. *Post hoc, ergo propter hoc*: a busca pela causalidade sempre é cheia de armadilhas e os historiadores são especialmente propensos à falácia do *post hoc, ergo propter hoc* – o que significa literalmente, "depois disso, logo causado por isso". Essa é a falácia de pensar que, pelo fato de um evento seguir o outro no tempo, o primeiro evento tenha causado o segundo. Assim, o historiador não pode escrever, sem fornecer mais informações, que:

Roma recrutou um exército de mercenários.
Depois, Roma caiu.
Portanto, o exército de mercenários causou a queda de Roma.

O relacionamento entre os mercenários e a queda pode ter sido coincidência. Todavia, também pode estar indicando causa e efeito – mas a coincidência no tempo deve ser o ponto de partida da investigação do historiador, e não uma

[24] Também conhecido no português por "falácia" na argumentação lógica. (N. T.)

afirmação conclusiva. Mesmo se o historiador estiver em condições de achar certo número de casos em que essa sequência ocorreu, ele deve, ainda sim, continuar a investigar essa relação. Afinal de contas (na afirmação clássica da falácia do *post hoc, ergo propter hoc*), a noite sempre se segue ao dia, mas nenhum astrônomo jamais alegará que o dia causa a noite.

10. Identificação de um só relacionamento de causa e efeito: a previsão de causalidade é cheia de armadilhas; o *post hoc, ergo propter hoc* ilustra uma falácia mais ampla: a simplificação excessiva. Nenhum historiador jamais poderá fazer *nenhum* evento depender de uma única causa: todos os eventos históricos têm causas múltiplas. Mesmo quando um historiador é capaz de identificar uma causa perfeitamente aceitável para a ascensão de Hitler ao poder (as condições deprimentes e desesperadoras da Alemanha), ele deverá continuar pesquisando outras causas possíveis que tenham contribuído para isso: será que essa depressão econômica é responsável pela concentração do ódio dos alemães nos seus compatriotas judeus? Apesar de ser perfeitamente aceitável ao historiador passar a maior parte do seu tempo investigando uma relação de causa e efeito particular, seria reducionista demais concluir que ele tenha achado *a* causa.

11. Falta de destaque ora às similaridades, ora às diferenças: sempre que um historiador traça paralelos entre eventos que acontecem em culturas diferentes ou épocas diferentes, será que ele também está dando conta das diferenças que os distinguem? É relativamente simples destacar pontos em comum entre (digamos) a Revolução Francesa e a Independência Americana, mas os historiadores também deverão ser cuidadosos ao tratar cada um desses acontecimentos em sua singularidade, vindos de contextos culturais diferentes. Então: será que o historiador está entendendo as diferenças, ou será que está reduzindo as variações entre os tempos, lendo o passado à luz das prioridades e problemas do presente?

Você é capaz de identificar o gênero da história? Agora que você examinou as perguntas e as respostas do historiador, as fontes que ele usou e o emprego que ele está fazendo das fontes, estará em condições de identificar o gênero ou o ramo que pratica. Os historiadores em geral concordam na divisão tripartite da temática histórica em: política, intelectual e social.

A história política é o mais antigo ramo da história; ela conta a história das nações e dos líderes, de guerras e de tratados, daqueles que controlam o poder governamental. A história política foca os líderes; ela engloba biografia tradicional (as biografias de famosos e poderosos), história diplomática, história internacional e história militar. São Beda praticou a "história política". O mesmo fez David Hume e o mesmo faz ainda MacPherson.

A história intelectual tem suas raízes na primeira parte do século XX; na historiografia americana, ela se tornou independente nos anos de 1940 e 1950. A história intelectual foca as ideias que poderiam ter levado a um movimento social particular ou a um conjunto de eventos. A *História da Nova Inglaterra*, de Perry Miller, é uma história intelectual porque é organizada em torno da ideia puritana dinâmica da aliança e dos efeitos que a ideia teve sobre a vida puritana. A história intelectual supõe que as pessoas compartilham padrões de pensamento e que esses padrões mudam o modo como elas agem. Pressupõe que o conteúdo da mente pode ser conhecido e analisado com alguma certeza; dá uma importância iluminista ao pensamento como a parte mais notória do ser humano. Supõe que a ciência, a filosofia, a política, a economia e (até certo ponto) a religião começam na mente e se espalham para fora, afetando o resto do mundo.

A história social surgiu como reação à história intelectual e política, que eram vistas como elitistas e super-racionais: a primeira foca os líderes e envolve a exclusão da imensa maioria das pessoas do planeta; a segunda tem ideias exclusivistas em relação à crença religiosa, às emoções, à identidade de classe e uma centena de outros fatores. Os historiadores sociais tentam examinar os padrões de vida que se aplicam à maioria, e não à minoria. Eles têm mais chance de usar fontes não tradicionais, pelo fato de que as fontes tradicionais refletem a vida e as opiniões de uma elite muito pequena e bem instruída. Os historiadores sociais estão preocupados com a maneira como vivem as "pessoas comuns" e como os padrões dessas vidas mudaram ao longo do tempo. Eles examinam a política, a economia, as guerras, os tratados e os grandes eventos na medida em que afetam vidas individuais.

Pode haver certa superposição entre esses três campos. Influenciados pelos historiadores sociais, os historiadores intelectuais têm mais chance agora do que no passado de estudar ideias populares e sua manifestação na cultura popular (e não da elite), e o estudo das tendências econômicas pode combinar os métodos da história política tradicional com os da história social. Entretanto, há certo comprometimento aqui com alguma prioridade na ordem de importância: O que tem mais efeito sobre a história, os grandes líderes ou "as massas"? Na sua leitura de cada [tipo de] história, será que você é capaz de identificar qual é o gênero básico? Ele se encaixa com mais segurança no campo político, intelectual ou social? Será que ele está praticando uma história a partir de cima ou de baixo?

O historiador está apresentando suas qualificações? Agora que você identificou o gênero de história, passe alguns minutos [pesquisando] o historiador: qual é a tendência dele? Verifique primeiro se ele apresenta as próprias credenciais. Tucídides, escrevendo muito antes dos historiadores profissionais, explica que é bem qualificado para escrever sobre as Guerras do Peloponeso porque lutou nelas; os historiadores posteriores citam algum aspecto de sua formação ou pesquisa. Se o historiador não faz observações sobre as próprias credenciais, verifique as orelhas ou a contracapa do livro para conferir a formação acadêmica, a experiência pessoal, ou demais títulos dele. Ocasionalmente, o historiador vai explicar seu posicionamento teórico na introdução. Às vezes, você poderá achar interessante fazer uma busca do nome do autor na web. Com frequência você poderá se deparar com uma crítica ao historiador, feita por outro historiador, que poderá lançar luz sobre os propósitos de ambos.

As qualificações acadêmicas não são necessariamente a marca de um bom historiador. Contudo, os historiadores que foram formados dentro de uma universidade têm mais chance de se identificar com uma escola historiográfica particular do que os historiadores não acadêmicos (como Cornelius Ryan). Compreender a formação e o contexto de formação de um historiador pode ajudá-lo a entender com mais clareza como a obra desse historiador pode se encaixar nas categorias citadas anteriormente.

O TERCEIRO NÍVEL DE INVESTIGAÇÃO: A LEITURA RETÓRICA

Uma vez que você tenha entendido os métodos do historiador, poderá refletir sobre as implicações mais amplas de suas conclusões. O que o historiador diz, então, sobre a natureza dos seres humanos e sua habilidade de agir com um propósito – de mudar sua vida e controlar o mundo ao seu redor?

Qual é o propósito da história? Depois de ter compreendido as bases da argumentação histórica, você deve dar um passo para trás para analisar suas conclusões contra o cenário de todo o projeto historiográfico: qual é o propósito da história? Estará o historiador se vendo como alguém que estabelece seu objetivo e tem uma relação verdadeira – quem sabe inédita – com eventos passados? Estará a história pretendendo criar um sentimento de orgulho nacional? Ou atiçar um grupo de pessoas à ação ou à reforma? Será que pretende explicar as condições atuais de algum fenômeno moderno, analizando suas raízes? Estaria ele representando um modelo para as pessoas de hoje, um ideal a ser seguido, ou um alerta sobre o que deve ser evitado? Estará o historiador pretendendo corrigir exageros prévios ou ampliando afirmações anteriores incompletas? Será que você é capaz de tirar conclusões, a partir do propósito desse historiador em particular, sobre a natureza da historiografia em geral?

Essa história tem uma dinâmica progressiva? Será que a história apresenta traços de um movimento linear, rumo a um fim? Em caso afirmativo, o escritor está contando a história do avanço de um Estado menos desenvolvido para um mais desenvolvido? Ou então, do declínio de um ponto mais alto para o conflito e o caos? Que tipo de avanço ou declínio está sendo traçado: político, intelectual ou social? Ou, pelo contrário, a história está apresentando uma carência de movimento? Depois de você ter chegado a uma conclusão, pergunte-se de novo: o que o historiador pensa sobre a existência humana de uma maneira geral? Será que ela tem avançado ou será que estamos naufragando? Estaremos destinados a chegar ao topo ou condenados a despencar montanha abaixo?

O que significa ser um ser humano? Uma história sempre destaca um aspecto particular dos seres humanos como central. Para John Locke, os seres humanos não podem ser verdadeiramente humanos se não forem livres. De acordo com Mary Wollstonecraft, as mulheres não podem ser verdadeiramente humanas se não forem educadas. Já na concepção de Jacob Burckhardt, os homens não podem ser verdadeiramente humanos se não se reconhecerem primeiro como indivíduos, e só depois, em *segundo* lugar, como membros de uma comunidade. Como os homens e as mulheres são retratados nessas histórias? Será que são essencialmente trabalhadores, patriotas, membros de família, homens de negócios, animais racionais, filhos de Deus? Qual é a qualidade central deles? A que devem eles aspirar para serem [considerados] humanos?

Por que as coisas deram errado? As explicações dos historiadores para o mal revelam sua verdadeira compreensão da natureza humana. Na história que você acabou de ler, o que levou um conjunto de pessoas a ser desafiado ou perseguido por outro? O que motiva os opressores? Por que as pessoas vivem na miséria? Que motivação o historiador dá aos malfeitores? Será que as pessoas estão sendo absurdas? Será que elas são pressionadas por fatores psicológicos? Será que são até bem-intencionadas, mas impotentes diante das forças que as empurram para as más ações? Será que elas são gananciosas, se rebelam contra Deus ou estão convencidas da própria superioridade?

Qual é o lugar reservado ao livre-arbítrio? As pessoas dessa história são donas da própria sorte? Elas são poderosas ou impotentes? Se elas são capazes de afetar o próprio mundo, será que isso acontece porque elas têm prosperidade, são bem formadas ou têm poder? Ou será que os pobres e os não instruídos são igualmente capazes, à sua maneira, de moldar a própria vida? (O termo técnico para isso é *atuação*). Seriam ricos e pobres igualmente impotentes diante do curso dos eventos históricos impessoais?

Todo historiador faz uma asserção central, em algum lugar, sobre a responsabilidade: sobre a capacidade ou a impotência humana diante dos desafios históricos. Ou, então, ele pode tentar escolher o caminho do meio. Em O *Príncipe*, Maquiavel escreve: "Sei bem que muitos tiveram, e ainda têm, a opinião de que, pelo fato de as coisas do mundo serem de alguma forma governadas pela sorte e por Deus, em sua prudência os homens são incapazes de corrigi-las [...] Julgo que poderia ser verdade que a sorte seja o árbitro de metade de nossas ações;

mas que ela deixa a outra metade, ou quase isso, para ser governada por nós". (Qual seria a nossa metade?)

Que relação tem essa história com os problemas sociais? Se os historiadores deveriam estar envolvidos na política corrente ou não é um debate sem fim entre eles. Alguns sentem que os historiadores, com suas perspectivas do passado, devem estar envolvidos com as políticas cotemporâneas e com a formação da teoria social; já outros ficam horrorizados com essa "falta de objetividade". William E. Leuchtenberg destaca que os historiadores, ao auxiliar o conselho em *Brown v. Board of Education* [Brown v. Secretaria da Educação], "permitiram ao conselho de alunos negros refutar o argumento de que os criadores da 14ª emenda não pretendiam que ela desse poderes ao governo nacional para a prática da segregação na escola".[25] Esse tipo de prática de "história pública" é uma parte importante do papel do historiador. Richard Hofstadter adverte, por outro lado, que "o historiador ativista, que pensa que sua política é conduzida por sua história pode estar, na realidade, guiando sua história a partir de sua política, e assim ser levado a cometer o pecado capital do historiógrafo: perder seu respeito pela integridade, pela independência, pelo "passado" do passado".[26]

Um historiador poderá seguir qualquer um dos três caminhos em sua atitude para com os eventos sociais. Ele poderá demonstrar falta de engajamento e compromisso com o passado em si, escusando-se do esforço de fazer paralelos entre o passado e o presente. Ele poderá ainda ir para o outro extremo e seguir uma política da apologia (como fazem Paine, Locke e Friedan), escrevendo uma história [exclusivamente] para causar mudança social. Ou poderá escolher o caminho do meio, o da "defesa indireta", relacionando o passado ao presente, mas abstendo-se de fazer recomendações diretas de mudança social. Você consegue identificar o caminho que cada historiador escolheu?

---

[25] William E. Leuchtenberg, "The Historian and the Public Realm". *American Historical Review*, vol. 97, n. 1, fev. 1992, p. 1-18

[26] Ibidem.

Qual é o fim da história? Se o escritor está contando uma história de progresso histórico – de ascenção rumo a um estado superior, mais ilustrado, do ser –, o que esse "estado superior" envolve? Será que os sujeitos se tornam mais conscientes da sua comunidade, mais capazes de reconhecer a si mesmos como atores independentes, mais leais ao seu país? Ou (se essa for uma história de declínio), como o fim se distingue do começo? Como foi o declínio daquela civilização, ou daquele grupo, ou daqueles sujeitos? Como eles terminaram piores do que no começo?

Em outras palavras: qual é a finalidade da narrativa histórica? O que o historiador vê como a estrutura e a forma derradeiras da humanidade?

Qual a semelhança – ou diferença – dessa história em relação às histórias de outros historiadores que vieram antes? Um historiador interage com os fatos da história, mas também com as ideias de outros historiadores. À medida que você vai progredindo na leitura das obras dessa relação, compare suas respostas às perguntas anteriormente apresentadas, aplicadas a cada historiador. Você vê um desenvolvimento geral na maneira como se faz história?

Haverá outra explicação possível? Finalmente: dados os mesmos fatos, você chegaria a uma conclusão similar?

Esta é uma pergunta incompleta, porque você não dispõe de todas as fontes do historiador; não sabe o que ele poderia ter deixado de fora porque achou sem importância, ou quais foram os fatos deixados de lado que, nas mãos de outro historiador, poderiam ter produzido uma interpretação inteiramente diferente. Contudo, é preciso exercitar a criatividade: será que os fatos que você conhece dão margem a outra interpretação? Lytton Strachey escreve que a rainha Vitória "caiu cada vez mais sob o domínio intelectual [do príncipe Albert]", até que ele se tornou "o verdadeiro controlador das forças e das funções da Coroa [...] Albert havia se tornado, com efeito, o rei da Inglaterra". Será que as ações de Albert e Vitória (desprovidos do comentário de Strachey) admitiriam outra interpretação? À medida que você se familiariza com o processo historiográfico, pratique-o assumindo por si mesmo o papel de historiador.

RELAÇÃO COMENTADA DE LEITURAS DE HISTÓRIA

O objetivo ao ler as obras integrantes da lista a seguir será entender as mudanças da historiografia ao longo do tempo. Dessa forma, os livros estão organizados em ordem cronológica de sua composição, e não em ordem dos assuntos estudados. A relação não inclui todos os "Grandes Livros" da história – nem mesmo uma amostra destes. Uma lista assim levaria anos de trabalho contínuo (se é que poderia chegar a qualquer acordo sobre os livros que deveriam constar dela). A listagem que segue foi compilada para o leitor leigo – e não para o historiador profissional –, não focando, dessa forma, exclusivamente aqueles livros que os acadêmicos considerariam os mais importantes. Antes, combina histórias acadêmicas (como *Corra, Jordão, Corra*) com aquelas histórias populares (como *O Mais Longo dos Dias*), que deram sua contribuição à formação de nossos retratos do passado. Uma vez que a filosofia é um campo que requer suas próprias habilidades de leitura e de conhecimentos gerais, essa lista não cita as obras de Hegel, Herder e outros, cujo foco estava primordialmente na filosofia da história, em vez de na historiografia. Ela inclui obras sobre política (como *O Príncipe*, de Maquiavel; *Dos Fins da Sociedade Política e do Governo*, de John Locke; e assim por diante), pois esses ensaios que descrevem como um país deve funcionar influenciam o modo como os historiadores posteriores analisam os governos do passado.

Ao ler as obras mais antigas da relação, não se sinta obrigado a lê-las na íntegra. As histórias de Heródoto e de Tucídides são bastante longas e detalhadas; não é necessário dominar cada detalhe das guerras dos gregos para entender a natureza básica dos conflitos. No entanto, as obras posteriores, construídas em forma de debate, devem ser acompanhadas do começo ao fim. Já nas histórias que oferecem uma série de incidentes relacionados uns aos outros, uma ou mais dessas ocorrências podem ser deixadas de lado sem perder significativamente a compreensão. Como não é necessário que o historiador amador leia cada palavra de Santo Agostinho, Hume, Gibbon ou Tocqueville, a lista sugere edições resumidas desses originais.

HERÓDOTO

Histórias, 441 a. C.

Edições recomendadas: *História*. Trad. Mário da Gama Kury. Brasília: UnB, 1988

História: O Relato Clássico da Guerra entre Gregos e Persas. Trad. José Brito Broca. São Paulo: Ediouro, 2001.

No início do Livro II de *Histórias*, Heródoto nos conta solenemente a história de dois bebês recém-nascidos, que, como foram criados em silêncio, pronunciaram suas primeiras palavras em frígio – o que provaria que os frígios são a raça mais antiga da Terra. "Eu ouvi essa versão da história dos sacerdotes de Hefesto em Mênfis", informa-nos Heródoto, "mas a versão grega inclui [...] muitos outros absurdos". Essa tentativa de separar a verdade da ficção demonstra o desejo de precisão de Heródoto, o que lhe rende o título de "pai da história". Usando contos de viajantes, histórias de sacerdotes e registros de testemunhas oculares, Heródoto não trata o passado de forma romântica, mas realista, avaliando reis e heróis do passado como pessoas reais e não como heróis legendários.

Heródoto tem um propósito mais amplo do que os historiadores anteriores: "Pretendo cobrir igualmente os assentamentos humanos maiores e menores", declara ele, mas seu objetivo primordial é narrar em detalhes o conflito entre os gregos e os persas, cujo rei, Ciro, foi o primeiro a pôr os olhos na península grega. Contudo, Heródoto promete ir além de uma mera descriçao da guerra: ele revelará as raízes de todo o conflito. Creso da Lídia, um rei fabulosamente rico, que temia o poder crescente de seu vizinho persa, Ciro, pensa que poderá se beneficiar do favor adicional dos deuses, e, assim, faz um sacrifício a Apolo, a fim de trazer os deuses gregos para o seu lado. Então ele ataca Ciro, que o derrota e o arrasta para a Pérsia, para queimá-lo vivo. Quando Apolo intervém para resgatar Creso, Ciro transfere sua ira para a Grécia. No esforço de separar a verdade da lenda, Heródoto não elimina a intervenção divina da esfera da "verdade", e em sua avaliação do grau de confiabilidade das evidências ele coloca as histórias contadas pelos sacerdotes no topo da lista. Seu senso de diferença histórica é pouco desenvolvido (três persas debatem, em termos bastante gregos, a superioridade da democracia, da oligarquia ou da monarquia como formas de governo). No entanto, ele não apresenta novas distinções, por exemplo entre o uso das fontes *literárias*, como os épicos (que têm que ver com heroísmo, ambição e outras qualidades humanísticas), e o uso de relatos de testemunhas oculares, que revelam *fatos*.

No restante de suas *Histórias*, Heródoto descreve a ascensão de Ciro ao poder, os reinados subsequentes de Cambises e Dario, e os detalhes da guerra que se iniciou sob Dario. Seus relatos das batalhas de Maratona, após a qual um mensageiro corre 42 quilômetros com notícias da vitória dos gregos e depois morre; de Termópilas, onde um bando de espartanos heroicos se sacrifica para cobrir a retirada dos gregos; de Salamina, a batalha naval decisiva da guerra; e de Plateias, a vitória final dos atenienses sobre os soldados persas; tornaram-se a fonte central para todos os historiadores posteriores aos gregos e suas guerras. E sua atenção cuidadosa em relação à estratégia militar foi por séculos um modelo de história militar.

TUCÍDIDES

História da Guerra do Peloponeso, 400 a.C.

Edições recomendadas: *História da Guerra do Peloponeso*. Trad. Mário da Gama Kury. Brasília: UnB, 1987.

História da Guerra do Peloponeso. Livro I, Edição bilíngue. 2. ed. Trad. Anna Lia Amaral de Almeida Prado. São Paulo: Martins Fontes, 2008.

Com a ameaça persa suspensa, as cidades-estado gregas – Atenas e Esparta – se confrontaram em uma série de conflitos devastadores conhecidos popularmente como Guerra do Peloponeso. O aristocrata ateniense Tucídides foi general até 424 a.C., quando perdeu uma importante batalha e foi exilado. No exílio, começou a escrever a história desse conflito. Embora a guerra ainda não tivesse terminado, Tucídides já havia ouvido lendas e distorções, e desejava corrigir esses relatos. "Temo que a ausência de romance em minha história", escrevia ele de modo austero, "vá reduzir alguma parcela de seu interesse; mas se [meus escritos] forem julgados úteis por aqueles pesquisadores que desejarem um conhecimento exato do passado [...] ficarei satisfeito" (I:22). Tucídides vê sua obra, e a prática da história em geral, como um padrão de vida, uma vez que (de acordo com ele) esse conhecimento exato do passado pode servir "de chave para o futuro, que, com toda probabilidade, vai reproduzir o passado ou assemelhar-se a ele".

Tucídides, da mesma forma que Heródoto, começa a traçar sua gênese bem antes da guerra, mas está consciente das dificuldades envolvidas em escrever sobre o passado distante: "Por causa da quantidade de tempo que se passou", escreve ele, "fui incapaz de obter informação precisa sobre o período que precedeu a guerra [...] [Entretanto,] eu não acho que esse período tenha sido muito importante em relação à guerra ou a qualquer outra coisa". Essa total rejeição do início da história da península Grega pode gerar certa apreensão nos historiadores modernos, mas Tucídides não vê a civilização grega como dependente de nada que tenha vindo antes; ela é singular e desprovida de ancestrais.

Ao contrário de Heródoto, que registra uma imensa diversidade de dados, Tucídides aborda e seleciona os fatos a fim de moldar sua história final de maneira deliberada: ele é um ateniense, que, mesmo no exílio, mostra uma parcialidade clara em favor da causa ateniense. Em *História da Guerra do Peloponeso*, Atenas luta primeiro contra Corinto e várias colônias coríntias; em seguida, é envolvida em um conflito com a aliada de Corinto, Esparta. Ao contrário de Heródoto, Tucídides recusa-se a atribuir quaisquer eventos históricos à intervenção dos deuses; em vez disso, descreve as longas negociações políticas entre as partes, a rede complexa de alianças entre as cidades-estado gregas e as condições incertas da Grécia, desde o fim da guerra com a Pérsia. Seu relato mostra uma Atenas em lento declínio, enfraquecida pela perda de seu grande homem de Estado, Péricles, [vencido] pela peste e pela derrota desastrosa na Sicília. Atenas chama Alcibíades – seu general mais famoso, desacreditado – de volta para tentar reaver sua dignidade, e Tucídides coloca um tom de esperança nesse reforço. Então, a história é interrompida; Tucídides morreu sem terminá-la. Atenas (como sabemos por outros relatos) foi forçada a se entregar.

PLATÃO

A República, 375 a.C.

Edições recomendadas: *A República*.
Trad. Maria Helena da Rocha Pereira. Lisboa: Imprensa Nacional, 2007.

A República. Trad. Anna Lia Amaral de Almeida Prado.
São Paulo: Martins Fontes, 2006.

A imagem que Platão tem da civilização ideal serviu de modelo para grupos de historiadores posteriores, que compararam suas nações ao protótipo de Platão. *A República* usa figuras reais e históricas como porta-vozes dos argumentos do próprio Platão. O livro começa com as festividades em que Sócrates e vários outros filósofos notáveis discutem a composição das sociedades humanas, que devem ser (acima de tudo) justas. Eles definem a justiça como um compromisso, reforçado pelo Estado, a fim de manter os cidadãos seguros. Sócrates – que preferia que a justiça fosse natural, em vez de construída – leva-os a descrever como seria uma sociedade justa. Eles inventam um país, cujas divisões de classe rígidas são livremente aceitas pelos cidadãos, que sabem muito bem o lugar para o qual cada um havia nascido; lá a educação é universal (pelo menos, para os homens); os cidadãos agem para o bem de seu país e não para seu próprio prazer (uma vez que este último sempre acaba levando ao tédio e à insatisfação); a prática racional da eugenia encoraja os fortes e inteligentes a terem filhos, enquanto os doentes são silenciosamente recolhidos das vistas [das pessoas]. O líder desse país seria um rei-filósofo, um homem dotado não apenas de poder, mas também de sabedoria, que entende que tudo o que vemos não passa de sombras do Real. Ao governar, ele tenta guiar sua nação para a conformidade com o Real, em vez de dar ouvidos à vontade das massas. Sua tarefa é captar o Real e, por meio dele, descobrir a justiça, que é em si mesma um Ideal. E essa conclusão, é claro, exibe a marca registrada da autoridade de Sócrates.

Poucos historiadores atuais ousariam copiar esse método, mas a disposição de Platão de pôr palavras na boca de Sócrates demonstra sua própria visão da história: a historiografia envolve a descoberta de ideias, não de "fatos históricos", que (afinal de contas) não passam de sombras. Se Platão expressa o Ideal (que existe independentemente de Platão ou de Sócrates) e o faz da maneira como Sócrates poderia ter feito, está praticando uma história bem precisa, está aderindo à verdade. O uso que Platão faz do diálogo socrático para revelar suas conclusões também pode ser considerado "histórico"; afinal, Sócrates contribuiu para nosso conhecimento do Real, por sua invenção da técnica do diálogo e, desse modo, continua fazendo parte da procura pelo Ideal.

PLUTARCO

Vidas, 100-125 d.C.

Edições recomendadas: *Vidas dos Homens Ilustres*. Trad. Sady Garibaldi. 9 vol. São Paulo: Athena, 1939.

Vidas Paralelas: Demóstenes e Cícero. Tradução do grego, introdução e notas de Marta Várzeas. Porto: Universidade do Porto, 2010. Disponível em: https://bdigital.sib.uc.pt/jspui/bitstream/123456789/47/1/plutarco_vidas_demostenes_cicero.pdf. Acesso em: 18 set. 2014.

Vidas. Trad. Jaime Bruna. São Paulo: Cultrix, s.d.

Vidas Paralelas – Teseu e Rômulo. Trad. Delfim F. Leão e Maria do Céu Fialho. Coimbra: Centro de Estudos Clássicos e Humanísticos da Universidade de Coimbra, 2008.

Plutarco é o primeiro biógrafo no sentido moderno; ele elabora a crônica da vida de homens como homens, em vez de tratá-los como elementos de um esquema maior dos eventos históricos. Para Plutarco, as vidas de grandes homens *são* o quadro mais amplo dos eventos históricos. A história é formada pelos famosos, pelos poderosos e pelos privilegiados. Plutarco deu início a uma tradição de escrita biográfica que permitiu a Thomas Carlyle observar, centenas de anos mais tarde, que a "história realizada nesse mundo pelos homens é, no fundo, a história dos Grandes Homens que trabalharam aqui".

Na medida em que escreve, Plutarco articula as realizações e a vida privada de cada um dos biografados: "Os maiores atos de bravura", escreve ele, "nem sempre nos fornecem as descobertas mais claras da virtude ou do vício nos homens: às vezes uma questão de importância menor, uma expressão ou um gracejo informam-nos mais sobre seu caráter e suas inclinações". Além disso, o público e o privado estão inexoravelmente misturados; a vida privada revela o caráter, e o caráter determina o curso da história. Assim, ficamos sabendo das grandes batalhas de Rômulo e também de sua vontade suprema de conquistar, o que transformou aquelas batalhas em vitórias – uma qualidade que o levou, em seus últimos dias, a insistir em ser acompanhado para todo lado por jovens homens, que carregavam correias de couro que lhes permitiam amarrar e prender imediatamente qualquer um.

Plutarco conta as histórias dos heróis gregos e romanos aos pares, concentrando-se em suas virtudes e vícios comuns. Para Plutarco, a história é um empreendimento moral, e as figuras históricas são modelos a serem seguidos ou evitados. Assim, sobre a dupla Alcibíades (o herói ateniense) e Coriolano (que aparece em uma tragédia de Shakespeare, bem mais tarde), ficamos sabendo que Alcibíades era gracioso e charmoso, mas movido por "ambições e desejo de superioridade", e que Coriolano tinha "uma natureza generosa e valorosa", mas, em razão da falta de disciplina quando jovem era escravo de um "temperamento arrogante e imperioso". Ambos os homens mancharam suas carreiras, porque se gabaram de ser controlados por seus erros. Plutarco, porém, atribui a Coriolano um limite moral, uma vez que era um homem reto e correto (apesar de temperamental), enquanto Alcibíades era "o menos escrupuloso [...] de todos os seres humanos". A moral é essa: um pavio curto é um empecilho, mas um comportamento inescrupuloso é um erro fatal. Essas biografias são fábulas para orientar o desenvolvimento moral; como Plutarco escreve: "As virtudes desses grandes homens [...] me [servem] como uma espécie de espelho, pelo qual posso ver como ajustar e adornar minha própria vida".

SANTO AGOSTINHO

A Cidade de Deus, Completada em 426

Edição recomendada: *A Cidade de Deus Contra os Pagãos.*
Trad. Oscar Paes Leme. Petrópolis: Vozes / Federação Agostiniana Brasileira de São Paulo, 1999.

Santo Agostinho, nascido no norte da África, é conhecido por sua elaboração da doutrina do pecado original, na qual afirma que todo homem herda o pecado de Adão ao nascer e permanece centrado em si mesmo, a menos que seja chamado por Deus para servi-lo. *A Cidade de Deus* argumenta que a comunidade dos adoradores de si mesmos (a cidade terrena) e o reinado dos seguidores de Deus (a cidade de Deus) vivem inextricavelmente misturados na Terra. As tensões presentes na história acontecem porque as duas cidades, que têm fins diferentes, são forçadas a viver lado a lado.

Santo Agostinho tem o cuidado de explicar que a cidade de Deus não é idêntica à Igreja, uma vez que nem todo membro da Igreja adora Deus realmente. Essa cidade também não é feita apenas de indivíduos cristãos, visto que a Igreja em si é o lugar em que Deus escolhe trabalhar na terra. Da mesma forma, a cidade terrena não é composta simplesmente de pessoas que não seguem Deus; nem é idêntica a qualquer governo em particular. Em vez disso, a cidade terrena é o lugar em que os homens são guiados por seus desejos, e o desejo mais poderoso é o desejo de poder. Na cidade terrena, escreve Santo Agostinho, "os príncipes e as nações que se submetem a ela são motivados pelo desejo de governar". Ao contrário de Platão, Santo Agostinho não vê nenhuma maneira pela qual uma condição terrena possa ser justa, porquanto só pode impor justiça pelo exercício do poder e esse poder é sempre falho. "A verdadeira justiça", observa, "não tem existência a não ser naquela república cujo fundador e governador é Cristo".

Entretanto, a Cidade de Deus pode coexistir com algumas cidades terrenas com mais facilidade do que com outras. Santo Agostinho define um estado ou uma comunidade como um grupo de pessoas ligadas umas às outras pelo amor comum por um objeto. Essa comunidade terá "um povo superior, na proporção em que são ligados por seus interesses superiores; e um inferior, na proporção em que são ligados por interesses inferiores". A Cidade de Deus é o tipo mais elevado de comunidade, visto que o liame que interliga seus cidadãos é o amor a Deus, mas os estados terrenos mais ligados ao amor pela paz são muito superiores aos que estão interligadas pelo desejo de poder. Os membros da Cidade de Deus que também querem viver em paz podem cooperar com um estado terreno que visa à paz, mas sempre estarão em oposição a um estado governado por um tirano. "A cidade terrena", conclui Santo Agostinho, "que não vive pela fé, busca uma paz terrena [...]. A Cidade de Deus faz uso dessa paz porque precisa dela, até que a condição mortal que dela necessita morra [...] Assim, já que essa vida é comum a ambas as cidades, existe harmonia entre elas". Mantendo os olhos firmemente focados na realização derradeira, não terrena, da Cidade de Deus, Santo Agostinho expõe princípios pelos quais um estado terreno pode ser governado.

SÃO BEDA

História Eclesiástica das Gentes dos Anglos, 731

Edição recomendada: *História Eclesiástica das Gentes dos Anglos. Livro I.* Trad. Assunção Medeiros. Revisão: Ricardo da Costa. Disponível em: http://www.ricardocosta.com/traducoes/textos/historia-eclesiastica-das-gentes-dos-anglos-livro-i. Acesso em 18 set. 2014.

O livro de história de São Beda é um dos primeiros a contar a história de uma *nação* – uma entidade política, que se opõe a um grupo étnico, como o dos "gregos". São Beda usa o passado para construir um senso de identidade nacional, o que é uma façanha, visto que a Inglaterra começou como uma mixórdia de reinos dinamarqueses que só foram reunidos sob um único rei duzentos anos depois da morte de São Beda. No entanto, mesmo que os "ingleses" falassem cinco línguas e tivessem uma dúzia de reis menores, São Beda os via como tendo uma só identidade: "Atualmente", escreveu ele, "há cinco línguas na Grã-Bretanha, da mesma forma que a lei divina está escrita em cinco livros, todos devotados a procurar e promover um só tipo de sabedoria".

São Beda empresta de Agostinho (de Canterbury, que não deve ser confundido com Santo Agostinho de Hipona, que escreveu *A Cidade de Deus*), a visão de que o reino da Inglaterra tinha fronteiras mais espirituais do que físicas (talvez porque as fronteiras físicas fossem bem difíceis de definir em meados do século VIII). Assim, sua história é uma "História Eclesiástica" do povo inglês. São Beda começa descrevendo os primeiros habitantes da Bretanha e da Irlanda (os pictos, que vieram originalmente da Escócia); prossegue com a ocupação romana da Bretanha; detalha as batalhas contínuas entre os bretões nativos e os anglos invasores; e finalmente chega à visita de Agostinho (de Canterbury), que é a reviravolta em sua narrativa. Agostinho estabelece a *ecclesia anglorum*, uma igreja distintamente inglesa, que articula todas as várias raças da Inglaterra em uma unidade espiritual. Depois desse ponto, os reis ingleses passam a merecer relativamente pouca atenção (Aelfrith, que era "ignorante da religião divina", ganha um parágrafo) e Agostinho, o rei espiritual da Inglaterra sob o imperador espiritual papa Gregório, torna-se a estrela (a ele são dedicados nove longos parágrafos). A *História Eclesiástica das Gentes dos Anglos* prossegue nesse estilo, alternando breves descrições de reis com relatos mais longos sobre bispos.

A advertência de Gregório a Agostinho demonstra preocupação em estabelecer uma prática comum para a fé que agora une os ingleses. "Faça uma seleção cuidadosa [dos costumes de várias igrejas]", ordena ele a Agostinho, "e empenhe-se em ensinar à igreja dos ingleses, que ainda é nova na fé, a experiência que você foi capaz de agregar das outras igrejas [...] E quando tiver juntado tudo isso como num pacote, faça com que as mentes dos ingleses se acostumem a isso". Essa é exatamente a história que São Beda conta; a Inglaterra é um país cheio de pessoas diferentes, que estão, ainda sim, unidas em seu conhecimento de Deus. A *História Eclesiástica das Gentes dos Anglos* termina com uma celebração nacional da Páscoa, que simboliza o "ponto de chegada" da progressão nacional. Finalmente, a disputa quanto à data exata dessa festividade foi resolvida (há uma discussão longa e detalhada desse processo), e, ao harmonizarem-se com o resto da cristandade, os ingleses demonstraram sua maturidade, não apenas como nação, mas como cidadãos do reino de Cristo.

NICOLAU MAQUIAVEL

O Príncipe, 1513

Edição recomendada: *O Príncipe*. Trad. Maurício Santana Dias. São Paulo: Penguin Classics/Companhia das Letras, 2011.

No caos político da Itália renascentista, com as cidades-estado de Veneza, Milão, Nápoles e Florença em luta para conquistar seus próprios interesses, Maquiavel oferece sua cartilha de técnicas políticas. Ele não escreve uma história, mas seu método é histórico. Cada técnica é sustentada por uma prova histórica, exemplos tirados de tempos passados que mostram que suas conclusões são verdadeiras.

Maquiavel começa com um levantamento dos diferentes tipos de territórios, estados e reinos que um príncipe pode governar. Embora suas reflexões sobre os diferentes tipos de estados renascentistas (principados, hereditários ou adquiridos; principados mistos; reinados; e assim por diante) possam parecer irrelevantes, ele usa essas formas altamente particulares de governo para fazer afirmações sobre a natureza dos homens quando massificados. No Capítulo 3, por exemplo: "Sobre os Principados Mistos", ele progride de uma descrição dos principados mistos até uma afirmação importante para a filosofia política: "Os homens mudam de senhor de forma voluntária, quando acreditam que isso os tornará melhores". Longe de terem sentimentos de lealdade, os súditos ficam gratos por trocar de governante, desde que acreditem que isso resultará em uma ordem nova e melhor.

Depois de explicar o caráter dos governados, Maquiavel prossegue descrevendo as qualidades de um governante, dando exemplos históricos para cada qualidade que recomenda, voltando à abordagem da biografia-como-fábula de Plutarco. "Um homem prudente deveria sempre seguir as trilhas abertas por grandes homens e imitar aqueles que foram os melhores, de modo que, se a sua virtude não conseguir alcançar o mesmo nível, ao menos sentirá um perfume dele." As referências históricas de Maquiavel remontam a Moisés: "Foi necessário a Moisés encontrar o povo de Israel [...] escravizado e oprimido pelos egípcios, para que ele, a fim de escapar da servidão, estivesse dispostos a segui-lo". Esse se torna o primeiro dos princípios: o governador eficiente sempre apelará para a miséria de seu povo a fim de aperfeiçoar sua autoridade moral sobre ele.

Para Maquiavel, "bom" significa "útil", o que o levou a ganhar reputação de cúmplice desprovido de moralidade. Mas ele tem moralidade, sim. No esquema de Maquiavel, o "bem" significa a prosperidade do país. (Ele termina *O Príncipe* com um apelo a Lorenço de Médici para vir e resgatar sua cidade em dificuldades.) E uma vez que a prosperidade do país beneficia seus membros individuais, as ações tomadas pelo príncipe que possam parecer perversas na verdade se tornam "boas", desde que beneficiem o Estado e seu povo. Na verdade, Maquiavel vê a perversidade sustentada como uma má opção, tanto para o príncipe quanto para o país. Um único ato cruel, nota ele, pode ser necessário "em um só golpe em razão da necessidade de se impor", mas a crueldade contínua significa que o príncipe precisará governar sempre "com a faca na mão; e também não poderá confiar nunca em seus súditos". Em *O Príncipe*, a política não está baseada no "ideal", mas no "real" – e continuar no poder é a maior realidade de todas.

SIR THOMAS MORE

Utopia, 1516

Edições recomendadas: *A Utopia ou Tratado da Melhor Forma de Governo.* Trad. Paulo Neves. Porto Alegre: L&PM, 2000.

Utopia. Trad. George M. Logan; Robert M. Adams; Jefferson Luiz Camargo; Marcelo Brandão Cipolla. São Paulo: Martins Fontes, 1999.

Platão descreve uma sociedade ideal; Maquiavel, a sociedade que aí está; Thomas More, por sua vez, escreve uma "história imaginária", propondo uma sociedade que *poderia* funcionar. Ele se coloca nessa sociedade, contando a história de um personagem chamado Thomas More, que, um belo dia, depois da missa, depara-se com um viajante chamado Raphael Hythloday (o nome é inventado a partir de uma combinação de palavras gregas e significa algo como "contador talentoso de bobagens"). Hythloday descreve suas viagens para um lugar distante chamado Utopia (ou "Não Lugar"). Como um romancista, More usa a velha forma da narrativa de viagem satírica, acompanhando Hythloday por sua terra imaginária, que incorpora uma coleção eclética de princípios clássicos e neotestamentários. Utopia tem 54 cidades idênticas, todas iguaizinhas, que estão a exatamente 38,5 quilômetros de distância umas das outras. Todos os cidadãos têm a mesma condição de vida; todos se revezam no trabalho de campo, pois as terras são propriedade coletiva. O preço das coisas é baseado em sua utilidade, e não na escassez (de modo que o ouro não vale nada). Todo mundo acredita em algum tipo de Poder Divino, mas não é permitido a nenhuma seita religiosa fazer proselitismo, visto que "se uma religião fosse mesmo verdadeira e as demais, falsas, cedo ou tarde a verdade prevaleceria por sua própria força natural, e para isso bastava apenas que os homens refletissem sobre o assunto de forma razoável e com moderação". Essa "moderação" é o ponto central da *Utopia* de More, baseada na habilidade (e boa vontade) de todos os homens exercitarem tanto a razão quanto a abnegação, fazendo a coisa certa por vontade própria. More, assim como Agostinho, parece ser cético quanto à possibilidade de um estado cristão (que necessitaria de ameaças e violência para impingir sua fé), mas descreve um estado em que uma ética cristã não assumida impregna toda lei: "Nenhum homem", escreve More, "deve sustentar uma opinião [...] tão torpe sobre a natureza da dignidade humana [...] que suponha que o mundo gire ao acaso sem qualquer controle da providência divina. Consequentemente, eles acreditam que, depois dessa vida, os vícios serão punidos de forma extrema e as virtudes, caridosamente recompensadas". Sem esse contexto religioso compartilhado, Utopia – da mesma forma que a Inglaterra de São Beda – não teria qualquer coerência.

JOHN LOCKE

Segundo Tratado sobre o Governo, 1690

Edição recomendada: *Segundo Tratado sobre o Governo Civil.* Trad. Magda Lopes e Marisa Lobo da Costa. São Paulo: Vozes, s.d. Disponível em: http://www.xr.pro.br/IF/LOCKE-Segundo_Tratado_Sobre_O_Governo.pdf. Acesso em: 12 jul. 2013.

John Locke viveu em um tempo de hostilidade crescente contra as monarquias, mas assim mesmo defende alguns monarcas. Décadas antes, o Parlamento e os cidadãos ingleses haviam executado o rei da dinastia Stuart para favorecer a república inglesa de Oliver Cromwell, mas acabaram se cansando das medidas draconianas de Cromwell e trouxeram os Stuart de volta para a Inglaterra. Infelizmente, os herdeiros homens dos Stuart se provaram tão incompetentes que, em 1688, os ingleses colocaram uma filha Stuart no lugar deles: Mary, que, com seu marido holandês, William, foi autorizada a ser rainha apenas sob a condição de que cooperasse com o Parlamento. Essa "Revolução Gloriosa" (gloriosa porque foi sem derramamento de sangue) estabeleceu uma monarquia contratual, em que o poder começa a se afastar do monarca em direção ao Parlamento, que (teoricamente) tinha a representatividade do povo.

Locke escreve em apoio à revolução. A autoridade política, argumenta Locke, deve ser exercida apenas para proteger a propriedade. Quando o homem está em "estado natural", ele deve proteger a própria propriedade, o que o força a ficar em constante estado de guerra; em vez disso, os homens podem se reunir em uma "comunidade" e formar um governo, ao qual eles delegam a tarefa de preservar o direito de cada homem à sua propriedade.

Esse contrato entre os homens e seu governo exige que os homens "abram mão [...] de certo tipo de liberdade", mas Locke vê isso como imprescindível em razão da ganância do homem: "Pois, se o homem pudesse conviver pacífica e calmamente, sem se unir sob determinadas leis e crescer como comunidade, não haveria necessidade de magistrados ou políticos, que só são necessários para preservar os homens nesse mundo da fraude e da violência de um contra o outro". Além do mais, trata-se de uma entrega bastante limitada, visto que o governo deve se preocupar apenas com questões de propriedade. Trata-se de "um poder que não tem outra finalidade a não ser a preservação, e por isso não pode ter nunca o direito de destruir, escravizar ou empobrecer premeditadamente seus súditos".

Mas Locke não acredita que o governo se limitará a um campo de ação tão estreito. Então, sugere que o governo tenha três ramos: o legislativo, para fazer leis de proteção à propriedade; o executivo, para supervisionar sua aplicação ("Seria uma tentação muito grande para o ser humano limitado, que tende a se agarrar ao poder, se as mesmas pessoas tivessem o poder de criar as leis e o poder de executá-las"); e, finalmente, o "federativo", para lidar com as forças estrangeiras. Contudo, se essa separação de poderes não impedir que o governo ultrapasse os limites de suas responsabilidades, o governo pode ser dissolvido. A comunidade deu-lhe poder, e a comunidade pode tomar o poder de volta, e "erigir um novo [poder] legislativo [...] como acharem mais propício para sua segurança e seu bem". O ensaio de Locke termina sem responder uma questão inquietante: uma vez que essa autoridade comum é eleita pelos que têm propriedades, e, se o governo é responsável por aqueles que o elegeram, o que acontece com os que não têm propriedade?

DAVID HUME

The History of England [A História da Inglaterra] Volume V, 1754

Edição recomendada: Não há edição em português.

David Hume começou a escrever uma história da Inglaterra que poderia, ao estilo iluminista, demonstrar o exercício não tendencioso da razão. À semelhança de Locke e muitos outros, ele preferia ver limites parlamentares [impostos] ao poder real. Entretanto, Hume rejeita os argumentos dos historiadores contemporâneos, que insistiam que os ingleses sempre foram livres, e que os monarcas tiranos se apoderaram de direitos que pertenciam historicamente ao povo. Uma análise científica do passado, insistia Hume, mostraria que os reis ingleses geralmente agiam sem consultar o Parlamento ou qualquer outra corporação de conselheiros e (na verdade) eram mais fortes quando agiam assim. Quando o Parlamento chamou o monarca à responsabilidade, isso abriu um precedente histórico.

Assim, Hume iniciou sua história da Inglaterra com os reis Stuart; foi nesse ponto, escreveu ele, que a crescente agressividade da Câmara dos Comuns forçou os monarcas à reação. Em sua visão, os erros do Parlamento produzem a mesma inquietação, na Inglaterra, que qualquer erro por parte dos reis Stuart provocaria. Ele escreve:

> As reuniões do Parlamento eram tão precárias, suas sessões tão curtas, comparadas às suas horas de descanso, que, enquanto o povo olhava para o céu em busca de poder soberano, só mesmo o príncipe estava em condições de derrotá-los como o único magistrado permanente investido

> de toda a majestade e autoridade do Estado [...]. Para a grande maioria, então, a monarquia, simples e genuína, era concebida como o governo da Inglaterra; e as assembleias populares supostamente serviriam para *nada mais que enfeitar* aquela estrutura, sem serem sob hipótese alguma essenciais para seu ser e sua existência.

Hume foi imediatamente acusado de "preconceito conservador" ao apoiar o direito da monarquia de fazer o que bem entendia. Mas Hume, cético que era, rejeitava quaisquer pretensões da coroa ao privilégio divino. Por outro lado, ele subestimava as massas e pensava que qualquer governante capaz de manter a paz e a prosperidade no país deveria estar no poder, não importa quais fossem os argumentos políticos a favor dele ou contra ele (um ponto de vista "utilitarista").

Hume não buscava métodos científicos de pesquisa, nem selecionava suas fontes com cuidado, de modo que *The History of England* [A História da Inglaterra] está repleta de erros menores (e às vezes maiores) acerca dos fatos. A história dele é "esclarecida" não por seu método, mas por causa de seus objetivos: ele não tinha intenção de provar nenhum ponto de vista, e sim escolher qualquer história contada no passado para retransmiti-la a um público mais amplo. "A primeira qualidade do historiador é ser verdadeiro e imparcial", escreveu a um amigo; "a outra é ser interessante".

JEAN-JACQUES ROUSSEAU

O Contrato Social, 1762

Edição recomendada: *O Contrato Social: Princípios do Direito Político.*
Trad. Antônio de Pádua Danesi e Edison Darci Heldt.
São Paulo: Martins Fontes, 2006.

Tanto Locke quanto Rousseau veem o governo como um contrato – mas Rousseau, ao contrário de Locke, acredita que o homem aceita esse contrato com uma bondade inata. Para Rousseau, o homem, em seu estado natural, tem um senso moral (ele é o "bom selvagem", não civilizado, mas naturalmente ético). Entretanto, embora o homem possa ser naturalmente bom, suas estruturas sociais são más, particularmente aquelas que incentivam a propriedade particular. A propriedade é o pecado original da humanidade: tudo despencou ladeira abaixo a partir da primeira vez que um homem disse "isso é meu". Mas a salvação é possível por meio do contrato social.

Esse contrato social é um pacto que os homens fazem por acordo mútuo. O modelo de Rousseau para isso é a família; ele argumenta que pais e filhos (as mães parecem ter sido excluídas desse retrato) abrem mão de parte de sua liberdade "para seu próprio benefício": os filhos ganham proteção, o pai ganha amor. Da mesma forma, o "Estado" é uma associação em que os membros ganham proteção e o Estado (em vez de amor), o prazer de governar. Nesse pacto, a liberdade é preservada, porque todos os seus membros abrem mão dos mesmos direitos para se associar: "Como cada um abre mão de si mesmo totalmente, a condição é igual para todos [...]. Ninguém tem qualquer interesse em tornar-se um fardo para os outros". Cada membro tem poder sobre os outros membros, e isso é a essência do contrato social. "Cada um de nós coloca sua pessoa e todo seu poder sob a direção suprema da vontade geral [...]. Esse ato de associação produz um corpo moral e coletivo [...] chamado por seus membros de Estado, quando está passivo, e de Soberano, quando está ativo."

Rousseau prossegue definindo as leis como a vontade de todo o povo, esboçadas pelo legislativo e impostas pela vontade geral do povo. Enxerga, no entanto, uma possível falha: "Por si mesmo, o povo sempre deseja o que é bom", mas, infelizmente, "nem sempre é capaz de discerni-lo". Por isso, o povo necessita de um legislador – um "grande homem" capaz de ver claramente do que [o povo] necessita, mesmo quando o povo não o vê por si mesmo. Esse grande homem, porém, não é um ditador, porque embora seja ele quem escreve a Constituição de um Estado, não tem o papel de impingi-la. É o povo que impingirá as leis – presumivelmente porque reconhecerá nelas aquele "bem" que desejava, mas não estava em condições de articular por si mesmo. Os esforços de Rousseau de explicar como isso funcionaria na vida real levam-no a inúmeras contradições. Entretanto, em *Contrato Social*, ele mesmo assume o papel do legislador; ele é o "grande homem", capaz de discernir o que as massas não são capazes [de reconhecer], e poderá deixar sua execução para outros sem maiores problemas.

THOMAS PAINE

O SENSO COMUM, 1776

Edição recomendada: *O Senso Comum*. Trad. Ricardo Doninelli-Mendes. Porto Alegre: L&PM, 2009.

Dando continuidade à tendência de uma era que estava distante de um Estado ativo e poderoso, Thomas Paine observou que o melhor governo era aquele que governava menos (princípio que ficou mais conhecido como *laissez-faire*). Autor que viveu na época da Revolução Americana, Paine foi menos filósofo político do que propagandista, determinado a convencer os colonos (e os cidadãos da Pensilvânia em particular) de que a monarquia estava morta.

Paine começa traçando uma distinção entre governo e sociedade. A sociedade, escreve ele, "é produzida por nossas vontades, e o governo, por nossa fraqueza [...]. A primeira é um patrão, o segundo, um algoz. A sociedade é uma bênção, mas o governo, mesmo em seu melhor estado, não é nada mais do que um mal necessário; e em seu pior estado, um mal intolerável". A sociedade é o que as pessoas se reúnem para fazer juntas; o governo se faz necessário na sociedade por causa da "incapacidade da virtude moral de governar o mundo". Para Rousseau, sociedade e Estado eram a mesma coisa. Para Paine, o "Estado" é o convidado indesejado, o policial que tem de ficar no quarto de hóspedes para proteger "a vida, a liberdade e a propriedade", mesmo que ninguém da família o queira realmente por lá.

Esse governo "policial" não deve ser uma monarquia. Para provar isso, Paine expõe uma história do mundo em que já reinou a igualdade idílica. Nos "primórdios das eras do mundo", escreve ele, "de acordo com a cronologia das escrituras, não havia reis; a consequência disso é que não havia guerras; foi a soberba dos reis que lançou a humanidade na confusão". Paine defende esse vago tempo antigo de igualdade como seu ideal (referindo-se à calma vida rural dos patriarcas e ignorando os detalhes violentos do Gênesis). A fim de reinstituir essa inocência pastoral no presente, era preciso que delegados de todas as colônias participassem de uma assembleia anual, na que disputavam na sorte quem seria presidente por um ano. Esse presidente não é nada mais do que aquele que preside a assembleia, que só aprovará as leis aprovadas por pelo menos três quintos da assembleia. Isso deveria limitar falhas, uma vez que todos os delegados juntos servem para controlar a ambição uns dos outros. Paine teme que se qualquer homem ficar no poder por muito tempo (sendo quatro anos um período impensável), inevitavelmente se tornará um tirano – como o monarca inglês, que está ocupado demais defendendo seu próprio poder em vez de proteger a vida, a liberdade ou a propriedade das colônias americanas. Só Deus está livre desse impulso de tiranizar: "Mas onde está, dizem alguns, o rei dos Estados Unidos? Vou lhe dizer, meu amigo, ele reina lá no alto e não devasta a humanidade como os brutamontes monarquistas britânicos".

EDWARD GIBBON

Declínio e Queda do Império Romano, 1776-1788

Edição recomendada: *Declínio e Queda do Império Romano.* Trad. Maria Emilia Ferros Moura. Lisboa: Difusão Cultural, 1994.

O grande legado de Gibbon foi escrever uma história que tentasse, em bom estilo iluminista, analisar *todas* as causas possíveis desse efeito, imensamente amplo e complexo, que foi o declínio e a queda de Roma. Ele também recorreu a fontes latinas originais, embora não a documentos originais em si. A análise científica das fontes originais sugeridas por historiadores que analisaram sua obra viria após sua morte.

O interesse de Gibbon por Roma refletia seu interesse pelo presente; Roma, um nobre experimento de governo justo, falhou, apesar de séculos de sucesso. Por trás dos esforços por entender a queda de Roma, encontra-se uma ideia implícita: quem sabe da próxima vez uma civilização seja capaz de alcançar a grandeza de Roma, sem [ter que passar por] sua queda. "No segundo século da era cristã", inicia a história de Gibbon, "o Império Romano abrangia a maior parte da Terra e a parte mais civilizada da humanidade [...]. A imagem de uma constituição livre foi preservada com uma reverência decente; o Senado romano parecia ter autoridade soberana e transferia aos imperadores todos os poderes executivos do governo". Contudo, essa separação de poderes não preservou o império. Por quê?

Em *Declínio e Queda do Império Romano*, Gibbon supera-se na descoberta de todos os fatores que levaram ao declínio: o estado de sua economia, os efeitos de várias tecnologias, a geografia, a luta de classes, a ascensão de novas ideias culturais e religiosas, as formas de governo falhas e muito mais. Ele não tem tanto sucesso em captar a mentalidade dos povos antigos; na verdade, ele se baseia fortemente em caracterizações grosseiras de grandes grupos de pessoas. No capítulo sobre a formação da Igreja cristã, por exemplo, ele escreve:

> [os cristãos] inculcavam as máximas da obediência passiva, recusavam-se a tomar qualquer parte ativa na administração civil ou na defesa militar do império [...]. O caráter humano, porém, por mais que possa ser exaltado ou depreciado por um entusiasmo temporário, vai retornar gradativamente ao seu nível apropriado e natural [...]. Os cristãos primitivos estavam mortos para os negócios e os prazeres do mundo; mas seu amor pela ação, que nunca foi totalmente extinto, logo reviveu e encontrou uma nova ocupação no governo da Igreja [...]. A Igreja Católica logo tomou forma e adquiriu a força de uma grande república federativa.

Aqui Gibbon apresenta notas de rodapé para vários pais da Igreja, incluindo Tertuliano e Orígenes, e acrescenta uma série de fatos sobre o legado dos concílios da Igreja. Contudo, sua interpretação se baseia no pressuposto de que ele é capaz de categorizar um grande grupo de pessoas da Antiguidade como se fossem iguais, em essência, a pessoas contemporâneas; em outras palavras, ele não consegue se colocar na mente dos antigos.

MARY WOLLSTONECRAFT

Direito das Mulheres e Injustiça dos Homens, 1792

Edição recomendada: *Direito das Mulheres e Injustiça dos Homens*. 4. ed. Trad. Nisia Floresta. São Paulo: Cortez, 1989.

Ainda jovem, Wollstonecraft procurou estabelecer sua independência financeira trabalhando primeiro como acompanhante, depois, como diretora de escola, governanta e, finalmente, como escritora profissional. Ela publicou *Uma Defesa dos Direitos da Mulher* em 1792, no mesmo ano em que Thomas Paine publicou *Os Direitos do Homem*. Locke, Paine e Rousseau reivindicavam que o homem deve se autogovernar; Wollstonecraft afirmava que as mulheres devem fazer o mesmo. No entanto, não acreditava muito na capacidade das mulheres de fazer isso, não porque a mente delas fosse inferior, mas porque nunca foram [adequadamente] treinadas [para isso]. Em vez de terem sido ensinadas a usar a razão, as mulheres aprenderam a assumir uma "fragilidade artificial" que origina a "artimanha" e "ares infantis desprezíveis que minam a estima, mesmo quando excitam o desejo". Wollstonecraft argumenta que há três qualidades – razão, virtude e conhecimento – que nos tornam aptos para a felicidade e permitem à sociedade funcionar. Entretanto, as mulheres não têm permissão de treinar sua razão, porque a educação lhes é negada. Elas são instruídas a serem enganadoras em vez de virtuosas: "Desde a infância, as mulheres ouvem, e aprendem com o exemplo da mãe, que um pequeno conhecimento da fraqueza humana, mais conhecida por astúcia, do temperamento manso, da obediência *externa* e do cumprimento escrupuloso de um tipo pueril de decoro fará com que elas obtenham a proteção de um homem". E elas são encorajadas a exaltar sentimentos, em vez de conhecimento: "Seus sentidos são inflamados, e sua compreensão, negligenciada; consequentemente, se tornam presas de seus sentidos [...] e são levadas por quaisquer rajadas de sentimentalismos [...]. Sua conduta é instável, e suas opiniões são volúveis". Essas palavras são duras, mas é o sistema educacional que Wollstonecraft culpa por ensinar "metade da raça humana" a viver em uma "inatividade apática e aquiescência estúpida". A sociedade, defende ela, treina as mulheres para serem apenas esposas. Uma educação de verdade, que treinasse as mulheres a pensar e ser fortes, transformaria a sociedade: sem tanta prática em tiranizar mulheres, os homens não recorreriam tão rápido à tirania.

Wollstonecraft direciona seu discurso às mulheres de classe média e aos homens. Em sua introdução, ela explica que a mulher aristocrática está tão inebriada pela riqueza que não pode ser redimida pela educação. (Ela não explica por que as mulheres pobres também são excluídas [de seu público-alvo].) Os homens são seu público-alvo, porque ela tem que convencer aqueles que são responsáveis pela legislação a executar as reformas. Em todo caso, Wollstonecraft estava perfeitamente consciente de que escrevia, em primeira instância, para os homens. Paradoxalmente, seu ensaio teria sido difícil demais para a maioria das mulheres, que não haviam aprendido a acompanhar um argumento lógico – ou, em muitos casos, nem sequer a ler.

ALEXIS DE TOCQUEVILLE

Democracia na América, 1835-1840

Edição recomendada: *Democracia na América*. Trad. Eduardo Brandão. São Paulo: Martins Fontes, 2005/2004 (vols. 1 e 2, respectivamente).

O político francês Alexis de Tocqueville era um aristocrata com inclinações liberais. Munido da convicção de que o governo moderno (inclusive o de seu país) estava se desenvolvendo inevitavelmente em direção à democracia, ele viajou pelos Estados Unidos para examinar como a democracia se apresentava na prática. Por lá, ele se deparou com uma contradição importuna: os cidadãos dessa grande democracia muitas vezes demonstravam: "uma melancolia peculiar [...] no meio da abundância" e um "desgosto em relação à vida [...] em meio a uma vida fácil e tranquila [...] eu vi as pessoas mais livres e ilustradas colocadas nas condições mais favoráveis que poderia haver no mundo; parecia-me que um tipo de nuvem negra cobria todo e qualquer rosto, e eu os vi graves e quase tristes, mesmo em seus prazeres".

Tocqueville atribui esse *tédio* precisamente à liberdade e à igualdade que está no centro da prática democrática. A liberdade permite aos cidadãos satisfazerem a "busca obsessiva pelos bens desse mundo". A igualdade os enche de um tipo de trepidação constante, porque cada cidadão está competindo com outros cidadãos e "tem apenas um tempo limitado à sua disposição para encontrar, lançar mão e desfrutar" daqueles benefícios materiais. Nisso, Tocqueville está refletindo as advertências de Platão em *A República*: Platão advertia que o homem que se devota à busca do prazer, em vez de à virtude (o que inclui agir em nome do Estado, em vez de si mesmo), vai estar sempre à procura de novas formas de diversão. A própria liberdade, da qual depende a democracia – a liberdade dos cidadãos de participar de seu governo –, ironicamente tende a preocupar-se com o prazer, em vez de com o dever cívico. Nos Estados Unidos, observa

Tocqueville, é bem difícil convencer os cidadãos a participar de suas próprias assembleias. Constantemente atraído pela busca de bens materiais, com a pressão dos outros que buscam os mesmos bens, o cidadão esgotado da sociedade democrática tem pouca energia para participar do governo.

Aqui, Tocqueville vê em ação os princípios propostos por Locke e Rousseau em abstrato; ele vê os equívocos do foco de Locke na propriedade (o materialismo torna os cidadãos desinteressados pelo bem-estar geral) e da proposta de igualdade completa de Rousseau (o que leva à tirania da maioria). O materialismo e a igualdade indiferenciada são os dois problemas delicados da democracia:

> Os homens que vivem nos tempos democráticos têm muitas paixões, mas a maioria de suas paixões termina em amor pela riqueza e suas consequências [...]. Quando os concidadãos são todos independentes e indiferentes, é apenas pagando-lhes que se pode obter a cooperação de cada um; isso multiplica infinitamente o uso da riqueza e aumenta o valor desta [...] ordinariamente, portanto, é o amor à riqueza o ingrediente principal ou acessório que está no âmago das ações dos americanos. Isso faz que suas paixões sejam todas parecidas, o que, em pouco tempo, torna-se um quadro enfadonho.

KARL MARX E FRIEDRICH ENGELS

O MANIFESTO COMUNISTA, 1848

Edição recomendada: *Manifesto Comunista.* Trad. Álvaro Pina. São Paulo: Boitempo Editorial, 1998.

O *Manifesto Comunista* foi publicado pela primeira vez em 1848, quando Karl Marx tinha 29 anos e Friedrich Engels, 37. Na composição desse manifesto, os dois moveram-se do socialismo (o que implicou um comprometimento utópico e basicamente pacífico em relação à propriedade compartilhada) para o comunismo (que já tinha um tom mais agressivo, sugerindo que só uma revolução traria tal comuna à existência).

No *Manifesto,* Marx e Engels argumentam que a história tem que ser estudada em termos de *bens materiais*: a fim de entender como as pessoas vivem, você deve entender, primeiro, de que modo elas ganham a vida. O próprio exame da história por esse ângulo revela que atualmente uma classe de pessoas, que chamam de *burguesia*, controla os meios de produção de bens em larga escala. O controle dos "meios de produção", que requer o investimento de capital, deu um "fim a todas as relações feudais, patriarcais e idílicas [...] e não deixou nenhum outro vínculo entre os homens a não ser o puro interesse pessoal, o 'pagamento à vista' [...]. Isso fez tanto do médico quanto do advogado, do sacerdote, do poeta e do homem da ciência, um trabalhador assalariado [...] [e] reduziu as relações familiares a uma pura relação monetária". Em resumo, nosso moderno sistema econômico "alienou" o homem e a mulher de seu trabalho; em vez de tratar seu trabalho como um meio de vida, eles trabalham apenas pelo pagamento em dinheiro no final.

Isso se deu porque a burguesia, necessitando de "um mercado constantemente em expansão para seus produtos", revolucionou continuamente os "modos de produção" (o modo como os produtos são fabricados) para que os produtos pudessem ser feitos de forma mais rápida e em maiores quantidades. Em resposta a isso, desenvolveu-se uma classe trabalhadora – o proletariado, que "vive apenas na medida em que acha trabalho, e acha trabalho apenas na medida em que seu trabalho aumenta o capital. Esses trabalhadores, que têm de se vender em parcelas, são uma mercadoria [...] exposta a todas as vicissitudes da competição". E porque o trabalhador é uma mercadoria, ele pode conseguir apenas a quantia de dinheiro de que necessita para sua manutenção. Os salários despencam, habilidades não são mais essenciais, porque o sistema de fábrica divide as tarefas em partes insignificantes, e os "pequenos comerciantes, lojistas e investidores, os trabalhadores braçais e os camponeses [...] vão se afundando gradualmente no proletariado, em parte porque seu capital diminuto não é suficiente em relação à escala em que a indústria moderna avança [...], em parte porque sua habilidade especializada se torna desvalorizada por novos métodos de produção". É difícil fazer objeções a essa descrição, em um mundo em que todo restaurante familiar se curva diante dos "Arcos Dourados".[27] Entretanto, a *prescrição* que se segue – transferir o capital das mãos da burguesia para as mãos

[27] Referência ao símbolo do McDonald's e sua representatividade na sociedade *fast-food*. (N. T.)

do Estado, que é o proletariado "organizado como uma classe governante" – ignora os efeitos corruptores do poder, tão temidos por Locke e Paine.

JACOB BURCKHARDT

A Cultura do Renascimento na Itália, 1860

Edição recomendada: *A Cultura do Renascimento na Itália: um Ensaio.* Trad. Sérgio Tellaroli. São Paulo: Companhia das Letras, 2009.

É a Jacob Burckhardt que devemos a concepção popular da Renascença como o tempo em que o homem começou a se tornar moderno. Burckhardt escreve:

> Na Idade Média, ambas as faces da consciência humana – aquela que se voltou para o interior e a que se voltou para o exterior – jaziam sonhadoras ou semivigilantes sob um véu comum. O véu era tecido de fé, ilusão e predisposição infantil, e através dele o mundo e a história ganhavam uma coloração bizarra. O homem tinha consciência de si apenas como membro de uma raça, um povo, um partido, uma família ou uma corporação – apenas por meio de alguma categoria geral. Na Itália, pela primeira vez, esse véu se dispersou ao vento: tornava-se possível o tratamento objetivo e a consideração do Estado e de todas as coisas nesse mundo. Em paralelo a isso, o lado subjetivo afirmava-se com toda a ênfase: o homem tornava-se um indivíduo espiritual e passava a reconhecer-se como tal.[28]

A crônica da Renascença de Burkhardt volta-se para a análise daquela época como a "primeira era moderna". Frederico II, por exemplo, é descrito como "o primeiro governante dos tempos modernos [...] acostumado desde cedo [...] a um tratamento minuciosamente objetivo dos assuntos". A guerra em si tornou-se uma atividade "puramente racional". A Itália começou a "fervilhar de individualidade". Esse "aperfeiçoamento do indivíduo" levou, na análise de Burckhardt, à ideia moderna de fama; às formas modernas de humor e de sátira; à estrutura da universidade moderna; ao humanismo moderno; e a uma dúzia de outros traços reconhecíveis como pertencentes à vida moderna. Para Burckhardt, as

---

[28] Jacob Burckhardt, *The Civilization of the Renaissance in Italy*. Trad. S. G. C. Middlemore. New York, Albert & Charles Boni, 1928, p. 143.

cidades-estado italianas da Renascença representam os primeiros governos republicanos modernos, baseados em ideais clássicos. O uso que a Itália fez do modelo da cidade-estado antigo, por sua vez, "fortaleceu o ideal republicano e contribuiu poderosamente para seu triunfo posterior nas nações modernas e primordialmente na nossa própria nação". E, embora muitos estudiosos tenham questionado esse papel essencial atribuído à Renascença italiana (Burckhardt tende a reduzir a diferença entre os tempos da Renascença e os seus próprios), essa interpretação se tornou padrão e continua sendo amplamente adotada.

W. E. B. DU BOIS

As Almas da Gente Negra, 1903

Edição recomendada: *As Almas da Gente Negra.*
Trad. Heloisa Toller Gomes. Rio de Janeiro: Lacerda, 1999.

Du Bois, um sociólogo diplomado por Harvard e ex-professor da Universidade de Atlanta, começa seu livro declarando que "o problema do século XX é o problema racial" – observação que influencia o trabalho de quase todos os autores posteriores da história afro-americana. A obra de Du Bois é uma combinação de história, autobiografia e estudos culturais, que vai da história da educação afro-americana, passando pelas falhas da Reconstrução e pelo sentido das "canções tristes" afro-americanas, até chegar a Booker T. Washington como líder afro-americano. As discordâncias contundentes de Du Bois em relação às políticas acomodativas de Washington (Washington acredita que "a ascensão futura do negro depende primordialmente de seus próprios esforços") põem em destaque a análise do próprio Du Bois da sociedade americana como fatalmente equivocada para seus cidadãos negros.

O conceito central de Du Bois em todos os seus escritos é o conceito de "consciência dupla", que é explicado pela metáfora do "véu". Os americanos negros, argumenta ele, têm de si uma visão dupla: enxergam-se com seus próprios olhos e também com os olhos de brancos hostis. "Trata-se de uma sensação peculiar", escreve ele, "essa consciência dupla, essa sensação de sempre olhar para si mesmo com os olhos [...] de um mundo que observa com divertido desprezo e piedade. Existe sempre essa duplicidade – um americano, um negro; duas almas; dois pensamentos, duas lutas irreconciliáveis [...] A história dos negros americanos é a história dessa luta [...] [O negro] simplesmente deseja tornar possível ao homem ser as duas coisas: um negro e um americano, sem levar cusparadas nem ser ameaçado por seus semelhantes, sem ter as portas da oportunidade batidas na cara". Como os autobiógrafos negros do capítulo anterior, Du Bois tem visão única até um momento da infância em que uma menina na escola se recusa a cumprimentá-lo: "Então, ocorreu-me de modo repentino que eu era diferente dos outros", escreve ele, "excluído do mundo deles por um vasto véu".

Entretanto, a existência sob o véu dá ao negro uma vantagem. Comparando o véu ao âmnio que, segundo a crendice popular, confere percepção extra-sensorial aos bebês que nascem envoltos nele, Du Bois diz que essa marginalização da sociedade americana corrente proporciona ao negro uma visão mais perceptiva, uma perspectiva que revela suas falhas. No entanto, o véu representa mais um impedimento do que um benefício; quando o filho de Du Bois morre, ele escreve que seu sofrimento está misturado com alívio: "O Véu, embora o tivesse posto à sombra, ainda não havia obstruído totalmente o sol [...]. Que tolo fui eu de pensar ou de desejar que essa pequena alma devesse crescer sufocada e deformada debaixo do Véu". Talvez em razão de ter perdido a esperança de ver o véu ser levantado, Du Bois – um admirador de Marx – terminou seus dias em Gana, depois de ter se tornado um membro ativo do Partido Comunista.

MAX WEBER

A Ética Protestante e o Espírito do Capitalismo, 1904

Edições recomendadas: *A Ética Protestante e o Espírito do Capitalismo.* Trad. José Marcos Mariani de Macedo. São Paulo: Companhia das Letras, 2004.

A Ética Protestante e o Espírito do Capitalismo. Trad. M. Irene de Q. F. Szmrecsányi, Tomás J. M. K. Szmrecsányi. 2. ed. rev. São Paulo: Cengage Learning, 2008.

O argumento de Weber – de que o protestantismo calvinista dos colonos puritanos norte-americanos tenha servido de base para o capitalismo – baseia-se em um silogismo teológico. No calvinismo, os salvos não são levados para o reino de

Deus por seus esforços, visto que todos os homens são, por natureza, impotentes para fazer qualquer coisa boa (nem mesmo para voltar-se para Deus por conta própria). Em vez disso, alguns são "eleitos", escolhidos pela vontade e graça de Deus. Como essa escolha de salvação (ou danação) pertence aos desígnios secretos de Deus, nenhum homem pode ter a pretensão de saber quem é eleito e quem não é. Contudo, uma vez que o homem sem Deus não é capaz de fazer nada de bom, aqueles que praticam muitas boas ações e exibem as bênçãos que Deus lhes concede na vida provam aos outros – e a si mesmos – que pertencem aos eleitos. Isso, diz Weber, produz um forte ímpeto psicológico para o trabalho incessante como uma forma de autoafirmação (afinal de contas, ninguém quer ser condenado).

Weber acrescenta a isso o conceito teológico de "vocação", que vê como sendo exclusivo do protestantismo: o melhor modo de vida *não era* o de renúncia ao mundo e de recolhimento em um mosteiro, mas antes o da excelência e das realizações no mundo externo, em qualquer lugar que Deus fizesse o "chamado". Para o calvinista, escreve Weber,

> o cristão eleito está no mundo apenas para aumentar a glória de Deus ao cumprir seus mandamentos da melhor forma possível [...]. A extensão da vida humana é infinitamente curta e preciosa para garantir lugar entre os eleitos. A perda de tempo com eventos sociais, conversa fiada e luxo, dormir mais que o necessário para manter a saúde [...] são absolutamente condenáveis do ponto de vista moral [...]. Assim, a contemplação inativa também não tem valor ou é até mesmo repreensível se for feita às custas do trabalho cotidiano de cada um. Pois ela é menos agradável a Deus do que a prática ativa da Sua vontade após um chamado.

Essa valorização de cada minuto do tempo ajudou a dar suporte à "racionalização" ocidental: um compromisso com os métodos mais eficientes de realização de cada tarefa na política, na economia e na vida cotidiana. A atividade racional não desperdiça tempo. E a forma mais certa de progredir em uma sociedade capitalista ocidental é adotar métodos racionais – para se tornar mais eficiente. O progresso não se torna apenas economicamente necessário, mas filosoficamente essencial, uma vez que a aquisição de bens se torna a marca do favor de Deus. O trabalho lento demais ou a permanência no mesmo estrato da sociedade no qual se tenha nascido se tornam marcas do fracasso – e possivelmente da danação. "A valorização religiosa do trabalho incansável, contínuo e sistemático seguindo uma vocação terrena", conclui Weber, "como o meio mais elevado de ascetismo, e, ao mesmo tempo, uma das provas mais seguras e evidentes do renascimento e da fé genuínos deve ter sido a a mais poderosa e concebível alavanca para a expansão do [...] espírito do capitalismo".

LYTTON STRACHEY

Rainha Vitória, 1921

Edição recomendada: *Rainha Vitória*. Trad. Deirdre Shearman. São Paulo: Nova Cultural, 1987.

Em *Rainha Vitória*, Strachey pinta o retrato de uma dona de casa de classe média que vive sentada em um trono. "A discrição não é a melhor parte da biografia", disse Strachey certa vez, mas seu retrato de Vitória é bajulador. Além de ter um temperamento forte, a criança Vitória era "muito honesta; independentemente do castigo que talvez viesse a receber, nunca dizia uma mentira". Sua governanta, *Fräulein* Lehzen, garantiu que lhe fossem ensinadas "as virtudes da simplicidade, da ordem, do decoro e da devoção". A garotinha, entretanto, tinha muito pouca necessidade dessas lições, porque era naturalmente simples e ordeira, não tinha dificuldade em ser piedosa e seu senso de decoro era aguçado". Como rainha, Vitória era devotada à "atividade incessante" e, com ajuda de seu consorte, o príncipe Alberto (que "mostrou perseverança infatigável" em abrir museus, fundar hospitais, colecionar obras de arte e dar palestras na Sociedade Agrícola Real), trabalhava pesado por seu país. "Baixinha, bastante forte e bastante honesta", vestia-se com "roupas espalhafatosas de classe média". Até o fim de sua vida, escreve Strachey, foi acessível ao povo, que "sentia instintivamente a sinceridade irresistível [...], a vitalidade, a consciência, o orgulho e a simplicidade de Vitória". Essas virtudes de classe média, e não o brilhantismo ou a perspicácia política (ou qualquer outra virtude conferida aos governantes renascentistas), tornaram Vitória uma boa rainha. Ela era uma pessoa comum, não uma monarca que reivindicasse poder ou autoridade divina.

Além disso, Vitória – apesar de ser uma rainha – mostrou-se uma *mulher* vitoriana perfeita: esposa adorável, mãe de uma grande prole (nove filhos), ocasionalmente irracional e nunca intelectual. Quando menina, a Vitória apresentada por Strachey fez um esforço para quebrar esse paradigma, anunciando que jamais se casaria, e seu semblante alterava-se de "ingênuo e sereno" a "forte e descontente". Felizmente, porém, ela se apaixonou por seu primo Alberto, casou-se com ele e tornou-se verdadeiramente feminina. Foi mais feliz quando passou a ter uma vida doméstica tranquila em sua casa de campo, em Balmoral. Alberto, o mais inteligente dos dois, a ajuda a cuidar das obrigações burocrática, enquanto "Vitória, que valoriza tudo o que o marido diz e guarda todas as cartas que ele lhe envia", era "só atenção incessante e obediência zelosa". Ela é uma mulher, e Strachey a ama, porque não cometeu a impertinência de ser um príncipe.

GEORGE ORWELL

O Caminho para Wigan Pier, 1937

Edição recomendada: *O Caminho para Wigan Pier.* Trad. Isa Mara Lando. São Paulo: Companhia das Letras, 2010.

O projeto de Orwell começou com uma reportagem; ele foi solicitado pelo conselho de editores do Left Book Club (devotado, de acordo com as suas próprias publicações, "à luta terrível *em favor* da paz mundial, da melhor ordem social e econômica, e *contra* o fascismo") a escrever sobre a vida cotidiana dos desempregados do norte da Inglaterra. Orwell viajou para lá e documentou a vida tanto dos desempregados quanto dos trabalhadores pobres. Sua descrição do cotidiano é generosamente realista, detalhando tanto a miséria ("Fossa na sala. Reboco rachado e caindo das paredes. Sem grelha no forno. Gás vazando [...] Insetos, mas 'a gente os mata com inseticida'") quanto a psicologia da pobreza.

> A base de sua dieta, portanto, é pão branco e margarina, carne enlatada, chá açucarado e batatas [...] Não seria melhor se gastassem mais dinheiro em coisas mais saudáveis como laranjas e pão integral? [...] Sim, seria, mas

> o ponto é que nenhum ser humano simples jamais fará tal coisa [...] Quando está desnutrido, atormentado, entediado e miserável, você não vai *desejar* comer nada saudável. Você vai querer algo um pouco mais 'saboroso'.

Então, o que se pode fazer com essa pobreza? Na visão de Orwell, o socialismo inglês não dá conta de trazer a reforma, porque está dividido por dentro. Os socialistas ingleses estão alienados do proletariado, que apoiam teoricamente, por uma disparidade de cultura e conduta. Quando um inglês de colarinho branco se torna socialista, escreve Orwell,

> [ele continua] a se sentir muito mais em casa com um membro de sua própria classe social, que pensa que ele é um bolchevique perigoso, do que com um membro da classe trabalhista que supostamente concorda com ele; seu gosto em termos de comida, vinhos, roupas, livros, pinturas, música e balé continuam reconhecidamente burgueses [...]. Ele idealiza o proletariado, mas [...] continua a responder ao treinamento na infância, quando foi ensinado a odiar, temer e desprezar as classes trabalhadoras.

Além disso, acrescenta Orwell, os trabalhadores de colarinho branco que pertencem, *de fato*, ao proletariado não o reconhecem; eles se consideram [membros da] classe média. Ele pergunta:

> Quantos são os membros do tremendo exército de funcionários miseráveis e supervisores de loja que de certa forma estão, de fato, em posição pior do que a de um minerador ou de um estivador, que se identificam como proletários? Um proletário – foi isso que lhes foi ensinado pensar – quer dizer um homem descamisado. De modo que quando você tenta fazê-los falar de "luta de classes", só o que conseguirá é assustá-los; eles se esquecem de seus baixos ganhos e se lembram de seu pouco estudo, e correm em defesa da classe que os está explorando.

Os socialistas ingleses, conclui Orwell, têm que aprender a explicar nos mínimos detalhes como os trabalhadores ingleses estão sendo explorados, em vez de simplesmente pegar emprestada a retórica dos comunistas: "O ponto essencial aqui é que todas as pessoas com renda salarial pequena, incerta, estão no mesmo barco e devem lutar do mesmo lado".

PERRY MILLER

The New England Mind [A Mentatlidade da Nova Inglaterra], 1939

Edição recomendada: Não há edição em português.

Como Max Weber, Perry Miller escreve sobre a intersecção entre a teologia puritana e o novo projeto americano. Ao contrário de Weber, Miller não está particularmente preocupado com a economia; ele é um "historiador intelectual", o que significa que está focado nas ideias e em como elas mudam as *ações*. Para Miller, a ideia central na Nova Inglaterra Puritana é a aliança entre Deus e o homem. Visto que Deus escolhe "eleger" apenas com base em sua vontade soberana, sua graça é imprevisível. A piedade puritana estava, assim, cheia de dúvidas sobre se os crentes foram realmente escolhidos; sobre o desespero em relação ao pecado; e sobre a angústia pela inescrutabilidade de Deus – o que os puritanos deram conta de conter pela construção de um corpo de doutrinas lógico e inteiramente razoável. Na doutrina da aliança, o homem pode ter certeza da salvação, porque Deus entrou em acordo inquebrantável com eles.

Essa aliança entre Deus e o homem se tornou o modelo para a sociedade puritana em geral. Como Miller escreve, a teologia da aliança "era de imenso valor para os líderes de Massachusetts, não apenas no âmbito da fé e da conduta pessoal, mas também, e não menos, no âmbito da política e da sociedade". Miller descreve como os puritanos se filiavam à igreja, testemunhando sobre sua experiência de receber a graça. Essa filiação era uma aliança em si mesma, à qual se aderia por um voto sagrado, e essa aliança garantia, a cada um que nela entrasse, total cidadania na comunidade civil. Filhos de membros da igreja eram admitidos provisoriamente; quando chegavam à idade adequada, também tinham de entrar para a aliança testemunhando suas experiências com a graça. No entanto, embora as primeiras gerações de puritanos tivessem sido escrupulosas na busca pela filiação, cada vez menos filhos pediam filiação completa. Preocupados com esse declínio – que afetou tanto a comunidade quanto a Igreja –, os líderes puritanos instituíram a Aliança Parcial, que permitia aos membros provisórios serem batizados, se filiarem à igreja e serem considerados cidadãos completos – embora não participassem do sacramento central da Igreja, a Comunhão do Senhor.

Na história de Miller, essa Aliança Parcial e os desdobramentos que se seguiram a ela (um religioso puritano posterior permitiu a Comunhão até àqueles que não tinham feito a profissão [de fé]) indicam o declínio na piedade – uma secularização, uma diminuição na preocupação com a aprovação de Deus. A puritana "cidade no monte", local encontrado pelo reino de Deus para habitar na Terra, começou a se corroer por dentro; o acordo doutrinal ("as três primeiras gerações da Nova Inglaterra aceitaram uma sujeição quase inviolável a um corpo uniforme de pensamento") cedeu espaço à discórdia e à cizânia. "Em comparação com as gerações dos fundadores", escreve Miller, "houve uma notável queda e uma redução do zelo [religioso]". Embora estudiosos mais recentes do puritanismo critiquem essa história simplificada que narra a passagem "da fé à indiferença", Miller consagrou-se como o historiador puritano mais influente do século XX.

JOHN KENNETH GALBRAITH

1929, o Colapso da Bolsa

Edição recomendada: *1929, O Colapso da Bolsa*. Trad. Oswaldo Chiquetto. São Paulo: Pioneira, 1988.

Galbraith escreveu sua história em 1954 e a revisou duas vezes depois disso; as edições posteriores refletem sobre acontecimentos dos anos de 1970 e seguintes, que parecem repercutir os dos anos de 1920. No prefácio, Galbraith escreve que, embora a história da Quebra da Bolsa de Nova York "em si" seja digna de ser contada, ele também tem um "propósito mais sombrio. A memória é uma prevenção muito mais eficaz contra a ilusão financeira ou a insanidade do que a lei". O propósito de Galbraith é, portanto, moral ou ao menos social: ele objetiva preservar a cultura pela criação de um acordo comum entre seus membros, em vez de legislar de cima para baixo. "Para proteger da cobiça dos outros e da sua própria", conclui ele, "a história é extremamente utilitarista. Ela sustenta a memória, e a memória serve ao mesmo propósito que a SEC[29] e, em termos de registro, é muito mais efetiva".

---

[29] Provavelmente, abreviação de U.S. Securities and Exchange Commission [Comissão Americana de Seguros e Câmbio]. (N. T.)

A história da Quebra da Bolsa de Nova York concentra-se em torno dos anos anteriores ao colapso, quando o interesse nos mercados de ações atingiu o máximo. Embora ele tenha prestado certa atenção a fatores puramente econômicos, seu interesse principal está nos personagens que atuaram no drama; a quebra tem raízes em suas motivações. Em 1928, escreve Galbraith, os americanos estavam "demonstrando um desejo desordenado por enriquecer rapidamente, com um mínimo de esforço físico". Para conseguir isso, compraram ações de empresas que haviam sido criadas com o único propósito de comprar ações de outras empresas. Eles confiaram cegamente em especialistas do mercado financeiro, que se gabavam de "seu conhecimento financeiro profissional, sua destreza e suas habilidades manipulativas". "É possível ganhar dinheiro investindo em Radio, J.I. Case ou Montogomery Ward", escreve Galbraith, "mas é bem mais seguro e sábio deixar que isso seja feito por homens com conhecimento especializado e sabedoria". A objetividade não é o alvo de Galbraith; o "incesto fiscal" é o termo menos provocativo que ele usa para os conselhos dados por esses especialistas, que confiavam "no 'abracadabra' de curvas e hachuras em um gráfico", e ele também não tem uma opinião muito favorável dos investidores que caíram na lábia deles. E que, segundo o que Galbraith sugere, estavam dispostos a se deixarem convencer simplesmente porque desejavam enriquecer. E conforme o mercado de ações despencava, especialistas e investidores estavam igualmente dispostos a se ludibriarem mutuamente:

> Se uma pessoa foi um gênio financeiro, a fé em seu gênio não se dissolve de uma hora para a outra. Para o gênio agressivo e de cerviz dura, a assistência às ações de sua própria empresa continuava parecendo um progresso arrojado, imaginativo e efetivo [...]. Eles compraram suas próprias ações sem valor. Homens já foram ludibriados por outros homens em inúmeras ocasiões. O outono de 1929 talvez tenha sido a primeira ocasião em que os homens conseguiram enganar a si mesmos em larga escala.

CORNELIUS RYAN

O Mais Longo dos Dias, 1959

Edição recomendada: *O Mais Longo dos Dias*. Trad. William Lagos. Porto Alegre: Coleção L&PM Pocket, 2004.

O relato de Ryan sobre o Dia D usa a técnica da micro-história – o exame minucioso de uma parte da história, em uma tentativa de lançar luz sobre o todo. O *Mais Longo dos Dias* tem o objetivo de lançar luz sobre a Segunda Guerra Mundial pelo relato detalhado e escrupuloso dos eventos do dia 6 de junho de 1944. (O livro virou um filme com John Wayne, em 1962.) Ryan, um correspondente de guerra que também foi piloto em missões de bombardeio da Força Aérea americana, examina eventos de ambos os lados com olhar de repórter: "Na sala do piso térreo, que usava como escritório", começa o Capítulo 2, "Rommel estava sozinho. Ele estava sentado atrás de uma enorme escrivaninha renascentista, trabalhando à luz de uma só lâmpada de mesa". Mais adiante, somos apresentados a Eisenhower, que reluta em decidir se deve ou não invadir a Normandia no dia 6 de junho: "Os americanos que tiveram de tomar aquela decisão grandiosa estavam se confrontando com o problema e tentavam relaxar [...] o *trailer* de Eisenhower, que lembrava um furgão bem comprido, tinha três compartimentos pequenos, que serviam de quarto, sala de estar e estúdio". Ryan mantém esse mesmo tom calmo, detalhado, quando descreve as invasões nas praias no Dia D: "Pega por uma onda repentina, a embarcação inclinou-se para o lado, ergueu-se e despencou sobre uma série de triângulos de aço minados. Jones os viu detonando com força destruidora. [A cena] lembrou-lhe um 'desenho animado em câmera lenta – os homens, dentro do barco, foram lançados ao ar, como se tivessem sido erguidos por um jato d'água [...]. No alto do jato, corpos e partes de corpos se espalhavam como gotas d'água'". Só ocasionalmente ele amplia seu campo de visão, como no parágrafo final: "Logo a mais ocupada de todas as vilas francesas estaria livre – como estaria toda a Europa de Hitler. A partir daquele dia, o Terceiro Reich teria menos de um ano de vida". Contudo, mesmo aqui Ryan volta quase imediatamente para seu foco mais estreito; o parágrafo conclui-se assim: "Na Igreja de St. Samson, o sino deu as doze badaladas da meia-noite".

Ryan usou 383 entrevistas para construir a visão que um soldado teve do Dia D, mas um historiador acadêmico acharia o resultado inferior a uma "micro-história" pura. Embora Ryan mantenha o foco nas experiências individuais de soldados no dia 6 de junho, situa as histórias deles dentro de uma compreensão preexistente do Dia D e de sua importância para a guerra, compreensão que ele adquiriu não a partir das histórias de soldados, mas de fontes mais tradicionais. Em uma entrevista sobre sua técnica, Ryan observou que usou as entrevistas "para situar o indivíduo dentro da significância global do contexto maior"[30], enquanto um historiador "profissional" teria permitido que as entrevistas determinassem a forma do todo.

BETTY FRIEDAN

MÍSTICA FEMININA, 1963

Edição recomendada: Mística Feminina. Trad. Áurea B. Weissenberg. Petrópolis: Vozes, 1971.

Friedan descreve um mundo americano governado pela "mística feminina", a ideia poderosa de que as "mulheres verdadeiramente femininas não desejam carreiras, nem educação superior, nem direitos políticos [...]. Tudo o que elas tinham de fazer era devotar a vida, desde a mais tenra infância, a encontrar um marido e ter filhos". Ela ecoa as queixas de Mary Wollstonecraft, mas não retrata as mulheres como se tivessem passado os últimos trezentos anos aprisionadas no lar. Em vez disso, escreve que as "feministas do passado" progrediram até os anos de 1950, quando algo estranho aconteceu: as mulheres começaram a recuar. A média de idade das nubentes caiu. A proporção de mulheres no ensino superior caiu. Mulheres "que já haviam desejado carreira agora estavam fazendo carreira tendo bebês". E essas mulheres tentavam aceitar o lar e a família como a realização de seus sonhos, sufocando o desejo por horizontes mais largos: "Se uma mulher tivesse um problema nos anos 1950 e 1960, ela sabia que algo deveria estar errado com seu casamento, ou com ela mesma [...]. Que tipo de mulher era ela, se não conseguia se sentir misteriosamente realizada ao encerar o chão?". Para construir

[30] *Apud* Roger Horowitz, "Oral History and the Story of America and World War II". *Journal of American History*, vol. 82, n. 2 (September 1995), p. 617-24.

seu retrato dessas donas de casa, que tentavam se contentar em definhar lentamente, Friedan baseia-se em entrevistas (*A Mística Feminina* começou em forma de questionário aplicado às colegas de sala de Friedan Smith) e revistas femininas. "A imagem de mulher que emerge dessa grande e bonita revista", escreve ela, depois de examinar o sumário de uma edição dos anos 1960 da revista *McCalls*, "é jovem e frívola, quase infantil; fofa e feminina; passiva; contenta-se alegremente com um mundo composto de quartos e cozinha, sexo, bebês e lar [...]. Aonde está o mundo do pensamento e das ideias, a vida da mente e do espírito?".

Friedan oferece uma explicação que é, em parte, social (depois da guerra, as escritoras de revistas femininas voltaram para casa, "começaram a ter muitos filhos e pararam de escrever"; enquanto "os homens, que voltaram da guerra, depois de terem sonhado com a volta ao lar e com uma vida doméstica aconchegante", assumiram as rédeas), em parte freudiana (a cultura norte-americana aceitava a descrição que Freud fazia das mulheres como "bonecas infantis, que existiam [...] para amar o homem e servir às suas necessidades"), e em parte econômica.

> [O] papel realmente importante das mulheres como donas de casa é *comprar mais coisas para a casa* ... [A] perpetuação da domesticidade, o crescimento da mística feminina, faz sentido [e dinheiro] quando se percebe que as mulheres são as consumidoras principais dos produtos americanos. De alguma forma, em algum lugar, alguém deve ter descoberto que as mulheres comprarão mais coisas se forem mantidas como seres domésticos subestimados, anônimos e com anseios insatisfeitos, loucas para se livrarem da opressão de serem donas de casa.

As conclusões de Friedan são tão enérgicas e convincentes quanto seus métodos são falhos: quem é esse "alguém" que descobriu que as mulheres têm de comprar, e o que as mulheres negras, hispânicas e trabalhadoras estavam fazendo enquanto as donas de casa brancas e suburbanas de Friedan definhavam em suas casas de bonecas? No entanto, Friedan, como Thomas Paine, é mais evangelista do que historiadora; ela também tem uma revolução em mente. "Quando um número suficiente de mulheres fizerem planos de vida pautados por suas habilidades reais", conclui, "elas poderão assumir com igual seriedade um compromisso com a profissão e a política, e com o casamento e a maternidade".

EUGENE D. GENOVESE

A Terra Prometida: o Mundo que os Escravos Criaram, 1974

Edição recomendada: *A Terra Prometida: o Mundo que os Escravos Criaram.* Trad. Maria Inês Rolim e Donaldson Magalhães Garschagen. Rio de Janeiro: Paz e Terra, 1988.

Em sua obra inovadora de história afro-americana, Genovese discute que a história do escravismo só pode ser entendida se os escravos e os senhores forem vistos como interdependentes: os escravos moldaram o mundo dos brancos, da mesma forma que os brancos moldaram o mundo dos negros. Ele rejeita a ideia amplamente aceita de que a escravidão reduziu os escravos à total dependência, a um estado indefeso e de ausência de relacionamentos familiares. Pelo contrário, os africanos escravizados desenvolveram seus próprios costumes, seu próprio *mundo*. Essa "cultura nacional negra separada" formou-se enquanto os escravos "lutavam para sobreviver espiritual e fisicamente – para criar um mundo para si e para seus filhos, em que pudessem viver mesmo dentro do mais limitado espaço físico e das mais duras adversidades". A nova ênfase de Genovese na "atuação" dos escravos (em seu poder de resistência) conferiu um caráter revolucionário à independência e à força dos escravos, que não eram mais vistos como vítimas passivas. A religião dos escravos é um exemplo primordial da habilidade dos afro -americanos de resistir ao controle dos brancos: embora o cristianismo branco convocasse os escravos à obediência a seus senhores, os escravos desenvolveram sua própria forma, única e particular, de cristianismo, que enfatizava, em vez disso, a vingança contra os opressores e a promessa de liberdade após a morte.

Genovese, porém, não recai na análise simplista de escravos como pessoas que dirigiam seus destinos – ou de senhores como absolutamente maus. Ele argumenta, em vez disso, que brancos e negros estavam relacionados "organicamente". Escravos e senhores mudavam o mundo uns dos outros, em um relacionamento baseado no paternalismo: os proprietários brancos das plantações atuavam como "pais autoritários que presidiam uma família subserviente ampliada, branca e negra". Esse paternalismo misturava o bem com o mal. Ele "juntava brancos e negros e fundia-os como elementos genuínos de afeto e de intimidade". Isso obrigava os brancos a cuidarem de seus escravos, por um "senso forte de dever e responsabilidade", mas também lhes permitia tratá-los com crueldade e ódio. O paternalismo levou os negros a servirem a seus senhores com uma mistura de obrigação e afeto genuínos, mas também os modificou a ponto de aceitarem a autoridade do branco sobre os negros como algo natural. O papel da aia é, para Genovese, emblemático para esse complicado relacionamento: "Para entendê-la é preciso compreender a tragédia do paternalismo agrário [...]. Primordialmente, a aia criava os filhos dos brancos e administrava a casa-grande, seja como patroa-executiva, seja como sua superior *de fato* [...]. Em geral, ela era para os brancos o escravo perfeito – leal, honesto, satisfeito, eficiente, membro consciencioso da família, que sempre sabia se colocar em seu lugar; oferecia aos escravos um padrão de comportamento negro aprovado pelos brancos. Ela também tinha que ser uma mulher forte, sábia e engenhosa". E ainda sim, ao manejar tal poder, ela se tornava dependente de sua "família" branca, incapaz de impor autoridade sobre sua própria gente. A recusa de Genovese de traçar relações simples entre opressor e oprimido reconhece o poder e a cultura independente dos escravos, mesmo quando evita falar longamente dos horrores da escravidão.

BARBARA TUCHMAN

Um Espelho Distante, 1978

Edição recomendada: *Um Espelho Distante.* 3ª. ed. Trad. Waltensir Dutra. Rio de Janeiro: José Olympio, 1999.

O estudo de Tuchman do século XIV arranja os detalhes do século em um padrão que lembra o nosso: "Depois das experiências terríveis do século XX", escreve ela no prefácio, "temos um sentimento de pertencimento por eras conturbadas, cujas regras estavam entrando em crise, sob a pressão de eventos adversos e violentos. Com uma pontada de dor, reconhecemos as marcas de um período de angústia, dominado pela insegurança quanto ao futuro". Ela examina o "período de angústia" do século XIV, do ponto de vista de Enguerrand de Coucy VII, um nobre de menor *status*, que foi conselheiro de dois reis franceses e se casou com uma princesa inglesa.

Tuchman expõe o declínio do cavalheirismo, no qual os cavaleiros, que deveriam proteger os fracos, se tornaram uma classe tirânica voltada para seus próprios direitos. Ela rejeita quaisquer ideias de uma sociedade cor-de-rosa de damas e cavalheiros, descrevendo, em vez disso, seções de bebedeira até altas horas nos salões do castelo, com brigas de bar de fins da Idade Média, em que os cavaleiros apalpavam as damas, insultando-as e enfrentando maridos enfurecidos. Ela descreve o poder do cristianismo sobre cada aspecto da vida cotidiana ("O cristianismo era uma matriz da vida medieval, de acordo com a qual havia receitas até mesmo para cozinhar um ovo pelo 'tempo necessário para ler o Salmo 50' "), mas é pessimista quanto à sua capacidade de trazer a paz ou a virtude ("A Igreja, que era mais mundana do que espiritual, não conduzia a Deus"). Ela fala sobre a Peste Negra, mas a considera apenas um desastre em uma época que era

> a sucessão de perigos instáveis; dos três cavaleiros do Apocalipse, da peste e dos impostos; de conflitos ferozes e trágicos; de lances de sorte bizarros; de dinheiro excêntrico; de feitiçarias; de traições; de insurreições; de assassinatos; de loucuras; de queda de príncipes; de cada vez menos postos de trabalho; de terrenos queimados até a desertificação; de sombra constante da pestilência veiculando sua mensagem de culpa e pecado; e da hostilidade de Deus.

Tuchman está mais interessada na política do que nas ideias, e sua história foca as tentativas complicadas (e em última instância destrutivas) dos ingleses e dos franceses de estabelecer a paz, ao mesmo tempo que roubavam as terras uns dos outros, em vez de investirem no desenvolvimento da filosofia e da ciência. Ela detalha a vida da classe dos cavalheiros, mas não presta muita atenção aos camponeses; sua preocupação é, antes, descrever um tempo de crise e desordem política, em que as invasões dos ingleses, as debilidades francesas, cavaleiros predatórios e clérigos corruptos modelavam o curso dos acontecimentos. Ao descrever a violência e a agitação do século XIV e ao compará-lo com nosso próprio tempo, Tuchman argumenta a favor de certa uniformidade histórica, rejeitando tanto um simples "progressismo" (que veria o século XX como naturalmente melhor do que o XIV) quanto um senso pessimista de declínio (que veria o século XX caindo, como em espiral, em perigos nunca antes vistos).

BOB WOODWARD E CARL BERNSTEIN

Todos os Homens do Presidente, 1987

Edição recomendada: *Todos os Homens do Presidente.* 3ª. ed. Trad. Tonie Thomson. Rio de Janeiro: Francisco Alves, 1977.

O livro de Woodward e Bernstein sobre o Watergate é baseado em reportagens publicadas no jornal *Washington Post*, que se deram em grande parte na época da renúncia do presidente Nixon. Em uma guinada que seria aplaudida pelos pós-modernistas, *Todos os Homens do Presidente* mantém seus escritores completamente à vista. O livro não começa com Nixon, ou com qualquer um dos homens do presidente, mas com Woodward: "17 de junho de 1972. Nove horas da manhã de sábado. Muito cedo para o telefone tocar. Woodward tateou procurando o telefone e despertou. Um editor da *Washington Post* estava na linha. Cinco homens haviam sido presos mais cedo em um roubo no Democratic National Committee [Comitê Democrático Nacional], carregando equipamento fotográfico e eletrônico. Será que ele poderia dar uma passada por lá?".

A história de Watergate relata como o povo americano foi aos poucos desvendando crimes sofisticados. Em sua crônica do desdobramento gradativo do crime, Woodward e Bernstein representam os "americanos típicos", em um processo de compreensão de uma complicada e desventurada sequência de eventos, oferecidos em doses homeopáticas. O estilo é direto e sem adornos: "Woodward disse a Stoner que o *Post* tinha a responsabilidade de corrigir um erro. Não houve comentário. E se uma justificativa fosse solicitada, teria de ser dada. Não houve comentário. Woodward levantou a voz para convencer Stoner da seriedade da situação para um jornal quando cometia um erro. Finalmente, Stoner disse que não recomendaria apresentar nenhuma desculpa a Bob Halderman". Esse tipo de prosa não venceria nenhum prêmio, mas alcança o propósito do livro: pôr a descoberto a "verdade", da forma mais clara e desprovida de sensacionalismos quanto possível.

Todos os Homens do Presidente começa com o assalto e termina com o indiciamento dos homens do presidente. O último parágrafo relata o discurso do presidente ao povo americano em 30 de janeiro de 1974: "O presidente disse:

'Gostaria que você soubesse que não tenho intenção nenhuma de me abster de realizar o trabalho que o povo americano me elegeu para executar pelo povo dos Estados Unidos'". *Todos os Homens do Presidente* foi escrito em 1974 e veio a público precisamente antes da renúncia de Nixon, em 9 de agosto de 1974; portanto, não se trata apenas da história de um assalto e sua investigação, mas de parte da própria história. (Você pode ler a história original de Woodward-Bernstein sobre o assalto, publicada no *Washington Post* de 19 de junho de 1972, disponível em: http://www.washingtonpost.com/wp-srv/local/longterm/tours/scandal/watergat.htm. Acesso em: 23 set. 2014).

JAMES M. MCPHERSON

Battle Cry of Freedom: The Civil War Era

[Um Grito da Batalha da Liberdade: A Era da Guerra de Secessão], 1988

Edição recomendada: Não há edição em português.

"Ambos os lados da Gerra de Secessão americana professavam estar lutando pela liberdade", começa o prefácio de McPherson – resumindo, assim, a dificuldade de "condensar a guerra e suas causas em um só livro". Em face dos sulistas, que reivindicavam lançar mão das armas para proteger "direitos políticos [...] e a soberania do Estado", e dos nortistas, que insistiam lutar para preservar a "última centelha de esperança [...] das liberdades republicanas no mundo", McPherson se esforça para equilibrar eventos políticos e militares (e retóricos) com os acontecimentos sociais e econômicos que ajudaram a fomentar a guerra.

No capítulo inicial, McPherson faz um levantamento das condições dos Estados Unidos em meados do século: seu crescimento acelerado, especialmente no Oeste; o estado da economia no Sul, incluindo sua dependência do algodão e do trabalho de baixo custo dos escravos, que tornaram a produção de algodão economicamente viável; o crescimento da distância entre ricos e pobres; conflitos étnicos; o crescimento rápido da população urbana; as melhorias no transporte, que permitiram que os bens fossem vendidos em pontos distantes do local de manufatura; as manifestações dos trabalhadores; e a evolução da "família centrada na criação de filhos". Essas descrições amplas e diversificadas prepararam o cenário para a narrativa da Guerra de Secessão, que começa no Capítulo 2, com a presidência de James K. Polk e o estopim que deu início à guerra: o debate sobre se, nesses Estados Unidos em rápida expansão, os novos territórios admitidos à União deveriam ser escravocratas ou não. A partir desse ponto, McPherson começa a desdobrar uma história militar e social detalhada da Guerra de Secessão. Ele é cuidadoso em esboçar todos os grupos que assumiram diferentes posições em relação à guerra, evitando colocar todos os simpatizantes da União ou todos os confederados em um só saco.

A contribuição de McPherson não está em sua maneira singular e surpreendente de encarar a Guerra de Secessão, mas em sua capacidade de unir, em um todo coerente, tantos detalhes desconcertantes e variados da guerra e as teorias infinitamente disparatadas de como e por que a guerra progrediu da maneira como progrediu. A história de McPherson se encerra com a vitória da União, que "destruiu a visão sulista dos Estados Unidos e assegurou que a visão nortista se tornaria a visão americana". Contudo, nesses novos Estados Unidos muitos problemas continuam sem solução. A história de McPherson termina com a pergunta: "Qual seria o lugar dos escravos libertos e seus descendentes nessa nova ordem?".

LAUREL THATCHER ULRICH

A Midwife's Tale: The Life of Martha Ballard, Based on Her Diary, 1785–1812
[História de uma Parteira: A Vida de Martha Ballard, Baseada em seu Diário, 1785–1812], 1990

Edição recomendada: Não há edição em português.

O subtítulo tão específico da história de Ulrich aponta para uma nova tendência na historiografia: o estudo do indivíduo, do diminuto e do particular. Enquanto Perry Miller escrevia sobre toda a Nova Inglaterra, sessenta anos depois Ulrich focava em uma só mulher, em um diário e em uma extensão de tempo que abrange uma só geração. Embora o diário de Martha Ballard tocasse em desdobramentos sociais mais amplos – por exemplo, a invasão de médicos homens, treinados na obstetrícia, que antes era território das parteiras e das enfermeiras praticantes –, Ulrich é muito cuidadosa em não tirar conclusões apressadas. Seu método é o de exame do passado em busca de particularidades, não da universalidade; de destaque do singular, não de procura por conexões. Esse desconforto com as generalizações reflete a desconfiança pós-moderna de verdades que se apliquem a todas as classes sociais, bem como o descontentamento de Ulrich com as fontes "tradicionais" da história. "O diário de Martha Ballard", escreve ela, na introdução, "toca em vários temas proeminentes na história social dos primórdios da República" – mas é essencialmente *diferente* daqueles registros deixados por homens dotados de poder. O diário restaura "uma infraestrutura esquecida da vida do século XVIII" e "transforma a natureza da evidência em cima da qual grande parte da história daquele período foi escrita". Por exemplo, quando Ephraim Ballard, o marido de Martha, vai preso por dívidas, ela fica sem recursos. Esse problema agrava sua relação tensa com o filho mais velho, de quem ela é agora forçada a depender; o "eixo de sua vida", escreve Ulrich, havia sido "deslocado" para seu filho. O relacionamento de Martha com o filho e com sua esposa, que acaba assumindo a casa da família e relega Martha a um único quarto de dormir, torna-se cada vez mais difícil, produzindo no diário de Martha uma "mistura peculiar de autojustificativa e autossacrifício", segundo o qual ela continuava a cozinhar para a família do filho, mas se recusava a lhe pedir ajuda para recolher a lenha. "A maioria dos historiadores estudara o aprisionamento por dívidas como um aspecto da história econômica e legal", escreve Ulrich. "O diário de Martha transfere o foco de hipotecas e advogados para caixas de lenha e filhos, mostrando como a história familiar moldou as leis de enquadramento criminal em uma era de transformação política e social."

Esses registros "esquecidos" de família contam histórias que muitas vezes complementam e às vezes contradizem as histórias tradicionais do período. Esse novo enfoque é destacado nas conclusões de Ulrich, em que ela escreve:

> Celebrar uma vida assim é reconhecer o poder – e a pobreza – de registros escritos. Fora de seu próprio diário, Martha não tem história [...], é o nome de seu marido, e não o dela, que aparece nos censos, nas listas de impostos e nas contas de comerciantes em sua cidade [...]. Sem seu diário, até mesmo o nome dela seria incerto [...]. Martha perdeu seu primeiro nome, bem como seu sobrenome, com o casamento. Por 58 de seus 77

anos, ela era conhecida como a "Sra. Ballard" [...]. Nenhuma lápide apresenta seu nome, embora ainda se possam ver, em lugares ermos da Rua Belgrade, moitas de camomila ou matricária provenientes de seu jardim.

FRANCIS FUKUYAMA

O Fim da História e o Último Homem, 1992

Edição recomendada: *O Fim da História e o Último Homem.* Trad. Aulyde Sores Rodrigues. Rio de Janeiro: Rocco, 1992.

O livro de Fukuyama, uma extensão de seu ensaio de 1989 "O Fim da História", argumenta que a "História com H maiúsculo" (isto é, não uma sequência de eventos, mas um "processo evolucionário coerente e único") está se movendo invariavelmente para um Estado moderno, liberal, democrático e industrializado. A ciência moderna está no centro desse movimento; ela teve um "efeito uniforme sobre todas as sociedades que a experimentaram", porque permite "a acumulação ilimitada de riqueza e, assim, a satisfação de um conjunto de desejos humanos que se expande infinitamente". Por causa da ciência moderna, "todas as sociedades humanas, não importa suas origens históricas ou heranças culturais [...], devem parecer-se cada vez mais umas com as outras".

O poder da ciência explica o movimento moderno rumo à industrialização, mas não o fenômeno da democracia em expansão (afinal de contas, muitos dos países industrializados operaram sob outras formas de governo). Então, por que é que a democracia estaria transformando o mundo moderno? Fukuyama explica que, enquanto os animais só querem comida, abrigo e segurança, os homens são impulsionados por uma necessidade adicional – o desejo de serem "reconhecidos" pelos outros como tendo valor e dignidade. Esse "desejo de reconhecimento", argumenta Fukuyama, é o que impele todas as sociedades para a democracia: a democracia liberal trata seus cidadãos como adultos, não como crianças, "reconhecendo sua autonomia como indivíduos livres. O comunismo está sendo substituído pela democracia liberal em nosso tempo, pela compreensão de que o primeiro proporciona uma forma gravemente imperfeita de reconhecimento". Ele passa uma grande parte do tempo definindo e ilustrando esse "desejo de reconhecimento", que chama de *thymos*, e discutindo como isso interage com o amor pela pátria, o nacionalismo, a etnia, a religião e outros desejos "irracionais" (que para ele são "não sistematizados" e não meramente "ridículos") da alma humana. Finalmente, ele pergunta: será que o Estado democrático liberal é o verdadeiro *fim* – o mais elevado objetivo – da história? Será que ele "satisfaz adequadamente a esse desejo de reconhecimento", ou será que uma forma de sociedade futura melhor satisfaria esse desejo de maneira mais completa?

Ao fim de sua última parte, "O Último Homem", Fukuyama concluiu que a democracia liberal é a "melhor solução possível para o problema humano". E como o movimento em direção à democracia liberal é reforçado pela "homogeneização da humanidade [...] como resultado do desenvolvimento econômico", logo a humanidade parecerá, não com "milhares de brotos florescendo em uma diversidade de plantas floridas", mas com "um longo trem descarrilhado ao longo da ferrovia" – alguns vagões do qual "o puxam forte e decisivamente para a cidade" (por terem alcançado a bênção da democracia), outros se atolam no lodo ao longo do caminho, e outros ainda são "atacados por salteadores [...] incendiados e abandonados ao longo do caminho". Quais são essas sociedades fracassadas (e quem poderiam ser esses "salteadores") são perguntas que ficam em aberto para o leitor decidir. Em um estilo de historiografia diametralmente oposto àquele de Ulrich, Fukuyama descreve uma história hegeliana que se desenrola rumo a um fim glorioso, cujos detalhes históricos se encontram submersos na onda crescente da realização.

CAPÍTULO 8

O palco do mundo: ler a história através do teatro

Ler uma peça é uma contradição em termos [...].
As peças devem ser vistas e ouvidas e experimentadas
como se experimenta um rito ou um espetáculo.
Elas não podem ser simplesmente lidas, como se lê um romance.
Edward Partridge, *crítico*

As peças são literatura e existem como experiências completas em cada página,
e não se tornam uma experiência completa performática.
Ler uma peça [...] é uma experiência tão emocionante quando assistir a ela.
Edward Albee, *dramaturgo*

"Uma sala confortável, decorada com bom gosto, mas sem luxo. À direita do palco, uma porta que leva para um saguão; à esquerda do palco, uma porta que leva para o estúdio de Helmer."

"O frio passava relutantemente sobre a terra, e a névoa, recolhendo-se, revelava um exército espalhado pelas montanhas, descansando."

Essas duas frases de abertura, escritas com um intervalo de dois anos, afetam o leitor de forma diferente. A sala confortável, mobiliada com bom gosto, mas sem luxo, apela para os olhos, mas não para outros sentidos; trata-se de um pano de fundo branco, pronto para servir de cenário a qualquer evento, desde um assassinato até um casamento. Entretanto, o segundo cenário não revela apenas um lugar físico, mas também uma disposição e uma expectativa. O cenário sugere simulação, relutância, revelação lenta. O nevoeiro só se dissipa com má vontade, e o exército espalhado poderá despertar a qualquer momento cuspindo fogo, como um dragão que estivesse adormecido.

A primeira abertura – de *Casa de Bonecas*, escrita em 1897 – é retirada da peça de Henrik Ibsen; a segunda pertence ao pequeno romance de Stephen Crane O *Emblema Vermelho da Coragem*, publicado em 1895. A peça e o romance possuem certa semelhança. Ambos fazem os personagens se locomoverem pelos cenários. Ambos usam o diálogo para fazer o enredo avançar e para desenvolver os personagens. Ambos lidam com o mesmo conflito básico: o herói de Crane descobre sua masculinidade; a nora de Ibsen se dá conta de que sua feminilidade a aprisiona. E ambos se situam no mesmo ponto histórico do desenvolvimento da narrativa: Ibsen e Crane são realistas, escrevendo relatos naturais acerca de um ponto de transição psicológica na vida do personagem.

Por outro lado, as duas histórias são bem distintas. Como nos romances, nas autobiografias e nos escritos históricos, as peças seguem a mesma trajetória básica que já foi mapeada três vezes: da fascinação antiga pelo heroísmo e pelo destino, passando pela preocupação medieval com o plano de Deus, pelo interesse renascentista pela busca humana ilimitada do conhecimento e pela convicção iluminista no poder da razão, até a preocupação moderna com as explanações realistas e "científicas" e o desinteresse pós-moderno pela mesma obsessão científica.

Contudo, as peças e os romances não podem ser lidos da mesma forma. Crane, o romancista, fornece cada uma das impressões que ele quer que o leitor tenha; já Ibsen, o dramaturgo, só fornece uma dimensão de sua história. Ele tem de deixar o cenário, o som, a ambientação e as expectativas nas mãos dos diretores, dos técnicos de iluminação, dos cenógrafos, dos figurinistas e dos atores que levarão *Casa de Bonecas* ao palco.

O palco impõe outras restrições às histórias contadas em forma de peça. Os romances podem expandir-se por paisagens extensas; já as peças têm de caber no palco e no escopo de atenção de uma plateia. Os romances vagueiam pela mente dos personagens; já as peças só lhe mostram o que os personagens dizem e fazem, e não quem eles são. Uma peça não mostra o pensamento dos personagens, mas a ação humana. Até os padrões de discurso mudam da página para o palco. Como a romancista Joyce Carol Oates escreve: "O que se apresenta cheio de vida na página escrita poderá morrer em poucos minutos no palco [...]. A prosa é uma linguagem a ser falada com um indivíduo, recriada na consciência individual de um leitor, que usualmente está só, enquanto o diálogo dramático é uma linguagem especial, empregada entre atores vivos, que são ouvidos por toda uma plateia".[1]

O diálogo que se encontra em um romance repercute apenas na mente do leitor individual, que o recria para si. Já o diálogo de uma peça será ouvido por uma multidão de espectadores – e, como qualquer professor poderá confirmar, uma multidão de ouvintes tem uma personalidade própria, misteriosa e imprevisível. E mais, o dramaturgo não tem controle sobre a apresentação da história para aquela multidão. O romancista controla as sentenças, modelando e rebuscando-as, sabendo que todos os leitores vão ler as mesmas palavras. As palavras de uma peça, no entanto, são mediadas por (pelo menos) dois conjuntos diferentes de pessoas: o diretor que encena e interpreta a peça, até mesmo lapidando-a para uma forma final diferente; e os atores, que emprestam suas próprias expressões aos personagens. A peça é o polo oposto da autobiografia: a autobiografia toma o que é particular e o controla, dando-lhe uma forma aceitável, antes de permitir que um leitor a examine; já a peça se entrega a intermediários desconhecidos, confiando-lhes a tarefa de apresentá-la à plateia.

Contudo, se a peça implica tanta cooperação, por que deveríamos *lê-la*?

Porque *você* pode atuar sobre ela como diretor, permitindo que a peça tome forma em sua mente. Tomemos a peça *Hamlet*. Hamlet, o príncipe da Dinamarca, está preocupado com a morte recente de seu pai (ou poder-se-ia dizer que se sentia perseguido por ela). "Eu vejo meu pai", diz ele a seu amigo Horácio, referindo-se às suas lembranças do rei morto. Entretanto, Horácio, sem que Hamlet soubesse, já havia visto o fantasma do pai de Hamlet à espreita ao redor das muralhas, e se vira para procurar o fantasma na esperança de localizá-lo: "Onde, meu senhor?". "Nos olhos de minha mente", Hamlet responde rapidamente, acreditando que isso era óbvio.

O pai de Hamlet pode ter tido uma existência pungente na mente do filho, mas Hamlet não toma nenhuma providência em relação à morte do pai enquanto

[1] Joyce Carol Oates, "Plays as Literature". *Conjunctions*, vol. 25 (Spring, 1995), p. 8-13; 9.

seu fantasma não aparece visível para ele. Só então é que Hamlet se motiva a agir. E essa ação leva, em última instância, à morte de todos aqueles que ele ama (sem mencionar alguns coadjuvantes desafortunados). Se Hamlet tivesse estado em condições de exercitar sua imaginação de uma forma um pouco mais competente, tirando suas próprias conclusões da presença perturbadora do pai em sua mente, a aparição do fantasma (e a sucessão de mortes que foram desencadeadas por essa manifestação física) não teria sido necessária. Uma vez, porém, que o fantasma aparece em uma forma particular; uma vez que a ideia que Hamlet tem de seu pai é compelida, por força das circunstâncias, a se "encarnar"; uma vez que o fantasma dá ordens derradeiras ao seu filho, desencadeia-se uma série de eventos particulares inevitáveis.

Que lição fica para o leitor? Uma vez no palco, uma peça assume uma realidade irrevogável, com resultados inevitáveis impostos de fora. Contudo, enquanto ela estiver na mente do leitor, sujeita apenas à sua imaginação, ela adquire um potencial ilimitado; ela se torna mais rica do que qualquer versão de palco.

Mais do que qualquer outro tipo de literatura, a peça de teatro é dependente do espaço. Ela é composta para ser apresentada em um palco; portanto, é moldada pelas possibilidades e balizas performáticas que o dramaturgo teve em mente ao escrever. E não se escreve uma peça para todo mundo, mas para uma plateia particular e local (que é uma das distinções possíveis entre a "peça propriamente dita" e o roteiro para um filme de cinema ou para a TV). As comédias gregas foram escritas para os atenienses; as peças de moralidade medieval, para frequentadores de igreja analfabetos; as comédias inglesas da Restauração, para londrinos de classe média alta; as peças modernas, para a Broadway, ou Chicago ou Londres. Embora essas peças pudessem dirigir-se a uma plateia mais ampla, elas se adaptam às convenções que as plateias locais são capazes de entender. Shakespeare escrevia suas tragédias tendo em mente os espectadores mais alvoroçados, tendo consciência de que eles poderiam atirar coisas no palco se não fossem entretidos com "humor de baixo calão" entremeado de nobres solilóquios. E isso mudava a forma final de suas peças.

Visto que o desenvolvimento da peça teatral é tão intensamente afetado pelos teatros, histórias, costumes e dilemas locais, a única maneira de escrever uma "história da dramaturgia" decente seria tratando cada país e cada tradição separadamente. Cada país tem suas próprias peças e rituais ancestrais, seu próprio trajeto até os tempos pós-modernos. Então, a breve história teatral que segue se concentra em uma região particular do mundo: a região de fala inglesa. Algumas traduções de dramas gregos e peças europeias traduzidas também foram incluídas, mas acima de tudo por sua influência sobre os dramaturgos ingleses. Eu não poderia fazer jus ao expressionismo alemão, ao simbolismo russo e ao absurdo francês sem abranger a história alemã, russa e francesa (o que requereria, entre outras coisas, ter uma melhor fluência no alemão, no russo e no francês do que a que possuo).[2]

HISTÓRIA DO TEATRO EM CINCO ATOS

ATO 1: OS GREGOS

ÉSQUILO, SÓFOCLES, EURÍPIDES, ARISTÓFANES, ARISTÓTELES

É provável que homens e mulheres estejam encenando histórias há milhares de anos (uma subárea inteira da antropologia cultural se desenvolveu em torno dos rituais performáticos das antigas culturas), mas as primeiras peças vêm da Grécia antiga. O primeiro dramaturgo grego foi um poeta chamado Téspis, que emprestou seu nome a todo o empreendimento teatral. Nos primórdios do drama grego, os poetas costumavam recitar suas obras sozinhos no palco. Ao que tudo indica, Téspis introduziu a inovação do coro que cantava, dançava e recitava diálogos fazendo um jogral com ele no palco. Uma vez que todas as peças de Téspis desapareceram, é impossível ter certeza sobre tudo isso, mas o "coro" – ou "grupo de personagens" que conversam com os heróis de uma peça – passou a aparecer em todos os dramas gregos posteriores.

[2] Os leitores que estejam interessados em investigar essas tradições podem consultar a história completa do teatro como ponto de partida. A *History of the Theater*, de Oscar Brockett (8ª. ed. Boston, Allyn & Bacon, 1998) é um texto padrão. Já a edição de bolso *Oxford Illustrated History of the Theatre, de John Russel Brown (Oxford, Oxford University Press, 2001) é uma história mais resumida e fácil de ler.*

Os grandes dramaturgos gregos que se seguiram a Téspis compunham seus poemas para enormes anfiteatros, com capacidade para vinte mil espectadores. As peças eram apresentadas em festivais, em que os atores começavam ao cair da tarde e recitavam seus versos em voz alta por horas a fio, e onde as audiências provavelmente passavam os intervalos das peças festejando (e bebendo). Em um cenário assim, a atuação não era uma questão de convergir emoções, pelo mover da cabeça, pela forma de expressão ou por um gesto gracioso. Os espectadores estavam longe demais (e provavelmente muito embriagados) para sutilezas.

Em lugar disso, os atores usavam máscaras pesadas, cada uma das quais representava uma só emoção, e confiavam em suas falas para dar andamento à peça. Efeitos especiais eram limitados; o efeito visual mais elaborado era proporcionado por um guindaste que, rangendo, baixava até o palco um ator fazendo o papel de Zeus ou de Apolo (daí a frase *deus ex machina*, "deus surgido da máquina", para descrever a aparição inesperada de uma divindade). As ações impossíveis de interpretar – batalhas navais, terremotos, carnificinas e crianças escaldadas – eram narradas pelo coro (grupo de quinze homens escolhidos meses antes para receberem um treinamento em canto, dança e exercícios físicos) que descrevia o ocorrido, à medida que vinha dos bastidores para o palco.

Uma vez estabelecido o cenário, as peças gregas eram construídas como eventos esportivos: elas narravam histórias míticas em uma linguagem familiar, de modo que a plateia já soubesse quais eventos ocorreriam e quando esperar por eles. Uma peça grega normalmente tinha cinco partes (o que mais tarde serviu de modelo para a peça tradicional inglesa, em cinco atos): o *prólogo*, no qual a plateia se familiariza com o "contexto histórico" da peça; o *párodo*, a entrada do coro, que canta uma introdução à ação que se seguirá; os *episódios*, que consistem em várias "cenas" diferentes entre os principais personagens da peça; os *interlúdios*, que ocorrem entre as cenas, indicando uma mudança de ação ou de lugar, e que consistem em comentários ou explicações recitadas (esses *interlúdios* podem requerer que o coro se movimente de um lado para o outro do palco, em uma progressão ritual, conhecida como *estrofe* ou *antístrofe*); e, finalmente, o êxodo, a última cena, com o clímax da peça. Visto que os episódios eram construídos em direção ao êxodo, a plateia os acompanharia, aguardando o momento do clímax e do desenlace ou da resolução, que vinha logo em seguida. O processo todo requeria simpatia com o herói da peça, algo parecido com a emoção que se pode encontrar em um estádio de futebol, em um jogo em casa. O drama grego antigo, com suas *performances* de arena, seu figurino ritualístico e gestos indicativos da vitória, e sua dependência da simpatia da plateia, provavelmente lembrava mais um Super Bowl [final do campeonato de futebol americano] do que uma produção da Broadway dos tempos modernos.

Aristóteles, que seguiu os grandes dramaturgos gregos no tempo, codificou suas convenções em uma lei em seu livro *Poética*. O propósito da peça, escreve Aristóteles, é a *mimesis* – uma imitação da vida que garante ao espectador maior compreensão das verdades da existência. Para ser efetiva, essa mimese deve ser fortemente focada em uma parcela estreita da vida; assim, toda peça deve conter três "unidades". A unidade do tempo decreta que uma peça deve acontecer ao longo de "um só ciclo do sol" (em outras palavras, centrado em um momento da mais alta significância, em vez de em uma vida inteira); a unidade de ação significa que a peça concentra todos seus eventos em torno de um grande momento ou tema; já a unidade de cenário dita que a ação se dê, na medida do possível, em um só lugar físico. A tragédia, a mais poderosa forma de mimese, é a história de um herói que é "digno de respeito (*spoudaois*) e que comete um erro intelectual (e não moral) significativo, o que leva à sua queda, da felicidade para a miséria".[3] Édipo, com a melhor das intenções, comete o erro de tentar evitar seu destino; Agamênon, quando forçado a escolher entre dois males, escolhe o pior. A tragédia é bem-sucedida, escreve Aristóteles, quando evoca piedade (aquela emoção que sentimos quando vemos males imerecidos acometendo alguém) e terror (que nos acomete quando consideramos que esse mal imerecido também pode acontecer conosco). A implicação é clara: pisadas em falso são relativamente fáceis de evitar, mas mesmo o homem mais idôneo pode cometer um erro honesto que o vai levar à catástrofe. O espectador também poderia estar na pele de Édipo. Se a tragédia quiser ser mimética, ofere-

[3] Leon Golden, "Othello, Hamlet, and Aristotelian Tragedy". *Shakespeare Quarterly*, vol. 35, n. 2 (Summer, 1984), p. 142-56.

cendo ao espectador (ou leitor) maior compreensão, deve conter *catarse* – uma explanação clara de como a vida do herói se tornou desastrosa.[4]

Ésquilo, Sófocles e Eurípides escreveram tragédias; Aristófanes, comédias. A comédia, dependente dos costumes e das boas maneiras da época em que é apresentada para estabelecer contrastes chocantes em seu cerne, torna-se superada mais rapidamente do que a tragédia. Uma piada sobre política perde a graça fora de seu contexto (tente assistir a um monólogo de Jay Leno da era Bill Clinton), mas o perigo de escolhas erradas nunca está afastado. Os romanos, que vieram depois dos gregos e adotaram a maioria de seus princípios literários, escreveram mais comédias do que tragédias – razão por que nem os dramaturgos romanos, nem Aristófanes, são tão amplamente lidos hoje quanto os trágicos gregos.

No entanto, até as tragédias dos romanos eram inferiores às dos gregos. De maneira geral, o drama ocupava um lugar mais baixo no esquema social romano. Os grupos de teatro romanos, da mesma forma que as companhias de teatro gregas, atuavam em festivais. Contudo, enquanto os festivais gregos tendiam a se centrar em torno da *performance* artística, os dramas romanos tinham de competir com outras *performances* mais espetaculares, como as lutas entre leões, corridas de bigas e batalhas navais de arena. (Em um de seus prefácios, o escritor de tragédias Terêncio reclama que as duas primeiras *performances* de sua peça haviam sido canceladas porque a plateia debandou para assistir ao espetáculo dos gladiadores.) Os romanos não fizeram inovações nos temas dramáticos; estas só viriam com a Idade Média, quando os dramas gregos saíram de cena.

[4] *Catarse, palavra usada apenas uma vez na Poética, é um termo intensamente debatido, mas muitos estudiosos acreditam hoje que ele não se refere a um processo de "purgação" emocional sentido pela plateia, mas antes ao esclarecimento que acontece na peça, quando as razões para a queda do herói entram em foco. George Whalley escreve: "Trata-se dos incidentes dentro da própria ação (não das emoções da plateia) que são purificados, trazidos para um foco nítido, característico da tragédia".* Ver "On Translating Aristotle's *Poetics*". In: Aristóteles, *Poética*. Trans. George Whalley. Montreal, McGill-Queen's University Press, 1997, p. 27.

ATO II: MISTÉRIO E MORALIDADE

Todo-o-Mundo

Não obstante tivesse incentivado a apreciação do teatro em forma de textos no ensino superior, o cristianismo não pôs um fim ao drama clássico; mas os bárbaros que invadiram Roma o fizeram. O drama clássico requeria espaço físico para seus espetáculos, além de atores que podiam devotar semanas seguidas aos ensaios e ao treinamento, e de espectadores com tempo para sentar e apreciar. Sem uma população ociosa e próspera, o drama clássico (assim como o futebol profissional) não teria tido espaço para existir. As apresentações não se extinguiram completamente, uma vez que os trovadores ambulantes, acrobatas nômades e palhaços ainda perambulavam pela Inglaterra e pela Europa, durante toda a Idade Média, mas o *teatro* mesmo se desintegrou.

Não obstante, da mesma forma que o cristianismo remodelou a história – transformando os episódios articulados dos gregos em uma linha reta, que apontava para o apocalipse – a Igreja cristã também conferiu ao drama um novo espaço físico, dentro do qual ele poderia se reinventar. A Igreja, enquanto instituição, não estava particularmente entusiasmada com as apresentações em si. Os trovadores, os acrobatas e os palhaços eram conhecidos por sua moral flexível, e os bispos e os teólogos colocavam o drama clássico sob suspeita, por seu louvor a Zeus, a Apolo, a Atena e a outros "demônios". O drama, porém, era deveras compatível com a visão cristã do mundo. Afinal, as peças eram estruturadas em torno da ação, e o cristianismo tratava dos atos de Deus na história, que eram cheios de sentido. As peças eram estruturadas com um começo, um meio, um clímax e uma solução; o cristianismo situou o começo de sua história no Jardim do Éden; o meio, na existência de Israel como nação; a crise, na crucificação; e a solução, na ressurreição. E o cristianismo tinha seu próprio herói clássico em Cristo-Adão, uma figura composta, que tomou a decisão errada no Jardim do Éden e sofreu a catástrofe na cruz. Toda a história humana pós-ressurreição era um *desenlace*, o desenvolvimento dos efeitos em cadeia desse único evento central.

Além disso, os rituais da Igreja eram dramáticos em si mesmos, baseando-se em uma constante reedição da história da criação-crucificação-ressurreição.

Os cultos nas igrejas incluíam até o diálogo. A leitura do Antigo Testamento, dos Evangelhos e de outras partes do Novo Testamento em voz alta durante os cultos era uma tentativa de trazer a palavra sagrada para a população em sua maioria analfabeta, muitas vezes na forma de conversas entre diferentes personagens bíblicos. Embora ninguém saiba com certeza quando foi que os diferentes "atores" foram convocados para narrar os diálogos bíblicos, é provável que a parte dos hinos, que incluem o diálogo entre o anjo na sepultura e as três Marias que vieram para embalsamar o corpo de Jesus, tenha sido apresentada primeiro em forma de dramatização. Inicialmente, essas partes eram lidas por vozes diferentes; e (quem sabe) acabaram sendo acrescidas de palco e figurino. Talvez esse entretenimento adicional tivesse feito crescer a frequência às missas. Isso não passa de especulação, mas o que sabemos é que outras histórias bíblicas logo também seriam adaptadas para o teatro. Essas "peças misteriosas" (o "mistério" é usado aqui no sentido mais antigo, bíblico, de algo que estava escondido e agora seria revelado e explicado) recontavam as histórias da criação, da queda, de Caim e Abel, do dilúvio de Noé, da ressurreição de Lázaro, da Última Ceia – das cenas centrais da Bíblia, desde o início até o Juízo Final.[5]

Em algum momento (incentivado, quem sabe, por um aumento na plateia ou pelo desejo da Igreja de evangelizar), o drama começou a se voltar para fora. Essas peças teatrais de mistério se transferiram do centro do culto para o centro das atividades da vila – para o mercado público. Nesse processo, as peças teatrais de mistério adquiriram os primeiros patrocinadores corporativos. A associação dos pintores arrumou o cenário do dilúvio para a peça de mistério da arca de Noé, enquanto a dos carpinteiros construía a arca; a associação dos padeiros preparou uma última ceia caprichada; e a dos ourives criou as joias que os três Reis Magos ofereceram ao Menino Jesus. Em certo ponto, o uso das associações pelas companhias teatrais para fornecimento de produtos cresceu de forma tão desavergonhada que a cidade de York pôs um sinal de interdição nas placas das

[5] Uma vez que a evidência é limitada, trata-se aqui de uma especulação. Alguns estudiosos sugeriram que as peças de mistério podem, antes, ter surgido de raízes seculares (danças folclóricas, peças de pantomima e assim por diante), mas isso também não passa de especulação.

associações. A "secularização" das peças se estendeu de forma a criar enredos secundários igualmente chamativos; a peça de mistério da arca de Noé passou a incorporar um enredo paralelo sobre a mulher de Noé e sua relutância em entrar na arca. A peça paralela dos pastores trata basicamente do roubo de ovelhas, e o Menino Jesus aparece muito de relance na parte final.

Essas peças teatrais de mistério não são descendentes diretas das tragédias gregas; sua origem é totalmente diferente. Ainda assim, há certas vias de continuidade. Como os dramas gregos, as peças de mistério oferecem ilustrações de verdades sobre a existência, e não estudos psicológicos de personagens individuais. A esposa de Noé, uma verdadeira bruxa medieval que ralhava com o marido e jurava em nome de Jesus Cristo, é um anacronismo ambulante, mas seu lugar na história ilustra a redenção de pessoas que não merecem a graça. As peças teatrais de mistério eram repletas de tipos e generalizações, designadas para ilustrar *qualidades*, e não *personalidades*.

Com o tempo, as *peças teatrais de moralidade* – explorações alegóricas das qualidades dos personagens – se divorciaram de seu fundamento nas histórias bíblicas e passaram a valer por si mesmas. As peças de moralidade contam a história de personagens que representam o homem lutando com abstrações encarnadas: o Desejo, a Ambição, a Ganância, a Preguiça. Ele é aconselhado, em suas lutas, por anjos bons e maus, que o encorajam a escolher, em vez disso, companheiros como a Amizade, a Confissão e a Penitência. *The Castle of Perseverance* [O Castelo da Perseverança] estrela a Humanidade e sua tentação (bem-sucedida) pelo Desejo lascivo, pela carne e pelo prazer; depois da morte da Humanidade, a Misericórdia, a Justiça, a Paz e a Verdade (as "quatro filhas de Deus") discutem se vão permitir que ela entre no céu. *Todo-o-Mundo*, a peça teatral de moralidade medieval mais conhecida, põe a Morte no palco para informar a *Todo-o-Mundo* de sua morte iminente. Os companheiros de *Todo-o-Mundo*, da Riqueza à Amizade, logo o abandonam, deixando apenas as Boas Ações a seu lado.

Perto do século XV, a encenação de peças havia sido inteiramente removida do espaço da igreja. As companhias de teatro começaram a transportar seus cenários em carroções e a viajar de cidade em cidade com suas peças de mistério e moralidade; o drama ganhou seu próprio espaço teatral ao ar livre. Os atores recitavam suas falas perto de suas plateias, que podiam ver as emoções claramente estampadas em suas faces livres de máscaras.

ATO III: A ERA SHAKESPEARE

Christopher Marlowe, William Shakespeare

"Ó que mundo de lucros e deleites, / De poder, de honra e de onipotência!", exclama Dr. Fausto, o herói desconcertante de Christopher Marlowe. "Tudo o que anda entre os silentes polos / Deve cair em meu poder!" A possibilidade de controlar o mundo era nova para a Renascença; o conhecimento crescente do universo físico parecia prometer uma nova dominância sobre o mesmo. Pela primeira vez, o homem não era mais só uma alma pairando entre o céu e o inferno, esperando até o fim de seus dias na terra para começar sua verdadeira vida no paraíso. Ele era uma *personalidade* – nas palavras de Jacob Burckhardt, um "homem multifacetado", um indivíduo livre, com poder de atuar no mundo e mudá-lo. O *Todo-o-Mundo* lacônico e alegórico do drama medieval havia se tornado uma *pessoa*, cheia de complexidades, ambições e potencial.

Shakespeare domina a Renascença, mas a primeira "pessoa" do drama inglês pertence a Christopher Marlowe. Este, que era dois meses mais velho do que Shakespeare, já estava escrevendo por volta de 1580, dez anos antes de as primeiras "histórias dramáticas" de Shakespeare serem encenadas. Uma de suas primeiras peças, *Tamerlão*, sobre o temível conquistador mongol que se autodenominava o "flagelo de Deus", rejeita a noção de que Tamerlão poderia ser um instrumento do desígnio divino; pelo contrário, é um ser humano pensante e ativo. "A natureza", conta Tamerlão a uma de suas vítimas,

> Nos ensina a ter mente curiosa;
> Nossa alma, que pode compreender
> A maravilhosa máquina do mundo
> E medir cada curso dos planetas,
> Indo atrás de saber ilimitado,
> Mutável como o jogo das esferas,
> Nos esgota sem nunca descansar.[6]

[6] Tradução de Érico Nogueira.

Em *A História Trágica do Doutor Fausto*, Marlowe pega Todo-o-Mundo e transforma aquele personagem lacônico em um *indivíduo*. Fausto, escalando incansavelmente "as montanhas do conhecimento infinito", depara com a mesma escolha que é dada a Todo-o-Mundo: conhecimento e riqueza na terra ou bênção no céu. Ao contrário de Todo-o-Mundo, Fausto escolhe a terra; como qualquer bom estudioso da Renascença, ele é incapaz de virar as costas para o conhecimento do mundo físico, mesmo que isso signifique sua danação.

E, no final da peça, Fausto tem ambas as coisas: o conhecimento e o inferno. A Renascença (e, mais tarde, o iluminismo) louvava a capacidade humana de atuar: levantar uma situação, analisá-la, decidir sobre o curso de uma ação a tomar e executá-la com sucesso. Entretanto, os dois maiores dramaturgos da Renascença são céticos em relação ao otimismo ingênuo renascentista. Shakespeare escreve comédias, tragédias e histórias – mas nunca escreve sobre vitórias. Mesmo os finais felizes de suas comédias são agridoces, com o coração partido por mal-entendidos do passado e a possibilidade de dissolução futura. Os heróis de Shakespeare são pensativos e capazes de agir, mas também são infelizes, conflituosos e divididos contra si mesmos.

A literatura (e a arquitetura) grega foi redescoberta ao longo da Renascença, e Shakespeare obviamente está consciente das leis da forma dramática de Aristóteles: ele escreve suas peças em cinco atos e faz uma tentativa hesitante de manter as unidades. Contudo, pede à sua plateia que simpatize com seus heróis, não por causa de sua idoneidade moral, mas porque suas motivações têm credibilidade psicológica. A demanda de Lear, de que suas filhas o amassem mais do que a seus maridos, é distorcida, mas pateticamente real. A indecisão de Hamlet nos faz ranger os dentes, mas sua falta de vontade de deflagrar a guerra no meio de sua família nos é perfeitamente compreensível. Ricardo III é um monstro moral, mas um político eficiente, um individualista, que olha primeiro para seus próprios fins, em detrimento do bem maior; bem diferente de Édipo, que tem a nobreza de fazer o que é melhor para as pessoas, mesmo diante de uma catástrofe pessoal.

E é claro que todos esses homens terminam mal. A Renascença via o homem como um ser livre para escolher seu próprio caminho, em vez de atado ao desígnio pré-ordenado de Deus; os heróis de Shakespeare são livres, mas estão longe de ser felizes.

"O mundo todo é um palco", escreveu Shakespeare, em uma das frases mais citadas de *As You Like it* [*Como Gostais*]:

> Todo homem e mulher são só atores;
> Têm todos suas entradas e saídas,
> E um só homem faz muitos papéis,
> E suas ações têm sete estágios [...]
> Por fim, a última cena
> Que acaba com essa história estranha e agitada,
> É uma segunda infância e puro esquecimento
> Sem dentes, sem olhos, sem língua, sem nada.

O drama grego encenava, de forma ritual e com gestos estilizados, o lugar do homem em um mundo governado por forças imóveis; o homem nem sempre conseguiu evitar quebrar as regras do universo, mas pelo menos o sabia, porque o caos resultante se havia abatido sobre ele. Já o drama medieval encenava, de forma ritual e usando a Bíblia como roteiro, o lugar do homem em um universo compreensível, em que Deus já havia determinado o começo, o meio e o fim. Entretanto, nesse terceiro ato do drama humano, que era um tempo de descoberta constante, em que ninguém sabe qual será a próxima coisa que o astrônomo poderá ver no céu, os atores estavam no palco, encenando uma peça sem fim predeterminado. Os cientistas e os filósofos renascentistas podem ver esse fim indeterminado como algo glorioso, trazido pelo poder crescente do homem sobre o universo; Shakespeare não está tão seguro disso.

A era de Shakespeare foi encerrada não por algum movimento intelectual, mas pela política. O teatro – sem falar na economia da Inglaterra – floresceu sob Elizabeth I e seu herdeiro, Jaime I. A poderosa ala puritana do Parlamento, porém, achou que o filho de Jaime I, Carlos I, não era protestante o bastante; deflagrou uma Guerra Civil, exilou o rei (e executando-o mais tarde) e fez campanha contra todas as coisas católicas tidas como libertinas. Todas as esculturas e toda arte que tinham aspecto de ícone foram destruídas; os teatros, considerados centros de imoralidade pública, foram fechados; a Inglaterra estava sob o domínio de Oliver Cromwell. Os dramaturgos ingleses fugiram para a França ou se aposentaram; os atores procuraram outros empregos; o "espírito do drama elisabetano foi completamente extinto".[7]

Esse grande rompimento ilustra, de forma mais clara do que qualquer discussão teórica, quanto o teatro é diferente do romance, ou da autobiografia, ou da obra de história. Se algum governo declarasse os romances como imorais, os romancistas fariam bem em continuar escrevendo clandestinamente; os biógrafos escreveriam suas histórias nas prisões de regimes repressivos, em segredo. No entanto, as peças teatrais não podem ser mantidas em um quarto secreto. Elas precisam de espaço para viver, do contrário morrem.

ATO IV: HOMENS E COSTUMES

Molière, William Congreve, Oliver Goldsmith, Richard Brinsley Sheridan, Oscar Wilde

Até sua morte, em 1659, Cromwell continuou tentando "consertar" a sociedade governando-a de acordo com princípios puritanos e banindo (entre outras coisas) as corridas de cavalo, a dança e o Natal. Contudo, em 1660, o Parlamento rejeitou a comunidade puritana e reconduziu ao trono o herdeiro de Carlos I, Carlos II, de volta do exílio. E houve grande júbilo, não tanto por causa de Carlos II – que era inclinado a se meter em rixas de bordel, tumultos de rua, brigas de bar e confusões desse tipo –, mas por conta da extinção do governo de Cromwell. O teatro teve um retorno forte, Carlos II emitiu licenças para duas companhias de teatro, que declarou serem os dois únicos teatros legais de Londres (vem daí o termo "teatro legal"). As casas de espetáculo foram reconstruídas – mas com uma diferença. O teatro dos tempos de Shakespeare havia se desenvolvido a partir do drama de mercado público, de raiz, da Idade Média. O teatro da "restauração" era uma instituição de elite, tocada por aristocratas e licenciada pelo rei. As casas de espetáculo de Shakespeare tinham lugar para

[7] Albert Wertheim, "Restoration Drama: The Second Flowering of the English Theater". In: Michael Bigelow Dixon e Val Smith (eds.), *500 Years of Theatre History*. Lyme (N. H.), Smith and Kraus, 2000, p. 82.

1.500 pessoas sentadas e entradas de baixo custo para quem quisesse assistir em pé. As novas casas londrinas tinham lugar para, no máximo, quinhentas pessoas, sem espaço para as pessoas simples, da classe trabalhadora, assistirem em pé.

E as peças que as plateias prósperas assistiam eram muito diferentes das peças da Renascença. O fim do século XVII e o início do XVIII eram tempos de incertezas políticas, ao longo dos quais os filósofos estabeleciam argumentos contra as velhas hierarquias que governaram a sociedade por séculos. A monarquia inglesa, ao contrário de outras, sobreviveu às suas crises, mas a velha ordem não era mais como antes. Carlos II era um leviano, controlado por suas amantes, e sua corte – aqueles aristocratas que teoricamente receberam de Deus a tarefa de governar seus súditos – era ainda pior. A monarquia também não se deu bem nos anos subsequentes. O herdeiro de Carlos II, o católico Jaime, de repente tornou-se pai, ocasião na qual os ingleses, incapazes de suportar o cenário de uma dinastia católica, se livraram dele e importaram o holandês Guilherme, levando-o na rédea curta por meio de restrições. Foi uma era de ideais políticos elevados; de compromissos práticos, de retórica da liberdade do homem combinada com constrangimentos reais sobre a existência humana; de um respeito elevado pelo homem comum, combinado com uma desconfiança realista sobre o que esse homem comum pudesse fazer, se lhe fosse realmente possível assumir o controle.

Na ausência das velhas certezas e dos velhos deuses, a Restauração e a sociedade do século XVIII se voltaram para novas estabilidades, combinando uma nova paixão pela arte e pela escultura clássicas (estruturadas, simétricas, estáveis e governadas por leis invariáveis) com um respeito infinito pelos bons costumes. Eles se tornaram uma forma de vencer as incertezas de uma sociedade em rápida transmutação. Os costumes reforçaram a existência de uma classe superior (além da média alta, média e média baixa e trabalhadora) em um mundo em que os filósofos rejeitavam a hierarquia. Rousseau poderia até escrever sobre a igualdade radical, mas o homem das ruas ria da incapacidade do vizinho de dar nó na sua gravata.

O teatro da Restauração e do século XVIII se manteve fiel às formas clássicas – mas zombava da obsessão da sociedade com os costumes, especialmente aqueles que diziam respeito ao sexo e ao casamento. E os maiores dramaturgos da Restauração e do século XVIII são pessimistas sobre a natureza humana, à semelhança de Shakespeare. Nas peças de Oliver Goldsmith e de Molière, os personagens usam os costumes como armas que lhes permitiam fazer o que quisessem; uma face selvagem, faminta de poder, rosnava debaixo da máscara dos bons costumes. Locke e Rousseau podiam até discutir sobre a natureza humana com toda a calma, mas Goldsmith e Molière eram questionadores incansáveis, que gritavam aos quatro cantos: "Você acha que o homem é governado pela razão? Venha e veja como os seres humanos *realmente* são".

Em uma era em que cientistas, políticos, historiadores e romancistas anunciavam que o homem estava ascendendo às estrelas, os dramaturgos – aqueles que realmente tinham que colocar os personagens no palco para *atuar* – não estavam convencidos disso. Suas peças eram cheias de concessões, estupidez, grosserias, malícia, maldade e todos os atentados contra o pudor. Seus heróis de classe alta eram tiranos e levianos. O Sr. Marlow de Goldsmith anuncia orgulhoso que só pode se divertir na companhia das mulheres comuns que ele pode seduzir, sem se sentir culpado. Goldsmith chega a ponto de pôr seu herói "de classe baixa", Tony Lupkin, no centro da história. Os personagens de classe mais baixa, argumentava ele, têm um leque muito maior de emoções e de qualidades para apresentar, porque a moda não os havia tornado todos iguais, forçando-os à uniformidade. Será que sua plateia elitista entendeu a chacota contra eles? Aparentemente não; eles riram de Tony Lumpkin e aplaudiram quando Marlow conquistou a moça.

Os "costumes", esse molde artificial dado ao caos da vida, eram ordenados por uma sociedade que acreditava nas regras e no funcionamento regular, científico e sistemático do universo. A comédia de costumes satirizava as regras e, ao fazer isso, revelava certa desconfiança contra a ordem dada pelo homem ao mundo. Essas comédias, no entanto, ainda eram fieis às convenções clássicas da peça – a estrutura de cinco partes, a unidade de tempo e espaço e de ação. Essa estrutura "neoclássica" transformava a dramaturgia em uma atividade racional; à moda do iluminismo, a razão, a parte mais importante do homem, exercia firme controle sobre a imaginação.

ATO V: O TRIUNFO DAS IDEIAS

Henrik Ibsen, Anton Tchekhov, George Bernard Shaw, T. S. Eliot, Thornton Wilder, Eugene O'Neill, Jean-Paul Sartre, Tennessee Williams, Arthur Miller, Samuel Beckett, Robert Bolt, Tom Stoppard.

Os românticos do século XIX revoltaram-se contra essa visão ilustrada dos homens como máquinas pensantes. Para eles, a emoção e a criatividade eram muito mais importantes do que a racionalidade; o dramaturgo não era um artista, mas um gênio não limitado pelas convenções e pelas regras. No final do século XIX, os dramaturgos começaram a se livrar daquelas ideias aristotélicas em favor de formas mais amplas, mais livres e mais angustiadas.

Os românticos rejeitavam não apenas a estrutura ordenada da peça clássica, mas também o otimismo do iluminismo, que anunciava que o mundo poderia ser classificado, ordenado e dominado. Eles escreviam com a consciência de que a meta do ser humano sempre excederá sua capacidade de compreensão e que nenhum conhecimento jamais vai satisfazer seus desejos mais profundos.

Os poetas românticos eram presas da *Angst*,[8] da depressão e da autodepreciação, e suas peças eram "dramas poéticos", peças-poemas selvagens, fantásticas, que não caberiam fisicamente no palco do século XIX. Lutando contra a estrutura do iluminismo, esses poetas continuaram presos às convenções do palco até a primeira parte do século XX.

Os dramaturgos modernos, liderados por Bertolt Brecht (nascido pouco antes da virada do século), tinham uma epifania: eles rejeitavam as "convenções realistas" do palco, a fim de retratar a vida com mais verdade. O "realismo teatral" – preservando a ilusão de que a ação no palco era "real", por meio de cenários tradicionais, diálogo natural e da observância da "quarta parede" entre a plateia e os atores – era visto agora como cúmplice da ilusão de ordem, uma estrutura falsa que (como as maneiras do século XVIII) encontrava regras imaginativas em um mundo que, na verdade, era composto de caos e desordem.

---

[8] Termo alemão que significa medo ou temor. (N. T.)

Brecht, que provavelmente foi o teórico mais influente do teatro desde Aristóteles, rejeitava a ideia de que algum destino inexorável governasse a existência humana e nos conduzisse rumo a um fim significativo. Em suas peças, ele também rejeitava a estrutura tradicional da peça que leva a um clímax; no "teatro épico" brechtiano, não há mais "fim decretado", nenhuma "solução" resultante das ações dos personagens. Em vez disso, essas peças se constituem de uma série de eventos interligados, que dizem respeito não a heróis ou homens de ação, mas (nas palavras do amigo e estudioso de Brecht, Walter Benjamin) ao "herói não trágico", um ser pensante que abria seu caminho de episódio em episódio.

Em seu esforço por fazer a plateia livrar-se de sua preocupação com a ordem, Brecht prescrevia a introdução de intervalos "para destruir a ilusão" e "capacitar a plateia para adotar uma atitude crítica". A "quarta parede" também desaparece: "O palco ainda está elevado", escreve Benjamin. "Ele, porém, não se eleva a partir de profundidades imensuráveis: ele se tornou uma plataforma pública."[9] Em outras palavras, *não há* mais o "palco", nenhuma plataforma elevada, no qual qualquer membro da sociedade tem algum direito de fazer pronunciamentos sobre o certo e a ordem; atores e plateia estão agarrados às ideias da peça. Em uma peça brechtiana, assim como em *Rosencrantz and Guildenstern are Dead* [Rosencrantz e Guildenstern estão Mortos], de Tom Stoppard, ou em *Equus*, de Peter Schaffer, parte da plateia poderia estar sentada no palco; os atores também poderiam descer do palco para se sentar na plateia. O diretor Thornton Wilder fala diretamente à plateia, apresentando os atores por seus nomes reais. Ele não quer que a plateia se perca na história de Emily e George; ele quer que a plateia os mantenha em mente do começo ao fim.

No drama de língua inglesa, dois movimentos "brechtianos" foram particularmente difundidos: o drama simbólico e o "teatro do absurdo". O simbolismo é baseado em parte no trabalho do poeta francês Stéphane Mallarmé, que declarava que o drama deve ser "evocativo, em vez de descritivo, e se valer mais

[9] Walter Benjamin, "Studies for a Theory of Epic Theatre". In: *Understanding Brecht*. Anna Bostock (trans.). London, NLB, 1973, p. 15-22. A primeira edição em alemão é de 1939.

da sugestão como algo oposto à afirmação".[10] Mallarmé foi um passo além de Brecht (que não tinha objeções particulares ao cenário ou aos costumes); ele queria que a peça teatral fosse despojada e "desteatralizada", reduzida à nudez, de modo que o dramaturgo pudesse oferecer à plateia *símbolos* óbvios. Para o simbolista, a aparência ordenada do mundo é um véu que esconde a verdadeira realidade; o único meio de retirar o véu é pelo uso de símbolos, capazes de levantá-lo momentaneamente e nos dar uma ideia do que está por trás dele. O drama simbólico (tal como *Happy Days* [Dias Felizes], que apresenta uma mulher enterrada na areia até a cintura, mas consciente de sua difícil situação somente em vislumbres passageiros) esboça diálogos oblíquos não realistas, pausas longas e que produzem ruptura e pouca ação.

O "teatro do absurdo" rejeita o realismo teatral não tanto porque as convenções do teatro não sejam adequadas, mas porque as explicações tradicionais sobre o sentido da vida são inadequadas em si mesmas. Para citar o dramaturgo Eugène Ionesco, o homem está "perdido no mundo [e] todas as suas ações se tornam sem sentido, absurdas e sem utilidade". Assim, o teatro do absurdo elimina causa e efeito, transforma os personagens em tipos, mais do que em retratos, e reduz a linguagem a um jogo que não tem o poder de veicular conhecimento. *Esperando Godot*, de Samuel Beckett, publicado em 1952, é teatro do absurdo. Falta-lhe enredo, desenvolvimento de personagens, cenários (para aquele assunto), levando a plateia à conclusão de que a vida também não tem enredo, personagens, cenário nem qualquer possibilidade de comunicação dotada de sentido. Os dramaturgos que usam os princípios do teatro do absurdo não pertencem a nenhuma escola particular, visto que insistem que qualquer acordo compartilhado entre as mentes seja uma ilusão; cada escritor é, por definição, "um indivíduo que se refere a si mesmo como um intruso solitário, afastado e isolado no seu mundo particular".[11] No entanto, eles compartilham uma atitude: para eles, todas as certezas caem por terra, sejam elas religiosas, políticas ou científicas. O "absurdo", escreve Ionesco, "é aquilo que é destituído de pro-

[10] Haskell M. Block, *Mallarmé and the Symbolist Drama*. Detroit, Wayne State University Press, 1963, p. 103.

[11] Martin Esslin, *The Theater of the Absurd*. Woodstock, Overlook Press, 1973.

pósito [...]. Arrancado de suas raízes religiosas, metafísicas e transcendentes, o homem está perdido".[12]

O teatro do absurdo foi uma expressão do desespero moderno, mas nem todo dramaturgo moderno está afundado no desespero – e nem todos escolheram expressar suas dúvidas sobre a vida por meio de símbolos e do absurdo. Tennessee Williams, Arthur Miller, Robert Bolt e outros podem tomar alguma coisa emprestada de Brecht (o homem comum de Bolt em *A Man for All Seasons*[13] [O Homem que não Vendeu sua Alma] não é tão diferente do diretor de peça de Wilder), mas permitem que suas histórias se desdobrem dentro de certo espaço e tempo: a Inglaterra dos Tudor, a Nova York dos anos de 1940, um apartamento quente em um bairro polonês. Os diretores que mantêm certo nível de realismo dramático em suas peças dão verdade às ações de seus personagens; eles acreditam que uma plateia seja capaz de reconhecer a semelhança humana nas ações e nas motivações de outra pessoa. Tom Stoppard faz uma afirmação sobre a linguagem, fazendo com que Rosencrantz e Guildenstern desapareçam no meio de um redemoinho de confusões e absurdos no final de sua peça. Contudo, Arthur Miller nos fala sobre o capitalismo americano em seu retrato psicológico detalhado de Willy Loman, comerciante sexagenário, e Tennessee Williams escreve sobre o capitalismo americano em seu retrato de uma bela mulher sulista alcoólatra. Nas palavras de Anne Fleche, o drama realista "proporciona uma motivação para o diálogo, uma razão de ser. Isso promete a inteireza de sentido, uma lógica que conecta os personagens [...]. Os pensamentos estão *conectados* pelo diálogo; eles se tornam lúcidos e perceptivos".[14] O simbolismo e o absurdo rejeitam a possibilidade de que as palavras possam revelar quaisquer verdades sobre a existência humana; o realismo dramático mantém sua confiança na linguagem. Ambos os tipos de drama continuam a existir lado a lado.

[12] *Apud* Oscar G. Brockett e Robert Findlay, *A Century of Innovation: A History of European and American Theatre and Drama since the Late Nineteenth Century*. 2ª. ed., Boston, Allyn & Bacon, 1991, p. 312.

[13] Essa peça deu origem a um filme do mesmo nome, dirigido por Fred Zinnemann e com roteiro do próprio Robert Bolt. No Brasil, o filme foi chamado de *O Homem que Não Vendeu sua Alma*. (N. T.)

[14] Anne Fleche, *Mimetic Disillusion*. Tuscaloosa, University of Alabama Press, 1997, p. 26.

O PROPÓSITO DA PEÇA TEATRAL (OU POR QUE COMPRAR UM INGRESSO?)

Em 1959, o dramaturgo Harold Habson – ao deparar com peças cheias de símbolos de absurdos – escreveu indignado: "Está na hora de alguém lembrar nossos dramaturgos de vanguarda que a função principal do teatro é proporcionar prazer [...]. O dever do teatro não é tornar as pessoas melhores, mas torná-las felizes de forma inofensiva".[15]

O debate sobre o que o teatro deve fazer não parou mais desde então. O teatro "sério" – seja ele realista ou não – continuou a atrair uma plateia bastante grande, mas desde os tempos da Restauração e a eliminação de ingressos mais baratos para pessoas mais simples, o teatro "popular" e "sério" (leia-se de "entretenimento" e "exploração de ideias") continuou a divergir. Brecht e seus seguidores desnudaram o palco e enviaram atores para a plateia. O teatro "popular", no entanto, desenvolveu um estilo bem diferente: o melodrama, que vendeu centenas de milhares de ingressos a mais do que o teatro sério. No melodrama, o bem e o mal eram claramente definidos, e o vilão recebia o que merecia, enquanto a plateia aplaudia de forma frenética. O melodrama – com sua afirmação de amor dentro do casamento, do patriotismo, da afeição materna e dos perigos das dívidas, dos jogos de azar e da bebida – era assistido pela maior parte das pessoas, enquanto os intelectuais iam prestigiar apresentações de *No Exit*. Na América, *A Cabana do Pai Tomás* tornou-se um dos melodramas de maior sucesso de todos os tempos, com mais de quinhentas empresas de turismo promovendo--o. ("Muitos atores passaram a vida toda atuando em *Pai Tomás*", observa Daniel Gerould.)[16] *Under the Gaslight* [Sob a luz a gás] apresentava a pobreza de Londres à plateia e terminava com uma pobre filha de trabalhadores resgatando uma vítima (um veterano de guerra de um braço só) amarrada aos trilhos de um trem que estava se aproximando (uma imagem que se tornou emblemática do melodrama).

---

[15] *Apud* G. W. Brandt, *Realism and Parables (from Brecht to Arden)*. London, Edward Arnold Publishers Ltd., 1962, p. 33.

[16] Daniel C. Gerould, *American Melodrama*. New York, Performing Arts Journal Publications, 1983, p. 14.

O melodrama significava entretenimento, mas também representava uma terceira via para a verdade; como Peter Brook escreve em seu conhecido estudo *The Melodramatic Imagination* [A Imaginação Melodramática], o melodrama nasceu em tempos de "liberdade radical", quando as plateias necessitavam "da promessa de um universo moralmente legível para aqueles dispostos a ler e interpretar seus sinais apropriadamente". O drama realista reivindicava que os seres humanos seriam capazes de encontrar a verdade em retratos psicológicos cuidadosos, tornando a mente um lugar em que a conexão entre as pessoas fosse possível. O melodrama afirmava que existia o bem e o mal derradeiros e que, "mesmo diante de um abismo, o homem deve fazer sua escolha entre o bem e o mal".[17] O melodrama já não é mais apresentado hoje, não porque ninguém mais acredite no bem e no mal; mas porque a função do melodrama foi transferida para o filme de verão da locadora, com seus bandidos, seus mocinhos e seus finais felizes.

O teatro sério, que concorre tanto com os filmes quanto com o espetáculo *Cats*, permanece em crise perpétua. Em sua melhor *performance*, uma peça séria fornece o que Peter Brook chamava de "Teatro Sagrado" – um lugar em que o espectador pode ver "a face do invisível por meio de uma experiência no palco, que transcende suas experiências de vida. Eles defenderão que *Édipo* ou [...] *Hamlet* ou *As Três Irmas*, apresentados com beleza e amor, inflamam o espírito e lhes oferecem um lembrete de que a monotonia diária não é tudo o que existe".[18] Nem sempre, porém, é isso o que acontece com o teatro sério, que foi acusado, com razão, de ser ininteligível e obscuro.

Em *Equus*, a última peça de nossa "Relação Comentada de Leituras", Peter Shaffer expressa sua busca por alguma conexão com o inefável que não pode ser veiculado apenas com palavras, mas que demanda discurso e ação. Como isso será veiculado no futuro (as técnicas de simbolismo e teatro do absurdo se tornaram, de certa forma, obsoletas) ainda é uma pergunta sem resposta. Os filmes não acabarão com o teatro, da mesma forma que o *e-book* não acabou com

---

[17] Peter Brooks, *The Melodramatic Imagination*. New Haven, Yale University Press, 1976, p. 204.

[18] Peter Brook, *The Empty Space*. New York, Atheneum, 1983, p. 42-3.

o livro de bolso, mas não há um acordo particular entre os dramaturgos contemporâneos quanto ao grau de realismo necessário para uma plateia que está familiarizada com as convenções do cinema. Como no caso do romance, o drama também se afastou da abstração: "Se eu ler mais um artigo sequer sobre nossa obrigação de evitar a narrativa e o realismo, porque a TV e o cinema já fazem isso, e sobre nosso papel de 'sair na frente'", escreve a dramaturga Theresa Rebeck, "então eu jogo tudo para o alto. Esse elitismo está afastando as plateias".[19] "A plateia precisa ter clareza sobre o que está acontecendo no palco", insistia a diretora Marsha Norman, em uma entrevista de 1999:

> A televisão faz um trabalho tão importante em torno de temas sociais, com dramas familiares pessoais, o tipo de coisa que era a base principal de certo segmento de diretores como, por exemplo, Arthur Miller [...]. Coisas assim realmente são mais bem-feitas pela televisão [...]. O que procuramos no teatro são coisas que só o teatro pode fazer, e não o que a TV e o filme podem fazer mais bem-feito.[20]

O que o teatro pode fazer mais bem-feito do que a TV é o uso da *imaginação*. O diálogo de Norman é realista, mas seus cenários são simples (sua peça *Trudy Blue* [Trudy Azul] opera "no ritmo do pensamento", e o personagem se imagina passando de cenário em cenário, enquanto os atores não usam nada mais do que cinco cadeiras e uma mesa). Norman identifica esse "faz de conta" como a força do teatro. No entanto, é notável que seu faz de conta envolve o desenvolvimento de personagens; embora isso tenha retido alguns elementos de não realismo dramático, o teatro contemporâneo parece ter se afastado da "peça de ideias" simbólicas e filosóficas e retornado à exploração da personalidade humana.

---

[19] Theresa Rebeck, *Theresa Rebeck: Collected Plays 1989-1998*. New York, Smith and Kraus, p. 1999, p. 9.

[20] Entrevista concedida à *BOMB Magazine*. New York, jan. 1999. Disponível em: http://bombsite.com/issues/71/articles/2313. Acesso em: 23 set. 2014.

COMO LER UMA PEÇA

Comparadas com os romances e as autobiografias, as peças teatrais são geralmente bastante curtas. Isso pode requerer de você um passo a mais no processo de leitura: antes do "primeiro nível de investigação" da leitura, tente reservar algum tempo para ler a peça toda de uma só vez, em uma sentada, sem parar nem desviar o olhar. Afinal de contas, uma peça é construída para ser encenada em uma só noite; e como a atuação se dá no tempo, a produção sempre progride e nunca regride. Romances, autobiografias e histórias são pensadas para serem lidas devagar, com tempo reservado à meditação e com a liberdade de voltar atrás e comparar as conclusões do autor com suas premissas. Um dramaturgo, porém, sabe que a plateia não poderá se dar ao luxo de ficar contemplando. Sua primeira leitura deve refletir essa realidade.

Se não tiver tempo para fazer isso (com algumas peças mais compridas, como as de Shakespeare, você também poderá achar isso muito enfadonho), poderá avançar diretamente para o primeiro nível da investigação.

Primeiro nível de investigação: leitura no estágio gramatical

Da mesma forma que você fez com a leitura de romances, faça as seguintes perguntas básicas: quem são essas pessoas? O que acontece com elas? E de que forma elas mudam depois? Durante a leitura, se sentir que uma cena em particular é essencial – mesmo que não saiba muito bem por quê – marque o lugar ou dobre o canto da página, de modo que possa retomá-la depois que terminar sua leitura de primeiro nível.

Confira título, capa e organização geral da peça. Leia a capa e a contracapa; escreva o nome da peça, o nome do autor e a data de composição em seu diário. Logo abaixo faça uma nota sobre a época a que o autor pertence. Trata-se de uma peça grega antiga ou inglesa da Restauração; é uma peça americana do pós--Segunda Guerra Mundial? Se conseguir reunir alguma informação útil sobre o autor ou sobre a estrutura da peça, anote também: isso pode ajudá-lo a fazer uma leitura mais completa. Na contracapa do *Rosencrantz and Guildenstern are Dead* [Rosencrantz and Guildenstern estão Mortos] lê-se: "A realidade e a ilusão se misturam [...]. O destino conduz nossos dois heróis a um fim trágico, mas inevitável". Tomando conhecimento disso, você não esperará cenas realistas e estará em condições de pesquisar o "inevitável" ao longo da leitura.

Depois, dê uma olhada nas divisões da peça. Observe o número de atos: três, quatro, cinco, um só? Será que a peça é fiel à estrutura clássica, ou será que é episódica, como as peças brechtianas? Será que é dividida em duas partes simétricas? Nesse caso, procure por uma história de suspense no final da primeira parte. Será que há prólogo ou epílogo? Estes provavelmente são lugares propícios para uma declaração de propósitos introdutória ou final. A peça de Arthur Miller *A Morte do Caixeiro-Viajante*, em duas partes, encerra com uma cena separada, o *réquiem*: "Só o que ele precisava era de um pequeno salário!", grita a esposa do vendedor, mas seu filho responde: "Ninguém precisa só de um salário" – um dos temas organizadores da peça.

Se você encontrar orientações de palco, leia-as cuidadosamente. Ao começar a ler, preste atenção às orientações de palco, tanto descrições, quanto notas sobre a movimentação dos atores no palco. Peças mais antigas muitas vezes contêm muito pouca (ou nenhuma) orientação de palco: "Édipo entra em cena" é praticamente toda a instrução que você encontrará em *Édipo Rei*, e mesmo esta foi introduzida pelo tradutor da peça. Entretanto, se ler com atenção o que os personagens estão fazendo, achará pistas nos discursos que o ajudarão a visualizar as ações no palco. "Em um ato de loucura, Hamlet matou Polônio", anuncia o rei, "e o amarrou no banheiro de sua mãe". Hamlet acabou por matar Polônio, mas se não fosse por essas palavras do rei, não saberíamos o que foi que Hamlet fez em seguida.

Os roteiros mais recentes têm maior probabilidade de expor a cena com mais detalhes: "Assentado em uma cadeira confortável, a uma mesa de carvalho forte e robusta", escreve George Bernard Shaw em *Santa Joana*, "o capitão exibe seu perfil esquerdo. O mordomo está em pé do outro lado da mesa encarando-o, se é que uma postura como essa pode ser chamada de estar em pé. O vão entre os vidros da janela do século XIII está aberto atrás dele. Perto de lá, em um canto, há uma torre com portas estreitas arqueadas que levam para uma escada em espiral que desce até o jardim". Shaw não poderia ser mais específico.

A que conclusão você pode chegar? Os cenários de Édipo não são indispensáveis para o sentido da peça. Ela tem sido encenada com figurino moderno; ambientada no sul dos Estados Unidos, nos tempos anteriores à Guerra de Secessão; com uso de máscaras japonesas; como uma produção em defesa do afro-americano (como em *Hamlet*, com vários graus de sucesso). Já *Santa Joana*, por outro lado, só pode ser encenada na França do século XV. Quando um diretor fornece esse nível de detalhe, ele pretende que você faça anotações. Não basta ler essa descrição às pressas e avançar para o diálogo. Em vez disso, invista algum tempo para imaginar a cena em sua mente: assim, quando você encontrar um trecho-chave, como a fala do rei acima, faça uma pausa para visualizar a ação que está sendo descrita.

Pode ser bastante útil esboçar o cenário e o mobiliário e, em seguida, na medida em que lê, marcar com um lápis quaisquer movimentações indicadas pelo dramaturgo. Sempre que o escritor gasta tempo para escrever essas orientações, como [*levantando-se*] antes do diálogo entre os personagens ou [*atravessa o palco pelo lado esquerdo*], ele está enfatizando aquela ação a fim de chamar a atenção para algo no palco: seja a fala, o ator ou outro personagem. Se o personagem "cruza o palco à esquerda", será que está se dirigindo a outro personagem, ou a um espaço vazio, à sombra de uma árvore, ou à soleira de uma porta?

Faça uma lista dos personagens à medida em que está lendo. Diferentemente do romance, que apresenta os personagens, um a um, ao longo da leitura, a peça geralmente apresenta a lista dos personagens logo no início. Passe os olhos nessa relação; se preferir, faça uma nota para cada personagem em seu próprio diário, de modo que possa formular frases descritivas de cada um. (Você poderá sentir-se mais inclinado a fazer isso quando a quantidade de personagens lhe parecer muito extensa ou confusa). Nas peças contemporâneas, há casos em que a lista de personagens inclui o nome de atores que estrelaram o papel. Assim, em *Um Bonde Chamado Desejo*, você descobrirá que Marlon Brando foi o primeiro ator a fazer o papel de Stanley Kowalski, com Jessica Tandy como Blanche Du Bois. Às vezes, isso pode ajudá-lo a visualizar um papel, uma vez que o diretor vai convocar um ator que seja fisicamente o mais adequado para o papel na estreia da peça.

Procure por descrições físicas dos personagens ou "indicadores" explicativos de emoções. Shaw arruma as duas coisas: Joana, escreve ele, tem um "rosto incomum, olhos bem separados um do outro e protuberantes, como muitas vezes é o caso de pessoas muito imaginativas; tem um nariz longo, muito bem formado, com narinas bem largas; tem um lábio superior fino; uma boca resoluta, mas de lábio inferior carnudo; e um bonito queixo de lutador". Mais adiante, o Capitão Robert de Baudricourt faz um discurso que é precedido pela seguinte indicação [*sua irresolução faz sua determinação afetada ir por água abaixo*].

Da mesma forma que nas orientações de palco, se o autor insere essas indicações, ele quer que se preste atenção nelas; tome nota da descrição física dos personagens e de quaisquer indícios para a constituição emocional deles que possam ser fornecidas pelas orientações.

Anote brevemente o principal evento de cada cena. Ao finalizar cada cena, escreva uma frase simples para descrever a ação principal e os atores que participam dela. Na medida em que escreve, não se esqueça de que outros atores também podem estar no palco. É simples imaginar os personagens ao longo da leitura, como se não estivessem no palco, mas em um lugar real em que o escritor os coloca: uma sala da corte, uma sala de visitas, um porão. Na realidade, porém, eles estão sentados em um palco elevado diante das pessoas que estão olhando fixamente para eles. O diretor, como observa o crítico Ronald Hayman, tem o problema de lhes dar algo para fazer: "Sempre que há mais do que um personagem no palco", aconselha Hayman, "o leitor precisa mantê-los todos em sua mente. A tentação, porém, é a de se concentrar exclusivamente naquele personagem que está com a fala. Só que um personagem que esteja ouvindo o outro – ou não o esteja ouvindo – pode estar contribuindo bastante para o efeito teatral da peça [...]. Se ele não é quem está falando, o que é que poderia estar fazendo?".[21]

[21] Ronald Hayman, *How to Read a Play*. New York, Grove Press, 1977, p. 14.

Você consegue identificar começo, meio, clímax e resolução? Uma peça teatral, não importa do que se trate, tem de fazer uma pergunta essencial ou apresentar uma cena que ofereça algum tipo de tensão. *Qual é a tensão ou questão inicial?* A cortina se levanta; você vê Édipo, o rei, parado no alto da escadaria do templo, enquanto seus súditos afluem até ele para pedir aos deuses que expliquem por que é que Tebas foi acometida de pragas, influências malignas, fracasso e perda da safra. Édipo não sabe, nem nós; precisamos dar resposta a essa questão. Tom Stoppard começa seu *Rosencrantz and Guildenstern are Dead* [Rosencrantz e Guildenstern estão Mortos] com um tipo de tensão inteiramente diferente: duas mulheres da época elisabetana bem-vestidas estão sentadas em um palco simples, lançando moedas – mas dá cara 86 vezes seguidas. Por quê?

Um dramaturgo, não importa quanto esteja à frente de seu tempo, tem uma plateia sentada de frente para o palco. Ele tem de manter seu interesse desperto, não pode simplesmente dizer o que pensa da vida, como se estivesse escrevendo um ensaio filosófico. Ele tem personagens naquele palco e tem de fazer a plateia preocupar-se com sua ação, se quiser atrair a atenção e mantê-la viva pelo resto da peça. Em *Nossa Cidade*, de Thornton Wilder, o autor cria uma tensão ao dar uma dica sobre as finalidades de seus personagens: "Olhe lá, Doc Gibbs descendo a rua principal", o diretor da peça observa, "voltando daquele caso do bebê. E lá está sua esposa descendo as escadas para o café da manha. Doc Gibbs morreu em 1930 [...] a Sra. Gibbs morreu antes – na verdade, já faz muito tempo [...]. Agora ela está naquele cemitério ali". À medida em que fala, a Sra. Gibbs aparece no palco e começa a preparar o café da manhã, e a plateia a observa. Normalmente, assistir a alguém preparar o café da manhã não é assim tão interessante, mas se souber que alguém vai *morrer*, isso o colocará na posição dos imortais. Você saberá de algo que a Sra. Gibbs não sabe. E ficará se perguntando: será que a morte dela fará parte do enredo? Quando será que isso vai acontecer?

Qual é o ponto de maior tensão? Em algum momento da peça, os eventos chegarão a um ponto em que os problemas parecerão incontornáveis, ou em que as emoções estarão em seu ponto culminante. Esse é o "centro" da peça; pode não se localizar exatamente no meio da apresentação, mas é o centro *estrutural*, que nos prepara para o clímax e para a resolução da peça. Em *Um Bonde Chamado Desejo*, as tensões entre os quatro personagens centrais – Stanley e sua esposa Stella; a irmã de Stella, Blanche; e o amigo de Stanley, Mitch, que a está cortejando – atingem seu ponto mais alto na primeira cena do terceiro ato, quando Stella descobre que Stanley havia avisado Mitch para ficar longe de sua irmã. É nesse ponto que os personagens estão mais afastados uns dos outros; aqui parece improvável que cheguem a um acordo.

Quando é que a ação da peça chega ao clímax? Em que ponto a tensão resulta em uma ação que muda os personagens ou sua situação? De uma maneira geral, o clímax nem sempre está bem no meio da peça: *Um Bonde Chamado Desejo* chega ao seu clímax – seu ponto mais alto – quando Stanley agride Blanche na quarta cena do terceiro ato. A agressão é a válvula de escape para a tensão daquela cena "central", em que Stanley (representando um misto entre ódio e desejo) arruína o romance de Blanche e afasta sua esposa; quando ele ataca Blanche perto do final da peça, ele está transformando seu ódio e seu desejo em agressão física, e pode arruinar a relação com sua esposa para sempre.

Identificar o "centro" e o clímax é uma ferramenta para ajudar a entender o uso que o dramaturgo faz da tensão e da resolução; não se trata de ciência exata e você não deve ficar ansioso para encontrar a cena "certa". Simplesmente procure o ponto em que as tensões da peça se tornam muito claras e depois pergunte-se: que tipo de ação essas tensões desencadeiam? Muitas vezes você pode achar que o "centro" e o clímax estejam de costas um para o outro. Em *Our Town*, é possível sustentar que o "centro" esteja no final do segundo ato, quando Emily e George entram em pânico antes de seu casamento, insistindo que não queriam "ficar velhos". "Por que é que não posso ficar como estou por um tempo?", Emily se lamenta, sentindo o passar do tempo com veemência. Então, o clímax surge no final do terceiro ato, quando Emily – morta e enterrada – volta para recordar seu décimo segundo aniversário e irrompe em choro: "Não posso continuar com isso", soluça ela, "tudo está indo tão rápido. Não temos tempo nem para olhar um para o outro".

Contudo, também seria defensável que, nesse caso, o "centro" se encontrasse no momento em que Emily decide revisitar sua infância, contra as advertências dos outros mortos, e que o clímax viesse depois dessa mesma cena. Não fique obsessivo com isso: escolha o "centro" e o clímax que fazem sentido para você.

Onde está a solução? O que acontece depois do clímax? Que resultados ele trouxe consigo: o que acontece com cada personagem no final? A última cena de *Um Bonde Chamado Desejo* mostra a loucura de Blanche, a dor de Stella e a falta completa de arrependimento da parte de Stanley. *Our Town* termina sem solução para os personagens: "Eles não entendem", diz Emily sem esperança nos vivos nem nos mortos, e o diretor de palco reaparece para fechar a ação com a observação lacônica: "São onze horas em Grover's Corners – tenha um bom descanso você também. Boa noite". Você, o leitor, é encarregado de achar a solução *dessa* peça por si mesmo.

Qual é a estrutura de "atos" da peça? Será que a estrutura é aristotélica, separada em atos que se desenvolvem para o fim? Ou será brechtiana, dividida em episódios que levam o público à aceitação gradativa de uma ideia?

Que liame mantém a ação da peça articulada? Será que a coerência da peça é dada por seu enredo – por uma série de eventos que levam a uma resolução? Ou será que ela se mantém articulada por meio do estudo da mente do personagem? Você continuou lendo para descobrir o que acontece ou porque você está interessado no que acontecerá com um personagem em particular? Ou, então, será possível que a peça se mantenha unificada por alguma ideia que o autor esteja explorando? Ou, ainda, será que está tentando provocar certa emoção em você ou tentando fazer você chegar a certa conclusão? Estariam os discursos finais expressando uma conclusão intelectual ou uma emoção avassaladora? Se não tiver certeza, faça de conta que alguém está junto com você no cômodo em que está lendo e pergunte: "Do que trata o livro?". Se você estiver lendo *A Importância de Ser Prudente*, poderá responder: "É sobre algumas confusões de identidade". Por meio de uma identidade falsa, Oscar Wilde quer fazê-lo rir, mas também fazê-lo refletir sobre como as pessoas atribuem identidades uns aos outros.

Você poderia respoder à pergunta "Do que trata o livro?" com: "Não faço a mínima ideia". Às vezes, é essa a tônica de uma peça que explora a falta de sentido.

Escreva uma explicação de uma ou duas sentenças sobre o título da peça. Os livros costumam ser reintitulados pelos editores (O título original do poema de T. S. Eliot, que ocupa todo o livro, *A Terra Devastada*, foi *He Do the Policemen in Different Voices* [Ele Faz o Papel de Policiais em Diferentes Vozes], mas os dramaturgos costumam manter seus próprios títulos; as peças geralmente são encenadas antes de serem publicadas, e o título da peça é parte do *script*. Então, pode-se dizer que o título de uma peça resume, descreve ou de certa forma acrescenta algo à peça. Qual o relacionamento do título com a peça? Será que se refere aos personagens, ao enredo, às ideias, às emoções? Será que se refere ao clímax (*A Morte do Caixeiro-Viajante*), a um lugar (*O Jardim das Cerejeiras*) ou a uma pessoa (*O Homem que não Vendeu sua Alma*)? O que o dramaturgo estava sugerindo na escolha do título?

Segundo nível de investigação: leitura no estágio lógico

A fim de avançar para uma crítica mais detalhada, releia a peça. Tente chegar a uma decisão final sobre a coerência da peça: será que ela se dá por um enredo articulado, pela psicologia de determinado personagem ou pela exploração de uma ideia? O dramaturgo pode usar mais de um tipo de coerência (o enredo muitas vezes envolve a personalidade), mas qual pensa ser a central? Você respondeu à pergunta "do que é que se trata?" falando sobre uma pessoa, um evento ou uma ideia?

Uma vez que tenha respondido a essa questão, avance para uma das três opções abaixo:

Se a peça se mantém unificada pelo enredo... Arrole os eventos que levam ao clímax. Cada evento deve levar ao seguinte; você é capaz de enxergar as conexões entre eles? Pergunte-se: "Por que esse evento leva ao evento seguinte?". Anote uma sentença breve que descreva cada tipo de articulação, isso lhe dará uma ideia do "esqueleto" da peça.

Agora, pergunte-se: "De que gênero [essa peça] se aproxima?". Será que se trata de um romance em que dois personagens são mantidos separados pelas circunstâncias ou por um mal-entendido, até que conseguem estabelecer uma conexão entre si? Ou será que se trata de uma aventura, que progride de uma peripécia para outra? Ou, então, será pura comédia, concentrada ao redor de acontecimentos bizarros e incongruentes? Ou será que ela é trágica, já que narra a história da queda de um herói? Ou, ainda, será que se trata de um mistério? Seria a revelação lenta de fatos desconhecidos para os personagens principais um meio efetivo para avançar no enredo? *Equus*, de Peter Schaffer, empresta técnicas do absurdo, mas em sua forma ele é muito parecido com um mistério: por que é que Alan Strang cega os cavalos dos estábulos em que trabalhava?

Muitas peças são misturas de gêneros, mas se for capaz de identificar um que seja predominante, siga em frente e pergunte-se: "Por que o dramaturgo escolheu esse conjunto particular de técnicas para o desenvolvimento da peça?". Será que há alguma equiparação entre o gênero e a temática da peça? Que técnicas ele emprestou de outros gêneros? O "gênero" é uma palavra infinitamente flexível; então, não se preocupe demais em determinar o "gênero certo"; seu objetivo é tentar descobrir como o dramaturgo faz a peça avançar e recuar: por meio de suspense, revelando fatos ou construindo um senso agourento de catástrofe iminente?

Se a peça se mantém unificada pelo personagem... Faça algumas das perguntas que você criou para o romance no Capítulo 5, mas agora para cada personagem principal da peça. O que cada personagem quer ou espera alcançar? O que impede cada um de alcançar o que deseja: suas próprias falhas e seus erros? Outro personagem? As circunstâncias? Que estratégia um personagem segue para obter o que quer? Ela é bem-sucedida? Será que ele é derrotado?

Se a peça se mantém unificada por uma ideia... Você poderia explicitar essa ideia? Releia o prólogo ou o epílogo, leia as últimas duas páginas de cada ato. Veja se consegue formular a ideia em uma sentença. O que cada personagem está representando? Em uma "peça sobre ideias", não é preciso analisar os personagens como se tivessem desejos, necessidades e planos reais; eles "representam" alguma outra coisa. Qual o efeito de cada um dos eventos principais sobre os personagens? Compare seu estado no início e no fim da peça; que mudanças ocorreram? Essa mudança serve para ilustrar a ideia do dramaturgo? No início de *Rosencrantz and Guildenstern Are Dead* [Rosencrantz e Guildenstern Estão Mortos], os dois personagens centrais estão lançando moedas e discutindo sobre a possibilidade de dar cara sempre. No final, todos os personagens em ambas as peças (a de Stoppard e *Hamlet*, de Shakespeare, que estava sendo encenada nos bastidores) morrem – exceto Rosencrantz e Guildenstern, que desaparecem em uma nuvem de fragmentos de sentenças. Qual foi a dinâmica? No começo da peça, Rosencrantz e Guildenstern estão presumindo que deve haver uma explicação para a série fenomenal de caras lançadas; eles continuam pensando nos moldes da "velha" ideia de ordem no mundo. No final da peça, desistiram da ideia de dar explicações.

Não importa qual o fator de unificação que a peça use, vá em frente e responda às seguintes perguntas:

Há personagens em conflito entre si? Os contrastes são uma estratégia teórica e particularmente poderosa quando são visuais. Essas oposições de personagens estão na peça? Há conflitos de classe? Há contrastes físicos? No *She Stoops to Conquer* [Ela Ataca para Conquistar], de Goldsmith, Tony Lumpkin e o amante de sua prima, Hastings, estão em lados opostos do espectro social, da mesma forma que a amada de Lumpkin, Bet Bouncer, e o amor de Hastings, a refinada Miss Neville; eles também entram em todo tipo de conflito físico. As duas damas aristocráticas de *Sonho de uma Noite de Verão* são contrastantes: uma é muito alta e a outra, muito baixa. Em *Rosencrantz and Guildenstern Are Dead* [Rosencrantz e Guildenstern Estão Mortos], os dois personagens principais apresentam poucos contrastes; na verdade, eles chamam um ao outro pelo nome errado, o que faz parte da estratégia de Stoppard.

Se for capaz de encontrar contrastes entre personagens, seja de classe, de cenário, de tipo físico, de discurso ou de qualquer outro elemento da peça, faça uma lista dos elementos contrastantes em duas colunas em seu diário e então uma breve descrição de cada um. Como essa estratégia da parte do dramaturgo contribui para a coerência do todo da peça?

Qual é a fala dos personagens? Leia as falas de cada personagem várias vezes em voz alta. Leia várias falas do mesmo personagem uma atrás da outra. Depois leia outro conjunto de falas de outro personagem. Em que seus padrões de discurso diferem?

Se os personagens são indivíduos, desenvolvidos como pessoas únicas, com seus próprios contextos, suas próprias vontades e suas necessidades, você deverá constatar diferenças de discurso. Em *A Morte do Caixeiro-Viajante*, de Arthur Miller, o sexagenário Willy Loman tem um padrão de discurso. "A rua está cheia de carros. Não há um sopro de ar fresco na vizinhança [...] Você se lembra daqueles três olmos bonitos lá fora? De quando eu e Biff penduramos o balanço entre eles?"; e seu filho trintão desesperado, Biff, tem outro: "Na fazenda em que trabalho, olha só, é primavera agora. E eles arrumaram uns quinze potros novos [...]. E está sendo superlegal lá, entende?".

Em uma "peça de ideias", os discursos podem até soar todos iguais. No *Crime na Catedral*, de T. S. Eliot, uma fábula sobre os efeitos corruptores do poder, Thomas Becket diz: "Você me acha negligente, desesperado e louco / Você argumenta a partir dos resultados, como todo mundo faz, / Para decidir se um ato é bom ou mal". O coro canta em resposta para ele: "Não queremos que nada aconteça / Entendemos a catástrofe particular / A perda pessoal, a miséria geral / Vivendo e vivendo parcialmente". As duas vozes são idênticas.

Esse exercício pode ajudá-lo a esclarecer ainda mais a questão da coerência. Se os personagens todos soam iguais, isso é sinal ou de um deslize do autor ou de que não se trata de uma peça dirigida pelos personagens.

Há alguma confusão de identidades? Em um romance, que muitas vezes lhe dá o privilégio de ouvir os pensamentos dos personagens, os personagens sabem quem são. Na peça dramática, que apresenta um personagem para a apreciação da plateia, há muito mais espaço para o engano. O distanciamento que há entre o que (ou quem) um personagem parece ser e o que (ou quem) ele acaba provando que é pode ser imenso. Desde Édipo, a confusão de identidades se estabelece como um elemento constante no drama – o que, por sua própria forma, tem a ver com *o modo como um observador de fora vê os personagens.*

Marque quaisquer aspectos que apontem para a confusão de identidade na peça e pergunte-se: "A que propósito serve essa confusão de identidade?". A identidade é o elemento mais essencial da existência humana; o que se afirma com isso a respeito da condição humana? No caso de Édipo, a identidade é essencial: Édipo tentou ser outro alguém, mas suas tentativas de mudar sua identidade estão fadadas ao fracasso. *Rosencrantz and Guildenstern Are Dead* [Rosencrantz e Guildenstern Estão Mortos] demonstra o oposto. A identidade é uma questão de acaso, um encontro de elementos, uma sequência diferente de coincidências, que resultaria em uma identidade inteiramente diferente. A que propósito servem as confusões de identidade em *Sonho de uma Noite de Verão*, *She Stoops to Conquer* [Ela Ataca para Conquistar] e *A Importância de Ser Prudente?*

Existe algum clímax ou o final da peça é aberto? O dramaturgo o conduz a um fim satisfatório, com trama resolvida, destino dos personagens traçado e uma ideia afirmada com nitidez? Ou será que a peça ilustra um dilema ou algum problema que resiste à solução de forma intrínseca? Um dramaturgo normalmente permitirá que a forma do drama reflita a possibilidade – ou a impossibilidade – de resolver o problema apresentado por ele.

Qual é o tema da peça? Tenha bastante cuidado ao reduzir uma peça a uma "lista de temas". Afinal, o que o dramaturgo escreve são peças, e não ensaios filosóficos. Se fosse capaz de declarar seu "tema" facilmente em prosa, teria escrito um ensaio. Thomas Merton, poeta, crítico e monge, advertiu certa vez:

> A matéria da literatura, e especialmente da peça teatral, geralmente são atos humanos – isto é, atos livres, morais. E a literatura, o teatro, a poesia fazem certas declarações sobre esses atos que não podem ser feitas de nenhuma outra forma. Eis aí por que acabará pondo a perder todo o sentido mais profundo de Shakespeare, Dante e o resto se você reduzir suas afirmações acerca da vida e do homem à terminologia seca e prática da história, da ética ou de qualquer outra ciência. Elas pertencem a outra ordem.

Entretanto, até mesmo Merton acrescenta: "Não obstante, o grande poder de *Hamlet*, *Coriolano* ou o *Purgatório* ou de *Holy Sonnets* [Sonetos Sacros], de Donne, encontra-se precisamente no fato de que representam um tipo de comentário sobre ética e psicologia ou mesmo sobre metafísica ou teologia". Quando o dramaturgo se sentou para escrever, algo o aborrecia ou incomodava e exigia ser expresso. O que era? Você poderia resumi-lo? Essa resposta não deve ser a mesma que deu à pergunta "do que trata a peça?". *Hamlet* trata de um homem de trinta anos que não consegue acusar abertamente seu tio e padrasto de assassinato, mas esse não era seu tema.

Pode haver uma série de boas respostas para essa questão; é possível reconhecer pelo menos quinze declarações totalmente respeitáveis sobre qual seja o tema de *Hamlet*. Tente formular pelo menos uma. Escreva, em três ou quatro sentenças, qual problema o dramaturgo está combatendo – e que respostas ele pode ter achado para ele.

Terceiro nível de investigação: leitura no estágio retórico

No nível do estágio retórico da investigação, poderão ser feitas muitas das mesmas perguntas, para a peça, que foram feitas para os romances: como o escritor conquista sua simpatia pelos personagens? Como ele reflete sobre a condição humana? Qual é o problema central da humanidade nessa peça? (Você poderá retomar o capítulo sobre o romance para obter a lista completa dessas questões).

Essas são questões úteis, mas lembre-se: uma peça não é um romance. Uma peça é centrada em ações visíveis. Então, em sua leitura do estágio retórico da peça, adote uma postura mais ativa. Comece a ver a peça não apenas verticalmente (criando um relacionamento entre você e os personagens), mas horizontalmente como algo que foi apresentado e representado ao longo do tempo, criando sempre um novo conjunto de relacionamentos entre os personagens e a plateia, que ocupam um espaço diferente – e quem sabe até um tempo diferente.

Como você dirigiria e encenaria essa peça? Dependendo de seu entusiasmo por ela, poderá executar esse projeto para uma cena, um ato ou para a peça toda. Para isso, terá que pensar em responder às seguintes questões:

1. Quem serão os atores principais? Atribua os principais papéis a atores: atores imaginários (descreva-os), atores reais (aproveite seu conhecimento da televisão, do cinema ou do teatro local), ou mesmo pessoas que conhece (membros de sua família, amigos; se Blanche Du Bois faz você se lembrar de uma prima de segundo grau que é meio atrapalhada, escreva o nome dela). Dando

rosto, corpo, maneirismos e um tom de voz a cada personagem, começará a moldar a peça em sua mente imediatamente.

2. Que tipo de palco você vai usar? Será uma plataforma elevada ou uma que esteja no mesmo nível da plateia? Será um "palco de figuras" (planas, por trás das cortinas) ou um palco que se projeta para fora, mergulhando na plateia? A plateia terá duas, três ou quatro perspectivas distintas (do tipo anfiteatro)? Qual o tamanho de seu auditório? Você vê essa peça como mais efetiva em um teatro pequeno para cinquenta pessoas, um auditório de quatrocentos lugares ou um anfiteatro enorme com sacadas? Você vai querer usar uma cortina?

Será que os atores vão romper a "quarta parede" – a barreira entre a plateia e o palco? Será que estarão imersos na plateia – entrando para uma cena, quem sabe, de trás da plateia e descendo pelos corredores [até o palco]? Em caso positivo, o que pretende alcançar com isso? E que tipo de relacionamento a peça vai criar entre si e a plateia? Os espectadores serão passivos ou ativos, eles serão separados da ação ou farão parte dela?

3. Que cenário e figurino você vai usar? Você estará recriando um período histórico ou estará situando seus atores nos dias de hoje? O cenário será realista ou impressionista – será desenvolvido de forma elaborada ou apenas de modo que dê a ideia dele? Haverá cores e formas dominantes? Em caso afirmativo, dê a razão para isso.

4. Marque os efeitos sonoros e visuais. Como pretende desenvolvê-los? Haverá barulho de multidões, campainhas, barulho do trânsito, sons de batalhas? Como vai criar esses sons? A leitura é uma atividade silenciosa, mas uma peça demanda som. Haverá um som apenas de ambiente, de fundo, ou será que se destacará e envolverá a plateia toda? Como cada ator no palco reagirá aos efeitos sonoros?

Se a peça envolve efeitos visuais extraordinários (como paredes transparentes, aparecimento de um fantasma, sequência de cenas de um sonho), que tipo de iluminação e recursos luminosos vai precisar? Como os atores reagirão à aparição? Será que todos poderão vê-la ou será que só um deles a verá enquanto os outros se mostram cegos diante dela? Nesse caso, como os atores reagirão à reação desse *ator*?

Lembre-se de que muitas vezes o som e os efeitos visuais se encontram não nas direções de palco, mas no diálogo entre outros personagens. "Ele desapareceu ao cantar do galo", constata um dos soldados assustados da Dinamarca, ao ver o fantasma do pai de Hamlet desaparecendo – algo que só percebemos graças a essa fala.

A peça prevê música? Que tipo de música, e em que momento? Com sua imaginação e uma coleção de CDs, você terá amplos recursos para selecionar músicas de fundo.

Na maioria dos casos, se pretende inserir música na peça toda, o mais simples será escrevê-la diretamente no roteiro.

5. Você é capaz de elaborar as orientações de palco? Você poderá fazer isso para uma ou duas cenas – ou para mais. Descreva o movimento de cada personagem. O que estão fazendo em cada momento que estão no palco. Se o autor da peça lhe passou direções de palco bem específicas, o que ele deixou livre para acrescentar? Se montar uma cena de duas maneiras diferentes, será que o sentido da cena também mudará?

Todas essas questões são perguntas iniciais para lhe dar a direção; se ficar interessado por esse processo, pesquise em um dos livros da lista de referência no final deste capítulo.

6. Será que sua encenação enfatiza o tema da peça? Como vai usar o figurino e o cenário, a música e os efeitos visuais, os movimentos, as falas e o silêncio para trazer à tona o tema que identificou na peça?

7. Como outros diretores interpretaram essa peça? Assista a várias produções, ao vivo ou em vídeo. Isso obviamente ficará restrito às produções dos últimos cinquenta ou sessenta anos, mas também deverá lhe dar alguma ideia de como essas peças têm sido apresentadas. Será que enfatizam o mesmo tema ou será que este varia de produção para produção? Se puder, assista a duas encenações diferentes que estejam razoavelmente distantes no tempo. De que modo as produções diferem no figurino, na atuação, no estilo de diálogo, na ênfase? (Há uma lista de peças que podem ser encontradas em forma de vídeo, também indicada no final deste capítulo.)

RELAÇÃO COMENTADA DE PEÇAS TEATRAIS

A lista de edições a seguir certamente não engloba todas as boas edições e traduções dessas obras, mas tentei indicar as traduções que considerei as mais legíveis e precisas, bem como aquelas edições que combinam acessibilidade com notas bastante úteis e em tamanho de letra adequado. Muitas dessas peças (inclusive as gregas) estão disponíveis em edição Dover Thrift. Essas edições de bolso mais em conta são muitas vezes uma boa forma de ler peças inglesas, mas no caso das peças gregas e das peças modernas originalmente escritas em língua estrangeira, as edições mais baratas estão geralmente esgotadas ou têm traduções anônimas, muitas vezes em linguajar empolado ou pouco preciso.[22]

Uma lista completa de dramaturgos que vale a pena ler deve incluir John Dryden, John Webster, Ben Jonson, Edward Albee, Eugène Ionesco, David Mamet, Harold Pinter, Sam Shepard, John Guare, Margaret Edson e Marsha Norman, entre outros. Essa lista foi escolhida em particular porque as peças incluídas são legíveis e porque representam bem o desenvolvimento das peças de teatro desde a Grécia antiga até os anos de 1970.

Quais peças dos últimos trinta anos deverão resistir? Quem sabe a *Boa Noite, Mãe*, de Marsha Norman, vencedora do Prêmio Pulitzer (embora um Pulitzer não seja necessário para garantir a imortalidade). Quem sabe as peças de Harold Pinter ou Sam Shepard, embora seja impossível dizer quais delas. (Uma lista das "Maiores Peças do Século XX" talvez facilitasse o compilamento dos últimos vinte anos.)

[22] Lembre-se de que essas observações se aplicam exclusivamente à lista original em inglês. (N. T.)

ÉSQUILO

AGAMÊMNON, 458 A.C.

Edição recomendada: *Agamêmnon*. In: *Oresteia*. 3 vols.. Trad. Jaa Torrano. São Paulo: Iluminuras, 2011.

Agamêmnon é a primeira de uma trilogia de peças conhecidas como *Oresteia*; as outras duas, *Coéforas* e *Eumênides*, completam a infeliz história da família de Agamêmnon. Faz-se necessária uma breve contextualização: A Guerra de Troia já havia começado. O guerreiro troiano Páris roubou Helena, a esposa do rei grego Menelau, e a levou sequestrada para Troia.[23] Menelau recrutou seu irmão, Agamêmnon (que era casado com a irmã de Helena, Clitemnestra), para ser o comandante à frente de um enorme exército grego. Contudo, a deusa Ártemis, que amava Troia, fez soprar uma ventania sobre uma frota de navios para evitar que os gregos navegassem. Agamêmnon, sabendo que a expedição era da vontade de Zeus, consultou o profeta Calcas, que lhe contou que Ártemis só poderia ser apaziguada pelo sacrifício da filha de Agamêmnon, Ifigênia. Agamêmnon executou o sacrifício, contra as objeções insistentes de sua mulher. O vento esmoreceu, os gregos conseguiram navegar para Troia e a batalha arrastou-se por dez anos. Troia finalmente caiu, e os mensageiros partiram para levar as boas notícias para a Grécia.

A peça *Agamêmnon* começa com o vigia, que era servo fiel de Agamêmnon, parado no topo do palácio dele, à espreita de novidades sobre a derrota de Troia. O coro, feito de homens velhos demais para lutar, entra e conta toda a história do sacrifício de Ifigênia (que o coro condena como um ato de "total brutalidade [...] impureza e falta de santidade"). Então, Clitemnestra volta e ouve que Troia havia caído de fato e que Agamêmnon estava a caminho de casa. (Ao que tudo

[23] A peça também pressupõe que a plateia saiba como foi que a Guerra de Troia começou: a deusa da discórdia, Eris, ofereceu uma maçã dourada à mais justa das deusas. Afrodite, Hera e Atena pediram a Zeus que decidisse qual das três seria a mais bonita, mas ele (sabiamente) declinou de julgar e as enviou para Páris [que deveria fazer a escolha]. Páris escolheu Afrodite não por sua beleza, mas porque ela prometeu premiá-lo com a mulher mais bonita do mundo. Quando a competição terminou, Afrodite ajudou Páris a tirar Helena magicamente de Menelau e transportá-la de volta para Troia.

indica, Menelau havia desaparecido no mar.) Ela estende uma tapeçaria sagrada no chão para dar as boas-vindas ao seu marido, mas ao chegar (trazendo consigo a princesa troiana e profetiza Cassandra, irmã de Páris), ele se recusa a caminhar sobre ela. Só um deus deveria andar sobre a tapeçaria; ele lhe diz que não passa de um homem. Clitemnestra, porém, acaba convencendo-o a entrar.

Cassandra, ficando atrás, é possuída pelo deus Apolo e dá vazão a uma história confusa e sangrenta sobre chacinas e banhos de sangue, no meio da qual ela revela que Agamêmnon está amaldiçoado. Seu pai, Atreu, punira o irmão Tiestes por ter dormido com sua mulher cozinhando os sobrinhos e servindo-os ao irmão no jantar. Cassandra vê os fantasmas das crianças ("O que elas carregam em suas mãos? Que visão deplorável! / São sua própria carne – carregam membros, costelas e coração / Distinta e horrível é a comida oferecida ao seu pai! / Garanto que é por esse crime que a vingança se intensifica"). Sem pestanejar, Clitemnestra apunhalou a ambos, Agamêmnon (em seu banho) e depois Cassandra, alegando que Agamêmnon merecia morrer, porque sacrificou sua filha.

Agamêmnon havia sacrificado Ifigênia – mas tão somente para agradar a Zeus, pois queria que os gregos conquistassem Troia. Então, por que é que ele mereceria morrer? Porque Zeus lhe apresentou alternativas equivocadas (desagradar ao rei dos deuses, ou sacrificar sua filha) como punição das transgressões de Atreu, Agamêmnon foi então forçado a cometer um ato que era simultaneamente mau e bom, por causa do pecado de seu pai: por representar o efeito que a maldade do pai pode exercer sobre um filho, Agamêmnon nos é familiar até hoje.

SÓFOCLES

Édipo Rei, 450 a.C.

Edição recomendada: *Édipo Rei*. Trad. Trajano Vieira.
São Paulo, Editora 34, 2001.

Quando o rei Laio, de Tebas, foi misteriosamente assassinado por um salteador, Édipo assumiu-lhe o trono e a esposa. Contudo, agora, o rei deve descobrir por que Tebas está sendo castigada pela doença, pelas catástrofes e pela seca. Ele envia seu cunhado, Creonte, para obter respostas do oráculo de

Delfos. Creonte volta com as novidades de que Tebas estava abrigando o criminoso que matou o rei Laio.

Édipo prometeu achar o criminoso, chamando o profeta Tirésias para ajudá-lo. No entanto, quando Tirésias acusa Édipo do crime, o rei fica enraivecido. Foi Creonte, esbraveja ele, que levou o profeta a isso a fim de tirar o trono do rei. Creonte nega qualquer plano referente à coroa ("Se eu fosse rei", ele objeta, "eu teria que fazer coisas que não desejo fazer / Então, por que é que eu deveria buscar a coroa em vez da vida prazerosa e sem problemas que eu levo agora?"). Contudo, Édipo o leva ao exílio.

Diante desse ato irrefletido, a esposa de Édipo, Jocasta, tenta tranquilizar seu marido. As profecias nem sempre se cumprem, diz-lhe; no passado, quando era casada com Laio, o Oráculo de Delfos havia lhe prenunciado que seu bebê de três dias mataria Laio algum dia. Então, Laio enviou um homem para deixar o bebê ao relento em uma encosta. "Com isso, nós garantimos", disse ela, " que o filho nunca mataria seu pai. / O terror da profecia morreria ali, nas montanhas. / Foi isso que o profeta disse, meu rei. / Não dês muita atenção a isso, meu rei. Só Deus pode nos revelar a verdade".

Laio, acrescenta ela, não foi morto pelo filho, mas na encruzilhada de três caminhos. Édipo fica horrorizado. Ele se lembra de que, anos atrás, havia se metido levianamente com um grupo de viajantes em uma encruzilhada de três caminhos, matando o membro mais velho do grupo e fugindo. E nunca ficou sabendo da identidade de sua vítima. Porém, manda seus homens encontrarem o servo que supostamente teria abandonado o filho de Jocasta na montanha quando bebê. Quando finalmente o servo é encontrado e volta para o palácio, ele admite que deu o bebê para um pastor criar no país natal de Édipo. Édipo se conscientiza de que não é apenas o filho de Jocasta, mas também o assassino do rei Laio, seu pai biológico. O coro entra para descrever a cena final, em que Jocasta se enforca e Édipo fura os olhos. Creonte volta do exílio, assume o trono e assegura que Édipo receba o que deseja: que dessa vez seja exilado. O destino de Édipo se realiza apesar das tentativas violentas de evitá-lo – e ele foi humilhado pela integridade intelectual e moral que o motivou a buscar a verdade sobre sua família. "O poder que te engrandeceu", conclui Creonte, "representou a tua destruição".

EURÍPIDES

Medeia, 431 a.C.

Edição recomendada: *Medeia*. Trad. Trajano Vieira.
São Paulo: Editora 34, 2010.

A peça *Medeia* começa com uma enfermeira no palco, disposta a nos contar a história tenebrosa de Medeia. Quando o herói Jasão chegou ao país de Medeia para roubar o Velocino de Ouro de seu pai, ela o ajudou e depois fugiu com ele. Agora, vivem no exílio em Corinto – mas Jasão abandonou Medeia com seus dois filhos, a fim de casar-se com a filha de Creonte, o rei de Corinto. "Temo que esteja arquitetando algum plano terrível", adverte a enfermeira. "Ela é perigosa [...]. Contudo, quando os dois meninos voltam de seu jogo, / Eles não têm ideia dos problemas de sua mãe. / As mentes jovens ainda estão intocadas pela dor."

Esse presságio funesto antecipa más notícias: o rei Creonte está chegando para banir de seu país Medeia e seus filhos. Ele diz a ela que morrerá se permanecer em Corinto por mais um único dia que seja; diante das súplicas dela, porém, ele lhe concede mais 24 horas. Jasão chega para confirmar o banimento de Creonte; mesmo quando Medeia apela para ele se lembrar de seus juramentos, ele a rejeita. Assim, Medeia faz de conta de que se arrepende de suas velhas amarguras e envia à nova esposa de Jasão um belo manto – embebido de veneno – e assim a princesa morre de maneira atroz ao vesti-lo. Creonte, que tenta ajudá-la a se livrar do manto, morre também.

Medeia espera para obter a notícia das mortes e, então, recitando uma lista de razões frias e contraditórias (que seus meninos seriam mortos por vingança e era melhor que os matasse em vez de serem mortos por outros; que seus filhos permaneceriam em Corinto enquanto estava no exílio, e eles sentiriam muita falta dela; que faria os filhos sofrerem "ao ferir o pai deles", embora ela "mesma estivesse sofrendo o dobro"), leva seus filhos para casa e os mata. Eles gritam por socorro, mas o coro hesita ("Será que devemos entrar? / Isso é assassinato. / Temos certeza de que temos de ajudar os meninos") e acabam não se envolvendo. Jasão chega furioso e assustado, mas Medeia se recusa a deixá-lo ver os corpos dos meninos. Ela os enterrará em um lugar secreto, a fim de que os inimigos não possam profanar seus túmulos. A autojustificativa confusa de Medeia, sua decisão de matar os filhos que ela odiava e amava ao mesmo tempo, a deserção de Jasão e o coro, que hesita quando deveria agir, tudo isso dá um toque contemporâneo de fantástico a essa história de uma mulher que é maltratada pelos homens e mata os próprios filhos em resposta a isso.

ARISTÓFANES

As Aves, 400 a.C.

Edição recomendada: *As Aves*. Trad. Adriane da Silva Duarte, Filomena Yoshie Hirata e Ingeborg Braren. Edição bilíngue. São Paulo: Hucitec, 2000.

As comédias gregas que permaneceram têm uma estrutura distintamente padronizada: o prólogo introduz uma "ideia feliz", o coro discute essa ideia e uma série de cenas mostra como essa "ideia feliz" se manifestaria na vida real. Em *As Aves*, a "ideia feliz" é uma civilização sem burocracia desnecessária ou falsos profetas. Dois atenienses, Pisetero e Evélpides – abandonam Atenas. "Não é que tenhamos algo contra a cidade em si", observa Evélpides, "trata-se de um lugar grande e feliz, já que ninguém jamais pagou impostos. Os atenienses, contudo, passam a vida toda apresentando queixas nas cortes de justiça". Conduzidos por seus corvos e suas gralhas de estimação, eles se encaminham para o do Reino dos Pássaros. As Aves (encenadas por um coro cantante e dançante de 24 homens com figurinos emplumados) planejam bicá-los até a morte por causa dos crimes humanos contra as aves, mas o sacerdote sugere que os humanos poderiam ser capazes de ensiná-las a se proteger melhor: "Não foi de seus amigos que as cidades aprenderam a aperfeiçoar suas fortalezas", destaca o sacerdote, "foi de seus inimigos".

Assim, os atenienses ensinam as aves a reunir seu povo espalhado em um só Estado. O resultado é um "mundo de fantasias" – a grande e feliz cidade das aves, que imediatamente começa a atrair os homens que querem "emplumar seus ninhos", criando burocracias: o Homem do Oráculo aparece, oferecendo fazer sacrifícios por eles; o inspetor insiste que precisava receber uma taxa para supervisionar a nova cidade; e o vendedor de estátuas se oferece para criar leis em troca de uma taxa. Todos são afastados. Finalmente, as aves conseguem isolar Olímpia e interceptar a fumaça dos sacrifícios. Os deuses, impotentes diante da grande quantidade de recursos das aves, enviam Prometeu, Posseidon e Héracles para oferecer a deusa Soberania ("a garota muito bela que arruma os raios para Zeus") em casamento a Pisetero com a condição de que pedisse às aves para se retirarem de suas fronteiras. As aves concordam e a peça termina com uma canção e uma dança de casamento. Escrita em uma época em que Atenas sofria de um excesso de legisladores, clérigos e profetas, *As Aves* é uma visão utópica de uma terra onde isso inexiste.

ARISTÓTELES

Poética, 330 a.C.

Edição recomendada: *Poética*. Trad. Eudoro de Sousa.
Lisboa: Imprensa Nacional, 2008.

O ensaio de Aristóteles sobre a arte da poesia dramática está parcialmente preocupado com a técnica do drama, mas o centro de sua discussão tem a ver com o propósito da poesia. Como toda arte, a poesia tem que ser *mimética* – ela deve imitar a vida de uma forma que traga maior compreensão para o ouvinte. A imitação, destaca Aristóteles, é a forma natural de aprendizado do ser humano. Ele é imitativo por natureza desde a infância, e boas imitações dão prazer. A tragédia é a imitação, ou mimese, das personalidades nobres; a comédia, das pessoas inferiores. Aristóteles nunca volta a uma discussão maior sobre a comédia, embora parte da *Poética* tenha sido perdida (e quem sabe, junto com ela, suas prescrições para a comédia).

A tragédia é uma mimese de certo tipo de vida: o herói de caráter mais nobre sofre uma *peripécia*, uma súbita crise em sua sorte. Essa reviravolta deverá levá-lo a *anagnorisis* ("reconhecimento"), uma compreensão do porquê dessa mudança de sorte. A tragédia é bem-sucedida, escreve Aristóteles, quando evoca duas emoções. A piedade é a emoção que sentimos quando vemos uma catástrofe se abater sobre alguém. (A ideia alemã da *Schadenfreude*, uma sensação de prazer quando se ouve falar de algo ruim que tenha acontecido com alguém, não é totalmente diferente da "piedade" de Aristóteles, embora Aristóteles não veja o prazer como parte dessa experiência.) A piedade é uma emoção um tanto remota; o terror, por outro lado, surge quando reconhecemos que a catástrofe também pode muito bem acontecer conosco. Uma boa tragédia não é apenas mimética: oferecendo ao espectador (ou leitor) uma compreensão ampliada, ela tem que conter *catarse* – uma explanação clara para a plateia do *porquê* de o herói ser acometido pelo desastre.

Para Aristóteles, a tragédia é sempre um empreendimento moral. Os homens capazes, escreve ele, "não devem ser apresentados como caindo da prosperidade à ruína porque isso não seria apenas terrível e comovente, mas simplesmente repulsivo; e os homens dissolutos não devem ser apresentados como evoluindo da má fortuna à boa, porque isso não causa simpatia, muito menos piedade ou terror". A piedade e o terror são mais bem despertados quando a sina de um homem bom se desenvolve de boa para má, e o que há de mais comovente são os atos praticados entre pessoas do mesmo sangue.

Auto de Moralidade de Todo-o-Mundo, Século XIV

Ediçao recomendada: *Auto de Moralidade de Todo-o-Mundo.*
Trad. Maria Luísa Amorim. Coimbra: Atlântida, 1969.

Em *Auto de Moralidade de Todo-o-Mundo*, o primeiro personagem no palco é Deus, que anuncia que vai querer fazer um "ajuste de contas" com a pessoa de Todo-o-Mundo, pelo fato de suas criações serem tão cegas espiritualmente. Ele convoca a Morte e a envia a Todo-o-Mundo (que é, por assim dizer, toda a raça humana). Todo-o-Mundo está vivendo sua vidinha cotidiana alegremente, quando a Morte chega; tomado de pânico, ele implora à Morte por uma moratória, mas só o que consegue é o direito de procurar um acompanhante para sua viagem. Ele procura Companheiro e Família, mas nenhum deles quer acompanhá-lo. Companheiro destaca, de forma bastante plausível, que se acompanhasse Todo-o-Mundo nunca mais voltaria. A Parentela e o Primo alegam que estão com câimbras nos pés. Então, ele tenta Fortuna e Riquezas, mas também não dá certo, visto que (de acordo com a explicação deles) a "condição deles é matar a alma humana". Todo-o-Mundo é então forçado a se voltar para companheiros mais etéreos – Discrição, Força, Beleza, Conhecimento e Boa Ação (que está deitada no chão, tão enfraquecida pela negligência pecaminosa de Todo-o-Mundo que não consegue ficar em pé). Eles concordam em acompanhá-lo, mas quando Todo-o-Mundo se aproxima do túmulo, seus companheiros o abandonam – exceto Boa Ação, que permanece com ele quando vai para debaixo da terra. "No final, todos eles abandonaram Todo-o-Mundo", diz o Doutor, um "teólogo profissional" que profere as palavras finais, "a não ser Boa Ação, que levou para lá". Trata-se de um final meio inesperado: por que a Boa Ação é o único personagem que passa entre os dois mundos, enquanto o Conhecimento e a Discrição ficam para trás?

A Boa Ação é uma fusão do espiritual e do físico. Todo aquele que me ouve, adverte o Doutor, deveria "tornar sua prestação de contas completa e clara", para que também possa ascender a Deus. A metáfora ligada à terra não é nenhum engano: ignorar o mundo espiritual é ser cego, mas ser "iluminado" é ver o espiritual e o físico associados em um todo. E esse respeito pelo aspecto físico da vida pode ser observado na forma alegórica da peça em si – em que cada realidade espiritual é representada por um personagem de carne e osso.

CHRISTOPHER MARLOWE

A História Trágica do Doutor Fausto, 1588

Edição recomendada: *A História Trágica do Doutor Fausto.* Trad. A. de Oliveira Cabral. São Paulo: Hedra, 2006.

Fausto já obteve diplomas em teologia, direito e medicina, mas embora tivesse todo o conhecimento que qualquer bom homem medieval poderia desejar, ele quer mais. Passando os olhos por um livro de magia, decide fazer um pacto com o diabo. Anjos bons e maus aparecem imediatamente, e os bons imploram que abandone o conhecimento ("Ó Fausto, deixa o maldito livro de lado"), e os maus prometiam: "Sê na Terra o que Júpiter é no céu / Senhor e comandante desses elementos". Sua cabeça está feita: ele evoca Mefistófeles, o servo do diabo, que concorda com seus termos, e assina o pacto com seu sangue (que congela, na medida em que tenta escrever).

Com todo o poder no mundo e 24 anos pela frente para viver, Fausto primeiro demanda explicações para as grandes questões do universo. Contudo, conforme o tempo passa, ele começa a esbanjar seu poder. Torna-se invisível para passar a perna nos famosos e voa ao redor do mundo, demandando a volta de Helena de Troia do mundo dos mortos para possuí-la. Quando a morte vai se aproximando, ele começa a entrar em pânico, mas toda vez que tenta escapar do acordo, Mefistófeles lhe faz uma nova proposta. Ao descer para o inferno no final da peça, Fausto se lamenta: "Vejam, vejam onde o sangue de Cristo corre no firmamento! Uma só gota salvaria a minha alma [...]. Ah, não quebreis meu coração por pronunciar o nome de Cristo; / Ainda assim, vou clamar a ele – Poupa-me, Lúcifer!".

Apesar de seus apelos, Fausto *nunca* clama a Deus, embora tenha ampla oportunidade para isso. Fausto é um homem da Renascença – alguém que está atrás de conhecimento, libertado de restrições teológicas – não obstante, ao encontrar o conhecimento, ele perde alguma coisa. Marlowe não está recomendando um simples retorno à fé medieval; Fausto simplesmente não consegue clamar a Deus. Contudo, eis que surge uma nova ordem de profunda ambivalência: se Deus fosse removido do centro da vida e o homem fosse posto em seu lugar, como seria o mundo? Sem a companhia de ninguém, a não ser de si mesmo, o homem poderá se ver pronunciando as palavras de Mefistófeles, o servo do diabo, que descreve o inferno da nova ordem como um estado mental:

> O inferno não tem limites, (nem se circunscreve...)
> A um só lugar: o inferno é onde estamos,
> E onde inferno houver, lá estaremos.[24]

---

[24] Tradução de Érico Nogueira.

WILLIAM SHAKESPEARE

Ricardo III, 1592-1593

Edição recomendada: *Ricardo III*. In: *Teatro Completo: Dramas Históricos*. Trad. Carlos Alberto Nunes. Rio de Janeiro, Agir, 2008.

Dois braços da família real, os York e os Lancaster, lutam pelo trono da Inglaterra. Os York assassinaram o rei Lancaster, Henrique VI, e seu herdeiro, o príncipe Eduardo; o rei York, Eduardo IV, assumiu o trono. Mas Ricardo, o irmão mais novo de Eduardo IV, quer ser rei. Ele assassina seu outro irmão, Clarence (um possível concorrente à coroa), e se casa com Anne (a esposa do príncipe Eduardo assassinado). Quando Eduardo IV morre, Ricardo ascende ao trono, envenena sua esposa, Anne, e tranca seus sobrinhos, Eduardo e Ricardo – os herdeiros legais de Eduardo IV –, na torre, onde são assassinados. Mas Ricardo foi amaldiçoado pela rainha Margaret, a viúva de Henrique VI. Nemesis, primo de outro integrante da família Lancaster, chamado Henrique, chega e o desafia para uma batalha. Caçado pelos fantasmas de todos aqueles que havia matado, Ricardo III vai para a Batalha do Campo de Bosworth abalado; ele é morto depois de perder seu cavalo (e bradando os versos mais famosos da peça: "Um cavalo! Um cavalo! Meu reino por um cavalo!").

É fácil se perder no meio de tantos Henriques, Ricardos e Eduardos, casualmente mencionados por Shakespeare. Use o diagrama a seguir para consultar ao longo da leitura. A ancestralidade comum aos Lancaster e aos York remonta a Eduardo III, que teve cinco filhos e assim deu origem a personagens reais demais; ele foi o tataravô de Henrique VI e Ricardo III. Os Lancaster estão bem no meio da árvore genealógica abaixo; e os York, do lado direito; a guerra entre eles (A Guerra das Rosas) irrompeu depois de Henrique IV, um descendente ilegítimo de Eduardo III, ter reivindicado o trono. Os York poderiam reivindicar descender de um filho legítimo de Eduardo.

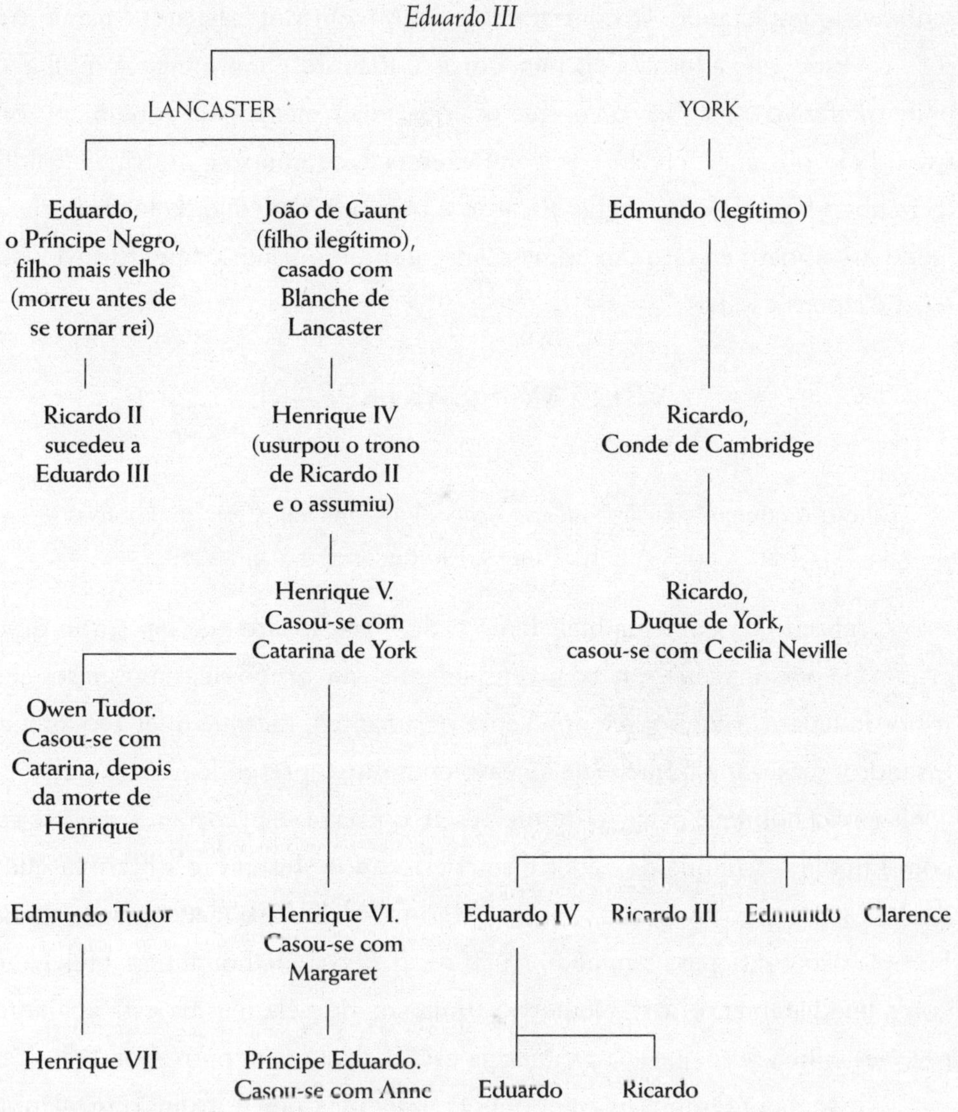

O Ricardo da peça de Shakespeare é uma figura fascinante: maligno; atraente o bastante para convencer Anne a se casar com ele, mesmo sendo o responsável pela morte de seu marido; charmoso, quando necessário; hipócrita, com consciência suficiente apenas para ter medo de fantasmas. Ele se destaca por sua disposição de mudar seus discursos, seus planos e até seu corpo para cada ocasião: "Comprarei um espelho", reflete ele, quando Anne o rejeita na primeira tentativa, completando: "e contratarei uns vinte ou trinta alfaiates / para estudarem as vestes que adornarão o meu corpo". Ricardo é um monarca inteligente, prático, efetivo e maquiavélico, que usa quaisquer meios para atingir seus objetivos. Não obstante, ele só consegue exercer esse controle até aí. A maldição da rainha Margaret o persegue. Ricardo é pego em um ciclo da história em que "todo assassinato é tanto um crime como punição por um crime: Ricardo enfim recebe a pena capital".[25]

WILLIAM SHAKESPEARE

Sonho de uma Noite de Verão, 1594-1595

Edição recomendada: *Sonho de uma Noite de Verão*. In: *Teatro Completo: Comédias*. Trad. Carlos Alberto Nunes. Rio de Janeiro: Agir, 2008.

O enredo da comédia mais famosa de Shakespeare gira em torno de três grupos de personagens: quatro jovens amantes, um grupo de camponeses e uma tribo de fadas. Primeiro, ele apresenta os amantes. Hérmia quer se casar com Lisandro, mas seu pai quer que se case com outro pretendente, Demétrio. Ele apela para a nobreza local – o duque Teseu, que está se preparando para se casar com Hipólita, a rainha dos guerreiros derrotados. Teseu diz a Hérmia que ela deve seguir a escolha do pai, e assim, Hérmia e Lisandro fazem planos de fuga. Hérmia não conta para ninguém, a não ser para sua melhor amiga, Helena, que corre imediatamente para Demétrio (uma vez que ela mesma está apaixonada por ele) e lhe conta que sua prometida está fugindo com outro homem.

Nesse meio tempo, os camponeses, liderados por Bottom, o tecelão, têm um encontro na floresta do palácio para ensaiar a peça que querem apresentar para Teseu no dia de seu casamento. Mas a floresta abriga fadas – Oberon, o rei das fadas, e Titânia, a rainha das fadas, que estão no meio de uma briguinha de casal. Para melhorar o humor de sua mulher, Oberon envia seu servo Puck para colher um néctar mágico, que fará Titânia amar quem ela vir primeiro ao acordar. No meio da cena, Demétrio invade a floresta, atrás de Hérmia; Helena,

[25] Wolfgang H. Clemen, "Tradition and Originality in Shakespeare's Ricardo III". *Shakespeare Quarterly*, vol. 5, n. 3 (Summer, 1954), p. 247-57.

chorando pateticamente, vai atrás dele. Oberon sente pena de Helena e pede para Puck colocar o néctar nos olhos de Demétrio assim que ele pegar no sono; infelizmente, Puck se atrapalha quando Lisandro e Hérmia aparecem e acaba passando o néctar nos olhos de Lisandro. Quando Lisandro acorda, vê Helena ainda se arrastando atrás de Demétrio, levanta e corre atrás dela – deixando Hérmia sozinha.

Oberon, que decidiu se vingar pessoalmente de Titânia, procura sua cabana e põe o néctar nos olhos dela. Os camponeses entram trôpegos na cena e começam seu ensaio. Puck, pairando maliciosamente com suas asas, transforma a cabeça de Bottom em cabeça de burro. Quando Titânia acorda, se apaixona perdidamente pelo tecelão com cabeça de burro e o leva para sua cabana. Oberon acha isso engraçado, mas fica irritado, quando descobre que Puck havia ungido os olhos do jovem errado; agora Lisandro estava perseguindo Helena, Helena estava perseguindo Demétrio, Demétrio estava perseguindo Hérmia, e Hérmia estava soluçando pateticamente atrás de Lisandro, que a havia esquecido completamente. Oberon pede a Puck para apagar a cena com uma neblina e ungisse os olhos certos de cada um; ele sai à procura de Titânia e quebra o encanto dela. A peça termina com um casamento triplo: Teseu e Hipólita, Demétrio e Helena e Hérmia e Lisandro (o pai de Hérmia, ao ver que seu enteado estava apaixonado por outra mulher, concorda em deixar Hérmia casar-se com aquele que ela escolhera). Os camponeses apresentam sua peça (muito mal-apresentada), e Oberon e Titânia aparecem para abençoar o casamento.

Tudo termina bem, mas apenas por causa do acaso e da intervenção das fadas, e o casamento tem seu lado obscuro: Hipólita só se casa com Teseu porque ele a conquistou, e Demétrio, enfim, continua encantado. No final da peça, Puck conclui:

> Se nós, sombras, ofendemos,
> Nisto ponde o pensamento:
> Só dormistes cá, no espaço
> em que espectros se mostravam.

No final da peça, a felicidade é tão ilusória quanto qualquer sombra.

WILLIAM SHAKESPEARE

Hamlet, 1600

Edição recomendada: *Hamleto*. In: *Teatro Completo: Tragédias*. Trad. Carlos Alberto Nunes. Rio de Janeiro: Agir, 2008.

Hamlet é um herói, mas não é um herói *ativo*. Ao contrário de Édipo, que passa por algumas dores para libertar Tebas do flagelo e para descobrir a verdade sobre seu nascimento, Hamlet medita, hesita e lamenta ter que agir: "Os tempos são de grande confusão. Ó que raiva de / eu ter nascido para consertá-los!". Seu maior desejo não é de simplesmente evitar a ação, mas de evitar a existência. Em seu discurso mais famoso ("Ser ou não ser, eis a questão"), ele deseja "dissolver-se em lágrimas".

Quando, em uma visita do fantasma de seu pai, este lhe diz que foi morto por seu tio Cláudio (agora casado com sua mãe), que derramou veneno em seu ouvido, Hamlet se martiriza quanto ao que fazer. Ele finge que ficou louco, para desarmar seu tio (e, como parte de sua encenação, ele rejeita Ofélia violentamente, a filha do camareiro-mor, Polônio). Então, em uma visita eventual de um grupo de teatro, ele cria uma peça que reconta a história do assassinato e a apresenta diante de Cláudio. Assustado, Cláudio planeja se livrar de Hamlet. Hamlet, por sua vez, ganha uma oportunidade perfeita para matar seu tio, mas desiste com a desculpa de que o rei iria direto para o céu se fosse morto em um estado de graça.

Polônio, convencido de que o príncipe está louco, esconde-se no quarto da rainha, quando o filho dela entra para lhe falar. Mas Hamlet, ouvindo o velho por trás das cortinas e achando que era Cláudio, finalmente entra em ação – no lugar e na hora errada. Ele apunhala Polônio através da cortina e só depois descobre seu engano. Por motivos de consciência, ele concorda em deixar a Dinamarca e ir para a Inglaterra. Cláudio havia tomado providências para ele ser morto, mas ele escapa e volta para a Dinamarca, enviando antes uma carta que anunciava suas intenções.

Com a morte do pai, Ofélia perde o juízo e se afoga. Seu irmão, Laertes, volta para o funeral; Cláudio o convence a desafiar Hamlet para um duelo com uma espada envenenada, e, apenas para se garantir de estar do lado vencedor, ele põe veneno também no copo de Hamlet. Quando Hamlet chega, eles lutam; Laertes fere

Hamlet e Hamlet (sem se dar conta de que a espada estava envenenada) reage e o fere igualmente. Nesse meio-tempo, a rainha toma a bebida envenenada; Laertes, caindo de joelhos, confessa que ele também estava morrendo e que Hamlet estava condenado. Hamlet apanha a espada envenenada, mata Cláudio e morre – finalmente, ele foi trazido à ação por uma série de coincidências além de seu controle.

MOLIÈRE

O TARTUFO, 1669

Edições recomendadas: *Tartufo 81*. Trad. Guilherme Figueiredo. Rio de Janeiro: Civilização Brasileira, 1980.

O *Tartufo*. Trad. Jean-Baptiste Poquelin. Disponível em: http://oficinadeteatro.com/component/jdownloads/viewdownload/5-pecas-diversas/181-o-tartufo. Acesso em: 25 set. 2014.

O hipócrita piegas Tartufo encontra-se com Orgon, um cavalheiro parisiense, na igreja e, simulando piedade, convence Orgon a levá-lo para casa. Tartufo é o grande predileto de Orgon e sua mãe, mas o resto dos integrantes da família não se deixa enganar. Quando Tartufo dá seu lenço para a criada, ordenando-lhe que cubra seu decote, porque "uma visão assim [...] evoca pensamentos pecaminosos", ela comenta: "Tu deves ser bem vulnerável à tentação. Eu poderia ver-te todo nu e não ficaria minimamente tentada". E o cunhado de Orgon, Cléante, o adverte de que estava sendo ludibriado: "Há hipócritas na religião", diz ele, "para mim não há nada mais odioso do que o sepulcro caiado de um zelote; do que aqueles inequívocos impostores [...] que por motivo de interesse próprio, transformam a piedade em um comércio".

Em vez de dar ouvidos, Orgon acusa Cléante de estar se tornando um livre-pensador. Mas o pior ainda estava por vir: ele decide que sua filha, Mariane, que era apaixonada por Valère, deveria se casar com Tartufo. ("Eu te prometi a Valère", lamenta ele, "mas, além de ter tendência para o jogo, conforme me disseram, também suspeito que seja um tipo de livre-pensador; nunca o vejo ir à igreja.") Elmire, a esposa de Orgon, tenta convencer Tartufo a deixar sua filha em paz, mas, em vez disso, o "homem santo" tenta seduzi-la. ("Homens de nossa estirpe amam de forma discreta", ele lhe assegura.) O filho dela, Damis, observa secretamente as investidas de Tartufo e corre para contar a Orgon – mas Orgon o deserda, acusando-o de difamar o "santo", e assim passa seu patrimônio para Tartufo. "Eu poderia receber todos os bens do mundo e eles não me atrairiam", observa Tartufo, aceitando o presente.

Então, Elmire dá um jeito de esconder Orgon debaixo da mesa, enquanto ela se encontra com Tartufo e o persuade a dizer-lhe novamente tudo o que disse outro dia; quando Tartufo responde da forma esperada, Orgon tenta jogá-lo para fora de casa. Mas como agora Tartufo é dono do patrimônio dele, os oficiais do rei têm que expulsar Orgon e sua família à força. "Eu repudio todas as pessoas piedosas", grita Orgon. "Daqui para a frente eu devo tratá-las com extremo nojo e ser pior com elas do que um demônio." "Tu exageras de novo!", diz Cléante com reprovação. "Nunca ages com moderação em nada. Não te manténs dentro dos limites do razoável e sempre cais de um extremo para outro." Mas a falta de equilíbrio não é a única falha de Orgon; a verdade é que ele havia conseguido exercer controle completo sobre sua casa graças a Tartufo, usando as maneiras santas do homem como máscara para seus próprios desejos tirânicos.

WILLIAM CONGREVE

The Way of the World [O Caminho do Mundo], 1700

Edição recomendada: Não há edição em português.

The Way of the World [O Caminho do Mundo] está repleto de incidentes, embora seja fiel à unidade aristotélica do tempo (desenrolando-se ao longo de apenas um dia). Intrigas e enredos secundários emanam de cada ato, mas o esqueleto do enredo é construído em torno de Mirabell, um cavalheiro que havia fingido estar apaixonado por Lady Wishfort, mas que agora está apaixonado pela herdeira, Mrs. Millamant. Lady Wishfort passou a odiar Mirabell por ter fingido que a amava, bem como a própria Mrs. Millamant, sobrinha (e protetora) de Lady Wishfort.

Mirabell podia até amar Mrs. Millamant agora, mas tinha a filha de Lady Wishfort como amante, antes de ela se casar com seu melhor amigo Fainall. Fainall (que também tinha uma amante) queria que Mrs. Millamant casasse com Mirabell, uma vez que, nesse caso, Lady Wishfort ficaria com raiva, deserdaria Mrs. Millamant e passaria o dinheiro para sua filha biológica – a esposa de Fainall. Mas Mrs. Millamant ainda não se decidiu se casa ou não com Mirabell, mantendo-o afastado com observações argutas. "Um homem", queixa-se Mirabell, "pode fazer amizade rapidamente, com sua inteligência; ou fazer fortuna com sua honestidade; ou então, conquistar uma mulher com sinceridade". Essa falta de honestidade prossegue. Mirabell faz seu criado se passar por um tio rico, para convencer Lady Wishfort de seu valor como pretendente, mas Lady Wishfort decide cortejar o próprio "tio rico". Quando o sobrinho de Lady Wishfort, Sir Wilfull Witwoud, chega e começa a cortejar Mrs. Millamant (de forma muito desajeitada), Mrs. Millamant e Mirabell conseguem chegar a um acordo de casamento.

Nesse meio tempo, Fainall decidiu adotar uma abordagem mais direta do dinheiro de Lady Wishfort; ele lhe conta que trará a público o caso de sua filha com Mirabell fora do casamento se não entregar sua herança para ele. Mas Mirabell revida com cartas anônimas para Fainall, ameaçando revelar sua amante atual. Sir Wilfull Witwoud, vendo que Mrs. Millamant ama Miralbell, diz a Lady Wishfort que não quer Mrs. Millamant e preferiria viajar para o exterior; Lady Wishfort diz: "Não aguento mais tudo isso [...]. Estou pronta para capitular por pura fadiga" e concorda em casar-se com ele. Os personagens (nenhum dos quais é admirável) são virtuosos na medida em que são bem-sucedidos. Fainall acaba se tornando o vilão no final, não que seja de todo mau, mas porque é esperto. A peça ficou famosa pelos diálogos – os personagens conversam, conversam e conversam – usando inteligência e palavras com o intuito de esconder seus verdadeiros sentimentos em vez de revelá-los.

OLIVER GOLDSMITH

She Stoops to Conquer [Ela Ataca para Conquistar], 1773

Edição recomendada: Não há edição em português.

A peça de Goldsmith, que retrata a viagem de dois jovens abastados para pedir duas jovens também abastadas em casamento, não tem nenhum desses jovens como personagem principal; o personagem mais poderoso da peça é Tony Lumpkin, um "bobo desajeitado". Mr. Hastings e Mr. Marlow, dois cavalheiros bem-educados e ricos, partiram para visitar a casa dos Hardcastle. Era para Marlow cortejar a filha da família, embora os dois nunca se tivessem encontrado pessoalmente; seus pais arranjaram o encontro sem saber que ele era incapaz de falar com uma mulher de sua própria classe e somente se sentia à vontade com criadas e copeiras. Hastings, o amigo de Marlow, se dispôs a acompanhá-lo porque já estava apaixonado pela sobrinha que morava na mesma casa, Miss Neville. Os Hardcastle desejavam que Miss Neville se casasse com Tony Lumpkin, o filho de Mrs. Hardcastle de seu (humilde) casamento anterior – o que faria que a fortuna de Miss Neville permanecesse na família. Mas Tony não está disposto a aceitar esse casamento arranjado, pois está apaixonado por Beth Bouncer, uma camponesa de "bochechas tão gordinhas e vermelhas quanto uma almofada de púlpito".

Quando Marlow e Hastings param em uma cervejaria local para pedir informação e poder chegar à propriedade dos Hardcastle, acidentalmente eles insultam Tony Lumpkin, que, para se vingar, diz-lhes que não conseguiriam chegar à propriedade antes do cair da noite – mas que havia uma pousada logo ali na esquina. No entanto, a suposta "pousada" é a própria casa dos Hardcastle. Hastlings e Marlow entram na casa, tratando os Hardcastle atônitos como criados e administradores da pousada. Quando Hastlings topa com Miss Neville, ele se dá conta de seu engano – mas os dois decidem manter a brincadeira para acobertar seus próprios planos de fuga. Eles contam a Marlow que, por uma grande coincidência, Miss Hardcastle também estava visitando essa "pousada", e apresentam os dois. Contudo, Marlow está com medo demais dessa dama aristocrática para sequer olhar em seu rosto. Então, ela se disfarça de copeira e caminha com afetação em torno dele (esse é o "ataque para conquistar" do título), despertando seu interesse. Todos os mal-entendidos sobre as identidades acabam sendo corrigidos. Miss Neville casa com Hastings; Marlow pede Miss Hardcastle em casamento e depois descobre que é a filha da casa; Tony renuncia ao seu direito sobre Miss Neville, em favor de Beth Bouncer. A peça de Goldsmith põe em questão a ideia de "humilde"; quem é mais humilde: o honesto Tony ou Marlow, que está pronto para seduzir a copeira desde o primeiro encontro?

RICHARD BRINSLEY SHERIDAN

A Escola da Má-Língua, 1777

Edição recomendada: *A Escola da Má-Língua*.
Trad. Maria Isabel Sampaio Barbudo.
Lisboa: Centro de Estudos Anglísticos da Universidade de Lisboa, 2007.

Sir Peter Teazle é recém-casado com a filha de um nobre proprietário rural; ele é tutor de uma jovem adorável, Maria; e atuou ainda como "uma espécie de tutor" de dois jovens que perderam seu pai na infância – os irmãos Surface, Joseph e Charles.

Em público, Joseph parece ser "amável [...] e de boa fama", enquanto Charles é "o mais dissoluto e extravagante jovem de todo o reino, desprovido de amigos e de caráter". Mas as aparências enganam. Na verdade, Charles é uma boa pessoa, embora esbanjador; e Joseph é, na realidade, "ardiloso, egoísta e malicioso". Charles está apaixonado por Maria, mas Joseph (que é o predileto de Sir Peter) só o que deseja é a fortuna dela.

O tio de Charles e Joseph, Sir Oliver Surface, chega da Austrália. Ele havia escutado relatos contraditórios sobre seus sobrinhos, então finge ser um agiota ("Mr. Premium") e chama Charles. Charles tenta tomar dinheiro emprestado dele em razão de sua possível herança do próprio Sir Oliver. "Mas ao mesmo tempo", acrescenta Charles, "o velho tem sido tão liberal comigo que eu lhe dou minha palavra de que lamentaria muito ouvir que algo tenha acontecido com ele". "Não mais do que *eu*, eu lhe garanto", observa Sir Oliver. Charles se oferece para vender os retratos da família para levantar dinheiro; em uma das cenas mais famosas da peça, consegue vendê-los em um leilão para o próprio "Mr. Premium" e dois outros agiotas. Mas ele se recusa a vender o retrato de Sir Oliver – e o próprio Sir Oliver, comovido, decide pagar as dívidas de seu sobrinho.

Nesse meio tempo, Joseph está em sua biblioteca, às voltas com a jovem esposa de Peter Teazle. Enquanto estão entretidos em uma conversa íntima, Sir Peter aparece e Lady Teazle se esconde atrás de uma tela que estava por perto. O que se segue é uma "cena de cinema", ou de comédia de costumes, em que os personagens escutam conversas particulares, escondidos. Lady Teazle escuta

Sir Peter contar a Joseph sobre suas suspeitas de que Charles estava tendo um caso com sua esposa, mas quando Sir Peter escuta Charles se aproximando, ele pula para dentro do armário. Quando Charles entra, ele começa a descrever como havia flagrado, certa vez, Joseph e Lady Teazle juntos. Para interrompê-lo, Joseph abre a porta do armário e revela Sir Peter; Charles derruba a tela e acha Lady Teazle, que implora a seu marido por perdão; Sir Peter toma sua esposa e marcha para fora, dando a Charles (agora livre das dívidas) permissão de se casar com Maria. Tudo havia sido "corrigido" (a não ser o caráter duvidoso de Charles), mas apenas porque os "costumes" foram violados nas duas cenas centrais: tanto Sir Oliver quanto Sir Peter haviam escutado conversas que não lhes eram destinadas.

HENRIK IBSEN

CASA DE BONECAS, 1879

Edição recomendada: *Casa de Bonecas*. Trad. Maria Cristina Guimarães Cupertino. São Paulo: Editora Veredas, 2007.

Nora Helmer havia infringido a lei. Necessitada de dinheiro para as despesas médicas do marido, ela forjou a assinatura de seu pai a fim fazer um empréstimo no banco. (Era ilegal as mulheres tomarem dinheiro emprestado sem autorização do marido ou do pai.) Sua amiga, Sra. Linde, fica chocada ao ouvir isso, mas Nora consegue pagar as mensalidades do empréstimo regularmente, economizando nos gastos com roupas e fazendo serviços de copista até tarde da noite. ("Oh, muitas vezes eu estava tão cansada, tão cansada. E não obstante foi esplêndido trabalhar dessa maneira e ganhar dinheiro. Eu estava me sentindo quase um homem.")

Mas agora o marido de Nora, Torvald, tornou-se o diretor do banco do qual ela tomou o empréstimo e o advogado que o aprovou, Sr. Krogstad, está prestes a perder o emprego. Ele pede para Nora intervir em seu favor. Quando ela se recusa, ele conta-lhe que sabe de seu segredo: a assinatura de seu pai tinha a data de três dias depois da morte dele. E se ele perdesse o emprego, revelaria o crime dela.

Nora tenta evitar a crise – mas Torvald se recusa a ouvir seus apelos em favor de Krogstad. O homem perde o emprego, e Torvald recebe uma carta de Krogstad, descrevendo o crime de Nora. "Você sempre foi minha alegria e meu orgulho [...]", grita Torvald para Nora, "e agora vejo que é uma hipócrita, uma impostora [...], pior que isso, uma criminosa!". Torvald teme que Krogstad espalhe os pecados de Nora por toda a sociedade culta caso não tenha seu emprego de volta: "De qualquer modo, o melhor a fazer é abafar o caso", decide Torvald, "temos de manter as aparências como se nada tivesse mudado entre nós. É claro que continuará morando aqui em minha casa – mas não lhe permitirei que eduque nossos filhos [...]". Então, no meio da discussão, ele recebe outra carta de Krogstad, que decidiu se casar com a Sra. Linde e não fazer mais nenhuma ameaça a Nora. Aliviado da humilhação pública, Torvald muda imediatamente de atitude: "Ah, minha pobre Nora, compreendo [...]. Ah, você não sabe o que é um verdadeiro coração de homem, Nora. Para o homem, é algo indescritivelmente doce e prazeroso *saber* que, no íntimo, perdoou sua mulher [...] é como se ela se tornasse duplamente sua posse; como se a tivesse dado à luz. Em certo sentido ela se torna tanto sua mulher quanto sua filha".

Diante disso, Nora se levanta para sair: "Fui sua boneca-esposa", ela lhe diz, "da mesma forma que fui uma boneca-filha na casa de meu pai". Seria um milagre, conta ela ao marido, o relacionamento entre eles se tornar um casamento verdadeiro; ela sai e o abandona. Nora ama seu marido, como a sociedade deseja, mas esse mesmo amor a leva a cometer um ato condenado por aquelas leis sociais. Descoberta nesse paradoxo, ela vê seu lar arruinado e o amor de seu marido por ela se revelar como nada além de uma extensão do amor-próprio dele.

OSCAR WILDE

A Importância de Ser Prudente, 1899

Edição recomendada: *A Importância de Ser Prudente e Outras Peças*. Trad. Sonia Moreira. São Paulo: Penguin-Companhia, 2011.

Em Londres, Jack Worthing adota o nome de Ernesto; quando ele está em sua propriedade rural, onde vive sua pupila, de dezoito anos de idade, Cecília, ele se chama Jack, mas atribui todos os negócios na cidade ao seu irmão (inexistente), Ernesto. Jack é apaixonado por Gwendolen Fairfax, a prima de seu amigo Algernon Moncrieff. Ele a pede em casamento na cidade, usando o nome de Ernesto, e ela aceita, pois seu sonho sempre foi casar-se com um homem chamado Ernesto. Sua tia, Lady Brackwell, exige conhecer o contexto familiar de Jack; quando Jack revela que foi encontrado em uma mala na Estação Vitória, Lady Brackwell se recusa a consentir com o casamento. Gwendolen promete escrever uma carta para Jack endereçada à sua casa no campo. Algernon, ao ouvir secretamente (e sabendo que a pupila de Jack, Cecília, uma moça extremamente bonita, vive nesse endereço, junto com sua governanta, Miss Prism), decide fazer uma visita.

Algernon chega à propriedade rural antes de Jack e se apresenta como Ernesto, o irmão de Jack. Cecília se apaixona por ele à primeira vista e promete se casar com ele (pois sempre desejou se casar com alguém chamado Ernesto). Infelizmente, Jack decidiu que sua dupla identidade se tornou muito complicada; ele chega de surpresa e anuncia a morte de seu irmão, Ernesto, para uma Cecília atordoada. Gwendolen chega furiosa depois de ouvir que Cecília havia se comprometido com Mr. Ernesto Worthing. Para pôr as coisas nos eixos, Jack e Algernon admitem seus nomes reais; ambas as moças ameaçam cancelar seus compromissos caso Jack e Algernon não mudem seus nomes imediatamente para Ernesto. Lady Bracknell, que compareceu ao novo batizado, reconhece Miss Prism como sua ama que, há 28 anos, havia acidentalmente esquecido o sobrinho de Lady Bracknell, ainda bebê, em uma mala na Estação Vitória. Jack é esse sobrinho, o irmão mais velho de Algernon – e foi batizado de Ernesto. "Gwendolen", diz ele solenemente, "é uma coisa terrível para um homem descobrir, de repente, que ele não disse nada mais do que a verdade por toda sua vida". Wilde, que estava condenado por homossexualidade no tribunal, tendo sido condenado a dois anos de trabalhos forçados, zomba das convenções do casamento heterossexual. As identidades duplas de seus personagens masculinos (Ernesto-Jack e Algernon-Ernesto) são ainda mais marcantes, visto que suas personagens femininas são indivisas; toda essa comédia fútil se origina das incertezas mais sérias sobre a natureza da identidade.

ANTON TCHÉKHOV

O JARDIM DAS CEREJEIRAS, 1904

Edição recomendada: *As Três Irmãs, O Jardim das Cerejeiras*. Teatro II: Trad.Gabor Aranyi. Mairiporã: Veredas, 2009.

Lopakhin, que já foi um camponês, é um homem rico agora. Ele está aguardando, na propriedade sofisticada da família de Madame Ranévski, pelo retorno dela de Paris. A propriedade esteve sob a administração de sua filha adotiva, Vária, e seu irmão, Gaev, mas as extravagâncias de Madame Ranévski fizeram com que caísse em dívidas. Quando Madame Ranévski chega com sua filha Ânia, Lopakhin lhe diz que a propriedade deverá ir a leilão – a menos que ela consiga levantar o dinheiro, dividindo as terras e alugando-as para os turistas no final de semana. "Desculpe, mas o senhor parece não estar entendendo", diz ela. "Se há uma coisa verdadeiramente atraente para turistas nessa região toda é o jardim das cerejeiras." Incapaz de encarar o desmantelamento gradual de seu estilo de vida aristocrático, Madame Ranévski ignora as dívidas. Vária, a mais realista, queixa-se de seu relacionamento não definido com Lopakhin ("Ele está ocupado demais com seus [...] negócios", conta ela a Ânia. "Ele fica falando de um casamento iminente [...]. Mas não acontece nada, tudo não passa de [...] um sonho".) Ânia, que já amou o jardim das cerejeiras "como se fosse uma pessoa", é cortejada por Piotr Trofimov, um socialista que odeia tudo o que o jardim representa. "Por que será que ligo menos para o jardim das cerejeiras do que antes?", pergunta Ânia a Piotr, e ele responde: "Seu jardim representa toda a Rússia. Seu pai e o pai de seu pai foram senhores de escravos. Eles tinham posse de vidas humanas. Há pessoas penduradas em cada galho de seu jardim, elas espreitam você através dos ramos, podem-se ouvir seus gemidos pelas folhagens".

Finalmente, a família decide que o dinheiro enviado para ela por um parente idoso será suficiente para comprar as terras de volta, e Gaev parte animado para o leilão. Mas a propriedade é vendida por seis vezes mais que o dinheiro de Gaev – para Lopakhin, agora o proprietário do lugar em que seu pai trabalhou como escravo. "O rude e humilde Lopakhin levará seu machado para o jardim das cerejeiras e derrubará as árvores sibilantes ao chão!", grita ele meio bêbado. Embora chore, a família traça novos planos prontamente. Gaev arruma um emprego no banco,

Madame Ranévski planeja retornar a Paris, Ânia decide ir para a universidade e promete à sua mãe que, em breve, sustentará as duas. No final da peça, ouve-se o som das machadadas nos bastidores, à medida que o jardim das cerejeiras é derrubado. Não há vilões nem heróis em *O Jardim das Cerejeiras*, e Tchékhov não oferece respostas. Em vez disso, ele nos mostra o mundo dos aristocratas, que está indo embora, simultaneamente belo e opressor, ansiosamente desejável e fatalmente falho; as complexidades são cuidadosamente retratadas, mas não resolvidas.

GEORGE BERNARD SHAW

SANTA JOANA, 1924

Edição recomendada: *Santa Joana* e *Pigmalião*. Trad. Dinah Silveira de Queiroz, Miroel Silveira e Fausto Cunha. Rio de Janeiro: Delta, 1964.

O prefácio do próprio Shaw revela sua dupla preocupação: lidar de maneira imparcial com a crença medieval no milagre ("Na Idade Média, as pessoas acreditavam que a Terra era plana, para o que tinham ao menos a evidência dos sentidos: acreditamos que seja redonda [...] porque a ciência moderna nos convenceu de que nada do que é óbvio seja verdadeiro"); e escrever uma tragédia "sem vilões [...]. Se Joana não tivesse sido queimada por pessoas normalmente inocentes por força de sua justiça, a morte por suas mãos não teria [...] nenhuma importância". A peça retoma constantemente essa questão de perspectiva: a verdade e a falsidade dependem da posição do observador.

No início da peça, Joana chega à fortaleza do soldado Robert de Baudricourt para convencê-lo a lhe dar um cavalo e um exército de soldados, a fim de ajudar o Delfim[26] a reconquistar seu trono (então ocupado por Henrique VI). Robert está cético, mas seus amigos já concordaram em acompanhar Joana: "Qual é a vantagem de seguir o bom senso?", perguntam eles; "só um milagre mesmo poderá nos salvar". Então, Robert envia Joana ao Delfim, que acaba passando o comando de seu exército para "a Donzela".[27] Joana lidera o exército

[26] Cf. Dicionário Michaelis: o termo "Delfim" corresponde ao "título dos antigos príncipes herdeiros da França". (N. T.)

[27] O autor está aludindo ao nome de "Donzela de Orléans", dado a Joana d'Arc. (N. T.).

contra os ingleses, que estão sitiando Orléans. O vento muda miraculosamente de direção, permitindo aos soldados que cruzem o rio e derrotem os ingleses.

À vista disso, os ingleses encontram-se com o bispo francês de Beauvais. O capelão inglês insiste que Joana é uma bruxa, e o conde de Warwick teme que a lealdade a Joana possa desviar as massas de sua lealdade para com os senhores feudais. O bispo acredita que o nacionalismo de Joana seja uma ameaça à Igreja: "A Igreja Católica só conhece um reino, qual seja, o reino de Cristo". Primeiro, ele fica relutante em cooperar com os ingleses: "Vocês, grandes senhores, são propensos demais a tratar a Igreja como se fosse uma mera conveniência política", repreende ele, "não sou nenhum bispo meramente político". Mas ele acaba concordando em ajudar a entregar Joana e seus soldados para Warwick, que queima Joana presa a uma estaca. A tragédia desse fim, entretanto, é amenizada pelo epílogo, em que Joana e seus inimigos aparecem a Charles em um sonho: "A execução na fogueira foi puramente política", conta-lhe Warwick com satisfação; "não havia nada pessoal contra você, eu lhe garanto". "Não o culpo, meu senhor", responde Joana educadamente. Então, um clérigo dos anos de 1920 entra no sonho para anunciar que Joana havia sido declarada santa; como todos riem dele, por seus "trajes engraçados", ele retruca firmemente: "Vocês é que estão em trajes fantasiosos: eu estou vestido adequadamente". Eis o resumo final de Shaw: cada personagem da peça se acha "adequadamente vestido", fazendo o que é certo aos próprios olhos. E a peça deixa o julgamento final por conta da plateia.

T. S. ELIOT

Crime na Catedral, 1935

Edição recomendada: *Crime na Catedral*. In: *Obra Completa*. vol. 2. Trad. Ivo Barroso. São Paulo: ARX, 2004.

O padre de Eliot, Thomas Becket, compartilha as reservas do bispo de Shaw: ele também teme que a ambição política vá distorcer seu ministério diante de Deus. Mas, enquanto *Santa Joana* emprega um realismo levemente irônico (os franceses da Idade Média de Shaw falam como cavalheiros do século XX), a peça de Eliot é impressionista, com a participação de personagens simbólicos

(Tentadores, Assassinos e um Coro que fala em uníssono) e escrita em verso ("Sete anos e o verão se foi", canta o coro, apresentando a cena, "[...] Virá o inverno do mar trazendo a morte").

O personagem central da peça é o arcebispo de Canterbury, o "padre turbulento", Thomas Becket, que se pronuncia contra a extensão do poder de Henrique II a áreas que acreditava que pertenciam à Igreja. Temendo o furor do rei, Becket foge para a França. Quando a peça começa, ele está voltando para a Inglaterra. Em uma cena que rememora o Domingo de Ramos ("O povo, / À beira do caminho, estendia seus mantos pelo chão"), o povo de Canterburry está pronto para dar-lhe as boas-vindas ("Ele... que sempre foi bom para seu povo"), mas as tensões não resolvidas entre Becket e o rei permanecem. Três padres se preocupam com os perigos do retorno de Becket: ele, como o rei, tem uma personalidade soberba e poderosa. "Abominando a força que lhe dava o poder temporal, / Desejava submeter-se a Deus somente."

Em outra analogia à história de Cristo, os Tentadores abordam Becket, prometendo-lhe riqueza, influência e paz, se fizer a vontade do rei: "O poder é o presente", explica um dos Tentadores: "A santidade vem depois". Becket resiste a cada uma das tentações: "Não! Será que eu, que possuo as chaves / Do céu e do inferno, único e supremo na Inglaterra, / [...] Iria rebaixar-me a ponto de desejar um poder tão pequeno?". Mas a tentação final de Becket leva a uma luta psicológica severa, que não tem solução: ele é tentado a se tornar um mártir voluntário, e, assim, tornar-se ainda mais glorioso. Independentemente da decisão que for tomar, Becket vê a corrupção em *si mesmo*: "Haverá vereda, na fraqueza de minha alma, / Que não conduza à danação do orgulho?".

No final da peça, os cavaleiros enviados por Henrique caçam Becket, matam-no e então dão um passo à frente para se dirigirem à plateia diretamente, explicando, em prosa, que eles são "[...] quatro bons ingleses que puseram nosso país acima de tudo". Becket pode até se perder na contemplação agonizante de seu próprio pecado, mas esses cavaleiros estão convencidos de que estão agindo da forma correta. Eliot, da mesma forma que Tchékhov e Shaw, recusa-se a resolver seus conflitos, mas a luta que apresenta é interna – ocorrendo não em primeira instância entre Henrique e Becket, mas dentro da mente do próprio Becket.

THORNTON WILDER

Nossa Cidade, 1938

Edição recomendada: *Nossa Cidade.* Trad. Elsie Lessa.
São Paulo: Abril Cultural, 1976.

A peça *Nossa Cidade* começa chamando nossa atenção para o fato de que essa não é uma história real; o diretor de palco entra em cena e apresenta os atores que estão assumindo o papel de cada personagem. Essa história dos residentes da pequena cidade de Grover's Corners pretende ser uma reflexão filosófica sobre a existência humana. Emily Webb e George Gibbs, próximos desde a infância, se casam. "Quase todo mundo casa", observa o diretor de palco, enquanto os atores se preparam para o casamento, "e têm filhos". Emily morre e entra para a comunidade dos mortos. O clímax da peça vem quando Emily decide reviver seu aniversário de doze anos. Ela vê seus pais e seu irmão (agora morto) e tenta passar o dia como fazia quando tinha doze anos, mas fica frustrada com a cegueira das pessoas comuns: "Ó mãe", ela desabafa, "olhe para mim só por um minuto como se realmente me visse. Mamãe, quatorze anos se passaram. Estou morta. Você já é avó [...]. Wally também está morto [...]. Você não se lembra? Mas só por um momento, estamos todos juntos novamente. Mamãe, só por um instante, estamos felizes. *Vamos olhar um para o outro*".

Mrs. Webb, sem prestar atenção, continua cozinhando, e Emily fica arrasada. "Tudo passa tão rápido", soluça ela. "Não temos tempo para olhar uns para os outros [...]. Será que algum ser humano se dá conta da vida enquanto a está vivendo? De minuto em minuto?" "Não", responde o diretor de palco. "Os santos e os poetas talvez – pode ser que façam isso."

Nossa Cidade mostra os detalhes dessas vidas que passam "tão rápido"; o objetivo é ilustrar o valor particular de cada momento do tempo habitual. No final, a peça é esperançosa sobre a condição humana: "Todos sabemos que *algo* é eterno", observa o diretor de palco. "E não são as casas, não são os nomes, não é a terra, nem mesmo as estrelas [...]. Todo mundo sabe, no fundo, que há *algo* de eterno e que esse algo tem a ver com os seres humanos." Wilder é um humanista: podemos ter pouco controle sobre nosso mundo, sobre nossas decisões e sobre a passagem do tempo, mas o que fazemos dentro desse mundo tem um *significado* que em certo sentido é eterno. *Nossa Cidade* é uma tragédia, mas que reconhece o valor essencial da humanidade – e *não* sua insignificância. (Wilder é o único americano a vencer o Prêmio Pulitzer tanto na categoria teatral quanto na ficcional, pelas peças *Minha Cidade* e *The Skin of Our Teeth* [Por um Triz] e a história *The Bridge of San Luís Rey* [A Ponte de São Luís Rei]).

EUGENE O'NEILL

Longa Jornada Noite Adentro, 1940

Edição recomendada: *Longa Jornada Noite Adentro.* Trad. Helena Pessoa. Rio de Janeiro: Agir, 1967.

O'Neill (1888-1953) queria que essa peça, escrita em 1940, permanecesse não publicada por 25 anos após sua morte, mas ela foi produzida pela primeira vez em 1956.

James Tyrone, sua esposa Mary e seus dois filhos – Jamie, que está na metade da casa dos trinta, e Edmund, dez anos mais novo – acabaram de tomar café em uma manhã de agosto. Mas em meio aos assuntos familiares triviais, as tensões aumentam: James e Jamie brigam, Jamie zomba de Edmund, Edmund tosse e Mary começa a sentir falta da morfina na qual é viciada. Por volta da hora do almoço, quando o médico liga para contar a Edmund que é tuberculoso, Mary havia tomado sua primeira dose de morfina e James havia começado a beber. No meio da tarde, Mary faz um esforço para voltar à realidade. "James!", grita ela. "Nós nos amávamos! [...]. É só disso que precisamos nos lembrar, e não tentar entender o que não conseguimos entender [...]. As coisas que a vida fez de nós são imperdoáveis e inexplicáveis."

Mas James não está em condições de responder. Cada membro da família, isolado e apavorado com essa solidão, tenta formar alianças com os outros membros, e essas alianças se alteram e mudam constantemente, gerando raiva e amargura.[28] Mary condói-se pela morte do filho que havia nascido entre Jamie e Edmund, culpando tanto James quanto Jamie: "Se não o tivesse deixado com mi-

[28] Devo esse *insight* a Stephen A. Black, "O'Neill Dramatic Process". *American Literature*, vol. 59, n. 1 (mar., 1987), p. 58-70.

nha mãe para me encontrar com você na estrada", diz ela ao marido, "depois de ter me escrito dizendo que sentia minha falta e que se sentia tão sozinho, Jamie nunca teria entrado no quarto do bebê, enquanto ainda estava com sarampo [...]. Sempre pensei que ele o fez de propósito. Ele tinha ciúmes do bebê". "Será que não pode deixar nosso bebê descansar em paz?", James pergunta, aborrecido. Mas Mary só consegue encontrar a paz retraindo-se cada vez mais no vício das drogas e fazendo de conta que voltou à infância. "Você volta atrás", medita ela, "até conseguir ir além da fronteira (da dor). Só o passado, quando ainda era feliz, é real".

Finalmente, a noite cai. Edmund, que havia saído de casa, zangado, volta à meia-noite para encontrar seu pai, bêbado, sentado à mesa. Ele bebe junto com o pai, citando Baudelaire: "Se não queres sentir o fardo horrível do tempo pesando sobre teus ombros e esmagando-te no chão, mantém-te bêbado". Jamie entra, também bêbado; Mary desce de seu quarto, altamente drogada pela morfina. Edmund tenta mais uma vez estabelecer contato com a mãe. Mas ela está presa ao passado. "Eu me lembro bem", diz ela devagar, "como me apaixonei por James Tyrone e fui feliz por tanto tempo". E a peça termina.

O'Neill apresenta uma construção lenta das tensões, em parte pelo diálogo, mas mais ainda pelas caras e bocas dos personagens e pela entonação da voz; ele usa indicadores de diálogo para revelar as dimensões escondidas do drama (*Ele lhe lança um olhar rápido, apreensivo,* diz uma indicação de palco, *mas mesmo que isso desperte suas suspeitas, a meiguice dela faz que renuncie a elas e passe a acreditar no que quer para o momento. Por outro lado, Jamie sabe, depois de um olhar crítico para ela, que suas suspeitas estão justificadas. Seus olhos se fixam no solo, seu rosto assume uma expressão de amargura e cinismo defensivo*).

JEAN-PAUL SARTRE

Entre Quatro Paredes, 1944

Edição recomendada: *Entre Quatro Paredes.* Trad. Guilherme de Almeida. São Paulo: Abril Cultural, 1977.

Garcin, recém-falecido, entra no inferno e se encontra em um ateliê francês sem nenhuma cama (de modo que não pode dormir), sem espelhos (para que não reflita sua própria identidade), sem janelas (para que não consiga se conectar com o mundo externo) e sem escova de dentes (sem bens pessoais). Há apenas um estranho ornamento de bronze sobre a lareira, muito pesado para levantar, e uma guilhotina para papel para retalhar as páginas de livros (embora não haja livros no quarto). Na versão do inferno de Sartre, as pessoas não são capazes de fazer nada e também são obrigadas a se lembrar de tudo, não podem esquecer de nada nem mesmo por um breve período. As luzes nunca são apagadas e o criado nem sequer pisca os olhos. "Ah", diz Garcin, "é uma vida sem interrupção [...]. Quer dizer que a gente tem de viver de olhos abertos". E não há escapatória; do lado de fora não há nada além de corredores, mais quartos, mais corredores e escadas.

Outros dois personagens entram no quarto: Inez, uma lésbica, cuja amante matou as duas ("Durante seis meses eu incendiei o coração dela até que não restasse nada mais do que cinzas. Certa noite, ela levantou-se e abriu a torneira do gás, enquanto eu estava dormindo"); e Estelle, uma mulher da alta sociedade, que havia fugido com seu amante, matado seu filho e depois morrido de pneumonia. Estelle lamenta a falta de um espelho: "Quando não me vejo, fico na dúvida se existo mesmo, de verdade. Eu até consigo me apalpar, mas isso não ajuda muito". "Tem sorte", diz Inez, "estou sempre consciente de mim mesma – em minha mente. Dolorosamente consciente". Cada personagem deseja algo dos demais; Inez deseja Estelle, Estelle deseja Garcin para afirmar sua atratividade sobre os homens, Garcin deseja que Inez o reconheça como destemido e corajoso. Contudo, no inferno, todos os personagens perderam sua capacidade de *agir*. Exasperados uns com os outros, eles conseguem abrir a porta – mas não conseguem sair do quarto. "O inferno [...]", conclui Garcin, "são os outros e estamos juntos para todo o sempre [...]. Pois é [...], vamos em frente [...]".

Essas são as palavras finais da peça, mas é claro que não podem "seguir em frente". A filosofia existencialista de Sartre encontrava sentido apenas no que o homem era capaz de *fazer*; quando a ação se torna impossível, o homem se encontra em um inferno sem sentido. *Entre Quatro Paredes* aponta para uma contradição no próprio existencialismo: o sentido só acontece quando o homem é capaz de agir com certo controle para mudar seu futuro. Não obstante, essa ação sempre envolve outras pessoas – e, sempre que o homem depende das ações dos outros para validar as suas, ele perde o controle e fica preso em um ciclo infindável. A única escolha dotada de sentido que resta é a morte. E, quando o homem não pode escolher nem mesmo a morte, ele está verdadeiramente no inferno.

TENNESSEE WILLIAMS

Um Bonde Chamado Desejo, 1947

Edição recomendada: *Um Bonde Chamado Desejo*. Trad. Vadim Nikitin. São Paulo: Peixoto Neto, 2004.

Blanche Du Bois, uma dama sulista, chega à casa de sua irmã, sem nada a não ser a própria mala; ela perdeu a propriedade da família, Belle Reve, no Mississípi, e ficou sem nada. Sua irmã, Stella, é casada com o operário Stanley Kowalski. Blanche acha Stanley muito simples e "com cara de macaco"; Stanley acha Blance esnobe, afetada e desonesta. Os dois brigam pela lealdade de Stella. As armas de Blanche são sua gentileza, as memórias de seu passado compartilhado e a culpa. "Eu fiquei firme e lutei!", diz à irmã. "Você foi para Nova Orleans e foi cuidar de sua vida!" O poder de Stanley sobre Stella é sexual: "Há coisas que acontecem entre um homem e uma mulher no escuro – o tipo que faz que todas as outras coisas pareçam desimportantes", conta Stella a Blanche. Ela fica grávida e o poder de Stanley sobre ela é fortalecido. Em uma briga em um jogo de pôquer, Stanley destrói a sala de estar do apartamento e bate em Stella. Blanche a carrega para o apartamento de um amigo, mas Stella volta assim que Stanley a chama. "A única maneira de viver com um homem como esse", vocifera Blanche, "é ir para a cama com ele! E esse é o seu negócio, não o meu!".

O amigo de Stanley, Mitch, tenta cortejar Blanche. Mas Stanley, vasculhando o passado de Blanche, descobre que ela é notória por sua promiscuidade quando bebe. Ele conta a Mitch sobre a reputação de Blanche e ele a rejeita. Quando se dá conta do que Stanley havia feito, Blanche começa a gritar com ele – mas Stella entra em trabalho de parto e Stanley a leva para o hospital. Mitch aparece, movido pelo desejo de ver Blanche de novo, e ela admite que mentiu sobre seu passado: "Não conto a verdade, conto o que *deveria ser* verdade". Como Mitch se recusa a se casar com Blanche, mas tenta seduzi-la do mesmo jeito, Blanche o põe para fora. Ao voltar para casa do hospital, Stanley, totalmente excitado, encontra Blanche sozinha e a estupra. Ela fica transtornada; na cena final, um médico e uma enfermeira aparecem para levá-la. Blanche vai com eles, desconcertada, enquanto Stella chora nos braços de Stanley, perturbada e com sentimentos de culpa, mas sem se afastar do marido. A peça é um drama psicológico realista: Stanley odeia Blanche, mas a deseja; ela tem aversão por ele, mas o considera sexualmente atraente. Trata-se ainda de uma crítica social: não há espaço para Blanche, a dama bem-educada do sul, no novo mundo urbano.

ARTHUR MILLER

A Morte do Caixeiro-Viajante, 1949

Edição recomendada: *A Morte do Caixeiro-Viajante: Algumas Conversas Particulares em Dois Atos e um Réquiem*. Trad. Flávio Rangel. São Paulo: Abril Cultural, 1976.

Willy Loman, caixeiro-viajante sexagenário, vive em uma casa muito pequena em Nova York, preso e cercado por prédios ao redor e por suas próprias insuficiências. Ele acabou de retornar de uma tentativa frustrada de dirigir-se ao seu território de vendas "além dos Yonkers"; "De repente, não consegui mais dirigir", conta ele à esposa, Linda. "O carro simplesmente foi se dirigindo para o acostamento, entende?" Ele está perdendo seu território de vendas, foi rebaixado de sua posição de assalariado na companhia para trabalhar por comissão, e está confundindo o passado e o presente. Os dois filhos de Willy, Happy e Biff, na casa dos trinta anos e malsucedidos, moram na casa dos pais; a presença deles agrava a confusão de Willy. Quando Willy fala com os filhos no presente, ele imagina o passado, e esses quadros são encenados no palco. Ele se vê encorajando o menino Biff no atletismo, sem ligar para sua tendência de tapear os outros e suas péssimas notas em matemática.

Quando Biff e Happy se dão conta de que o pai estava tomando dinheiro emprestado para pagar as contas deles, eles planejam pedir ao seu ex-chefe, Bill Oliver, para investir em uma loja de artigos esportivos. Eles dizem a Willy que irão encontrá-lo à noite para jantar, depois de obter o dinheiro de Oliver. Willy, criando coragem, vai pedir sua posição de assalariado de volta para seu ex-chefe: "Vender foi a melhor carreira que um homem poderia querer", medita, enquanto seu empregador espera, impaciente, que ele seja breve. "Naqueles tempos, havia personalidade nisso, Howard. Havia respeito, camaradagem [...]. Hoje, está tudo devastado e ressecado, e não há nenhuma chance para a amizade – ou personalidade [...]. Eu investi 34 anos nessa empresa, Howard, e agora não posso pagar meu seguro! Você não pode tratar as pessoas como objetos descartáveis – o homem não é nenhum objeto!".

No entanto, Willy é "descartado" – é demitido. Nesse meio-tempo, Biff vê Bill Oliver, mas não ousa pedir dinheiro, dando-se conta, de repente, que havia fracassado em seu trabalho anterior com Oliver. Quando Willy chega ao restaurante, os três brigam por causa do passado. O menino Biff entra em cena. Ele acabava de se dar mal na aula de matemática e não conseguiria ganhar sua bolsa de estudos como atleta. Procura Willy para pedir ajuda, mas acha seu pai no motel com outra mulher. O jovem Biff sai de lá com raiva e desiste dos estudos; o Biff mais velho acusa o pai de arruinar sua vida.

Eles deixam o restaurante separadamente. De volta para casa, Willy se dá conta de que seu seguro de vida (vinte mil dólares) impulsionaria Biff em seu novo negócio. "Aquele menino", vocifera ele: "Aquele menino será magnífico!". Ele sai de casa e bate o carro, matando-se. No epílogo, Linda chora. "Não consigo entender [...]. Só o que ele precisava era de um salário modesto". "Nenhum homem precisa apenas de um salário", responde Charley. O próprio Miller chamou a peça de tragédia – que trata do "homem comum", que é "um sujeito tão preparado para a tragédia, em seu sentido mais elevado, quanto os reis eram", porque a psicologia de todos os homens é a mesma. Nessa tragédia psicológica, acrescenta Miller, o "sentimento trágico emerge em nós quando estamos na presença de um personagem que está pronto para desistir de sua vida, se for preciso, para garantir [...] sua posição 'de direito' em sua sociedade [...]. Há entre nós hoje, como sempre houve, aqueles que agem contra o esquema das coisas que os degradam".[29] O capitalismo do século XX degrada Willy: "A competição é enlouquecedora!", queixa-se no começo da peça, mas sua batalha contra ela está fadada à catástrofe.

[29] Arthur Miller, "Tragedy and the Common Man". *New York Times*, 27 fev. 1949, Part II, p. 1, 3.

SAMUEL BECKETT

Esperando Godot, 1952

Edição recomendada: *Esperando Godot*. Trad. Fábio de Souza Andrade. São Paulo: CosacNaify, 2005.

No primeiro ato de *Esperando Godot*, dois maltrapilhos – Vladimir e Estragon – entram em cena e ficam parados debaixo de uma árvore, à espera da chegada de Godot. Eles entoam uma espécie de mantra, andando para lá e para cá, sem dizer nada de significativo um ao outro:

> ESTRAGON: O que vamos lhe pedir mesmo?
> VLADIMIR: Você não esteve lá?
> ESTRAGON: Não pude ficar ouvindo.
> VLADIMIR: Ah, nada de muito definido.
> ESTRAGON: Um tipo de oração.
> VLADIMIR: Precisamente.
> ESTRAGON:Uma súplica vaga.
> VLADIMIR: Exatamente.
> ESTRAGON:E o que ele respondeu?
> VLADIMIR: Que ele ia ver.
> ESTRAGON:Que ele não poderia prometer nada.
> VLADIMIR: Que ele tinha que pensar.

Não nos é oferecida nenhuma outra informação. Dois outros maltrapilhos – Pozzo e seu escravo, Lucky – entram em cena, conversam por alguns instantes e depois vão embora. Um menino aparece e conta aos dois que Godot só viria no dia seguinte. Eles decidem partir, mas ninguém se mexe. ("Bem, então vamos embora." "Sim, vamos lá." *Eles não saem do lugar*). No segundo ato, ocorrem exatamente os mesmos eventos: Lucky e Pozzo entram em cena de novo, embora tenham trocado de papéis e não se lembrem de ter-se encontrado com Vladimir e Estragon no dia anterior. Vladimir faz uma tentativa de mudar a situação: "Não vamos perder nosso tempo com discursos inúteis!". E exclama de repente: "Vamos fazer alguma coisa enquanto temos chance!". Mas continuam esperando. O menino aparece de novo e diz que Godot só apareceria no dia seguinte, mas não se lembra de ter-lhes fornecido a mesmíssima mensagem no dia anterior. Vladimir e Estragon debatem a possibilidade de se enforcar, mas não têm uma corda suficientemente forte. "Não aguento mais viver desse jeito", diz Estragon. "É o que você pensa", retruca Vladimir. Novamente, decidem ir embora, e, mais uma vez, não se mexem do lugar, e as cortinas se fecham.

Godot nunca chega (quando se perguntou a Beckett o que Godot "representava", ele observou: "Se eu soubesse, teria introduzido isso na peça"). Mas é a *espera* que está no centro da peça, e não Godot. Beckett é um escritor simbólico, e os dois maltrapilhos esperando por algum fim vago e indefinido são símbolos da condição humana. Nas palavras de Martin Esslin, "o ato de esperar é um aspecto essencial e característico da condição humana".[30] Todo ser humano espera no intervalo entre o nascimento e a morte, sendo incapaz de realizar qualquer ato significativo para entender o mundo, ou até para se comunicar de forma significativa com outro ser humano.

ROBERT BOLT

A Man For All Seasons

[O Homem que Não Vendeu sua Alma], 1960

Edição recomendada: Não há edição em português.

Thomas More está sofrendo pressão da parte de Henrique VIII para sancionar o divórcio deste de Catarina de Aragão, porque ele queria se casar com Ana Bolena; mas More se recusa. O Cardeal Wolsey quer que More ceda ao rei. "Se ao menos pudesses enxergar os fatos como são, sem essa tua cegueira moral horrível", diz ele, "tu poderias ter sido um estadista". Mas Wolsey desagrada ao rei; More lhe sucede e se expõe a uma pressão ainda maior de Henrique VIII, que deseja a bênção pública de More, porque "tu és honesto. E o que é mais importante para meus propósitos, tu és conhecido por ser honesto". Quando o rei manda More jurar por Deus que o casamento pretendido é legal, More se recusa e vai preso. Ninguém consegue achar razão apropriada para executá-lo, mas Thomas Cromwell, secretário do Conselho, está determinado a aplainar o caminho para o rei. Ele oferece de presente ao pupilo de More, Richard Rich, um cargo como coletor de impostos, extraindo dele "petiscos de informação" aparentemente

[30] Martin Esslin, op. cit.

inocentes, e o cerca com a possibilidade de reconhecimento público perante o jovem. Rich é suscetível a essa tentação. (Desde o começo da peça, Rich se queixa de que o único reconhecimento que jamais teve foi "meia dúzia de saudações à distância meio forçadas do duque de Norfolk. Sem dúvida, ele me confundiu com outra pessoa". "Torna-te professor", aconselha More, advertindo-o a evitar a busca pela fama. "Serás um excelente professor." "E se eu for, quem vai saber?", objeta Rich. "Tu, teus alunos, teus amigos e Deus", replica More; "E esse não é um público modesto".) Preso à sua riqueza e à proeminência crescente, e incapaz de abrir mão de qualquer uma dessas coisas, Rich concorda em mentir sobre More em público, acusando-o de declarações subversivas. More, condenado, se volta para Cromwell: "Tu não me persegues por minhas ações, mas pelos pensamentos de meu coração", diz ele. "Abriste um precedente inédito. Porque primeiro os homens vão renunciar aos seus corações e acabarão sem corações. Que Deus tenha misericórdia do povo cujo dirigente atravessa Seu caminho".

"Thomas More", escreveu Bolt no prefácio, "sabia [...] quais eram as áreas de sua vida que poderia ceder às invasões de seus inimigos; e quais as incursões daqueles que ele amava [...]. Por fim, pediram-lhe que se retirasse daquela área derradeira em que havia localizado seu eu. E há essa pessoa bem-humorada, flexível, despretensiosa e sofisticada considerada um metal". A identidade de More localiza-se em sua integridade diante de Deus; o juramento que Henrique demandava dele teria tornado seu eu mais íntimo em uma mentira. Como *Santa Joana*, e *Crime na Catedral*, a peça de Bolt combina verdade histórica com elementos não realistas (o Homem Comum, uma figura que se assemelhava a um coro, que faz comentários à ação e assume papéis menores), a fim de investigar um problema psicológico: a localização do eu.

TOM STOPPARD

Rosencrantz and Guildenstern Are Dead [Rosencrantz e Guildenstern Estão Mortos], 1967

Edição recomendada: Não há edição em português.

Dois personagens menores de *Hamlet*, Rosencrantz e Guildenstern, estão tentando descobrir por que foram convocados a ir a Elsinore, mas são constantemente interrompidos – primeiro pelos atores, que entram na cena para representar a corte de Cláudio e, depois, por Ofélia, que está correndo de seu perseguidor, Hamlet. Rosencrantz e Guildenstern são incapazes de dirigir suas próprias vidas; não podem atuar, porque não conseguem decidir o que fazer. "Estamos soltos no mundo para encontrar nosso próprio caminho", lamenta-se Guildenstern, "e pensei que tivéssemos sido designados para tomar algum rumo [...]". Eles não conseguem sequer definir para que lado o vento estava soprando, a fim de decidir que caminho tomar:

> GUIL: Estou tentando determinar a direção do vento [...] Se conseguirmos voltar até sua fonte, isso poderá nos dar uma ideia básica do lugar por onde foi que entramos – o que pode nos dar uma ideia básica de onde é o sul, para maiores referências.
>
> ROS: Ele está vindo do chão (*Ele examina o chão*). Esse não pode ser o sul, pode?
>
> GUIL: Essa não é a direção certa. Lamba seu dedo do pé e balance-o um pouco. *Ros calcula a distância do seu pé.*
>
> ROS: Não, nesse caso, penso que você terá que lambê-lo por mim.
>
> *Pausa*
>
> GUIL: Eu, hein? Acho melhor então deixarmos morrer o assunto.

Todas essas ações da peça são determinadas por *Hamlet*, que (ao correr para fora do palco) se torna a representação teatral do Destino, fornecendo uma sequência inevitável de eventos, mas que não vem acompanhada de sentido algum. Rosencrantz e Guildenstern tentam se livrar do corpo de Polônio; participam de uma viagem marítima com Hamlet para a Inglaterra; são atacados por piratas; e descobrem que Hamlet havia encomendado a morte deles. Para sua surpresa, descobrem que todos os atores também estão a bordo (o que era pouco provável). "Um ataque de piratas pode acontecer a qualquer um", diz o ator principal, de forma confortadora, mas os dois estão inconsoláveis com a carta de sua execução. Quando o ator acrescenta que "A maioria das coisas termina em morte", Guildenstern lhe dá uma punhalada: "Ninguém ressuscita depois da morte!", grita ele – mas o ator, depois de morrer espetacularmente, se põe em pé de um salto e pega um arco. Então, todos os atores se matam uns aos outros, deixando Rosencrantz e Guildenstern entre os corpos. "Deve ter havido um momento, no começo, em que poderíamos ter dito 'não'", diz Guildenstern, "mas, de alguma forma, o deixamos passar". Ambos saem de cena, quando as luzes se voltam para iluminar a cena final de Hamlet, com o discurso de despedida de Horácio, que é lentamente abafado pela música e pela escuridão. Não há causa e efeito na peça; os dois ocupam um lugar no mundo que não conseguem entender; não têm nada para ajudá-los a interpretar as ações a seu redor. A linguagem é inútil, todos os seus esforços por tomar alguma atitude acabam no absurdo, e a forma da peça reflete a impossibilidade de alcançar uma compreensão real.[31]

PETER SHAFFER

Equus, 1974

Edição recomendada: *Equus*. Trad. Amalia Zeitel e Jacó Guinsburg. São Paulo: Perspectiva, 1978.

Equus, uma série brechtiana de cenas numeradas, acompanha uma seção de psicoterapia do psiquiatra Martin Dysart e de seu paciente de dezessete anos, Alan Strang, que furou os olhos de seis cavalos com ferrões de aço. Strang, isolado de sua família e da sociedade, é um adorador de um deus grande, estranho, elementar que ele chama de "Equus". Equus é uma força, composta de seu amor pelos cavalos, desejo sexual, um senso religioso distorcido, isolamento, decepção e (acima de tudo) sua intuição de que algo grande, opressivo, transcendente e além de seu controle ocupa o universo. A prática de devoção a Equus o atormenta, mas também serve para protegê-lo das banalidades do mundo cheio de palavras de ordem consumistas: "Queremos depiladores femininos Remington!", gritavam os clientes para Alan, que tentava desesperadamente cumprir seus deveres de atendente de uma loja. "Talheres Robex? Corydex? Volex?

---

[31] Roger Ebert, que viu a peça em sua apresentação teatral original e mais tarde fez a crítica do filme, fornece alguns comentários intrigantes sobre as diferenças, na forma, entre os dois, em texto de 1991, no *Chicago Sun-Times*. Disponível em: www.suntimes.com/ebert/ebert_reviews/1991/03/639806.html. Acesso em: 25 set. 2014. (N. T.)

Escovas de dentes automáticas Pifco?" O psiquiatra Dysart descobre essa crença, mas reluta em destruí-la: "Ele acabará acometido de loucura", brada Dysart no fim da peça. "Então, o que faremos? [...] Será que devo lhe fornecer o mundo bom e normal ao qual estamos amarrados, [...] e passar as noites sem pregar o olho, banhados pelas luzes ininterruptas da cidade, dissecando a cabeça?" Ele poderia até "curar" Alan Strang, fazendo-o voltar para o mundo de materialismo e irrelevância do século XX, acabando com suas ilusões sobre o deus cruel, poderoso, belo, escarnecedor, Equus. Mas Dysart mesmo sabe que alguma força grande, inexplicável, escondida em todos os seres humanos, "clama: 'Você tem contas a prestar diante de mim!'".

Shaffer defende a complexidade irredutível dos seres humanos, seu mistério derradeiro. Sua peça lida com o cenário interno, não o externo, e, assim, ele coloca *Equus* em um palco abstrato, onde os atores estão sentados em bancos (e às vezes na plateia) enquanto esperam entrar em cena. A ação é interna e ao mesmo tempo claramente simbólica, representando alguma parte do homem que corre perigo de ser eliminada junto com a "normalidade". Os "deuses" reaparecem na peça de Shaffer; mas dessa vez habitam as profundezas da mente, não o Olimpo.

RECURSOS ADICIONAIS PARA A LEITURA DO NÍVEL RETÓRICO

BALL, William. *Sense of Direction: Some Observations on the Art of Directing*. Hollywood: Drama Publishers, 1984. Um bom guia para as bases da direção de cenas.

BLOOM, Michael. *Thinking Like a Director*. London: Faber & Faber, 2001. Começa com a primeira leitura da peça e conduz você através dos ensaios.

GILLETTE, J. Michael. *Theatrical Design and Production: An Introduction to Scene Design and Construction, Lighting, Sound, Costume, and Makeup*. 4. ed., New York: McGraw-Hill. Este livro didático abrange todos os aspectos da dramaturgia para iniciantes.

INGHAM, Rosemary. *From Page to Stage: How Theatre Designers Make Connections between Scripts and Images*. Portsmouth: Heinemann, 1998. Um pouco mais de detalhes sobre *design* e cenário.

PEÇAS TEATRAIS DISPONÍVEIS EM VÍDEOS OU DVD

Se estiver à procura de uma peça em particular, consulte a base de dados de filmes da internet em: http://www.imdb.com/ (Acesso em: 25 set. 2014). Embora o *site* não venda nem alugue filmes, você pode pesquisar na imensa base de dados todas as versões disponíveis de uma peça e usar essa informação para achar o filme em uma loja *on-line* ou em alguma rede de locadoras. Note que as versões abaixo não são necessariamente as melhores. Contudo, representam a visão de um diretor da apresentação da peça – e, assim, vale a pena compará-la à sua própria visão.

Agamêmnon

– 1991, dirigido por Peter Meineck e Graham Mitchell; disponível em formato de VHS da Films for the Humanities (films.com).

Édipo Rei

– 1957, dirigido por Abram Polonsky e Tyrone Guthrie; nesta versão, os atores usam máscaras gregas.

Medeia

– 1959, adaptado por Robinson Jeffers, estrelado por Judith Anderson; esta é a versão em preto e branco do filme, feita para a produção da Broadway.
– 1970, dirigido por Pier Paolo Pasolini, estrelado por Maria Callas em um papel não musical. Em italiano, mas existe versão legendada.

Everyman

– Atualmente, a melhor *performance* disponível em VHS é a produzida por um grupo universitário e pode ser adquirida diretamente no Departamento de Inglês da Universidade de Dundee, Dundee, DD1 4HN, Escócia, *e-mail* j.a.George@dundee.ac.uk.

A História Trágica do Doutor Fausto

– 1968, dirigido por Nevill Coghill, estrelado por Richard Burton e Elizabeth Taylor.

Richard III

– 1956, dirigido e estrelado por Laurence Olivier; considerado uma das melhores produções de Olivier.

– 1995, dirigido por Richard Loncraine, estrelado por Ian MacKellen; ambientado nos anos de 1930.

Sonho de uma Noite de Verão

– 1936, dirigido por William Dieterle e Max Reinhardt, estrelado por James Cagney, Olivia De Havilland e Mickey Rooney; inclui música de Mendelssohn.
– 1969, dirigido por Peter Hall, estrelado por Ian Holm e Judy Dench; uma produção da Royal Shakespeare Company, que também inclui Ian Richardson, Diana Rigg e Helen Mirren.
– 1996, dirigido por Adrian Noble; uma adaptação em vídeo da produção da Royal Shakespeare Company.
– 1999, dirigido por Michael Hoffman, estrelado por Michelle Pfeiffer e Kevin Kline, ambientado na Itália do século XIX.

Hamlet

– 1948, dirigido e estrelado por Laurence Olivier; significativo, embora com cortes cuidadosos, esse filme ganhou quatro Oscars.
– 1964, dirigido por Bill Colleran e John Gielgud, estrelado por Richard Burton, é uma produção da Broadway em VHS.
– 1969, dirigido por Tony Richardson, é estrelado por Nicol Williamson e Judy Parfitt.
– 1990, dirigido por Franco Zeffirelli, é estrelado por Mel Gibson; versão com inúmeros cortes.
– 1996, dirigido e estrelado por Kenneth Branagh; Branagh se propôs a filmar a peça toda, sem cortes.
– 2000, dirigido por Michael Almereyda, estrelado por Ethan Hawke e Kyle MacLachlan; encenado na cidade de Nova York da atualidade.

She Stoops to Conquer [Ela Ataca para Conquistar]

– 1971, estrelado por Ralph Richardson e Trevor Peaeock; uma produção televisiva britânica.

Casa de Bonecas

– 1959, estrelado por Julie Harris e Christopher Plummer; apresentação teatral difundida pela televisão.
– 1973, dirigido por Patrick Garland, estrelado por Claire Bloom e Anthony Hopkins.
– 1992, dirigido por David Thacker, estrelado por Juliet Stevenson e Trevor Eve; é uma versão televisiva.

A Importância de ser Prudente

– 1952, dirigido por Anthony Asquith, estrelado por Michael Redgrave.
– 1988, dirigido por Stuart Burge, estrelado por Joan Plowright e Paul McGann.
– 2002, dirigido por Oliver Parker, estrelado Rupert Everett, Colin Firth e Judy Dench.

O Jardim das Cerejeiras

– 1959, estrelado por Helen Hayes e John Abbott; é uma versão televisiva.
– 1971, dirigido por Cedric Messina, estrelado por Jenny Agutter, Peggy Ashcroft e Edward Woodward; foi televisionado no Reino Unido.
– 2002, com direção de Michael Cacoyannis, estrelado por Alan Bates e Charlotte Rampling.

Santa Joana

– 1957, dirigido por Otto Preminger e estrelado por Jean Seberg e John Gielgud.

Crime na Catedral

– 1952, dirigido por George Hoellering, estrelado por John Groser (com T. S. Eliot como o quarto Tentador); produção britânica.

Nossa Cidade

– 1940, dirigido por Sam Wood, estrelado por William Holden e Martha Scott; significativamente diferente da peça de Wilder.
– 1977, dirigido por George Schaefer, estrelado por Ned Beatty, Hal Holbrook e Glymnis O'Connor; versão televisiva.
– 1989, dirigido por Gregory Mosher, estrelado por Spalding Gray e Penelope Ann Miller; versão filmada em PBS de uma encenação do Lincoln Center.

Longa Jornada Noite Adentro

– 1962, dirigido por Sidney Lumet, estrelado por Katharine Hepburn e Ralph Richardson.
– 1988, dirigido por Jonathan Miller, estrelado Jack Lemmon e Kevin Spacey.
– 1996, dirigido por David Wellington, estrelado por Peter Donaldson e Martha Henry; o título completo do filme canadense é *Eugene O'Neill's Long Day's Journey into Night* [A Longa Jornada de Eugene O'Neill Noite Adentro].

Um Bonde chamado Desejo

– 1951, dirigido por Elia Kazan, estrelado por Vivien Leigh e Marlon Brando.

– 1984, dirigido por John Erman, estrelado por Ann-Margret e Treat Williams.
– 1995, dirigido por Glenn Jordan, estrelado por Alec Baldwin e Jessica Lange.

A Morte do Caixeiro-Viajante
– 1966, dirigido por Alex Segal, estrelado por George Segal, Gene Wilder e Lee J. Cobb; versão televisiva, resumida, da peça.
– 1985, dirigido por Volker Schlondorff, estrelado por Dustin Hoffman e Kate Reid.

Esperando Godot
– 1988, dirigido pelo próprio Samuel Beckett, estrelado por Rich Cluchy e Lawrence Held; o título completo dessa produção televisiva é *Beckett Directs Beckett: Waiting for Godot by Samuel Beckett* [Beckett Dirige Beckett: Esperando Godot, de Samuel Beckett].
– 2001, dirigido por Michael Lindsay-Hogg, estrelado por Barry McGovern e Alan Stanford; produção irlandesa.

A Man For All Seasons [O Homem que não Vendeu sua Alma]
– 1966, dirigido por Fred Zinnemann, estrelado por Paul Scofield e Wendy Hiller.
– 1988, dirigido e estrelado por Charlton Heston, estrelado ainda por John Gielgud e Vanessa Redgrave.

Rosencrantz and Guildenstern Are Dead [Rosencrantz e Guildenstern Estão Mortos]
– 1990, dirigido pelo próprio Tom Stoppard, estrelando Tim Roth, Gary Oldman e Richard Dreyfuss.

Equus
– 1977, dirigido por Sidney Lumet, estrelado por Richard Burton e Peter Firth.

CAPÍTULO 9

História refratária: os poetas e seus poemas

Todos os poemas são sobre Deus, amor ou depressão:

> Meu peito estiolado – quem pensara
> Reverdecer pudesse? Ele se foi
> Ao imo, aonde as flores vão parar
> Para abraçar sua raiz, depois
> de fenecer.
> Lá todas juntas,
> Enquanto o frio inverno inda perdura,
> Mortas ao mundo, vivem sem saber.
> Eis tuas maravilhas, ó Senhor,
> Que matas e que encerras nos Infernos
> E aos Céus elevas em divino resplendor,
> Fazendo os sinos badalar em procissão;
> Eu digo sem razão
> O que isso é, e erro:
> Tua palavra é tudo, e não a aferro [...]
>
> E agora, velho, eu refloreço,
> Pós tanta morte, ainda vivo e canto;
> De novo sinto o orvalho e a chuva e o campo,
> Tenho prazer no verso [...][1]

***

Depressão: região mais baixa do que a superfície circundante.
Amor: estado emocional que surge a partir da simpatia ou dos laços naturais.
Deus: aquele que é invocado.[2]

---

[1] Versos de "As Flores", de George Herbert, em tradução de Érico Nogueira.

[2] Adaptado de *Dicionário Houaiss da Língua Portuguesa*, de Antonio Houaiss.

"Poema" é uma palavra infinitamente ampla. Ela envolve arranjos de palavras que podem ser sensíveis e diretas, como em *Birches* [Bétulas], de Robert Frost:

> Ao ver as bétulas pra lá e pra cá
> Da linha mais escura e densa dos arbustos
> Penso que algum menino é que as agita,
> Mas agitar não as deixa tão assim pra baixo
> Como as nevascas deixam [...][3]

–, podem ser obscuramente alusivas, como em *Air and Angels* [Ar e Anjos], de John Donne –

> E duas ou três vezes eu te amara,
> Antes de rosto ou nome teu saber:
> Por nome ou chama, então, sem perceber
> Anjos nos tocam e nos fazem amar.
> Aonde foste foi de onde eu vim:
> Um adorável lindo nada eu vi. [4]

–, ou podem simplesmente provocar perplexidade pura, como em *Supermarket in California* [Supermercado na Califórnia], de Allen Ginsberg:

> Que pêssegos e que penumbras! Famílias inteiras fazendo compra à noite!
> Corredores cheios de maridos! Esposas nos abacates, bebês nos tomates! –
> E você, García Lorca, o que estava fazendo lá embaixo perto dos melões?[5]

O poema pode relatar algum aspecto do passado, como faz a história; o poema pode contar a história de um personagem, imitando a função do romance. Como na autobiografia, o poema pode revelar o senso de eu íntimo do poeta; como no teatro, o poema pode ir e vir no diálogo entre os falantes, exigindo

[3] Tradução de Érico Nogueira.

[4] Idem.

[5] Idem.

que o espectador participe, imaginando a cena. Contudo, os poemas não são história, nem autobiografia, nem ficção. Eles são escritos em *poesia*.

Romances, autobiografias, histórias e a maioria das peças são escritas em *prosa*. A poesia e a prosa são palavras que se definem uma à outra; como uma etiqueta literária, a "poesia" usualmente significa "aquilo que não é prosa" (e vice-versa). Então, qual a diferença entre as duas? A maioria dos poetas – e críticos – provavelmente responderia: "Eu reconheço a poesia quando a vejo". É uma boa saída, que também pode ser aplicada à grande arte e à pornografia. Quanto mais você lê poesia, mais desenvolvidos serão seus olhos e seus ouvidos para a misteriosa linha divisória e etérea entre a poesia e a prosa. No entanto, a partir do momento em que você inicia seu projeto de leitura de poesia, pense em usar essa definição simples como uma orientação prévia: a poesia é como um periscópio. Ela sempre envolve um observador (o leitor), espreitando pelo periscópio algo que está sendo observado, a "coisa" da qual o poema trata – uma sensação, um estado de espírito, um problema, uma pessoa, uma árvore, um arbusto ou um rio. Contudo, a temática do poema não se imprime diretamente aos olhos do observador; ela é refletida de um espelho para outro, e cada espelho se torna parte da imagem que, no final, acaba atingindo a retina do olho.

Os dois espelhos desse "periscópio" são o poeta e a linguagem do poema. Em um poema, o poeta jamais desaparece; sua mente, suas emoções e experiências são parte integrante do poema. O romancista ou o dramaturgo muitas vezes poderão tentar se manter fora das vistas, para que o leitor possa experimentar a história ou a peça sem se lembrar constantemente de seu autor. Mas um poema é uma expressão da presença do poeta. Compare as duas cenas a seguir, ambas ambientadas em um bosque do século XVIII, descrita, respectivamente, pela romancista Jane Austin e por seu contemporâneo, o poeta William Wordsworth. Em *Orgulho e Preconceito*, de Austin, Elizabeth Bennet acabou de recusar a proposta de casamento arrogante de Mr. Darcy. Na manhã seguinte, ela vai dar uma volta a fim de clarear as ideias.

> Depois de caminhar duas ou três vezes por aquela parte do caminho, ela sentiu-se tentada pela beleza da manhã a parar nos portões e contemplar o parque. Nas cinco semanas que tinha agora passado em Kent houve

uma grande diferença no país, e as árvores ficavam mais verdes a cada dia. Elizabeth estava a ponto de continuar o passeio, quando avistou de relance, em um pequeno bosque que bordejava o parque, um homem que vinha em sua direção. Temendo que fosse Mr. Darcy, ela recuou. Contudo, a pessoa se encontrava agora tão próxima que podia vê-la. Apressando o passo ansiosamente, essa pessoa se aproximou e pronunciou o nome de Elizabeth. Ela estava de costas, mas ao ouvir seu nome, embora reconhecesse a voz de Mr. Darcy, voltou a se acercar do portão. Mr. Darcy, do outro lado, também o alcançou. Estendeu-lhe uma carta, que ela aceitou instintivamente. Em seguida, ele disse, com um olhar altivo: "Estive passeando no bosque na esperança de encontrá-la. Você poderia me conceder a honra de ler esta carta?" Em seguida, depois de inclinar-se levemente, deu meia volta e desapareceu no meio da plantação.

Isso é prosa; Elizabeth e Darcy encontram-se no bosque, ele lhe dá uma carta e a própria Jane Austen não se encontra em lugar algum. Mas em *Lines Written in Early Spring* [Versos Escritos no Limiar da Primavera], de William Wordsworth, o poema põe o poeta bem no meio do bosque:

Ouvi mil notas enlaçadas
Quando no bosque me deitei:
Meu pensamento, de repente,
De leve tornou-se em pesado.

A natureza às suas obras
Atava minh'alma sozinha;
E me causou pesar de sobra
Ver o homem oprimir o vizinho.

Naquele rancho, em meio às prímulas,
Guirlandas a vinca teceu;
Pois toda flor, eu acredito,
Gosta de ar, de sol e céu.

Ali as aves pipiavam,
O que pensavam não sei;
Os movimentos seus, porém,
Quanta alegria emanavam!

Rebentavam os brotinhos,
Para na brisa brincar;
O que me leva a constatar
Que a sua era imensa alegria.

Se vem do céu pensar assim,
Se a natureza assim deseja,
Não tenho razão quando vejo
O homem oprimir o vizinho?[6]

O leitor (espreitando o periscópio) vê os galhos, as aves e as prímulas – vê Wordsworth em pessoa, reclinado no meio do bosque, lamentando-se sobre o que o homem fez do homem. Suas sensações, percepções e conclusões são urdidas bem no meio do tecido da cena. Vemos o bosque através dos seus olhos; embora também vejamos Elizabeth e Darcy pelos olhos de Jane Austen, não *tomamos consciência* disso como no caso do poema de Wordsworth.

A presença do poeta ocorre na parte inicial do poema – mesmo naqueles poemas em que o poeta faz um esforço consciente para expressar sua ausência, como Mark Strand faz em seu poema *Keeping Things Whole* [Mantendo as Coisas Inteiras]:

No campo
falto
eu.
É sempre
assim.
Onde eu estou
sou eu que falto.[7]

Mark Strand pode até estar perdendo o sentido de sua própria presença (ele se define inteiramente por negações), mas está parado, em tamanho natural, bem no meio de seu poema.

É por essa presença que o poema sempre faz você lembrar que o poeta não é neutro em relação ao assunto de seu trabalho. Do contrário, ele poderá

---

[6] Idem.

[7] Idem.

assumir uma dessas três posições. Pode mostrar-se "deprimido", alienado do mundo do poema, lutando para achar seu lugar nele ou afastando-o para longe, inquieto, e não como se estivesse em casa; pode mostrar-se "apaixonado", abraçando o assunto do poema, falando-lhe por pura simpatia e afeição; ou pode estar invocando algo de fora de si mesmo, desafiando alguma verdade transcendental, que esteja além de sua capacidade de entender, algo que exista independentemente de sua própria tranquilidade ou desconforto no mundo; uma força externa da qual dá testemunho.

> Que a luz da tarde que cai
> entre nas frestas no celeiro,
> posta nos fardos, ao sol posto [...]
> Volte a raposa a sua toca.
> O vento amaine. A cabana
> Dentro escureça – a noite vem [...]
> Que venha como quiser,
> não tenham medo. Deus não nos deixa
> ao relento, a noite vem – que venha [...][8]

Toda poesia trata de Deus, do amor e da depressão.

O segundo "espelho" do periscópio é a linguagem. A linguagem da poesia é *formal* de modo autoconsciente – o que significa que a *forma* de cada poema (suas palavras, seu arranjo e sua sequência) não pode ser separada das ideias do poema. Na prosa, as palavras e as ideias têm um relacionamento um pouco mais solto. Quase todo romance ou autobiografia pode ser transformado em filme. Uma peça pode ser transformada em um musical ou em um *show* de uma pessoa só; uma história pode tornar-se um programa especial para o canal educativo. Em cada um desses casos, a obra mantém sua identidade essencial, mesmo quando suas palavras são alteradas.

Contudo, um poema só é um poema se mantiver suas palavras originais. A versão em filme de seis horas de duração de *Orgulho e Preconceito* continua sendo Jane Austen, mas uma paráfrase de *Keeping Things Whole* [Mantendo as Coisas

---

[8] Versos de *Let Evening Come*, de Jane Kenyon, em tradução de Érico Nogueira.

Inteiras] não pertence mais a Mark Strand. A língua do poeta nunca se torna uma janela transparente, através da qual o sentido possa ser visto. Em um poema, a linguagem é o sentido. Um poema não pode ser escrito de outra forma. Sua forma, sua função e seu sentido são todos uma mesma coisa. E quanto mais "poética" for a peça de prosa, mais ela resistirá à paráfrase. O romance poético de Italo Calvino *Se um Viajante numa Noite de Inverno* nunca foi dramatizado, enquanto a obra-prima prosaica de Harriet Beecher Stowe, *A Cabana do Pai Tomás*, foi transformada em filme, em peça, em musical, em *show* de menestrel e em uma série de histórias em quadrinhos.

DEFININDO O INDEFINÍVEL

Quando postos contra a parede para apresentar definições de poesia, os poetas quase sempre recorrem às metáforas.

"A poesia é uma forma de agarrar a vida pelo pescoço." (Robert Frost)

"A poesia é como contar uma piada. Se você erra uma palavra no fim da piada, perdeu a graça toda." (W. S. Merwin)

"A poesia é acima de tudo uma concentração do poder da linguagem, que é nosso poder de relação derradeira com tudo o que há no universo." (Adrienne Rich)

"A poesia é como a patinação no gelo: você pode rodopiar em alta velocidade. A prosa é como caminhar na água. Ela também oferece bastante coisa boa. Você pode ver seus dedos dos pés, por exemplo." (Robert Pinsky)

"A poesia é como o amor – fácil de reconhecer quando te mantém cativo, uma alegria de experimentar e algo muito difícil de reduzir a uma definição satisfatória." (Marie Ponsot)

"Um poema é como um rádio que pode transmitir suas ondas por milhares de anos." (Allen Ginsberg)

"A poesia é como um retalho de seda com muitas cores reluzentes, e cada leitor precisa achar sua própria interpretação, de acordo com sua capacidade e de acordo com sua simpatia pelo poeta." (Alfred, Lord Tennyson)

Nenhuma dessas definições menciona a rima, a métrica, as tensões e a linguagem figurada. Embora a poesia faça uso de todas essas técnicas (e mais algumas), os poemas não são caracterizados por nenhuma técnica poética em particular, visto que as convenções da linguagem poética mudam de século para século. Os antigos sabiam que era poesia quando ouviam um "símile épico", uma comparação dramática que implica a conexão entre dois eventos. Temos aqui a Penélope de Homero ao lamentar a fuga do seu filho:

> Por muito tempo ficou sem poder enunciar coisa alguma;
> lágrimas enchem-lhe os olhos e a voz se lhe embarga sonora.
> Só muito tempo depois conseguiu perguntar o seguinte:
> "Dize-me, arauto, o motivo de ter o meu filho viajado.
> Necessidade não tinha de entrar nos navios velozes,
> que servem aos homens como cavalos
> que cortam a imensa amplitude das águas,
> para que até o próprio nome se afunde no olvido dos homens". [9]

Cavalos velozes eram usados na batalha; Penélope está perdendo seu filho para os efeitos posteriores da Guerra de Troia, da mesma forma que perdeu seu marido na mesma guerra. O símile épico é um *marcador estrutural* da poesia antiga.

Na Idade Média, o símile épico foi substituído por outros marcadores estruturais: a divisão de cada verso poético em duas metades: pelo menos duas palavras em cada verso deveriam ser *aliteradas*, começando com o mesmo fonema. Aprendemos que Beowulf governou suas terras por cinquenta anos, em que reinou a paz, até que uma nova ameaça surgisse:

> [...] para dominar a dura noite, um dragão ali
> nas escarpadas criptas de uma tumba telhada
> onde guardava um tesouro, guardava secreta passagem
> ignota dos homens – alguém, todavia, conseguiu
> entrar ali e intrometer-se
> no ouro pagão: pegou
> cravejado um cálix com o qual nada lucrou.[10]

---

[9] Versos 704-710, da *Odisseia IV, de Homero, em tradução de Carlos Alberto Nunes.*

[10] Tradução de Érico Nogueira.

Isso também é poesia, mas usa convenções e marcadores estruturais diferentes. Os ouvintes (ou leitores) medievais sabiam que estavam na presença de poesia, assim que ouviam aquelas sílabas aliterativas: *cravejado, cálix* (A tradução de Seamus Heaney[11] preserva essa aliteração). Mas os ouvintes antigos poderiam não ter entendido isso como poesia absolutamente.

Se você confia nos marcadores estruturais para identificar a poesia, pode achar difícil compreender por que a *Ilíada* e *Uivo,* de Allen Ginsberg, são classificados como "poesia". Minha própria metáfora "a poesia é como um periscópio" (bem pouco poética, especialmente se comparada com a de Voltaire: "a poesia é a música da alma") pretende ajudá-lo a começar a entender a poesia à parte dos marcadores estruturais óbvios, como rimas finais e estrofes, que mudam de geração em geração. A *Ilíada* e o *Uivo* são bastante autoconscientes sobre a linguagem, embora de maneira diferente; Homero e Allen Ginsberg estão bem presentes em suas obras – ainda que de formas completamente diferentes. A história muito breve da prática de poesia a seguir não tem a intenção de transformá-lo em um crítico (ou um poeta). No entanto, ela traz uma compreensão básica da progressão do pensamento antigo ao medieval, renascentista, moderno e pós-moderno esboçada nos capítulos anteriores. Nesse contexto, ela tem por objetivo traçar as características mais comuns da linguagem poética autoconsciente e de fazer uma introdução breve às diversas concepções que os poetas tinham do próprio trabalho.

[11] Por sua qualidade mundialmente reconhecida e celebrada, a tradução inglesa de Seamus Heaney, publicada em 1999, rivaliza com o texto anglo-saxão original. Ao refeir e traduzir as citações de *Beowulf,* portanto, ativemo-nos à versão de Heaney, não ao original anglo-saxão, seguindo, nisto, aliás, a própria autora deste manual. (N. do R.)

SETE MINUTOS DE HISTÓRIA DOS POETAS E SUA LINGUAGEM

Poetas

A mais antiga poesia ocidental é a dos gregos, e a poesia grega mais antiga é a *poesia épica* – que propaga contos orais de heróis e batalhas, finalmente escritas por Homero por volta do ano de 800 a.C. Na *Ilíada*, o guerreiro Aquiles despede seu comandante, Agamêmnon, e consegue fazer Zeus voltar-se contra seu próprio exército. Na *Odisseia*, Ulisses tenta voltar para casa depois que a Guerra de Troia havia acabado. Os muitos incidentes, guiados pelo enredo, centravam-se em torno dos pontos fracos e fortes dos homens e das mulheres. Esses épicos se parecem muito mais com romances do que com poemas. Por que, então, eles são os primeiros grandes *poemas*, em vez dos primeiros grandes *relatos*? E aonde está a "presença pessoal" do poeta nessas histórias de derramamento de sangue e aventuras marítimas?

Para os gregos, a *poesia* era um termo que compreendia um campo bem mais amplo do que abrange hoje. A "poesia", escreveu Aristóteles, "é mais

Linguagem poética

Ira – Deusa, celebra do Peleio Aquiles,
o irado desvario, que aos Aqueus tanta
penas trouxe,
e incontáveis almas arrojou ao Hades
de valentes, de heróis, espólio para os cães,
pasto de aves rapaces: fez-se a lei de Zeus;
desde que por primeiro a discórdia apartou
o Atreide,
chefe de homens, e o divino Aquiles.

Homero, *Ilíada*, Livro I, versos 1-7.
Trad. Haroldo de Campos.

filosófica e mais valiosa que a história, pois a poesia fala em termos genéricos, enquanto a história se ocupa dos detalhes". Ou seja, a poesia era uma linguagem que buscava demonstrar verdades universais; a poesia descrevia a realidade: *mimese*, o nome que Aristóteles dá ao processo poético, é a "imitação" ou o retrato da vida real, de forma a permitir a compreensão do ouvinte. O poeta não se encontrava à margem da sociedade, como tende a estar nos dias de hoje. Ao contrário, era visto como uma combinação de historiador, bibliotecário e filósofo – muito parecido com o "intelectual público" do século XX, algo como uma enciclopédia ambulante.

Essa função enciclopédica era particularmente importante nos primeiros tempos da civilização grega, quando toda a poesia e toda a história eram orais: era memorizada e transmitida de poeta para poeta; era repetida em volta da fogueira semanalmente; era cantada e recantanda a cada relato, com palavras ligeiramente diferentes. O poeta era um "remodelador" de histórias. Ele lembrava os detalhes da história que lhe havia sido transmitida e a "recriava" e a "produzia" para seus ouvintes, reunindo-a a outros

Que, aceito o preço esplêndido, se acate
Mas desprouve a Agamemnon, que o doesta
E expele duro: "Em cerco às naus bojudas
Não me apareças mais, quer ouses, velho,
Deter-te ou retornar; nem áureo cetro,
Nem ínfula do deus quiçá te valha.
Nunca a libertarei, té que envelheça
Fora da pátria, em meu palácio de Argos
A urdir-me teias e a compor meu leito.
Sai, não me irrites, se te queres salvo."

Homero, *Ilíada*. Livro I, versos 22-32.
Trad. Manuel Odorico Mendes.

Os "marcadores estruturais" da poesia grega épica vêm das exigências da composição oral. O poeta não escrevia sua obra para depois lê-la. Ele compunha enquanto falava, tecendo os detalhes de sua história, a fim de formar um novo poema toda vez que o recitava. Mas as sequências básicas dos eventos permaneciam as mesmas. Para manter a história em ordem, o poeta fazia uso de "esqueletos de enredo", padrão, modulares, estereotipados, amarrando seus detalhes em uma sequência aceita e familiar.

fatos em um todo coerente, usando seu estilo próprio de linguagem e de descrição. A *Ilíada* começa com um fato, provavelmente um fato histórico: um guerreiro raptou a filha de um sacerdote e se negou a devolvê-la quando seu pai chegou com o resgate exigido. Homero toma esse fato e tece uma história, a fim de torná-lo o conflito central em um relato sobre o embate de vontades entre dois homens fortes e orgulhosos; nenhum deles voltará atrás, nenhum deles arriscará a humilhação pública.

Homero, como o poeta ideal descrito por Aristóteles em sua *Poética*, é um "fazedor", um criador; cria não apenas uma história, mas todo um sistema de causa e efeito universal.

Então, aonde está o poeta na *Ilíada* e na *Odisseia*? Ele está *falando*; lembre-se de que esses épicos foram apresentados oralmente por séculos – o poeta sempre está diante dos olhos de sua plateia. Ele não estava escondido nos bastidores. Todos podiam vê-lo e ouvi-lo; sabiam que era o fazedor do poema, que construía toda uma teoria da existência humana em torno dos "meros fatos" da história.

Essas sequências envolviam: o herói que está longe de casa, lutando para voltar (uma estrutura usada não apenas na *Odisseia*, mas também no épico babilônio mais antigo, *Gilgamesh*); a retratação de um herói diante de um conflito; a devastação resultante disso e o retorno do herói; a morte de um amigo muito amado, a busca pela imortalidade e a derrota da morte.

Outros tipos de auxílio à memória também definiam os épicos: o poeta muitas vezes iniciava com um "sumário oral", um prólogo que explanava o que estava prestes a fazer (algo que servia como apoio à memória da plateia, bem como à sua própria) e interrompia sua fala para recapitular a ação, para lembrar-se (e à plateia) de onde estava, antes de prosseguir.

Canta, ó Musa, o varão que astucioso,
Rasa Ílion santa, errou de clima em clima,
Viu de muitas nações costumes vários.
Mil transes padeceu no equóreo ponto,
Por segurar a vida e aos seus a volta;
Balso afã! Pereceram, tendo, insanos,
Ao claro Hiperiônio os bois comido,
Que não quis para a pátria alumiá-los.
Tudo, ó prole Dial, me aponta e lembra.

Homero, *Odisseia*, Livro I, versos 1-9.
Trad. Manuel Odorico Mendes.

Longos discursos, descrições complicadas e *flashbacks* eram introduzidos com frequência e concluíam com as mesmas palavras com que haviam começado. Essa "composição circular" fornecia ao poeta um marcador verbal para voltar à ação. E cenas que ocorrem repetidas vezes (banquetes, batalhas, insultos, duelos) eram contadas com a mesma estrutura repetitiva. Se um poeta não conhecesse os detalhes de uma batalha em particular, fazia pouca diferença, uma vez que todas as "cenas de batalha" poderiam seguir o mesmo padrão.

Findo todo esse trabalho e o convívio
destarte aprontado,
se banquetearam ficando cada um com a
porção respectiva.

Homero, *Ilíada*, Livro II, versos 430-431.
Trad. Carlos Alberto Nunes.

Quando toda ela ficou bem assada nos
pratos a deita.
Pão alvo então trouxe [...].
Todos as mãos estendiam visando alcançar
as viandas.
Tendo assim pois a vontade da fome e da
sede saciado [...].

Homero, *Ilíada*, Livro IX, versos 215-216,
221-222. Trad. Carlos Alberto Nunes.

> [...] de pão alvo traz lindas cestinhas
> que põe na mesa [...]
> Todos as mãos estendiam visando alcançar
> as viandas.
> Tendo assim pois a vontade da fome e da
> sede saciado [...].
>
> Homero, *Ilíada*, Livro XXIV, versos 625-628.
> Trad. Carlos Alberto Nunes.

Antes de tais repetições se tornarem enfadonhas, os poetas as variavam com comparações ampliadas ou símiles épicos. Em uma cena de batalha, um comandante poderia lutar como "um leão criado nas montanhas, faminto de carne"; outro comandante em outra batalha poderia marchar "como um gato, eriçado atrás de seu escudo"; e outro poderia atacar seus inimigos como "um javali a atacar cães selvagens".

Os mecanismos mnemônicos da poesia épica eram suplementados por fórmulas que ajudavam o poeta a trabalhar a métrica de cada verso corretamente. A métrica grega estava baseada no comprimento das vogais, e o poeta que precisasse de um comprimento particular da vogal para encaixar em sua sentença podia lançar mão de uma "frase feita" – designada para se encaixar nessa métrica – no poema, sempre que necessário. Essas fórmulas poderiam ser reduzidas a três palavras ("cabana bem construída", "navios bem encontrados", "mar feito vinho"), uma frase inteira ("Tétis de pés prateados"), ou duas ou três frases inteiras. O "anjo de cabelos cheios era muitas vezes "endurecido pelas batalhas" e às vezes era simples e meramente "bravo", dependendo de quantas sílabas o verso restante necessitava.

OS PRIMEIROS POEMAS LÍRICOS

Poetas

Os épicos são os poemas gregos mais antigos, mas a poesia lírica (toda poesia que não era narrativa nem dramática) alcançou seu auge três séculos depois de Homero. Como a poesia épica, a lírica era escrita para ser encenada; *lírico* significava "acompanhado pela lira".

Como o poeta épico, o poeta lírico podia ser visto pela plateia. Essa poesia continua sendo em primeira instância oral, não escrita (na verdade, a poesia lírica grega que sobreviveu é feita de fragmentos). O poeta lírico, que apresentava suas obras no palco repetidamente, participava de um ritual religioso. Nesse ritual, não atuava como um historiador ou arquivista, mas como um porta-voz dos deuses – um devoto, que expressava sua devoção.

Esses poemas líricos não têm o mesmo ímpeto que os poemas épicos, mas seu objetivo era ao mesmo tempo mais modesto e mais inovador; eles pintavam cenas de emoção íntima e criavam esboços de sua experiência pessoal. Pela primeira vez, as vozes individuais dos poetas se impunham

Linguagem poética

A poesia lírica grega foi dividida em duas categorias: poesia coral, apresentada por um coro, e "monódica", recitada por um poeta ou solista treinado. Os poemas corais, que são os mais intimamente relacionados com o ritual religioso, emprestaram seu nome às línguas modernas (um *paean* era uma canção de adoração a Apolo; um *humnos*, uma canção de adoração genérica; um *enkomion*, uma canção de louvor; a *threnos*, um hino fúnebre; deles derivam as palavras modernas *peã*, *hino*, *encômio* e *treno*). A elegia grega era um poema solo, com um tipo particular de métrica; o *iambos*, do qual deriva a métrica iâmbica do inglês, representava uma invectiva contra um inimigo.

Aos homens há por vezes de ventos mais
  que tudo
precisão. E de celestes águas,
chuvosas filhas da nuvem.
Mas se com esforço alguém bem se
fez, melissonantes hinos,
começo de longa fama,
se perfazem, fiel penhor
de ingentes gestas.

Píndaro, *Olímpica XI*.
Trad. João Angelo Oliva Neto

Parece-me par dos deuses
ser o homem que ante de ti
senta-se e de perto te ouve
a doce voz
e o riso desejoso. [...]

Safo, Fr. 31. Trad. Jaa Torrano.

no próprio verso. (E, posteriormente, foi assim que a poesia lírica grega acabou se tornando um modelo para a explosão da "poesia lírica" inglesa do século XVII, que lhe tomou tanto as técnicas quanto os termos técnicos).

A poesia lírica grega começou a perder sua força com a invenção da escrita. A prosa escrita começou a sobrepujar a poesia falada como a língua da argumentação, ou do "discurso racional". Ao mesmo tempo, os gregos estavam construindo anfiteatros maiores e mais sofisticados para a poesia oral, o que levou a uma ênfase crescente na dramaturgia (com seu espetáculo e figurino), em vez de na poesia recitada. O poeta lírico, que já havia se colocado mais próximo dos limites da cultura grega, continuava sofrendo com o pronunciamento de Platão, na *República*, de que "todas as imitações poéticas são perniciosas para a compreensão dos ouvintes" e que a poesia lírica, ao inflamar as emoções, bania "a lei e a razão da humanidade". Pressionado pela prosa lírica, pelo drama e por Platão, o poeta lírico curvou-se humildemente e dedicou seu tempo aos epigramas: a declaração sucinta e prosaica de uma verdade.

Os epigramas que apareceram, a princípio, como inscrições em túmulos, eram breves e diretos. (Se tem que esculpir um poema no granito, é provável que o faça breve.) Os epigramas gregos logo se desenvolveram, distanciando-se bastante das inscrições de túmulos, dando lugar a declarações rápidas, boas para qualquer ocasião:

Um Saio ora se escora em meu escudo,
Arma sem par, que ao léu abandonei,
E a vida assim salvei, largando tudo,
Um tal escudo, enfim, não lembrarei.
Pois suma! Outro melhor eu compro, é tudo.

Arquíloco, Fr. 38W.
Trad. Antônio Medina Rodrigues.

ODES ROMANAS

Poetas	*Linguagem poética*

Os escritores romanos tomaram emprestadas as formas gregas de poesia da mesma maneira que fizeram com o teatro grego. Contudo, assim como o drama latino, os versos latinos nunca conseguiram alcançar as alturas gregas – exceto, talvez, pelas odes de Horácio.

A forma de ode utilizada por Horácio segue um padrão regular: descreve uma cena e depois reflete sobre ela, à luz da brevidade da vida e da aproximação da morte.

Em suas odes (que foram traduzidas por poetas ingleses desde John Milton até A. E. Housman), Horácio assumiu a posição de um observador da vida experiente, licencioso, levemente cínico, mas de bom coração; ele é mais conhecido por sua exortação *Carpe Diem* (geral e erroneamente traduzido como "Aproveite o dia!"), que resume toda sua filosofia. Aproveite a vida no dia presente, porque a morte está a caminho. Nessas odes, ele traz à maturidade a voz individual e pessoal do poeta, que apareceu pela primeira vez na poesia lírica grega.

[...] Sapias, vina liques, et spatio brevi
spem longam reseces, dum loquimur, fugerit
invida
aetas: carpe diem, quam minimum credula
postero.

Horácio, *Odes*, Livro I, Ode 11.

Tem siso, o vinho coa e corta
Em vida breve as longas esperanças.
Ínvida idade foge: colhe o dia,
Do de amanhã mui pouco confiando.

Horácio, Ode I, 11.
Trad. Elpino Duriense.

POÉTICA MEDIEVAL

Poetas | *Linguagem poética*

A poética medieval, da mesma forma que a história medieval, não descende em uma linha direta dos tempos antigos. Em razão da invasão dos bárbaros, a poesia clássica (à semelhança do teatro clássico) perdeu seu espaço por algum tempo. A escrita enfraqueceu-se; o grego e o latim perderam seu imediatismo; e a poesia que emergiu da Idade Média devia mais à tradição oral germânica do que às odes latinas.

Beowulf – o épico medieval mais antigo, retrata uma comunidade cristã sitiada que vivia em uma colina em um lugar de luz e festa, enquanto um monstro ficava à espreita – um descendente de Caim, amaldiçoado por Deus. Ele vivia no pântano e, vez ou outra, subia a colina para devorar os habitantes, levado por um ódio da segurança eterna deles.

Sir Gawain e o Cavaleiro Verde – um relato posterior à poesia do amor cortês e da honra – também faz seu herói encarar um ser sobrenatural dos tempos mais remotos: um homem verde, capaz de pegar sua cabeça forte e sair andando com ela embaixo do braço.

Como no épico grego, o épico em inglês antigo *Beowulf* provavelmente foi apresentado oralmente muito antes de ter sido escrito (por volta do ano 800). Assim como a poesia oral, *Beowulf* usa frases repetitivas ("Deus amaldiçoou Grendel"), junto com *kennings* [identificadores], metáforas que descrevem um objeto em termos de suas características, muitas vezes usando uma frase hifenizada para isso:

Logo depois,

os fraudulentos abandonaram o bosque,
os que antes enganaram o seu senhor,
de costas, correndo, os canalhas – dez deles.

Heaney, *Beowulf*, versos 2845-2848.
Trad. Érico Nogueira.

Em ambos os casos, o poeta (como um poeta épico grego) atua como criador de entretenimento e também como historiador, enquanto glorifica a Deus, como era seu dever. Nos épicos citados anteriormente, o herói cristão triunfa – mas apenas por um triz.

Cada verso da poesia no inglês antigo foi dividido ao meio, e em cada metade havia duas sílabas tônicas (enfatizadas) que poderiam ser *aliteradas* (iniciadas com o mesmo fonema).

Então a **fera**
o não **fez** esp**erar**
senão de **súbito**
v**ou** sobre ele;
garr**ou**, mor**deu**
o **moço** na ban**que**ta,
parti**u**-lhe as **pernas**,
sorv**eu**-lhe o **sangue**,
e engol**iu**-lhe as **carnes**,
deixando o **corpo**
qual carcaça,
carcomido [...]

Heaney, *Beowulf*, versos 738-743.
Trad. Érico Nogueira.

Beowulf foi contado (e escrito) em inglês antigo, um dialeto germânico altamente influenciado pelo islandês. O épico inglês que segue a esse em grandeza é *Sir Gawain e o Cavaleiro Verde*, provavelmente originado como composição escrita, e não oral. Assim como o épico em inglês antigo, esse épico em inglês médio utiliza fórmulas aliterativas (*Guinevere the goodly queen* [Guinevere, a rainha bondosa], *the most noble knights* [os mais nobres cavaleiros]) e um padrão de versos cortados ao meio por sílabas aliterativas. O autor anônimo (o "poeta Gawain") alitera as primeiras três sílabas aliterativas de cada linha e também usa algumas rimas no final dos versos; o inglês médio, influenciado pelo latim, é mais fácil de fazer rimar do que o inglês antigo.

Essa combinação de aliteração e rimas de fim de verso é gerida por uma forma poética particular, chamada de "*bob and wheel*", uma estrofe de versos longos aliterados, seguida de um verso com apenas duas sílabas (*bob*) que conecta a estrofe de versos longos ao *wheel*, uma estrofe com quatro versos curtos, com esquema de rima *abab*; isto é, quando o primeiro (a) e o terceiro (a) versos rimam, da mesma forma que o segundo (b) e quarto (b).

E à **gu**isa de **ga**lhos, os **gu**mes e os **h**omens:
Casaco **cu**rto os **fl**ancos compri**mi**a
E munido de um **m**anto **m**oldado com um
forro
Felpudo e **f**léxil – **f**ábrica riquíssima [...]
Esplêndidos estribos esverdeados nos seus **p**és
Luziam e **l**ustravam **l**adeados de esme**ral**das,
No **cor**cel que **ca**v**al**ga há esme**ral**das
também,
Que brilho
Ginete grande and **forte**,
Tirânico **tordilho**
De rica rédea e **porte**,
Feliz de quem és **filho**.

Sir Gawain e o Cavaleiro Verde, Parte I,
versos 151-178. Trad. Érico Nogueira.
[Assim como no caso de *Beowulf*,
traduzimos o trecho acima a partir da
excelente versão inglesa de Marie Boroff,
utilizada pela autora deste manual.]

Os poemas medievais posteriores – o *Inferno* de Dante e os *Canterbury Tales* [Contos de Cantuária] – também foram inspirados em temas cristãos. Assim como o poeta épico, o poeta medieval tardio tinha um papel profético: ele revelava a verdade, muitas vezes contando uma história de peregrinação, uma busca espiritual por um tesouro grande e celeste.

A poética medieval herdou de Santo Agostinho certa reserva sobre quão bem-sucedidos esses contos poéticos poderiam ser. Afinal, a linguagem – à semelhança do resto da criação – era decaída, inerentemente corrupta, e, portanto, não poderia entrar em contato direto com o divino. Em vez disso, o poeta contava verdades com certo grau de distanciamento, como refletidas em um sonho. A linguagem poderia refletir o divino, mas ao mesmo tempo teria o potencial de eclipsá-lo do campo de visão. Como parte do mundo físico, as palavras podem apontar para a falsidade, tanto quanto para a verdade. "A arte da retórica", escreve Santo Agostinho em sua obra *Sobre a Doutrina Cristã*, está "acessível para reforçar a verdade ou a falsidade [...]. Discutir sobre palavras é descuidar-se do modo de vencer o erro pela verdade; e, em vez disso, preocupar-se em fazer com que se prefira o próprio estilo ao de um outro [...]. O homem – que não é capaz de falar de modo eloquente e ao mesmo tempo com sabedoria – deve falar com sabedoria e sem eloquência, e não eloquentemente sem sabedoria".

Essa ambivalência quanto às palavras reflete uma suspeita ainda mais profunda em relação à poesia. A linguagem autoconsciente da poesia parece implicar inevitavelmente que o poema possa estar mais preocupado com a sua linguagem do que com a verdade subjacente a ela, e essa preocupação com a linguagem é a "eloquência" contra a qual Santo Agostinho adverte. Assim, o *Inferno* de Dante se dá em um sonho, o narrador vê a verdade de forma distante;

e Chaucer finaliza suas histórias de peregrinação com uma retratação do que acabara de dizer, assumindo que o personagem do peregrino foi (ironicamente) tentado, para longe do caminho correto, pela eloquência, voltando-se para fins equivocados pelo mau uso da linguagem.

Os teólogos medievais sugeriam que as palavras eram tão maleáveis que podiam muito bem conter quatro níveis de sentido. Para eles, todas as histórias das Escrituras compreendiam quatro sentidos: o literal (a história real ou o sentido superficial); o alegórico (às vezes também conhecido como "tipológico", uma ilustração de uma verdade espiritual que tem a ver com Cristo ou com as regiões celestes); o tropológico (a "moral" da história, uma aplicação à vida real do cristão); e o anagógico (que inevitavelmente tinha a ver com os últimos tempos: morte, juízo e destino eterno). A conquista de Josué da Terra Prometida, por exemplo, foi interpretada como a revelação de uma verdade literal sobre a história de Israel; uma verdade alegórica sobre a liderança de Cristo sobre seu povo, em uma luta contra o reino de Satanás; uma verdade tropológica para o fiel, que precisa

"Pois nosso Livro diz 'tudo o que está escrito, está escrito para vossa edificação'; e essa é a minha intenção. Por isso, imploro humildemente, pela misericórdia de Deus, que oreis por mim, para que Cristo tenha misericórdia de mim e perdoe meus pecados; e especialmente minhas traduções de vaidades mundanas, que revogo [...] como os [...] *Contos de Cantuária*, que tendem ao pecado [...] e muitas canções e ocupações lascivas, para que Cristo, em sua grande misericórdia, perdoe meu pecado."

Geoffrey Chaucer, "Retraction" [Retratação].

In exitu Israhel de Aegypto
domus Iacob de populo barbaro,
Facta este Iudaea sanctificatio eius
Israhel potestas eius [...]
A facie Domini mota est terra
A Facie Dei Iacob.

Salmo 113. 1-2, 7, Vulgata.

Quando Israel saiu do Egito,
A casa de Jacó de um povo bárbaro,
Judá se tornou seu santuário,
E Israel seu domínio [...].
Treme, ó terra, diante da presença do Deus de Jacó:

Salmo 114 (113 A). 1-2,7.
Bíblia de Jerusalém

destruir "as fortalezas" de Satanás, a fim de alcançar a vida moral; e uma sombra prévia anagógica da entrada final triunfante do cristão no céu (simbolizado pela Terra Prometida).

Essa interpretação de nível múltiplo – baseada em uma suspeita múltipla, embasada na suspeita de Santo Agostinho sobre a capacidade de as palavras veicularem verdades simples, sem disfarce, e exposta por São Tomás de Aquino em sua *Summa Theologica* – tornou-se não apenas uma forma de interpretação das Escrituras, mas um método poético. O peregrino perdido na densa floresta somente está sonhando; ele não está reivindicando certezas. Ele também está (alegoricamente) perdido em seu caminho para o céu, entre o reino de Deus e o reino de Satanás; está lutando tropologicamente com as demandas morais da vida cotidiana e (anagogicamente) dirigindo se para seu destino final – o Inferno ou o Paraíso. Os peregrinos de Chaucer estão viajando de Londres a Canterbury; a viagem em si (da cidade para o centro da espiritualidade inglesa) é uma alegoria da viagem para o céu.

"Se tomarmos essas palavras literalmente, o significado para nós é a saída dos filhos de Israel do Egito no tempo de Moisés; se no sentido alegórico, significa nossa redenção por meio de Cristo; se no sentido moral, significa a conversão da alma humana do sofrimento e da miséria do pecado para o estado de graça; se no sentido anagógico, a passagem da alma santificada das amarras da corrupção desse mundo para a liberdade da glória eterna."

Dante, Quadrupla Interpretação
do Salmo 113, Epístola X,
para o Cangrande della Scala.

A meio caminhar de nossa vida
fui me encontrar em uma selva escura,
que minha via reta era perdida.
Ah! que a tarefa de narrar é dura,
essa selva selvagem, rude e forte,
que volve o medo à mente que a figura.
[...]
Como lá fui parar dizer não sei;
Tão tolhido do sono me encontrava,
Que a verdadeira via abandonei.

Dante, *Inferno*.
Trad. Italo Eugenio Mauro, modificada.

VERSO RENASCENTISTA

Poetas

A Renascença presenciou uma mudança nesse ceticismo quanto à linguagem; a nova ciência da Renascença não via o mundo (e sua linguagem) como essencialmente falho, ou que necessitasse ser expurgado pelo fogo, mas como um quebra-cabeça a ser montado pelo o intelecto. Os estudos renascentistas e iluministas dependiam de uma confiança pós-agostiniana na linguagem como um meio de comunicação claro. O poeta podia se tornar não um místico, mas um cientista da palavra; podia revelar a verdade não pela experiência estática, mas pela escolha cuidadosa, exata, das sílabas.

Assim, a poesia renascentista tornou-se cada vez mais precisa no uso da metáfora, no vocabulário, na métrica e na rima. Nos séculos XVI e XVII, entendia-se a poesia como algo *mais preciso* do que a prosa. Pelo fato de ela ter forçado o autor a escolher as palavras de forma tão cuidadosa, a poesia poderia se tornar o melhor veículo para a informação. Sir Philip Sidney, ao escrever o ensaio altamente

Linguagem poética

Quem diz que há só ficções e tranças falsas
em verso? Ora, a verdade não é bela? [...]
É tudo um véu, quando quem lê e entende,
desfaz, ao compreender, a ambiguidade?
[...]
Não invejo verão nem rouxinol,
Nem deixo que me cale a rima nunca
Quem vive de dizer *Meu Deus* e só.

George Herbert, "Jordão I",
Trad. Érico Nogueira.

Na Renascença, a métrica iâmbica (que força o poeta a contar cada sílaba), tornou-se uma configuração padrão para o verso em inglês: esse padrão é uma alteração (artificial) das sílabas átonas e tônicas, de modo que a voz dê peso a cada uma das outras sílabas.

Quando, malquisto da fortuna e do homem,
Comigo a sós lamento o meu estado,
E lanço aos céus os ais que me consomem,
E olhando para mim maldigo o fado [...]

William Shakespeare, Soneto XXIX.
Trad. de Anna Amélia de Queiroz
Carneiro de Mendonça.

O verso branco, que não tem rimas, é um "pentâmetro iâmbico", o que significa que cada verso do poema tem dez sílabas – cinco pares, cada qual com uma sílaba tônica e outra átona. A métrica iâmbica nunca foi a única métrica inglesa, mas ela dominaria a poesia inglesa rapidamente.

influente *The Defense of Poesy* [A Defesa da Poesia], por volta de 1580, conclui: "Nosso poeta é [...] o monarca de todas as ciências [...]. Ele não começa com definições obscuras, que necessariamente diluem a margem de interpretações e sobrecarregam a memória com dúvidas, mas chega até você com palavras estabelecidas em proporções prazerosas".

Esse respeito pelas palavras tem a ver com a ciência e também com o protestantismo; novos esforços empenhados em traduzir a Bíblia em uma "prosa confiável", em vez de confiar na interpretação do Espírito Santo na Igreja, ofereciam um prêmio alto para a habilidade no uso de palavras simples para a revelação a Deus. "Nesse meio", escreve Barbara Lewalski, em *Protestant Poetics and the Seventeenth Century Religious Lyric* [Poética Protestante e a Lírica Religiosa do Século XVII], "o poeta cristão é levado a relacionar sua obra não à revelação inefável e intuitiva, mas à sua formulação escrita na Bíblia".[12]

Os sonetos de Shakespeare e de outros poetas renascentistas exibem esse poder das palavras para convencer e manifestar: um soneto é

Junto com o pentâmetro iâmbico, os poetas do século XVII desenvolveram um tipo particular de metáfora, conhecida como "a imaginação mística". A imaginação que junta dois objetos desiguais para ilustrar uma similaridade inesperada entre eles é uma ilustração excelente para a nova crença renascentista na interconectividade entre todas as coisas. John Donne, o rei da imaginação metafísica, ganhou fama com sua comparação do sexo com uma pulga mordendo dois amantes:

As duas almas, que são uma só,
Embora eu deva ir, não sofrerão
Um rompimento, mas uma expansão,
Como ouro reduzido a aéreo pó.

Se são duas, o são similarmente
Às duas duras pernas do compasso:
Tua alma é a perna fixa, em aparente
Inércia, mas se move a cada passo

Da outra, e se no centro quieta jaz,
Quando se distancia aquela, essa
Se inclina atentamente e vai-lhe atrás,
E se endireita quando ela regressa.

Assim serás para mim que pareço
Como a outra perna obliquamente andar.
Tua firmeza faz-me, circular,
Encontrar meu final em meu começo.

John Donne, *Em Despedida: Proibindo o Pranto.*
Trad. Augusto de Campos.

O soneto é um poema de quatorze versos, escritos em pentâmetro iâmbico, com um esquema de rima bem particular. O soneto de Petrarca (inventado pelo

[12] Barbara Lewalski, *Protestant Poetics and the Seventeeth Century Religious Lyric*. Princeton: Princeton University Press, 1979, p. 6.

construído como um argumento. O soneto em si – aplicado, nas mãos de Shakespeare, em primeira instância ao amor – traz ordem à mais obstinada de todas as emoções; o amor pode ser registrado como crônica de maneira que exige grande atenção, não apenas para cada palavra, mas para cada *sílaba*. No soneto, qualquer problema pode ser colocado nos oito primeiros versos e resolvido nos últimos seis.

poeta italiano Francesco Petrarca e também conhecido como soneto italiano) consiste em oito versos (o *octeto*), com rimas *abbaabba*, que colocam uma ideia ou um argumento em questão. Os últimos seis versos (o *sexteto*), com rimas *cdcdcd*, ou ocasionalmente *cdecde* (outras variações também são possíveis), solucionam, respondem ou ilustram a ideia apresentada nos primeiros oito versos. Entre o octeto e o sexteto há uma *volta*, ou ponto de retorno, na qual ocorre a mudança entre o problema e a solução.

Não te orgulhes, ó Morte, embora te hão chamado
poderosa e terrível, porque tal não és,
já que quantos tu julgas ter pisado aos pés
não morrem, nem de ti eu posso ser tocado.

Do sono e paz que sempre a teu retrato é dado
muito maior prazer se tira em teu revés,
pois que o justo ao deitar-se com tua nudez
ossos te deita e não seu esprito libertado.

Escrava és de suicidas, de reis, da sorte;
Venenos, guerras, doenças são teus companheiros;
magias nos dão sonos bem mais verdadeiros,
melhor's do que o teu golpe. Porque te inchas, Morte?

Despertamos no Eterno um breve adormecer,
e a morte não será, que Morte hás-de morrer.

John Donne, Soneto Sacro X.
Trad. Jorge de Sena.

Um soneto petrarquista – o octeto (com rimas *abbaabba*) explica o problema: a tão temida Morte é, na realidade, uma versão do sono, que todos os homens apreciam. A *volta* encontra-se no "espírito libertado": o sono livra a alma da fadiga, a Morte liberta a alma da Terra. Mas essa libertação é uma ilusão, visto que a Morte não é, em si, uma grande libertadora; antes, é uma serva da guerra, da doença e dos assassinos. O sexteto, com rimas *cddcaa*, é uma variação que enfatiza o dístico final; a Morte não é apenas um escravo, mas, como um escravo, será executada no final dos tempos.

O soneto "shakespeariano" ou "inglês" segue um padrão diferente: os primeiros doze versos do poema são divididos em três quartetos de quatro versos cada um, com o esquema rítmico *abab*, *cdcd*, *efef*, e os dois últimos versos do poema são um dístico: um par de versos rimados (*gg*). Antes de apresentar o problema e então resolvê-lo, o soneto shakespeariano tende a apresentar três ideias paralelas nos três quartetos, usando o dístico para acoplá-las ou explicá-las; ou para desenvolver um argumento de três pontos nos quartetos, e o dístico serve como uma conclusão.

De almas sinceras a união sincera
Nada há que impeça: amor não é amor
Se quando encontra obstáculos se altera,
Ou se vacila ao mínimo temor.
Amor é um marco eterno, dominante,
Que encara a tempestade com bravura;
É astro que norteia a vela errante,
Cujo valor se ignora, lá na altura.
Amor não teme o tempo, muito embora
Seu alfange não poupe a mocidade;
Amor não se transforma de hora em hora,
Antes se afirma para a eternidade.
Se isso é falso, e que é falso alguém provou,
Eu não sou poeta, e nunca alguém amou.

William Shakespeare, Soneto CXVI.
Trad. Bárbara Heliodora.

Um soneto shakespeariano: os três quartetos (com rimas *abab cdcd efef*) desenvolvem três ideias relacionadas: primeiro, a natureza inalterada do amor; segundo, a comparação do amor com uma estrela que não se move e que serve de marco para o navegador; terceiro, o poder do amor para resistir até mesmo ao tempo. Note que o soneto se move para fora da terra rumo aos céus, para o reino abstrato além dos céus. O soneto conclui com um dístico que afirma a verdade dessas grandes afirmações.

Uma outra forma do soneto – o soneto spenseriano – também foi usada em inglês; contém três quartetos e um dístico, mas o esquema de rimas é *abab, bcbc, cdcd, ee* e os quartetos, mais intimamente conectados pela rima, tendem a desenvolver uns aos outros em vez de ficarem paralelos no relacionamento.

O *Paraíso Perdido* identifica-se com o épico clássico em sua invocação das musas, na declaração formal de seu tema, nas grandes batalhas entre anjos caídos e celestiais e mesmo na catalogação de demônios (paralela ao catálogo das naus feito por Homero).

Do homem primeiro canta, empírea Musa,
A rebeldia – e o fruto, que, vedado,
Com seu mortal sabor nos trouxe ao Mundo
A morte e todo o mal na perda do Éden,
Até que Homem maior pôde remir-nos
E a dita celestial dar-nos de novo.

John Milton. *Paraíso Perdido.*
Livro I, versos 1-6.
Trad. Antônio José de Lima Leitão.

A Renascença e o iluminismo também presenciaram um retorno às formas clássicas, quando o Ocidente redescobriu a civilização clássica. A marca de um estudioso ilustrado implicava a familiaridade com os clássicos e uma habilidade no uso das formas da poesia clássica. John Milton usava as convenções gregas para produzir o que C. S. Lewis chamou de "épico secundário" – uma forma que copia as convenções do épico oral, mas que teve sua origem na escrita, não no discurso. O *Paraíso Perdido*, de Milton, nos assegura que ele vai "justificar os caminhos de Deus ao homem"; e Milton registrou um mundo ordeiro e ordenado, puramente hierárquico e amarrado por um Grande Encadeamento de seres. A história miltoniana da rebelião contra Deus é um comentário ao mesmo tempo teológico e social: para Milton, a ordem é mais do que importante, e a rebelião contra a autoridade é sempre devastadora.

ROMANTISMO

Poetas

William Blake, o primeiro poeta romântico, rebelou-se. Atacando não apenas a autoridade (governamental, religiosa e educacional), mas também as instituições e a redução iluminista do homem a uma "máquina pensante", Blake tinha por objetivo trazer o foco de volta para o lado misterioso, inexplicável e espiritual da poesia. Ele escreveu sua própria mitologia (uma série de poemas longos e curiosos: *O Casamento do Céu e do Inferno*; *O Livro de Urizen*; em *Canções de Inocência e de Experiência*, ele escreveu contra a razão e a educação racional, que ele via como destrutivas da criatividade e limitadoras da alma humana que não tem limites.

Blake e os poetas românticos que vieram depois dele tiveram pelo menos dois efeitos duradouros sobre a poesia. A racionalidade certamente não desapareceu, mas (como nos primórdios da Grécia) escapou para a prosa escrita; o poeta falava às partes menos racionais, mais emotivas e mais imaginativas da humanidade – um papel que os poetas continuam a

Linguagem poética

O Jardim do Amor fui visitar,
E vi então o que jamais notara:
Lá bem no meio havia uma Capela,
Onde eu no verde prado já brincara.

E o portão da Capela se fechou,
E "Não farás" sobre ele escrito estava;
Voltei-me então para o Jardim do Amor
Lá onde tanta doce flor se dava;

E os túmulos enchiam todo o campo,
E eram lápides onde houvera flores;
E Padres de batina negra eram vigias
Espinhos pondo em meus desejos & alegrias.

William Blake,*O Jardim do Amor.*
Trad. Hélio Osvaldo Alves, modificada.

assumir hoje em dia. Reconquistando o papel de profetas, os poetas buscavam alcançar o contato com o divino.

No entanto, esse divino não era uma musa divina, separada da humanidade e maior que ela; era uma divindade que infundia uma força sublime à humanidade e à natureza, que a razão não consegue explicar. Com a publicação de *Baladas Líricas*, em 1798, William Wordsworth e Samuel Taylor Coleridge ofereceram um misticismo menos "religioso" que o de Blake, um pouco mais em voga; uma Força Divina impessoal, um Sublime que residia nas belezas do mundo e da alma humana. Blake, Wordsworth e Coleridge se rebelaram contra o lógico, o ordeiro e o hierárquico; eles eram contra a educação (como algo que simplesmente sufoca a centelha divina com a qual todo ser humano nasce) e viam o homem como se tivesse uma centelha diferenciada do divino dentro dele desde o nascimento, a qual a sociedade se esforça para reduzir à uniformidade.

Ironicamente, muitos românticos (Lorde Byron era a notável exceção) levavam uma vida pessoal um tanto enfadonha; Wordsworth acabou se tornando um distribuidor de selos

A vida é sono só, e esquecimento:
Nossa alma humana, nossa Estrela-Guia,
Toma de outro lugar o seu sustento,
E vem de muito, muito lá de cima
Sem se esquecer de tudo,
Nem totalmente nua:
Mas em nuvens de glória vimos nós
De Deus, que é nossa luz e nosso sol.
O Céu da nossa infância!
As sombras trancam o presídio apenas
Quando em idade avança
O menino que enxerga luz intensa
Se a alegria o invade;
O jovem, que ao oriente do oriente
Viaja diariamente,
Da natureza ainda é poeta e vate,
E, graças a essa esplêndida visão,
Recebe no caminho o galardão;
Com o tempo, o Homem se cega a tanta
graça,
E cai na luz diária, fosca e baça.

William Wordsworth, "Ode: Intimações de Imortalidade a partir de Lembranças da Primeira Infância". Trad. Érico Nogueira.

em seu país, um cargo extremamente burocrático. E, embora rejeitassem as regras de bom gosto impostas pela razão, os poetas românticos tendiam a reter as formas clássicas (as odes, os poemas líricos, os epigramas). Contudo, mesmo dentro dos limites dessas formas, o eu do poema se tornava ainda mais presente. Às vezes, o eu é idêntico ao poeta, como em *Lines Written in Early Spring* [Versos Escritos no Limiar da Primavera], de Wordsworth; ou o igualmente famoso *This Lime-Tree Bower my Prison* [Essa Cabana de Limeira, Minha Prisão], escrito quando estava sentado no jardim com um tornozelo torcido e enquanto suas visitas haviam saído para passear: "Bem, eles se foram. E aqui eu tenho que ficar". O poeta observa convencionalmente: "Essa cabana de limeira, minha prisão!". Às vezes o eu é uma *persona* imaginativa, mítica, identificada com a imaginação do poeta. "Enquanto estava caminhando em meio às labaredas do inferno", escreve Blake na introdução do poema *Proverbs of Hell* [Provérbios do Inferno], "encantado com as alegrias do Gênio, que para os anjos parecem tormentos e insanidade, coletei alguns de seus provérbios".

Desde o momento que os românticos reconheceram a natureza e a alma humana como as duas habitações mais prováveis do divino, seus poemas tenderam a começar com cenas naturais ou, então, emocionais, para descrevê-las com cuidado, e depois conectar essa cena ou a emoção a uma ideia mais ampla, mais cósmica. Eles também fizeram intenso uso do *monólogo*, o poema dramático de um só orador, que tem a psicologia do orador como seu foco primário.

O gênio meu fracassa;
Que gênio? É só fumaça
Que não desfaz o nó do coração.
Seria esforço vão:
Se para sempre eu devo contemplar
A verde luz que morre no crespúsculo,
Desisto de tentar vencer no músculo
Vida e paixão, que brotam do abissal
Interior, e nunca vêm de fora.

Samuel Taylor Coleridge,
"Melancolia: Uma Ode".
Trad. Érico Nogueira.

Os poetas românticos substituíam o "penso, logo existo" por "imagino, logo existo". Às vezes, esse eu imaginante era ativo, exercitava seu poder criativo para produzir mito e lenda; outras vezes, era passivo, recebendo a verdade do Divino místico, infusivo.

"ROMANTISMO" AMERICANO

Poetas

O romantismo, o grande florescimento da poesia inglesa, foi um fenômeno por essência europeu. Algumas décadas mais tarde, houve outro florescimento nos Estados Unidos, logo depois da Guerra de Secessão. Essa chamada Renascença americana, do fim do século XIX, viu poetas americanos incorporando as ideias dos românticos – a presença divina na natureza; a supremacia do imaginativo; o uso do eu na poesia; o foco no estado de espírito em detrimento da discussão e da razão –, mas tentando fazer isso dentro do contexto americano. A tradição romântica inglesa, falando com uma voz peculiarmente inglesa, não combinava com os americanos. Walt Whitman, Emily Dickinson, Edgar Allan Poe e outros tinham seu próprio eu do qual falar.

Dado o individualismo intenso da experiência democrática americana, talvez tivesse sido inevitável que essas vozes se tornassem autocentradas: "Eu canto para mim mesmo e celebro", anuncia Walt Whitman, e Emily Dickinson pergunta ansiosa: "Por que é

Linguagem poética

Eu canto alguém, uma pessoa singular,
Ainda que digam a palavra "Democrático",
a palavra
En-Masse.

Fisiologia da cabeça aos pés eu canto,
Não a fisionomia só, a cabeça só tem o seu
valor para as
Musas – a Forma toda é mais valiosa,
O Feminino e o Masculino eu canto.

A Vida imensa de paixão, pulso e poder,
Jovial, para a mais livre ação de leis divinas
proveniente.
O Homem Moderno eu canto.

Walt Whitman, "Eu Canto Alguém".
Trad. Érico Nogueira.

A forma dessa poesia americana demonstra um grau variável de fé na capacidade de a linguagem cumprir com sua tarefa. Walt Whitman, com sua pura e simples confiança de que será ouvido, escreve em um verso que flui livremente e que muitas vezes não possui nem rima, nem métrica:

que me excluíram do Céu? Será que cantei alto demais?". Esse poema da "Renascença" americana foi um passo além dos românticos ingleses: a *auto*-descoberta (em vez de uma descoberta do mundo, através dos olhos do eu) tornou-se o propósito principal da poesia. A autobiografia era seu tema dominante. Tanto *Leaves of Grass* [Folhas da Relva] de Whitman quanto os poemas de Dickinson exploram a identidade do homem e da mulher americanos comuns, anônimos e normais.

A poesia da "Renascença" americana luta com as implicações do romantismo inglês: se todos são únicos, diversos, indivíduos que carregam uma centelha dentro de si, então ninguém pode dirigir a forma como pensamos sobre nós mesmos; cada um deve lutar pela compreensão de si mesmo sozinho.

Esta é a cidade e eu sou um dos cidadãos,
O que interessa aos outros me interessa,
política, guerras, mercados, jornais, escola,
O prefeito, conselhos, bancos, tarifas,
navios a vapor, fábricas, estoques, lojas,
imóveis e bens pessoais.

De "Canto de Mim Mesmo".
Trad. Érico Nogueira.

A poesia de Whitman é profética em suas cadências bíblicas e em seu empréstimo da técnica épica das listas. Mas Whitman – inclusive, devoto da ideia do "homem comum" – rejeita a métrica e a rima especializadas.

Dickinson, por outro lado, escreve cuidadosa e formalmente, achando palavras simples, adequadas para o que tem a dizer. Ela tem o cuidado de manter a métrica e a rima, mas usa letras maiúsculas e travessões para expressar ênfases e pausas que não consegue veicular de outra forma, e distorce sua sintaxe na tentativa de expressar algo que está além do discurso.

De Vidas que acabaram,
Nada é mais frio, gelado –
Que, em vidas tais, o cálculo –
Junção de sino e pálio –

Canção dilacerante –
Do ouvido o lado morto –
Coroa – funeral –
Olá – caminhos cruzados –

Emily Dickinson,
"De Vidas que Acabaram".
Trad. Érico Nogueira.

MODERNISMO

Poetas | *Linguagem poética*

O fim do século XIX e o começo do XX viram o surgimento da ironia na poesia.

"A ironia", nas palavras de James Kincaid, ocorre quando "a vida toda se torna trágica, e o elemento do caso especial é removido [...]. Desilusões catastróficas e destruição não são a sina do herói semidivino, invocando por meio de sua estatura as terríveis leis da retribuição, mas de toda pessoa ordinária ocupada com os interesses da vida comum [...]. Somos todos vítimas".[13]

A poesia moderna permanece autobiográfica, explorando o eu e o lugar do eu no mundo, mas a inquietação da "Renascença" americana se estabeleceu em uma preocupação difundida: o eu é visto como sob ataque, constantemente empurrado para dentro por forças externas, procurando um lugar firme para se colocar em um mundo em que as certezas cósmicas começaram a desmoronar e onde o caos parece mais provável do que a ordem.

Como nossa modernidade
De nervo estouradinho se revolta
Contra o tempo e as coisas como são,
Gritando fraca e ensimesmadamente!

Ezra Pound, "Canzoni".
Trad. Érico Nogueira.

[13] James R. Kincaid, *Tennyson's Major Poems: The Comic and Ironic Patterns*. New Haven, Yale University Press, 1975, p. 1.

Nesse caos, o poeta é consumido por um esforço por encontrar algum tipo de harmonia em meio às discordâncias da existência. Mas na medida em que buscavam a ordem, os poetas modernistas rejeitaram muitas das certezas sustentadas por poetas anteriores. O pensamento lógico não era confiável: "O uso da lógica em vez da percepção é hostil aos princípios", escreveu Ezra Pound, em 1931. "O lógico nunca chega à raiz." Essa suspeição em relação à lógica levou naturalmente ao abandono das teorias cósmicas, produzidas por dedução: os conceitos intelectuais, as grandes *teorias* gerais que forneceram às gerações anteriores um caminho para achar seu lugar no mundo, deixaram de ter utilidade. William Carlos Williams escolheu, em detrimento disso, encontrar sentido na existência física e singular das *coisas*, sua *quididade*. "Nada de ideias, exceto as relacionadas às coisas", escreveu Williams e assumiu a tarefa de imortalizar a *quididade* das coisas (um carrinho de mão, uma ameixa) na página. T. S. Eliot escolheu encontrar uma ordem, fazendo conexões cuidadosas entre as experiências – experiências no passado e no presente do poeta, experiências em sua vida cotidiana. O poeta, observou Eliot certa vez, está sempre "amalgamando experiências disparatadas. A experiência do homem comum é caótica, irregular, fragmentária. O último tem duas possibilidades: apaixonar-se ou ler Spinoza, e essas duas experiências não têm nada a ver uma com a outra, ou com o som da máquina de escrever, ou com o cheiro de comida. Na mente do poeta, essas experiências estão sempre formando novas totalidades".[14]

Assim como os poetas da era Romântica e da "Renascença" americana, os poetas modernistas pareciam acreditar de todo o coração no potencial do eu humano. À deriva na anarquia, incapaz de racionalizar seu método de explanação organizadora da vida, o eu possuía ao menos a capacidade de achar, de alguma forma misteriosa e só parcialmente compreendida, um lugar firme (por minúsculo que fosse) para se colocar em meio à desordem. O "modernismo" é um rótulo de abrangência muito vasto para um grupo de poetas que se viam como *sui generis*, e que muitas vezes davam seu

Em seus esforços por demonstrar seu senso da desordem essencial do mundo pela forma poética, os modernistas caminharam no limite entre a expressão formal da fragmentação e a incoerência. Ezra Pound, em especial, por vezes ultrapassa esse limite. Outros modernistas mantêm uma estrutura formal. William Butler Yeats faz uso intenso do "verso tônico", pelo que se contam apenas as sílabas tônicas, em detrimento do número total de sílabas de um verso. Assim, o verso poético mantém sua forma, mas o poeta pode estendê-lo ou comprimi-lo, quase que à vontade. Mesmo quando Yeats usa um número regular de sílabas ou sílabas tônicas por verso, ele requer mais do leitor do que um poeta romântico; em seu famoso poema, "Páscoa de 1916", por exemplo, ele usa o verso de três tônicas por linha, e o esquema tradicional de rima *abab* – mas para que a métrica cante afinada, o leitor terá de pausar antes de algumas dessas ênfases e deixar as outras sílabas de fora, o que seria mais natural à fala. Tente ler "Páscoa de 1916" em voz alta, enfatizando cada sílaba que está em negrito e diminuindo a voz nas letras claras.

[14] *Apud* Malcolm Bradbury e James Mcfarlane (eds.) *Modernism: 1890-1930*. New York, Viking, 1991, p. 83.

melhor para expulsar uns aos outros (e a si mesmos) da congregação dos modernistas ("O Modernismo", queixava-se T. S. Eliot em 1929, é uma "doença mental"). No entanto, esses poetas estavam ligados fortemente por duas suspeitas comuns. Eles suspeitavam da comunidade humana; os oradores de seus poemas eram profundamente solitários, alienados de outros homens. E eram céticos quanto à possibilidade de a linguagem expressar a realidade do caos e a tentativa de encontrar ordem. "Você não terá um cosmo enquanto não o ordenar", escrevia Ezra Pound, em um esboço antigo de sua obra maciça *Os Cantos*, mas à medida que ficava mais velho, tornou-se cada vez menos convencido de que a linguagem poética pudesse ordenar qualquer coisa. A ideia do poema como um "lugar para se situar", um local firme na areia movediça ("Um poema é uma parada momentânea da confusão", reza a frase de Robert Frost) contrapunha-se à convicção modernista de que a linguagem era distorcida e fraturada,

> Conheci-os ao fim do dia,
> suas faces como brasas,
> entre balcões ou mesas cinza
> de setecentescas casas [...]
> Tinha certeza: eles e eu
> de palhaços nos vestíamos:
> tudo mudou, então – nasceu
> uma beleza terrível.[15]
>
> Yeats, "Páscoa 1916".
> Trad. Érico Nogueira

[15] Essa é a técnica para examinar a métrica, não o método apropriado para ler a poesia em voz alta; para ouvir três poetas talentosos, leia o poema, disponível em: http://www.theatlantic.com/unbound/poetry/soundings/easter.htm. Acesso em: 30 jul. 2013.

que estava além da possibilidade de reparo. "Uma rosa é uma rosa é uma rosa",[16] escrevia a poetisa modernista, Gerturde Stein, celebrando a *quididade* de uma coisa, levando a sintaxe ao seu limite, a fim de demonstrar sua inadequação.

Pound, Williams e outros modernistas foram influenciados pelo *haikai* japonês, que assumia uma estrutura silábica estrita (de três versos: o primeiro com cinco sílabas; o segundo com sete; o terceiro com cinco) e a combinava com uma estratégia temática rigorosa: o poema começa focando uma imagem particular detalhada e então, depois da quinta ou da décima segunda sílaba, ele se abre para considerar uma ideia mais ampla, mais geral. Sem ser estritamente fiel às sílabas do *haikai*, Pound e outros (conhecidos, depois de 1912, mais ou menos, como imagistas) focavam isso, e nisso ancoravam cuidadosamente o poema em uma imagem visual precisa. Muitas vezes a imagem representava o resto do poema, sem a volta subsequente para o cósmico. Os poetas imagistas visavam a transmitir imagens particulares, específicas, nao generalidades vagas ou divagações cósmicas; além de escrever com clareza – poesia "dura" –, não o verso obscuro ou vago, e concentrar e refinar a poesia até chegar às suas formas concentradas:[17]

A aparição desses rostos entre tantos:
Pétalas num úmido, negro ramo.

Ezra Pound,
"Numa Estação do Metrô".
Trad. Dirceu Villa.

[16] Frase mais famosa e citada da autora, que significa que "as coisas são como são", remetendo à clássica questão dos universais na filosofia. (N. T.).

ALIENAÇÃO

Poetas

O modernismo teve seus próprios rebeldes; na Inglaterra, um grupo de poetas mais jovens, conhecidos como o "Movimento", virou as costas para a poesia modernista, fragmentada, rumo a um estilo neorromântico, que se voltava para a sintaxe e o estilo mais simples, para a forma poética, para a exploração da natureza e para os atos da vida cotidiana. Poetas desse movimento, como Philip Larkin, desviaram seu foco das explorações psicológicas, levando-o de volta para o mundo físico e a vida de pessoas reais.

Nos Estados Unidos, pouco depois, os poetas *beat*, liderados por Allen Ginsberg (e que incluíam os escritores Jack Kerouac e William Burroughs), começaram a criar uma subcultura, uma alternativa neorromântica que rejeitava as convenções que moldavam a cultura americana. Ginsberg, homossexual e comunista, em uma época em que nenhuma dessas características era socialmente aceitável (ou sequer legal), luta contra as autoridades como fez Blake. Como Blake, Ginsberg – que certa vez teve

Linguagem poética

Verso branco? Você também pode descrevê-lo como dormir numa vala de "arquitetura livre!"

G. K. Chesterton

As árvores ficam verde-musgo,
como algo na ponta da língua:
rebentam tenros botõezinhos,
o verde é uma espécie de luto.

Philip Larkin, de "As Árvores".
Trad. Érico Nogueira.

E Padres de batina negra eram vigias

a visão de William Blake falando com ele, em seu apartamento do Spanish Harlem, com uma voz que tinha "toda a infinita ternura da antiguidade e seriedade mortal de um Criador vivo, falando com seu filho" – rejeitava a disciplina, a ordem, a teologia a favor de um misticismo selvagem.

Nesse meio tempo, o modernismo estava morrendo, mas tinha sido um movimento poético fragmentário demais para ter um "depois" coerente.

A poesia moderna tinha sido dominada por homens brancos, da classe alta, bem-educados; agora as poetisas e os poetas afro-americanos estavam tentando abrir seu caminho rumo à era moderna. Os poetas afro-americanos, construindo sobre a poesia inicial de Paul Laurence Dunbar, e mais tarde sobre a obra de Langston Hughes, lutaram para achar o equilíbrio entre os estilos de discurso "branco" e a tradição folclórica negra. As mulheres, escrevendo em uma tradição poética que era predominantemente masculina, muitas vezes se viam taxadas de "poetas feministas".

Contudo, depois da morte do modernismo, não há sentido em formar um movimento literário unificado, quer se trate de poetisas, poetas

Espinhos pondo em meus desejos & alegrias.

William Blake, *O Jardim do Amor.*
Trad. Hélio Osvaldo Alves, modificada.

O mundo é sagrado! A alma é sagrada! A
pele
é sagrada! O nariz é sagrado!"

Allen Ginsberg,
Notas de Rodapé ao *Uivo*.
Trad. Érico Nogueira.

Cê vai se virar
e olhar as montanhas.
Cê vai se virar
e se apoiar no vento.
Cê vai gritar:
Senhooooor!
Salvai-me, Senhor!
Salvai-me!

Langston Hudges,
de "Profecia de Domingo de Manhã".
Trad. Érico Nogueira.

afro--americanos, homens brancos ou de quaisquer outros grupos culturais. O legado do modernismo foi o caráter intensamente voltado para dentro, individualista, do poeta do final do século XX. O poeta, da mesma forma que o louco, era uma figura solitária, que não seguia "escolas".

A coisa mais próxima de uma "escola" poética no final do século XX é o pós-modernismo – uma "escola", apenas, porque é identificada como tal pelos acadêmicos que estudam poesia.

A disputa de hoje não ocorre entre visões poéticas diferentes, mas entre a poesia escrita por e para especialistas em poesia, e poesia escrita para o "leitor comum". O poeta Vernon Scannel se queixa de que "grande parte da poesia contemporânea parece ter sido escrita para especialistas acadêmicos em exegese, a fim de praticar suas habilidades na 'desconstrução'". "Eu mesmo desisti da nova poesia há trinta anos", observou o jornalista Russell Baker, um veterano com trinta anos de experiência como colunista da *The New York Times*, "quando grande parte dela começou a ser escrita como mensagens codificadas trocadas entre alienígenas solitários em um mundo hostil".

Fizemos o pacto de sempre
dos homens e mulheres de então.

Eu não sei quem a gente pensava que era
que nossas personalidades
resistiriam às fraquezas do sangue.

Como todo mundo, a gente achava que era
especial.

Adrienne Rich,
"De um Sobrevivente".
Trad. Érico Nogueira.

O pós-modernismo celebra tanto a fragmentação que chega à incoerência. John Ashbery, que se autodeclarava um poeta pós-modernista, ilustra a dificuldade de ler a "poesia pós-moderna":

A "segunda posição"
vem no décimo sétimo ano.
Assistindo ao giro absurdo de moscas sobre
 a soleira
mão no queixo, cachoeira tão simples
em tudo o delta da vida.

John Ashbery, "Os Patinadores".
Trad. Érico Nogueira.

Em 1983, Philip Larkin, refletindo sobre a crescente obscuridade da poesia "acadêmica", observava que os poetas – em razão, em parte, da impossibilidade de ganhar a vida *escrevendo* poesia, a menos que também dessem aulas e escrevessem *sobre* a escrita de poesia – se tornaram críticos e professores, e assim, faziam a crítica da poesia, além de escrevê-la. O resultado disso é que a poesia estava correndo o risco de se tornar a província de especialistas: "Não é nenhum exagero dizer", escreve Larkin, "que o poeta ganhou a feliz posição em que pode elogiar sua própria poesia na imprensa e explicá-la em sala de aula, de modo que o leitor é intimado a desistir do poder dado ao consumidor de dizer 'Não gosto disso, tragame algo diferente'".[17]

Nos últimos quinze anos, a poesia foi parcialmente resgatada do pós-modernismo; nos Estados Unidos, a

Ashbery, ganhador do Prêmio Pulitzer, tornou-se crítico e professor, ilustrando assim (quem sabe) a verdade das observações de Philip Larkin. (O *Times Literary Supplement* chamou seu *Selected Poems* "de sofisticado, densamente referencial e quase totalmente impenetrável", demonstrando assim o viés contínuo da academia em relação a poemas confusos que têm de ser decodificados, em vez de serem poemas coerentes, que têm de ser interpretados.)

Não "sub"siste nem – por mera vida
desvalida – por
observação simultânea (alguém está)
literalmente vendo fora, olhar é mais
passivo,
dentro de sua casca na tinturaria – quando
então –
observação não é só em si) –
nem é experiência – é como acontece.

Leslie Scalapino, de "Como: Toda Ocorrência em Estrutura, Invisível (*Noite de Cervo*)".

[17] Philip Larkin, *Required Writing: Miscellaneous Pieces*, 1955-1982. Ann Arbor: University of Michigan Press, 1999.

posição de poeta laureado se tornou mais visível; novas traduções da poesia clássica levaram poetas como Robert Pinsky e Seamus Heaney a serem apreciados por públicos mais amplos; Jane Kenyon escreve poesia compreensível; Mark Strand, poesia incompreensível tecida fortemente pela narrativa; Adrienne Rich, uma poesia que trata de temas políticos e sociais. Entrementes, as honras acadêmicas parecem continuar a favorecer o incompreensível e o complicado (que pode ser desconstruído em sala de aula).

Nesse meio tempo, o leitor de poesia cuidadoso deverá estar disposto a trabalhar duro para compreender a poesia: a tomá-la em causa própria, mastigando-a, refletindo sobre ela e analisando suas formas para depois louvá-la ou concluir: "Isso aqui está tremendamente confuso" e deixar o livro de lado.

Entre o dedo e o dedão a caneta
Parruda pousa; como arma pega.

Sob minha janela, um som rascante e claro
Quando a pá penetra a crosta de cascalho:
Meu pai, cavando. Olho para baixo.

Até seu dorso reteso entre os canteiros
Encurvar-se, brotarem vinte anos atrás
Dobrando-se em cadência nos batatais
Onde estava cavando.

Seamus Heaney, de "Cavar".
Trad. José A. Arantes.

No poema "O Túnel", de Mark Strand, ele vê um homem parado diante de sua casa. Não adianta gritar, esbravejar e fazer anotações; o narrador se torna cada vez mais triste, porque está cavando um túnel para sair de sua casa e sai na frente da casa de outra pessoa:

[...] cansado demais
pra me mexer e até falar, esperando
que alguém me ajude.
Eu sinto que estou sendo vigiado
e às vezes ouço
a voz de um homem
mas nada acontece
e eu esperando há dias.

Mark Strand, de "O Túnel".
Trad. Érico Nogueira.

Ele perdeu totalmente o rumo de sua própria identidade.

COMO LER UM POEMA

Primeiro nível de investigação: leitura no estágio gramatical

É maravilhoso descobrir e ler um poema quando não sabe nada sobre o poeta, nunca leu um ensaio crítico sobre a obra e tem de descobrir o que o poeta está fazendo com a linguagem.[18]

Herbert Kohl

O primeiro passo para ler poesia é começar a ler.

A poesia é um encontro entre o leitor e o poeta. Algumas vezes, armar-se antes do tempo com um excesso de informação sobre técnica, meio histórico e pano de fundo biográfico do poeta pode impedi-lo de ir ao seu encontro. A informação de fundo serve para manter o poeta ao alcance da mão.

Considere o seguinte poema:

Eu visto a máscara que troça e engana,
tapa meu queixo, na vista põe bandana –
eis o meu débito ao humano ardil;
de coração espedaçado rio,
a boca é toda sutileza.
Por que o mundo seria mais que sábio
ao contar meus suspiros, minhas lágrimas?
Não: que me vejam só enquanto a cara
vestir a máscara.
Eu rio, mas, Cristo amado, os gritos meus
da alma em pedaços chegam lá no céu.
Eu canto, mas o barro é vil
sob o meu pé, ao longo do caminho;
que o mundo sonhe que não é assim:
eu visto a máscara![19]

---

[18] Herbert R. Kohl, *A Grain of Poetry: How to Read Contemporary Poems and Make Them a Part of Your Life.* New York, HarperFlamingo, 1999, p. 3.

[19] Tradução de Érico Nogueira.

Agora, leia o poema novamente, devagar. Faça um esforço imaginativo; ponha-se no lugar daquele que usa a máscara; imagine-se sorrindo e declamando "sutileza", enquanto sente exatamente o contrário do que sua face mostra. Imagine o "mundo" diante do qual esteja representando esse ato. Quem está nele? Por que forçou uma felicidade assim tão falsa?

Você exercitou sua imaginação?

O poema é de Paul Laurence Dunbar, um poeta afro-americano que escreveu "We Wear the Mask" [Usamos a Máscara] no final do século XIX, nos tempos de Jim Crow. Agora você sabe um pouco mais por que Dunbar escolheu essa imagem; ele está escrevendo sobre o "véu", que W. E. B. Du Bois também descreveu, a "visão dupla" imposta aos afro-americanos por um mundo que quer que vejam sua própria negritude através dos olhos dos brancos.

Se você é um leitor afro-americano, quem sabe tenha se identificado de cara com o problema de Dunbar, como ele pretendia. Mas, e quem for branco, hispânico ou oriental? Ainda assim, poderá dar o salto imaginativo para sentir a dificuldade de Dunbar. Você também já deve ter usado uma máscara em qualquer momento de sua vida: quem sabe tenha tido a experiência profunda e vital de construir uma vida inteira em torno da imagem de quem você é; ou quem sabe esteja pensando algo totalmente diferente. Mas, mesmo que sua experiência de "máscara" pareça banal e sem importância, à luz da queixa mais abrangente, é importante que se identifique com a problemática do poema. Então poderá experimentar uma identificação emocional com Dunbar. Esse abalo inicial do reconhecimento ("Sim! Eu sei o que é usar uma máscara – mesmo se for apenas por uma noite!") permite sua conexão com o poeta. Sem essa conexão, você poderia muito bem ler uma descrição sociológica do problema da dupla consciência do negro; não haveria motivo algum para ler um *poema*.

Se souber, antes da leitura, que Dunbar é um poeta afro-americano do início do século XX; que foi o único estudante negro da Central High School de Dayton, Ohio; que sua cor o impediu de frequentar as aulas; e que morreu alcoólatra aos 33 anos; isso poderá ser um empecilho para sua compreensão emocional da lírica. Você pode achar que seu único impacto de identificação foi trivial. (Afinal de contas, o que é que são seus problemas, perto disso?) Ou então, se já sabe algo sobre a vida afro-americana na virada do século, poderá querer evitar falar de uma experiência única como a que Dunbar quer compartilhar, substituindo-a por seu próprio conhecimento prévio e pondo a perder a singularidade das ideias de Dunbar sobre o assunto.

Abordar um poema sem conhecimento prévio do contexto, então, pode ser, de fato, um ponto positivo; isso permitirá que possa se identificar com uma emoção ou uma experiência familiar, antes de se confrontar com o diferente. A exceção a essa regra é a poesia que lhe seja totalmente estranha em sua temática ou sua forma. Se, por exemplo, você ler o *Inferno* sem compreensão da distinção cristã entre céu e inferno, poderá achar motivo para desistir antes de chegar ao fim. Mas, na maioria dos casos, achará que uma tentativa inicial de ler um poema vai favorecer um nível de compreensão inesperado; mesmo os épicos de Homero, que são repletos de nomes e convenções estranhas, contam uma história bem direta, cheia de emoções identificáveis.

Leia de dez a trinta páginas de poesia. Portanto, seu primeiro passo para ler um poema é simplesmente *lê-lo*, sem preparo. Se o poema for um épico mais longo, tente ler ao menos a primeira seção ou o primeiro "livro. Se estiver lendo poemas mais breves, tome por objetivo ler de cinco a dez poemas (ou, em todo caso, entre dez e trinta páginas de poesia). Quando pegar a caneta, anote suas reações iniciais em seu diário de leitura. Será capaz de identificar uma emoção, uma experiência ou estado de espírito que lhe sejam familiares? Se o poema for uma narrativa, anote dois ou três eventos maiores que ocorrem no primeiro livro e escreva uma sentença, descrevendo o herói da história.

Leia o título, a contracapa e o sumário. Agora que teve o contato inicial com o poeta e com o poema, volte atrás e faça uma pesquisa elementar do contexto. Leia a página do título, a contracapa e quaisquer esboços biográficos fornecidos. Anote em seu diário: o título, o nome do autor, a época em que o poema foi escrito e quaisquer outros fatos que ache interessantes.

Dê uma olhada no sumário. Em caso de poema narrativo, o sumário pode se parecer com a lista de capítulos de um romance, que lhe dá uma ideia prévia do enredo; em caso de uma coleção de poemas, os títulos podem providenciar uma visão geral das preocupações do poeta. (A primeira coisa que notará sobre o sumário em *Poemas*, de W. H. Auden, por exemplo, é que nenhum dos poemas tem título; eles são listados pelo primeiro verso, e esses versos são frequentemente dirigidos diretamente ao leitor: "Olhe as pausas casuais de qualquer dia", "Você vai se fingir de surdo?", "Imagine isso hoje", "O que tens na cabeça, pombinha?".)

Leia o prefácio. Na maioria dos casos, os prefácios de coleções de poemas lhe fornecem informações valiosas sobre as técnicas e as ideias do poeta. No caso de poemas modernos, o prefácio pode significar uma vantagem para a compreensão das preocupações do poeta (você poderá descobrir, por exemplo, que Mark Strand está particularmente interessado na ausência e é propenso a escrever sobre as formas nas quais ele não está presente; ou que Jane Kenyon escreveu sua última coleção de poemas na época em que estava tratando a leucemia, o que dá mais sentido a "Deixe a noite chegar"). No caso de uma obra mais antiga, poderá obter informações que o público original já tinha. Escreve Marie Boroff, no prefácio de sua tradução:

> A tradição estilística representada por *Sir Gawain e o Cavaleiro Verde* chama a atenção para o uso frequente de adjetivos tão qualificativos como: *nobre*, *valioso*, *adorável*, *cortês*, e talvez o mais usado de todos eles: *bom*. Esses adjetivos eram usados comum e livremente porque dentro do mundo tradicional retratado nesse estilo poético, os cavaleiros são inevitavelmente nobres e valorosos; as damas, adoráveis; os servos, corteses e, de fato, tudo, exceto os monstros e os vilões rudes, idealmente bom".[20]

O ouvinte medieval saberia que Gawain habitava um mundo de contos de fadas e tomaria essa informação como pressuposto.

Vá até o fim. Agora que teve a chance de ter um contato emocional inicial e, em seguida, de preencher algumas lacunas com informações de contexto, retome a leitura. Para isso, siga os seguintes passos:

---

[20] Marie Boroff (trans.), *Sir Gawain and the Green Knight*, p. x.

1. Em poemas narrativos (poemas que contam uma história), faça uma lista rápida dos principais personagens enquanto lê e anote os principais eventos, da mesma forma que fez na leitura do romance. Você achará isso particularmente útil no caso dos poemas épicos, que são mais longos do que alguns romances e apresentam dezenas de personagens. No caso de poemas longos (a *Odisseia*, *Paraíso Perdido*), tente limitar-se a dois ou três eventos maiores por seção; do contrário, acabará com um esboço tão longo e detalhado que não servirá para refrescar sua memória. Você também achará esse esboço proveitoso para obras como *Death of the Hired Man* [Morte do Homem de Aluguel], de Frost, em que os eventos mais importantes estão implícitos nos diálogos.

2. Em poemas não narrativos, simplesmente tome notas sobre as *ideias*, os *estados de espírito* ou as *experiências* do poema ao longo da leitura. Será que o poema está descrevendo uma cena, retratando um estado de espírito ou investigando um pensamento? Use o processo de escrita como forma de refletir sobre o conteúdo do poema. Não se preocupe em formular sentenças completas nessas notas: os poemas nem sempre propõem pensamentos completos e bem-acabados para seu intelecto apreender. Um poema pode colocar palavras evocativas juntas umas das outras para gerar uma reação ou construir uma sensação de medo, de exaltação, de pressentimento ou de tranquilidade pacífica. Escreva quaisquer palavras e frases que expressem sua reação ao poema.

3. Ao longo da leitura, circule frases ou versos que chamam atenção aos olhos ou ouvidos; dobre o canto da página ou escreva frases e versos em seu diário. Você pode retomá-las mais tarde.

4. Marque qualquer seção do poema que tenha achado confusa ou obscura, mas não desista. Continue lendo.

Segundo nível de investigação: leitura no estágio lógico

Agora que leu uma vez, precisará prestar um pouco mais de atenção na forma do poema; lembre-se de que a forma é essencial para o sentido. A análise de poemas pode ser uma atividade altamente técnica; só a análise completa do ritmo requer o estudo da *escansão*, a escavação da métrica do poema. A seguir, apresentaremos um guia para não especialistas, um esboço geral das técnicas poéticas básicas que podem aumentar a apreciação da forma poética. Se quiser ir além de uma análise simples, pense em pesquisar um manual de poesia, como *A Poet's Guide to Poetry* [Guia de um Poeta à Poesia], de Mary Kinzie (Chicago, University of Chicago Press, 1999); e um guia de escansão como o de Dereck Attridge, *Poetic Rhythm: an Introduction* [Ritmo Poético: uma Introdução] (Cambridge, Cambridge University Press, 1996)[21].

Retome o poema: identifique a estratégia narrativa básica. A estratégia narrativa tem a ver com a forma como o poema apresenta suas ideias. Há cinco "estratégias narrativas" distintas que um poeta pode usar:

Teria o poeta optado por contar uma história com começo, meio e fim?

Será que o poeta apresentou uma discussão com premissas e uma conclusão final?

Estará o poeta descrevendo uma experiência? Em caso positivo, será que essa experiência é física ou mental? (Está ele caminhando por um jardim ou lutando contra a culpa?).

Estará o poeta descrevendo um lugar físico, um objeto ou uma sensação e permitindo que isso represente alguma outra realidade não física?

Será que o poema está evocando um estado de espírito, sentimento, ideia ou emoção?

É claro que um poeta pode escolher usar uma combinação de métodos, mas (especialmente em poemas curtos) é provável que haja um que seja dominante.

Identifique a forma básica do poema. A *forma* tem a ver com o método pelo qual o poema é composto. Um soneto pode apresentar uma discussão ou descrever uma experiência; uma ode pode evocar um estado de espírito ou relatar um evento. Dentre as várias formas poéticas básicas, as seguintes serão vistas com mais frequência:

---

[21] Em português, o leitor pode consultar: M. Said Ali, *Versificação Portuguesa*. São Paulo: Edusp, 1999. (N. T.)

Balada: trata-se de um poema também narrativo, mas em escala menor, caracterizando um personagem central ou um grupo pequeno de personagens. Geralmente, uma balada tem duas ou quatro estrofes e um refrão.

Elegia: trata-se de um lamento. As elegias gregas não eram necessariamente lamuriosas, mas todas tinham uma métrica determinada; as elegias modernas tendem a ser lamentos por pessoas mortas ou tempos extintos.

Épico: trata-se de um relato narrativo longo, que retrata os grandes feitos de heróis lendários – feitos com algum tipo de significância cósmica.

Haikai: essa forma japonesa de poema, adaptada para o inglês, veicula uma só impressão. O *haikai*, usado por alguns escritores modernos, tem dezessete sílabas, ordenadas em três versos, com o padrão silábico cinco-sete-cinco. O *haikai* começa com uma imagem, e depois da quinta ou da décima segunda sílaba amplia o foco para uma ideia ou uma percepção espiritual associada com uma ideia mais ampla.

Ode: trata-se de um poema de caráter exaltado, e muitas vezes se dirige diretamente ao leitor ("apóstrofe").

Soneto: trata-se de um poema de quatorze versos escritos em pentâmetro iâmbico, com um esquema de rima muito singular.

Soneto petrarquista ou italiano: os primeiros oito versos (o *octeto*), com rimas *abbaabba*, colocam uma questão, uma ideia ou uma discussão; os últimos seis versos (o *sexteto*), com rima *cdcdcd* (ou, ocasionalmente, *cdecde*; outras variações também são possíveis) solucionam, respondem ou ilustram a ideia apresentada nos oito primeiros versos. Entre o octeto e o sexteto temos a *volta*, ou ponto de retorno, em que ocorre a mudança do problema para a solução.

Soneto shakespeariano ou inglês: os primeiros doze versos do poema são divididos em três "quadras" de quatro versos cada, com o esquema de rima *abab cdcd efef*, e os dois últimos versos do poema são um dístico rimado (*gg*).

Soneto spenseriano: essa forma também contém três quartetos e um dístico, mas o esquema de rima é *abab bcbc cdcd ee*.

Villanelle: trata-se de um poema com cinco estrofes de três versos e uma estrofe final de quatro versos. A *villanelle* tem apenas duas rimas; o primeiro e terceiro versos da primeira estrofe reaparecem como um refrão alternado nas estrofes seguintes e aparecem também nos últimos dois versos da estrofe final:

> Não entres nesta boa noite brandamente;
> Velhice tem que arder em fúria ao fim do dia;
> Brada, brada com raiva dessa luz morrente.
> Se o sábio reconhece o escuro finalmente
> – Porque palavra para-raio não seria –,
> Não entra nesta boa noite brandamente.
> O bom, que chora à onda extrema quão luzente
> Seu fraco feito em verde praia dançaria,
> Brada, brada com raiva dessa luz morrente.
> O louco, que captou, cantou o sol fugente
> E aprende, tarde, a dor de o ver seguir a via,
> Não entra nesta boa noite brandamente.
> O grave, à beira-morte e cego, quando sente
> Que em olhos cegos meteoros brilhariam,
> Brada, brada com raiva dessa luz morrente.
> E tu, meu pai, da altura triste, dize somente
> Pragas, bênçãos, te peço, em lágrimas bravias.
> Não entres nesta boa noite brandamente,
> Brada, brada com raiva dessa luz morrente.[22]

Examine a sintaxe do poema. Ache os sujeitos e os verbos de cada sentença poética. Embora pareça um exercício simples, isso vai lhe mostrar instantaneamente se o poeta está usando dicção natural ou uma forma poética mais elevada. Veja *Idylls of the King* [Idílios do Rei], de Tennyson, que usa dicção poética formal:

> E, ao dizê-lo, ela os tomou
> e, escancarada do calor, janela afora
> arremessou, e espatifaram-se nas águas.

Observe que os versos têm os primeiros sujeito e verbo juntos ("ela tomou"), mas o verbo seguinte que acompanha o sujeito "ela" ("arremessou"), está

[22] Dylan Thomas, "Não Entres Nesta Boa Noite Brandamente". Trad. Alípio Correia de Franca Neto, modificada.

separado do sujeito por um verso inteiro, quando seria mais natural dizer: "Ela os tomou e arremessou pela janela". A separação de sujeito e verbo, a inversão da ordem natural dos dois, ou, ainda, um sujeito ou verbo elípticos, mostram "dicção poética". Um padrão mais discursivo pode ser encontrado nas "Working Girls" [Operárias], de Carl Sandburg: "As operárias de manhã vão trabalhar".

Tente identificar a métrica (ou métricas) do poema. Há dois tipos básicos de métrica: métrica silábica, que conta o número de sílabas de cada verso; e métrica tônica, que conta apenas as ênfases ou sílabas fortes.

Na métrica silábica, todo grupo de sílabas é chamado de pé. O verso inglês tem cinco pés ou padrões comuns:

O verso *anapéstico* ocorre quando duas sílabas átonas são seguidas de uma tônica (o metro *limerick*):

> Um **homem** nascido na **roça**
> Sentava em seus **dentes** de **louça**.[23]
> O *dáctilo* é uma sílaba tônica, seguida por duas átonas:
> **Vós** conhe**ceis** onde o **ce**dro e o **vi**nho
> e a **flor** em bo**tão** e os **rai**os cintilam.[24]

O *iâmbico* é uma sílaba átona, seguida de uma tônica.

O *espondeu* são duas sílabas tônicas juntas, que ocorrem geralmente como uma variação de verso baseada em outro padrão. O espondeu muitas vezes vem antes ou depois do *pé pirríquio* (duas sílabas átonas).

O *troqueu* é uma sílaba tônica seguida de uma sílaba átona:

> **Ty**gre! **Ty**gre! **Bri**lho, **bra**sa [...].[25]

A "métrica" nomeia o número de pés em cada verso: dímetro (dois pés), trímetro (três pés), tetrâmetro (quatro pés) e assim por diante: pentâmetro,

---

[23] Em inglês: "There ONCE was a MAN of BlackHEATH / Who SAT on his SET of false TEETH". Os *limericks* são uma forma de poesia popular inglesa, em geral de autoria anônima, semelhante ao nosso repente. Trad. Érico Nogueira. (N. T.)

[24] Versos de "A Noiva de Abydos", de Byron, em tradução de Érico Nogueira.

[25] Versos de Blake, em tradução de Augusto de Campos.

hexâmetro, heptâmetro e octômetro (oito). Os versos de Byron acima são tetrâmetros dactílicos, ou seja, quatro dáctilos em cada verso. (Embora não haja quatro dáctilos completos em cada verso, o padrão geral é dactílico.)

No verso inglês, o pé mais comum é iâmbico, e a métrica iâmbica mais comum é o pentâmetro iâmbico. Uma vez que "iâmbico" significa que a unidade poética básica, ou o pé, é uma série de duas sílabas, em que a segunda é enfatizada;

> O fruto **canta** – ori**ginal** pe**cado** –
> Da **ár**vore proi**bi**da (**gos**to a**mar**go).[26]

e "pentâmetro" significa que há cinco pés em cada verso, o pentâmetro iâmbico contém cinco pares de sílabas. "Branco" significa que os versos não são rimados. A métrica iâmbica torna-se trocaica se os acentos tônicos fortes e os fracos são invertidos, como em O *Corvo*, de Edgar Allan Poe, com tradução para o português de Fernando Pessoa:

> **Nu**ma **mei**a-**noi**te a**gres**te, **quan**do eu **li**a, **len**to e **tris**te,
> **Va**gos, **cu**ri**o**sos **to**mos **de** ciên**cias** an**ces**trais

Nos dois primeiros versos, a voz tende a enfatizar a primeira sílaba (tecnicamente não enfatizada) de cada pé em vez da segunda sílaba, que, em termos de sentido, é menos importante; isso cria uma métrica mais melodiosa, mais semelhante à prosa.

O "verso tônico", praticado por Gerard Manley Hopkins e William Butler Yeats (entre outros), conta o número de sílabas fortes ou tônicas em um verso, em vez do número total de sílabas. É possível achar a sílaba forte lendo o verso em tom de fala: você acaba acentuando as sílabas fortes. O verso moderno tende a combinar a métrica tônica e a silábica.

Examine os versos e as estrofes. Em primeiro lugar, pergunte-se: será que os versos soam como um todo, ou será que o verso se divide naturalmente em duas metades (hemistíquios)? Depois, ache o começo e o fim de cada sentença. São as sentenças idênticas aos versos? Ou será que as sentenças ultrapassam o fim dos

[26] Versos de Milton, em tradução de Érico Nogueira.

versos (há quebra de versos)? Se o último for o caso, será que a quebra de verso é natural, ou será que a quebra de linha aparece em um lugar estranho? Se o poeta escolhe um comprimento de verso que se choca com o comprimento de suas sentenças, ele decidiu chamar a atenção para um ou outro. Por quê?

Em seguida, observe as estrofes. As estrofes são sequências de versos que impõem uma estrutura ao poeta; se ele decide usá-las, está optando por se limitar. Por quê? Quantos versos tem cada estrofe? Será que todas as estrofes seguem o mesmo padrão de rima e métrica, ou será que o poeta está sendo menos rígido, variando o padrão? Onde as estrofes perdem o tom? Será que elas mostram uma mudança de sentido, uma reversão, um novo desenvolvimento?

Examine o padrão de rima. A notação poética usa uma letra do alfabeto para cada som único da rima; você pode usar esse recurso para anotar um esquema de rima em seu diário. A "rima final" é o tipo mais comum de rima poética, mas não se esqueça de procurar também pela rima interna ou mediana: uma rima dentro de um verso, como no poema de Shelley *The Cloud* [A Nuvem]: "*A neve amasso no espinhaço*". Uma vez que tenha identificado as rimas, poderá classificá-las. Uma rima feminina é uma rima cuja última sílaba é átona; uma rima masculina é uma rima cuja última sílaba é tônica ou uma palavra monossilábica; as rimas toantes ou imperfeitas ocorrem quando duas sílabas têm um som parecido, mas não idêntico.

Examine a dicção e o vocabulário. O poeta está usando palavras alusivas, abstratas, conceituais, ou palavras concretas, particulares? Será que ele prefere um vocabulário rico, multissilábico, alatinado, ou monossílabos breves e simples? Que imagens estão presentes no poema? Qual é o significado dessas imagens? Para quais sentidos essas imagens apelam? Visão, audição, olfato, paladar, tato? Será que o poeta apela em primeira instância para o corpo, para as emoções ou para o intelecto do leitor? Se o poema contém símiles explícitos (usando as palavras *como*, ou *feito*), preste atenção particular em ambas as partes da imagem: Quais são as duas coisas que estão sendo comparadas? Qual é a semelhança entre elas; qual a diferença? E será que o escritor está destacando sua semelhança ou sua diferença?

Procure por monólogos ou diálogos. Existe algum diálogo entre o narrador do poema e outra pessoa? Em caso positivo, como o caracterizaria: hostil, amigável, gentil, interrogativo? Será que o narrador está dialogando consigo mesmo? Em caso positivo, esse diálogo interno implica uma solução ou mais um tipo de complicação? Isso aprimora ou complica o relacionamento do poeta com o mundo externo? Será que ele promove ou complica o relacionamento do poeta com os outros?

Terceiro nível de investigação: leitura no estágio retórico

Agora você deve encerrar seu exame do poema, perguntando-se: que ideias esse poema me transmite – e como a forma desse poema se relaciona com essas ideias? As respostas às questões a seguir variarão tremendamente de poema para poema, mas lembre-se: resista à pressa de reduzir o poema a uma sentença declarativa. Se o poeta tivesse sido capaz de colocar suas ideias em uma sentença afirmativa simples, ele não teria necessidade de escrever um poema.

Há algum momento de escolha ou mudança no poema? Será que o poema está posto em um mundo imutável? Ou será que está em constante transformação, do começo ao fim do poema? Se houver uma mudança, será que ocorre em relação *ao* poema ou em um momento de tomada de decisão do poeta/narrador? (Às vezes, essa escolha é muito óbvia, como no famoso "Two roads diverged in a yellow wood" ["A estrada bifurcou-se no bosque amarelo"]; em outras, ela é muito mais sutil.)

Há relações de causa e efeito? Será que o escritor articula seu estado de espírito ou sua experiência a qualquer evento ou causa particular? Em caso positivo, será que essa associação tem repercussão em você? Se não há causalidade no poema, será que há emoções ou eventos por alguma razão particular?

Qual é a tensão existente entre o físico e o psicológico, o terreno e o espiritual, a mente e o corpo? Será que os objetos e os cenários físicos do poema estão incentivando ou impedindo as emoções expressas? No mundo do poema, será que o físico leva à iluminação espiritual – ou será que bloqueia a espiritualidade? A mente e o corpo estão em guerra? Há tensão entre quais aspectos terrenos e espirituais do poema? Ou será que apenas um desses elementos está presente? Nesse caso... onde ficou o outro?

Qual é a temática do poema? Do que se *trata* o poema? Lembre-se, não há necessidade de formular uma sentença declarativa: você pode responder com uma única palavra, como "Dor", "Amizade", "Irlanda". Que palavra ou frase parece dar nome ao núcleo em torno do qual o poema gira?

Onde está o eu? Será que o eu do poeta está presente no poema? Em caso positivo, qual é a relação entre esse eu e a temática do poema?

O poema lhe é simpático? A pergunta: "Você simpatiza com esse poema?" não é a mesma que "Você concorda?". O poema repercute em você? Ou será que é incompatível com sua experiência? Você consegue identificar que partes do poema você reconhece, e quais lhe parecem estranhas?

Como esse poeta se relaciona com aqueles que vieram antes dele? Qual o posicionamento do poeta na retórica das ideias? Antigamente, os críticos viam os poetas mais jovens como rebeldes em relação aos mais velhos, desenvolvendo seus próprios estilos em resposta a uma geração anterior, ou, então, eles viam os poetas mais jovens assumindo as técnicas, os temas e até a linguagem dos poetas mais velhos e depois incorporando-os a novas obras poéticas. Será que você consegue reconhecer um desses relacionamentos entre as obras poéticas que tenha lido antes?

RELAÇÃO COMENTADA DE LEITURAS DE POESIA

Na lista a seguir, os poetas estão organizados por ordem cronológica de data de nascimento. Quando você lê um romance, estará lendo uma obra; quando lê uma série de poemas, está lendo uma vida. Então, em muitos casos, coletei "grandes obras", em vez de uma obra em particular, publicada ao longo da vida do poeta. Dado que os poemas não pretendem ser lidos de uma só vez, mas relidos diversas vezes, a lista de edições recomendadas tem por objetivo ajudá--lo a construir uma biblioteca de poesia. A maior parte desses poetas pode ser encontrada em diversas outras edições disponíveis. Listei alguns poemas "imperdíveis", de modo que, se você desejar usar outra edição, ainda pode apreciar as obras mais características do poeta.

Você é quem decide até onde quer levar sua investigação de um poeta que prende sua fantasia; para coletar os poemas, elaborei uma lista breve de poemas sugeridos que deveria ler. Se achar isso muito difícil, não precisa continuar lendo: um poema é como um condimento, não agrada a todos os paladares. Os poemas recomendados não são necessariamente os "melhores" de cada poeta (de qualquer forma, esse seria um julgamento impossível de fazer), mas são os poemas mais referidos, criticados e citados do poeta. Ao lê-los, você terá condições de entender o lugar que o poeta ocupa no amplo mundo da poesia.

Da mesma forma como na ficção, algumas dessas coletâneas de poemas estão disponíveis em edições de menor custo, se você se dispuser a encarar formatos menores de impressão. Para obras antigas, sugiro que consulte as traduções recomendadas, em vez de versões não datadas ou anônimas, muitas vezes usadas pelos livros de bolso mais baratos.

A Epopeia de Gilgamesh, 2000 a.C.

Edição recomendada: *A Epopeia de Gilgamesh*. Trad. Carlos Daudt de Oliveira. São Paulo: Martins Fontes, 2011. [Tradução em prosa, não em verso]

Logo no início do poema, o protagonista nos é apresentado da seguinte forma, segundo a tradução de Carlos Daudt de Oliveira:

> Uma deusa o [= Gilgamesh] fez forte como um touro selvagem; ninguém pode opor-se à força de seus braços. Não há pai a quem tenha sobrado um filho, pois Gilgamesh os leva todos; e é este o rei, o pastor de seu povo? Sua luxúria não poupa uma só virgem para seu amado, nem a filha do guerreiro nem a mulher do nobre.

Gilgamesh é uma das histórias mais antigas do mundo; essa coletânea de contos sobre o rei lendário Gilgamesh (provavelmente baseado em um rei real, que viveu onde hoje é o Iraque, por volta de 3000 a.C.) foi contada por centenas de anos antes de ter sido escrita. A primeira versão escrita do épico data aproximadamente de 2000 a.C., embora a versão que temos hoje seja uma cópia posterior da biblioteca do rei assírio Assurbanípal, que iniciou seu reinado em 669 a.C. Embora o interesse primordial de Assurbanípal fosse a conquista, ele se destacou como o primeiro bibliotecário. Empregou uma equipe de estudiosos para coletar a história, a poesia, a literatura religiosa e os escritos médicos e científicos dos povos vizinhos para sua biblioteca em Nínive. O *Gilgamesh* que conhecemos foi traduzido de alguma fonte desconhecida, provavelmente o sumério antigo, para a língua da Acádia falada pelos assírios, e foi copiado em tábuas de argila em escrita cuneiforme. A biblioteca de Assurbanípal foi destruída quando os babilônios invadiram a capital assíria em 612 a.C; assim, embora muitos dos contos estejam completos ("Gilgamesh e a Terra dos Vivos" and "Gilgamesh e o Touro do Céu"); outros ("A Morte de Gilgamesh") se encontram em fragmentos de textos mais longos. *A História sobre Gilgamesh* e *Enkidu no Inferno* é, ao que tudo indica, um relato de tradição isolada, copiado em tábuas assírias sem nenhuma tentativa de harmonizá-lo com os contos já existentes. A história de Gilgamesh e o dilúvio provavelmente vêm de uma tradição posterior, visto que ela também foi descoberta na língua suméria, com a introdução de outro personagem, chamado Ziusudra. Em algum momento desconhecido, ela também é incorporada à série de relatos de Gilgamesh.

Gilgamesh, que era em parte humano, em parte divino e tinha uma força sobrenatural, é o rei de Uruk. Quando ele começa a oprimir o povo, este começa a clamar ao deus do céu, Anu, pedindo alívio. Anu cria um homem selvagem, Enkidu, e o envia para desafiar a força de Gilgamesh. No fim, os dois acabam amigos; Enkidu consegue moderar os excessos de Gilgamesh, que aprende a viver entre homens civilizados. Os dois aventuram-se a matar o demônio Humbaba, o Terrível, que vive na floresta de Cedros ao sul de Uruk; posteriormente, também lutam juntos contra o Touro do Céu, que esbraveja pelo reino de Gilgamesh, matando centenas de seu povo. Os deuses, irritados com a força dos dois, enviam doenças a Enkidu. Quando ele morre, Gilgamesh, tomado pela dor, inicia uma jornada em busca do segredo da imortalidade, mantido por Utnapishtim, um homem velho e misterioso, que sobreviveu ao dilúvio que inundou o mundo há muito tempo. Utnapishtim conta a Gilgamesh como fazer para encontrar a planta mágica que o fará viver para sempre; mas, no caminho de volta para Uruk, Gilgamesh perde a planta: "Para que foi que planejei e me engajei nessa viagem?", lamenta ele, "Não ganhei absolutamente nada com isso!". Gilgamesh é um herói trágico; embora com sangue divino e muita força, ele é impotente contra a morte e a passagem do tempo, e sofre com a perda de seu amigo como qualquer humano mortal.

HOMERO

A Ilíada e a Odisseia, 800 a.C.

Edições recomendadas: *Ilíada*. Trad. Manuel Odorico Mendes. São Paulo: Ateliê, 2008.

Odisseia. Trad. Manuel Odorico Mendes. São Paulo: Edusp, 2000.

Ilíada. Trad. Carlos Alberto Nunes. São Paulo: Hedra, 2011.

Odisseia. Trad. Carlos Alberto Nunes. São Paulo: Hedra, 2011.

Ilíada. Trad. Haroldo de Campos. São Paulo: ARX, 2001.

Odisseia. Trad. Trajano Vieira. São Paulo: Editora 34, 2012.

Compare os versos de abertura da tradução da Odisseia de cada poeta a seguir e escolha a edição que soe melhor aos seus ouvidos.

Tradução de Odorico Mendes
Canta, ó Musa, o varão que astucioso,
Rasa Ílion santa, errou de clima em clima,
Viu de muitas nações costumes vários.
Mil transes padeceu no equóreo ponto,
Por segurar a vida e aos seus a volta;
Baldo afã! pereceram, tendo insanos
Ao claro Hiperiônio os bois comido,
Que não quis para a pátria alumiá-los.
Tudo, ó prole Dial, me aponta e lembra.

Tradução de Carlos Alberto Nunes
Musa, reconta-me os feitos do herói astucioso que muito
peregrinou, dês que esfez as muralhas sagradas de Troia;

muitas cidades dos homens viajou, conheceu seus costumes,
como no mar padeceu sofrimentos inúmeros na alma,
para que a vida salvasse e de seus companheiros a volta.
Os companheiros, porém, não salvou, muito embora o tentasse,
pois pereceram por culpa das próprias ações insensatas.
Loucos! Que as vacas sagradas do Sol hiperiônio comeram.
Ele, por isso, do dia feliz os privou do retorno.
Deusa nascida de Zeus, de algum ponto nos conta o que queiras.

Tradução de Trajano Vieira

O homem multiversátil, Musa, canta, as muitas
errâncias, destruída Tróia, urbe sacra,
as muitas cidadelas e homens cuja mente
escrutinou, as muitas dores que amargou
no mar a fim de preservar o próprio alento
e a volta aos sócios. Não os salva, desejoso
embora: a insensatez – pueris! – os vitimou,
pois Hélios hiperônio lhes recusa a luz
da volta, morto o gado seu que eles comeram.
Começa desse ponto o canto, musa olímpica!

Tanto Aquiles, o herói da *Ilíada*, quanto Odisseu (entre nós mais conhecido como Ulisses, versão latina do grego Odisseu), o herói da *Odisseia*, sofrem com o próprio brilhantismo: são fortes demais, influentes demais, poderosos demais para seu próprio bem, não podem sujeitar-se nem mesmo à mais leve humilhação pública; zelando ciosos por sua reputação, provocam estragos na vida de todos ao seu redor. A *Ilíada* é ambientada no último ano da Guerra de Troia, que durou dez anos; os gregos, que haviam navegado através do mar Egeu para Troia, estão acampados ao redor da cidade em tendas e barracas improvisadas, sitiando o local. O comandante grego, Agamêmnon, e Aquiles, o maior guerreiro grego, brigam pelas mulheres capturadas, e Aquiles – publicamente humilhado por Agamêmnon, mas atado à lealdade para com seu rei, sob juramento – reclama com sua mãe, a deusa do mar, Tétis. Tétis canaliza a ira de Zeus contra Agamêmnon e os outros gregos, e Agamêmnon é convencido, por um sonho, a fazer um ataque desastroso contra Troia. Mas quando os deuses começaram a se envolver na batalha, o conflito entra em uma espiral de caos. Zeus acaba interrompendo a luta e ralha com seus colegas divinos por terem interferido a favor dos gregos. Quando a batalha recomeça, Zeus em pessoa dá instruções a Heitor, filho do rei de Troia e seu mais poderoso guerreiro. Mas o deus do mar, Posseidon, apoia o herói grego Ájax. Quando Heitor é ferido, os troianos são obrigados a recuar. Heitor, depois de fazer curativos, volta para a batalha. Por fim, Zeus dá permissão a todos os deuses para se engajarem de novo na batalha, e a guerra toma forma de uma luta em dois planos: o do confronto entre os exércitos humanos, por um lado, e a disputa entre os deuses, por outro. Quando Atena, que ama os gregos, induz Heitor a entrar na luta contra Aquiles, Heitor é morto e Aquiles arrasta seu corpo ao redor da cidade. Mas Zeus intervém de novo, pedindo a Tétis que instrua seu filho, Aquiles, a devolver o corpo a Príamo, o rei de Troia. Príamo resgata o corpo de seu filho junto a Aquiles e o relato termina em um grande funeral.

Já a *Odisseia* ocorre depois da Guerra de Troia. Ulisses, um rei grego, começa a navegar para casa, mas apesar dos outros gregos terem regressado sem incidentes, Ulisses é desviado de sua rota pela hostilidade de Posseidon, que envia tempestades para naufragar o navio de Ulisses e isolá-lo. Nesse meio tempo, sua esposa, Penélope, está sob intensa pressão para se casar de novo; ela afastou seus pretendentes, mas já não tem mais como evitar. Enquanto isso, Ulisses luta para voltar para casa. No caminho, ele escapa: da terra dos Comedores de Lótus (onde seus homens ficam drogados e, assim, indolentes quando ingerem uma planta mágica); da caverna do Ciclope de um olho só (filho de Posseidon; quando Ulisses o cega, o deus fica ainda mais irado); da deusa Circe (que transforma seus homens em porcos e seduz Ulisses); e de uma viagem paralela para o reino de Hades. Então, ele passa pela ilha das sereias (que tentam os homens à morte com suas canções) e sobrevive a uma viagem por um estreito istmo entre o monstro de seis cabeças, Cila, e o enorme redemoinho de água Caríbdis, para naufragar na ilha que pertence a Hélio, o deus do sol. Quando seus homens comem os bois sagrados de Hélio, Zeus os mata e destrói seu navio; quando fugia, Ulisses é sugado para Caríbdis e vomitado para a ilha da ninfa Calipso, que tenta se casar com ele. Finalmente, ele escapa de Calipso e volta para casa, bem quando Penélope já havia usado todas as suas técnicas para afastar seus pretendentes. Quando Ulisses vê sua casa cheia de guerreiros hostis, que têm a esperança de casar-se com sua esposa, ele se disfarça de mendigo, até estar em condições de organizar uma disputa armada, cujo ganhador mereceria a mão de Penélope em casamento. Com o arco na mão, ele se volta para os pretendentes, mata todos e recupera seu trono.

Líricos gregos, 600 a.C.

Edições recomendadas: *Antologia de Poetas Gregos e Latinos.* Org. Paulo Martins. São Paulo: DLCV-FFLCH-USP, 2010. Disponível em: http://www.usp.br/iac/Textos/apl_2010.pdf. Acesso em: 24/02/2015.)

Leonardo Antunes, *Ritmo e Sonoridade na Poesia Grega Antiga.* São Paulo: Humanitas, 2012.

Lira Grega: Antologia de Poesia Arcaica. Trad. Giuliana Ragusa. São Paulo: Hedra, 2014.

Frederico Lourenço, *Poesia Grega de Álcman a Teócrito*. Lisboa: Cotovia, 2006.

Não deixe de ler: os poemas de Safo, Píndaro e Sólon, os quais vao lhe revelar uma grande variedade de estilos e temas poéticos.

Os poemas líricos gregos, que só existem hoje em fragmentos, foram escritos para serem apresentados no palco, acompanhados pela lira. A poesia destinada ao coro era entoada em uníssono por um coral bem treinado. Já a parte monódica da poesia era recitada por um poeta. Toda a poesia lírica grega tinha suas raízes no culto aos deuses, e os poemas são quase todos moldados pelas invocações de deidades e pelos apelos ao favor divino. Mas, dentro dessa estrutura, os gregos escreviam poemas que vão dos apelos passionais de Safo,

> mas calada a língua se quebra,
> leve e sob a pele um fogo me corre,
> com os olhos nada vejo, sobrezum-
> bem os ouvidos
> frio suor me envolve, tremo
> toda tremor, mais verde que relva

estou, pouco me parece faltar-me
para a morte.
Mas tudo é ousável e sofrível...[27]

passando pelo coral religioso, impessoal, que lembra um hino, de Píndaro:

Porém todos os que Zeus desamou
estremecem ouvindo o clamor
sonoro das Piérides
na terra ou no mar indomável.
Assim aos deuses adverso
Tífon o de cem testas
jaz no Terrível Tártaro[28]

até as meditações políticas e filosóficas de Sólon:

Nós, os mortais, igualmente o bom e o mau, pensamos assim:
corre bem a reputação que cada um possui de si mesmo,
antes de sofrer algo; então se lamenta mais tarde [...].[29]

Embora os corais líricos e os hinos em louvor aos deuses sejam arcaicos hoje, a lírica monódica grega (que retrata um momento particular do tempo, ou um instante da experiência emocional detalhada, como faz Safo) era surpreendentemente inovadora em seu tempo – e permanece completamente compreensível para nós, séculos mais tarde. O epigrama, uma forma de verso ligeiramente posterior, condensava um único estado de espírito, experiência ou conclusão em uma ou duas sentenças compactas e refinadas. Os poetas ingleses posteriores emprestaram os termos *ode* e *elegia* (nomes que originalmente se referiam a tipos diferentes de métrica) e os deram a seus poemas – e encontraram, na capacidade grega de captar uma única impressão viva em um verso, uma finalidade apropriada para sua poesia.

---

[27] Do Fragmento 31, em tradução de Jaa Torrano.

[28] Da Pítica 1, em tradução de Haroldo de Campos.

[29] Do Fragmento 13, em tradução de Carlos Augusto Menezes Maia.

HORÁCIO

Odes, 65-8 a.C.

Edição recomendada: *A Lyrica de Q. Horacio, Poeta Romano, Trasladada Literalmente em Portuguez por Elpino Duriense.* 2 vol. Lisboa: Impressam Regia, 1807.

Volume 1 disponível em: https://books.google.co.in/books?id=P9U-9AAAAcAAJ&printsec=frontcover&dq=editions:s9yN5sFqstIC&hl=zh-CN&sa=X&ei=S-7YVIbDE6a1sATsg4HQBw&ved=0CCYQ6AEwAQ#v=onepage&q&f=false. Acesso em: 9 fev. 2015.

Volume 2 disponível em: https://books.google.co.in/books?id=RtU-9AAAAcAAJ&printsec=frontcover&dq=editions:s9yN5sFqstIC&hl=zh-CN&sa=X&ei=S-7YVIbDE6a1sATsg4HQBw&ved=0CB0Q6AEwAA#v=onepage&q&f=false. Acesso em: 9 fev. 2015.

Não deixe de ler: para ter exemplos das odes mais conhecidas, leia o livro I, Odes 1-9, 17 e 30; livro II, Odes 19-20; livro III, Odes 1-6 e 13; e livro IV, Odes 1 e 7.

A vida é curta e a morte está chegando, então aproveite cada momento. As *Odes* de Horácio organizam-se em torno desta filosofia; elas tendem a começar com uma cena ambientada na natureza ou na sociedade (um grande banquete, uma festa com bebidas, uma floresta ao cair da tarde) e progridem dessa imagem concreta para uma discussão breve que explica por que (e como) o leitor deve apreciar o que traz cada dia, sem temer o futuro. As *Odes* não são unificadas por algum assunto. Por sua vez, Horácio se dirige a várias mulheres, donzelas virgens, a seu amigo Sétimo e aos deuses, de Calíope a Baco. Ele escreve sobre o clima, a natureza ("Brinca todo o gado no rés da relva / quando vem dezembro com tuas nonas, / sobre o prado o pago festeja")[30], a vida no campo, o sentido da cidadania romana, os festivais, as festas e o amor. Mas sua filosofia de *carpe diem* ("colhe o dia", apreendendo o que traz, sem ficar apreensivo) molda cada poema. Esse conselho pragmático é dado com inteiro conhecimento de que a morte seja inevitável, mas Horácio não vê isso como motivo para queixa. Antes, a aproximação constante da morte torna-se um centro moral de sua obra: aceite sua mortalidade e sempre aja com a plena consciência de que o tempo é curto.

---

[30] Versos 9-11, de *Odes III 18, em tradução de Guilherme Gontijo Flores.*

A composição poética de Horácio representa seu esforço de "aproveitar o momento presente". Na primeira ode, ele descreve as várias formas que o homem escolhe para "aproveitar o dia":

Ó Mecenas, nasceste entre os antigos reis,
ó meu pé basilar, ó doce glória,
há quem ame exibir pó da olimpíada:
como o carro esquivou eixos tão férvidos
contra a meta ao ganhar palma ilustríssima
que aos deuses os alçou, donos sobre este chão;
este gosta de ver tantos quirites vãos
combater por ganhar honras trigêmeas;
outro, ver construção, base de um armazém,
para então estocar trigos da Líbia;
quem prefere o arado entre seus pátrios
campos, nem com os bens régios de um Átalo
poderás impelir com mastro cíprio
para tímido entrar, nauta no mírteo mar;
e quando o Áfrico rasga ondas icárias,
medroso, o mercador louva o seu ócio,
e o seu campo, depois logo vai refazer
nau que já naufragou: não quer misérias;
há quem nem um ancião Mássico em cálices,
nem mesmo a placidez de um dia prático
perca, e pouse o seu corpo entre o verdor, na paz
de um arbusto, ou então na água puríssima;
este é bom militar, ama o entrelaçar
de trombeta e clarim, guerras que a pobre mãe
detesta; outro aguentou frígido Júpiter
ao caçar e esqueceu logo a sutil mulher,
quando à cerva avistou um dos seus cães fiéis,
ou algum javali marso os ardis rompeu.
Quanto a mim, uma hera, honra dos homens cultos,
junto aos deuses me uniu; bosque congélido,
leves danças de Ninfa entre as dos Sátiros
me afastam do vulgar, se nem as tíbias

Euterpe coibir, nem Polímnia
recusar-se a tocar lésbico bárbito.
Se me deixas viver vate entre os líricos,
com a fronte sublime astros eu vou ferir.[31]

Beowulf, 1000 d.C.

Edições recomendadas: *Beowulf*. Edição Bilíngue. Trad. Erick Ramalho. Belo Horizonte: Tessitura, 2008.

Assim como os épicos de Homero, esse poema foi apresentado originalmente de forma oral; você poderá ouvi-lo em edição completa de áudio, na voz de Heaney (Nova York, High Bridge Company, 2000).

Beowulf, provavelmente composto de forma oral no século VIII, recebeu forma escrita no final do século X, no dialeto saxão ocidental; carrega marcas de sua origem oral em seus versos aliterativos, que contêm quatro sílabas tônicas, duas ou três das quais começam com o mesmo fonema; e seu uso de nomes com fórmulas hifenizadas, *kenning* [conhecer], que descrevem pessoas ou objetos em termos de suas qualidades de caráter e fornecem sílabas extras para preencher a métrica (de modo que, se necessário, o mar se torne uma "rota das baleias"; uma vela de navio, um "xale do mar", e o monstro Grendel, o "maldito de Deus", o "observador do salão", o "caçador de sombras" e o "negociador do terror").

No início do poema, o rei dinamarquês Hrothgar está diante de um problema: ele havia construído um salão de campo bonito em uma montanha bem iluminada, mas um monstro, descendente do Caim da Bíblia, está à espreita no emaranhado de pântanos mais abaixo, para sempre separado de Deus e dos homens. Grendel ataca à noite, devorando os homens de Hrothgar e aterrorizando suas vítimas, e ninguém consegue derrotá-lo – até que o herói Beowulf viaja de Götaland para ajudar. Beowulf luta com Grendel com suas próprias mãos e o derrota. Mas a mãe de Grendel, com sede de vingança, é duas vezes mais maligna. Beowulf luta para derrotá-la e acaba sendo forçado a usar uma espada mágica da época dos gigantes para matá-la. Depois de suas vitórias, Beowulf é coroado rei e governa de forma pacífica por

[31] Ode I, 1, em tradução de Guilherme Gontijo Flores.

cinquenta anos – até que um ladrão, quando roubava um cálice crivado de joias da caverna do dragão, acorda o dragão. Ele perambula pelo campo, queimando casas e matando suas vítimas, e o velho rei se arma para uma última batalha. Ele derrota o dragão, mas morre no processo, e é queimado na praia enquanto seu povo chora.

As batalhas de Beowulf contra os três monstros pede uma interpretação alegórica. John Gardner sugere que os três inimigos representam o funcionamento defeituoso de três partes diferentes da alma (Grendel representa a insensatez; a mãe de Grendel, a falta de senso moral; o dragão, a entrega ao prazer e à cobiça); muitos outros críticos destacaram que Beowulf é uma figura óbvia de Cristo, que entra em confronto com o dragão satânico, junto com doze seguidores e morre para proteger seu povo; Grendel, o monstro das pradarias, é a alma pagã, separada de Deus. Não obstante, esses elementos inegavelmente cristãos vêm misturados com uma submissão completa anticristã ao destino impessoal (*wyrd*), uma aceitação acrítica da ética do guerreiro que demanda vingança pela morte de um parente e uma fé fervorosa em encantos e demônios antigos. Interpretação alegórica à parte, a história é simplesmente uma leitura de qualidade; você vai ouvi-la em frases roubadas por escritores posteriores, desde Tolkien até Conan Doyle, e, nas mãos de Seamus Heaney, os versos se tornam belos e francamente assustadores:

> Não longe dali
> um bosque rijo da geada assoberba
> certa lagoa; o barranco que os liga
> são revoltas raízes reflexas na água.
> À noite lá se dá – é horripilante:
> essa água ebule. E ao fundo da lagoa
> mortal nenhum nunca foi.
> Nas margens, o cervo estaca:
> o gamo em fuga dos cães que o farejam
> vai se virar e enfrentá-los com o chifre afiado
> e no bosque morrer – não vai mergulhar
> sob a superfície. É um péssimo lugar.[32]

[32] Versos 1361-1372, em tradução de Érico Nogueira.

DANTE ALIGHIERI

Inferno, 1265-1321

Edições recomendadas: *A Divina Comédia*. Edição bilíngue.
Trad. Vasco Graça Moura. São Paulo, Landmark, 2011.

A Divina Comédia. Edição Bilíngue. 3 vols.
Trad. Italo Eugenio Mauro. São Paulo, Editora 34, 2010.

A Divina Comédia. Trad. João Trantino Ziller. São Paulo, Ateliê, 2011.

Inferno. Trad. Jorge Wanderley. Rio de Janeiro, Record, 2004.

Compare as seguintes traduções desse excerto do Canto III, em que Dante se aproxima das portas do inferno:

Tradução de José Pedro Xavier Pinheiro

"Por mim se vai das dores à morada,
Por mim se vai ao padecer eterno,
Por mim se vai à gente condenada.
Moveu Justiça o Autor meu sempiterno,
Formado fui por divinal possança,
Sabedoria suma e amor supremo.
No existir, ser nenhum a mim se avança,
Não sendo eterno, e eu eternal perduro:
Deixai, ó vós que entrais, toda a esperança!"
Estas palavras, em letreiro escuro,
Eu vi, por cima de uma porta escrito.
"Seu sentido" – disse eu – "Mestre me é duro".

Tradução de Italo Eugenio Mauro

"Vai-se por mim à cidade dolente,
vai-se por mim à sempiterna dor,
vai-se por mim entre a perdida gente.
Moveu Justiça o meu alto Feitor,

fez-me a divina potestade, mais
o supremo saber e o primo amor.
Antes de mim não foi criado mais
nada senão eterno, e eterna eu duro.
Deixai toda esperança, ó vós que entrais."
Essas palavras vi, num tom escuro
Escritas sobre o alto de uma porta,
donde eu: "Meu mestre, o seu sentido é duro".

Na Sexta-Feira Santa, Dante (o narrador de seu próprio poema) se perde em uma floresta escura; não sabendo se estava dormindo ou acordado, ele tenta abrir caminho, mas topa com animais selvagens que impediam seu caminho. O fantasma do poeta romano Virgílio aparece, oferecendo-se para lhe indicar o caminho que levará Dante ao Céu e ao espírito de Beatriz – a paixão platônica de Dante –, mas Virgílio adverte que primeiro terão de passar pelo Inferno.

A viagem pelo Inferno revela que o lugar é composto por círculos concêntricos que vão do cinturão mais externo – onde residem os menos condenáveis (nessa antessala ficam as almas daqueles que viveram "sem vergonha e sem louvor", que não mereciam nem o céu nem o inferno) – até o nono círculo, o mais interno, que contém as almas daqueles que traem sua família, seu país e seus benfeitores. Bem no centro do Inferno encontra-se Lúcifer em pessoa, congelado no gelo, mastigando os três maiores pecadores da história: Judas, que traiu Cristo, e Cássio e Bruto, que traíram César. (O que está em jogo é a traição de amigos próximos e confiáveis, e não um paralelo entre César e Cristo.) Do primeiro até o nono círculo, Dante classifica os pecados desde o menos ao mais repreensível e fornece uma punição para cada um. Essas punições demonstram profundo discernimento da natureza do mal, que é retratado primeiro como uma escolha, e depois como uma inevitabilidade que lança seus devotos em um ciclo vicioso repugnante. Os pecadores do Inferno de Dante passam a eternidade cometendo atos que desprezam, sem nenhuma esperança de um fim.

Ao escrever, Dante sempre teve em mente a exegese que São Tomás de Aquino prescreveu para a interpretação da Bíblia. Sua viagem pelo inferno é uma aventura literal e também uma viagem alegórica da alma, que vislumbra a verdadeira natureza do reino de Satanás e, para além dela, as belezas dos céus ("Nessa vereda escusa penetramos", conclui Dante, na tradução de Xavier Pinheiro, "De nós nenhum de repousar cuidara. / Virgílio e eu, logo após, nos elevamos / Té que do ledo céu as cousas belas / Por circular aberta divisamos: / Saindo a ver tornamos as estrelas."); uma viagem tropológica, que demonstra o desenvolvimento de todas as diferentes variações de pecados; e ainda uma viagem escatológica, que revela um vislumbre do Juízo Final.

Sir Gawain e o Cavaleiro Verde, 1350

Edição recomendada: *Sir Gawain e o Cavaleiro Verde*. Trad. Marta de Senna. Rio de Janeiro: Mobile Editorial, 2012. (Essa tradução, embora cuidadosa, está composta em prosa, não em verso. Ainda assim, pode ser lida com proveito e prazer pelo interessado.)

Gawain é membro da corte de Arthur, aquele palácio esplendoroso e reluzente, com o brilho de Hollywood, cheio "dos mais nobres cavaleiros conhecidos como devotos a Cristo / e as damas mais adoráveis que jamais viveram sobre a Terra". No Natal, a festa principal do ano cristão, um Cavaleiro Verde galopa para dentro do salão de Arthur, escarnece dos cavaleiros ("Assentados naqueles bancos não pareciam mais do que crianças imberbes") e lança um desafio: ele permitiria a qualquer cavaleiro golpeá-lo com um machado, desde que pudesse dar o troco daí a mais ou menos um ano. O silêncio invade o salão, até que Arthur, em pessoa, se levanta e aceita o desafio – ocasião na qual Gawain, seu sobrinho e sangue de seu sangue, se oferece para entrar no "jogo" pelo tio. Gawain corta a cabeça do cavaleiro verde, mas o cavaleiro leva sua cabeça debaixo do braço, lembrando Gawain de encontrá-lo na "capela verde" em um ano e um dia.

Um ano se passa e Gawain – por força de seu juramento – parte para encontrar a capela verde. Perdido na selva, ele ora para a Virgem Maria orientá-lo e imediatamente vê um castelo onde vai procurar abrigo. O Senhor e a Senhora do castelo lhe oferecem sua hospitalidade por três dias. Todas as manhãs, a Senhora tenta seduzi-lo enquanto seu marido caça, mas Gawain rejeita todas as suas tentativas, menos a última, em que ela lhe oferece uma cinta verde que o tornaria magicamente invencível. Gawain pega a cinta e a mantém em segredo diante do Senhor do Castelo, embora tivesse prometido dar ao seu anfitrião qualquer coisa que fosse adquirir durante sua estada. Quando finalmente Gawain se encontra com o Cavaleiro Verde, o Cavaleiro floreia o machado em sua direção duas vezes, golpeia-o uma vez e, depois, revela sua verdadeira identidade: ele é o Senhor do Castelo e o golpe foi a punição pela fraqueza de Gawain em aceitar a cinta verde e mantê-la em segredo. "Os verdadeiros homens pagam suas dívidas", observa Gawain. "Faltou-lhe, meu caro, um pouco de lealdade." Gawain, envergonhado de sua falta, passou a usar a cinta verde como parte de sua armadura; e seus companheiros da távola redonda também adotaram a cinta verde, o "sinal [...] da covardia e da cobiça". A Camelot do poema é rica em ética de cavalaria, aquele conjunto de valores que englobam honestidade, cortesia, respeito às mulheres, lealdade inabalável aos líderes e fé cristã. Não obstante, há uma inquietação no coração de Camelot, uma dúvida, se essa cavalaria – o código que substituía o código sangrento e primitivo de vingança, que se encontra em *Beowulf* – é, na verdade, um substituto varonil. Gawain é capaz de resistir à sedução, mas, no final, falta-lhe coragem.

GEOFFREY CHAUCER

Os Contos de Cantuária, 1343-1400

Edição recomendada: *Os Contos de Cantuária*. Edição bilíngue.
Trad. Paulo Vizioli. São Paulo, Editora 34, 2014.
(Tradução em prosa do inglês médio original.)

Os Contos de Cantuária. Trad. José Francisco Botelho.
São Paulo, Penguin / Companhia, 2013.
(Retradução em verso da tradução inglesa moderna de Nevill Coghill.)

Leia pelo menos: "O Prólogo"; "O Conto do Cavaleiro"; "O Conto do Moleiro"; o Prólogo de "A Esposa de Bath"; "O Conto da Esposa de Bath"; "O Conto do Vendedor de Indulgências" e "Retratação de Chaucer".

Antes de decidir que versão usar, leia o excerto abaixo:

Prólogo. Trad. Paulo Vizioli

Quando abril, com as suas doces chuvas, cortou pela raiz toda a aridez de março, banhando os veios com o líquido que pode gerar a flor; quando Zéfiro também, com seu sopro perfumado, instilou vida em tenros brotos, pelos bosques e campinas; quando o sol na juventude percorreu metade de seu curso em Áries...

Prólogo. Trad. José Francisco Botelho

Quando o chuvoso abril em doce aragem
Desfez março e a secura da estiagem,
Banhando toda a terra no licor
Que encorpa o caule e redesperta a flor,
E Zéfiro, num sopro adocicado,
Reverdeceu os montes, bosques, prados,
E o jovem sol, em seu trajeto antigo,
Já passou do Carneiro do Zodíaco...

Os peregrinos de Chaucer partiram de Londres, aquela cidade secular, em uma viagem para a Cantuária, o centro da fé cristã na Inglaterra. A viagem muitas vezes causa estranheza (trata-se de uma viagem de pelo menos três dias, mas parece que os peregrinos nunca dormem) e o grupo de peregrinos é extremamente variado, com um representante de cada nível social, do cavaleiro aristocrático até o moleiro da classe trabalhadora. Cada peregrino conta sua história ao redor do fogo – os Contos de Cantuária. Para essas histórias, Chaucer usa formas literárias comuns: A *sátira de classes*, um retrato dos vícios de determinada classe social; o *romance*, um conto sério, longo, com narrador sério e confiável, muitas vezes histórico, usualmente concernente a cavaleiros, reis e outros personagens aristocráticos; os *fabliaux*, uma história curta, caracterizada por personagens de classe baixa e humor obsceno; a *fábula de bestiário*, que, como as fábulas de Esopo, é um conto moral, com animais falantes; o *exemplum*, um conto moral curto, uma ilustração de pregador. Não obstante, ele usa cada uma dessas formas com uma piscadela e uma cutucada, parodiando as convenções de cada uma; os contos não são mais "reais" do que os peregrinos, que (embora em uma jornada espiritual) passavam seu tempo bebendo, fazendo festa, cantando e contando piadas obscenas. O *Conto do Cavaleiro*, um romance longo (e enfadonho), entre personagens de berço esplêndido, é seguido imediatamente pelo *Conto do Moleiro*, que reverte cada uma das convenções do romance, colocando personagens libertinos e estúpidos no centro do enredo, que culmina não com um beijo casto, mas com humor escatológico. O *Conto da Esposa de Bath*, que (ela nos garante) vai revelar o que as mulheres desejam *realmente*, termina descrevendo o que os homens desejam realmente (uma esposa que é perpetuamente jovem e bonita e completamente submissa).

No final de seu livro, Chaucer se retrata dos contos de forma meticulosa junto com suas outras "traduções mundanas", transferindo, assim, a culpa por apreciá-los para o leitor. Os estudiosos discutem essa retratação eternamente. Será que um arrependimento de leito de morte é genuíno? O que foi inserido por copistas posteriores? Será o poema irônico, pelo qual o poeta está desferindo um golpe contra a ideia de que os contos tenham que ser "de outro mundo" para serem válidos? A última explicação parece a mais provável; os *Contos de Cantuária*, narrados por peregrinos que (teoricamente) têm a mente focada em coisas superiores, ilustram a impossibilidade de manter a imaginação concentrada nessas coisas, em detrimento de assuntos mundanos.

WILLIAM SHAKESPEARE

Sonetos, 1564-1616

Edições recomendadas: *Sonetos*. Edição bilíngue. Trad. Jorge Wanderlei. Rio de Janeiro, Civilização Brasileira, 1991.

Os Sonetos Completos. Trad. Vasco Graça Moura. São Paulo, Landmark, 2005.

154 Sonetos. Trad. Thereza Christina Rocque da Motta. São Paulo, Ibis Libris, 2009.

Não deixe de ler: 3, 16, 18, 19, 21, 29, 30, 36, 40, 60, 98, 116, 129, 130, 152.

Os sonetos de Shakespeare seguem uma forma inglesa particular de soneto. Cada um está escrito em pentâmetro iâmbico, um esquema de ritmo em que cada verso tem dez sílabas; essas sílabas são divididas em pares, ou "pés", chamados de *iambos*. Cada iambo tem uma sílaba átona, seguida de uma sílaba tônica; quando essas são analisadas, ou escritas em notação poética, elas são marcadas respectivamente como "u" e —

primeiro pé		*segundo pé*		*terceiro pé*		*quarto pé*		*quinto pé*	
u	—	u	—	u	—	u	—	u	—
My	MIS	tress	EYES	are	NO	thing	LIKE	the	SUN

Os sonetos contêm quatorze versos pentâmetros iâmbicos. Os doze primeiros versos estão divididos em três quartetos, cada um dos quais contém quatro versos com o esquema de rima *abab cdcd efef*. Esses quartetos estão relacionados no significado; eles apresentam três ideias paralelas, ou constroem um argumento com três pontos. Ou o primeiro quarteto apresenta a ideia e, então, os dois seguintes a complicam ou explicam. Os dois últimos versos, um dístico rimado, têm o esquema de rima *gg* (eles só rimam um com o outro). Embora Shakespeare seja fiel a essa rima, ocasionalmente também faz uso do desenvolvimento de sentido de Petrarca, em que os primeiros oito versos colocam um problema, enquanto os seis seguintes o solucionam ou reagem a ele. Essa forma de soneto poderá começar a guiar sua leitura: os sonetos não veiculam impressões ou estados de espírito, nem relatam histórias; eles propõem problemas e procuram respostas.

Embora os sonetos possam ser lidos separadamente (e resmas de críticas foram escritas sobre cada aspecto de sua construção), eles também são tradicionalmente lidos como partes de um todo, como uma sequência. Lido dessa maneira, o poema parece revelar um "narrador" que necessariamente é o próprio Shakespeare. O "poeta", enquanto personagem, pode ser discernido por trás dos sonetos; ele está descontente, incansável, resistindo à calma e ao repouso. Três outros personagens também podem ser encontrados nos sonetos. A "Dama Escura" é referida no Soneto 127 como uma "beleza negra"; "Negros qual corvos são os olhos dela", explica o poeta. A "Dama Escura" é descrita novamente nos sonetos 130, 131 e 132 e também é referida em outros lugares; um poeta rival aparece em nove sonetos (21, 78-80, e 82-86); e o jovem, endereçado nos primeiros dezessete sonetos, é louvado por sua juventude e sua beleza (fugaz) e é encorajado a se casar e passar sua beleza a seus filhos: "A morte o que fará se tu partires?", pergunta o poeta no Soneto 6, "Deixar-te viver na posteridade?".

JOHN DONNE

1572-1631

Edições recomendadas: *John Donne – o Dom e a Danação: Texto Crítico e Dez Poemas Traduzidos por Augusto de Campos.* 2. ed. Ilha de Santa Catarina, Noa Noa, 1980.

Augusto de Campos, *Verso, Reverso, Controverso.* São Paulo. Perspectiva, 1978.

John Donne: O Poeta do Amor e da Morte. Trad. Paulo Vizioli. São Paulo, J. C. Ismael, 1985.

Não deixe de ler: Elegia I ("Para sua Amante, Indo para a Cama"); Elegia 12 ("O Idiota Leigo da Natureza"); "A Pulga"; "Canção, Eu Vou e Pego uma Estrela Cadente"; "A Aurora"; "A Canonização"; "Ar e Anjos"; "A Alquimia do Amor""; "A Isca"; "Uma Despedida: Proibindo as Lamentações"; "O Êxtase"; e a sequência de dezesseis sonetos de "Sonetos Sacros".

A reputação de John Donne como um libertino, dissoluto, declamador de poesia em voz alta, que se transformou miraculosamente em um religioso devoto e decano da Catedral de São Paulo, não é totalmente merecida. É verdade que Donne passou a primeira parte de sua vida como um cortesão e homem mundano, e que teve um caso com a sobrinha do seu chefe, de dezesseis anos, Anne More, quando ele já chegava aos trinta. Mas se casou com Anne (depois de o pai dela tê-lo posto na prisão) e viveu fiel a ela daí para a frente. E, embora a poesia de Donne seja tradicionalmente dividida em duas partes – a poesia de amor mundano, escrita na primeira parte de sua vida, e a poesia de devoção a Deus, produzida em seus anos posteriores –, ele realmente começou a escrever poesia religiosa anos antes de se tornar sacerdote, e continuou produzindo poesia amorosa dois anos depois de sua ordenação.

A poesia de John Donne é marcada pelo uso do "conceito metafísico", um mecanismo que junta, à força, duas imagens ou ideias inverossímeis. Provavelmente o mais notório dos conceitos de Donne apareça em "Pulga", que compara o sexo a uma pulga empanturrada de sangue, que havia picado dois amantes; o sexo e a pulga, ambos mesclam o sangue dos amantes em um só corpo. "Nota esta pulga", o amante diz impaciente à sua amante relutante, "e nota, através dela / que o que me negas é uma bagatela".[33] Ela não dormiria com ele, por seu senso de honra, mas – destaca ele – a pulga já está combinando seus fluidos corpóreos e ninguém está passando vergonha por isso. (A pulga, acrescenta ele pateticamente, teve mais sorte do que ele).

Os *Holy Sonnets* [Sonetos Sacros] de Donne, escritos mais tarde, na maturidade, são sonetos petrarquistas (combinando o octeto de oito versos, de rimas *abbaabba*, com um sexteto de seis versos; o esquema da rima do sexteto varia, mas os últimos dois versos usualmente rimam e fornecem a conclusão). Eles fazem uso de pensamentos menos grotescos: "Eu sou um pequeno mundo engenhosíssimo / De elementos e lampejo angelical", é assim que começa a quinta meditação, prosseguindo com a descrição da ruína do pequeno mundo por causa do pecado e do julgamento de fogo que deve consumi-lo. E o coração de Donne se torna, primeiro, um castelo conquistado, depois, uma vila ocupada, e, finalmente, uma donzela cativada em "Batter my heart, three-person God" ["Bate meu coração, Deus trinitário"], que conclui com:

> Conduze-me a ti, me prende, porque eu,
> se tu me não cativas, não me livro;
> nem, se não violentas, casto fico.[34]

Por todos os *Sonetos*, a persona poética de Donne não é capaz de fazer nada que seja bom por si mesmo: ele é um escravo desesperado do pecado e de Satanás, necessitando da ação violenta da parte de Deus para resgatá-lo. "Nem uma hora eu posso me aguentar", escreve ele e conclui a "Meditation 2" [Meditação 2] com um apelo desesperado a Cristo, o Guerreiro:

> salvo se vens e se por mim pelejas:
> ai, vou desesperar tão logo eu veja
> que, amando os homens, vais me pôr de parte;
> Satã, que odeia, urdindo minha morte.[35]

---

[33] Tradução de Augusto de Campos.

[34] Tradução de Érico Nogueira.

[35] Idem.

BÍBLIA KING JAMES

Psalms[36] [Salmos], 1611

Edições recomendadas: *Bíblia de Jerusalém*. São Paulo: Edições Paulinas, 1985.

Bíblia Sagrada. Trad. João Ferreira de Almeida. Edição Revista e Corrigida. Barueri: Sociedade Bíblica do Brasil, 1969.

Não deixe de ler os Salmos 1, 2, 5, 23, 27, 51, 57, 89, 90, 91, 103, 109, 119, 121, 132, 136, 148, 150.

A "versão autorizada" da Bíblia, tradução patrocinada pelo rei Jaime I da Inglaterra, afetou a língua inglesa pelos séculos posteriores, e os Salmos – o livro de poemas da Bíblia – coloriu a linguagem dos poetas até o século XX. Os tradutores dessa versão inglesa de 1611 tinham a intenção de produzir uma Bíblia que fosse acessível a todos os leitores. Essa tradução, escreveram eles no prefácio, "abriu a janela para deixar a luz entrar [...] quebrou a casca para que pudéssemos comer o miolo [...] abriu a cortina, para que pudéssemos visualizar o Santo dos santos [...] retirou a cobertura da fonte, para que pudéssemos chegar à água". Em sua tentativa de "abrir" os Salmos para os leitores do século XVII, os tradutores verteram a poesia hebraica em bom inglês, mantendo algumas convenções e violando enormemente outras. Eles mantiveram fielmente a estrutura hebraica típica do verso poético envolvendo duas (e, com menos frequência, três) frases paralelas, estrutura essa que fica evidente no Salmo 2, 1-4:

> Por que as nações se amotinam
> e os povos meditam em vão?
> Os reis da terra se insurgem,
> e, unidos, os príncipes conspiram
> contra Iahweh e contra seu Messias:
> "Rebentemos seus grilhões,
> sacudamos de nós suas algemas!".
> O que habita nos céus ri,
> o Senhor se diverte à custa deles.

[36] Para efeito dessa tradução, usamos a versão da *Bíblia de Jerusalém*. (N. T.)

Em cada verso da poesia hebraica, a primeira frase é seguida por uma segunda frase paralela. A segunda frase pode reafirmar a primeira com palavras diferentes (paralelismo sinônimo); pode contradizer a primeira (paralelismo antitético); pode repetir a primeira frase, acrescentando algo a ela (paralelismo repetitivo), ou a segunda frase pode expressar um efeito, do qual a primeira frase é a causa (paralelismo causal):

> O Senhor é meu pastor, nada me falta
> Em verdes pastagens me faz repousar.
> Para as águas tranquilas me conduz
> e restaura minhas forças;
> ele me guia por caminhos justos,
> por causa do seu nome.
> Ainda que eu caminhe por um vale tenebroso
> nenhum mal temerei, pois estás junto a mim,
> teu bastão e teu cajado me deixam tranquilo. (Salmo 23, 1-4.)

O paralelismo de verso monótono da versão do rei Jaime dos Salmos aparece na obra de poetas posteriores, e Milton não é o menor entre eles:

> Com súbita incursão conseguiremos, –
> Ou do Inferno co'o fogo devastando
> Toda a recente máquina do Mundo,
> Ou toda conquistando-a, e seus senhores
> (Quais nós fomos do Céu) dela expelindo:
> E, a não podermos aspirar a tanto,
> Ao menos obteremos seduzi-los
> À traição nossa; por tamanha ofensa
> Seu Deus há de tornar-se em seu contrário,
> E, arrependido da bondade sua,
> As próprias obras destruirá furioso.[37]

As conjunções aditivas ("e") da Bíblia do rei Jaime, uma tradução fiel do "vav consecutivo" hebraico que articula as frases hebraicas, também se revelam sempre uma novidade na poesia posterior, particularmente na poesia conscientemente escrita à moda bíblica:

---

[37] Tradução de Antônio José de Lima Leitão.

E há outros sofrimentos que não sejam os da pobreza?
E há outras alegrias que da riqueza não sejam?
E não há uma lei só para o leão e para o boi?
E não há fogo eterno, e eternamente não há grilhões
Barrando a vida eterna aos fantasmas desta vida?[38]

JOHN MILTON

Paraíso Perdido, 1608-1674

Edição recomendada: *Paraíso Perdido*. Trad. António José de Lima Leitão. *Clássicos Jackson*. Vol. XIII. Rio de Janeiro, W. M. Jackson Inc., 1956. [Edição original: *O Paraíso Perdido. Epopea de João Milton; Vertida do Original Inglez para Verso Portuguez por Antonio José de Lima Leitão*. 2 Tomos. Lisboa, Typ. De J. M. R. De Castro, 1840. W. M. Jackson Inc., 1956.] (Disponível em: http://www.ebooksbrasil.org/eLibris/paraisoperdido.html. Acesso em 11 fev. 2015.)

A fascinação de Milton por todas as coisas clássicas é, em parte, uma manifestação do seu amor pela ordem e pela simetria. Em *Paraíso Perdido*, ao recontar a história da Queda contida originalmente em Gênesis 1-3, Milton caracteriza o Inferno como caos e pandemônio, neologismo de sua autoria. O Céu é um lugar em que todo mundo fala com voz calma e se move de acordo com padrões preordenados. Mas sua simpatia pelos épicos antigos também vem de sua simpatia pela visão antiga do homem como essencialmente incapaz de mudar a história, capaz apenas de agir com nobreza em face das forças que vão além de sua compreensão ou seu controle. Em *Paraíso Perdido*, um "épico secundário" (um poema escrito que copia as convenções do épico oral), essas forças são cristianizadas; são representadas por Deus e por Cristo, que têm um plano, posto em vigor antes da fundação do mundo, que inclui até a tentação de Satanás e a queda de Adão. Esse plano atua como espinha dorsal organizadora da história. Milton promete, em seu prólogo, que *Paraíso Perdido* vai "justificar as formas de agir de Deus para com o homem", e, de fato, o poema parece organizar toda a existência em um fluxograma que dá conta de todos os aspectos do

[38] Versos de "A visão das filhas de Álbion", de William Blake, em tradução de Érico Nogueira.

universo. O Deus de Milton é razoável: seu Satanás é determinado pela cobiça e o desejo de vingança, duas emoções irracionais. Eva cai porque deixa que seus sentidos derrotem sua razão. Na medida em que o poema progride, o leitor acha muito mais interesse em Satanás do que em qualquer um de seus "mocinhos" racionais, desprovidos de pecado; é difícil fazer uma conexão emocional com a perfeição livre de pecado de Cristo, mas é relativamente fácil identificar-se com o ciúme corrosivo.

E esse, assim como nota Stanley Fish em seu estudo clássico *Surprised by Sin* [Supreendido pelo Pecado], é exatamente o objetivo de Milton; o poema induz o leitor a reviver a Queda, permitindo que as emoções e a simpatia triunfem sobre a razão e o juízo. A Queda verdadeira, no *Paraíso Perdido* de Milton, não acontece quando Eva escolhe comer a maçã; afinal de contas, Eva é uma criatura vã, levada pela sensação, que gasta mais tempo vislumbrando seu reflexo do que trabalhando no jardim. A Queda acontece quando Adão, depois de se dar conta de que o pecado de Eva fará Deus destruí-la, *decide* comer também, para que pudessem ficar juntos. Milton (nas palavras de Fish) tem por objetivo "recriar na mente do leitor [...] o drama da Queda, para fazê-lo cair de novo, exatamente como fez Adão e com a clareza problemática, quer dizer, 'sem ilusões' de Adão". Nisso, Milton demonstra que, por mais que ele ame a razão, também conhece seus limites; é perfeitamente possível racionalizar seu caminho para se chegar a uma conclusão lógica, mas devastadora.

WILLIAM BLAKE

Canções da Inocência e da Experiência, 1757-1827

Edições recomendadas: *Canções da Inocência e Canções da Experiência*. Trad. Gilberto Sorbini e Weimar de Carvalho. São Paulo, Edisal, 2005.

O Casamento do Céu e do Inferno & Outros Escritos. Tradução de Alberto Marsiano e John Milton. Porto Alegre, L&PM Pocket, 2007.

Os poemas de Blake em *Canções da Inocência* têm paralelos mais obscuros com *Canções da Experiência*; o estado ilustrado, natural e puro, retratado nos poemas da *Inocência*, é vulnerável às corrupções da política, da sociedade e da religião organizada. A "Canção da Ama-Seca", em *Canções da Inocência*, fala de crianças brincando livres das algemas da autoridade dos pais ou da escola: as crianças gritam pela ama-seca na hora de dormir:

"Não, não, vamos brincar, pois inda é dia
E não podemos dormir;
Os passarinhos lá no céu pipiam,
E nos montes há ovelhas a balir."
"Tudo bem, podem brincar enquanto é claro
E depois vão para a cama."
Os pequenos de júbilo estouraram
E assim também os montes.[39]

Mas a peça correspondente de *Canções da Experiência* mostra um adulto pervertido e distorcido, olhando para aquelas crianças com escárnio:

Quando vozes de crianças no prado se ouvem
E o vale sussurra,
Eu me lembro dos dias de quando era jovem,
E meu rosto se nubla.
"Para casa, crianças, o sol já se pôs,
E a noite serena";
Primavera em cantiga de roda gastou-se,
E o inverno já espreita.[40]

Nos poemas de Blake, a racionalidade é a camisa de força que reduz a criança, cheia de energia, criativa, em um adulto tedioso e passivo. Uma existência autêntica é aquela em que nos sentimos livres para agir por impulso. A Energia é o Deus de Blake e o Deus da Igreja (aquele que inscreve no alto das portas das capelas: "Não farás") é, na verdade, o Diabo, que está empenhado em destruir a humanidade. "A Energia é a única vida", escreve Blake, em *Casamento do Céu e do Inferno*, "e pertence ao Corpo; e a Razão é o limite ou a circunferência externa da Energia. A energia é o Prazer Eterno. Aqueles que restringem o desejo o fazem porque a (energia) deles é fraca o suficiente para ser restrita. E sendo restrita se tornou gradativamente passiva". A poesia de Blake, escrita em uma mistura selvagem e irrestrita de rima e métrica, é uma exortação que objetiva libertar novamente esse desejo.

[39] Tradução de Érico Nogueira.

[40] Idem.

WILLIAM WORDSWORTH

1770-1850

Edições recomendadas: *O Olho Imóvel pela Força da Harmonia*. Tradução de Alberto Marsiano e John Milton. São Paulo: Ateliê, 2007.

Poesia Selecionada. Trad. Paulo Vizioli. São Paulo: Mandacaru, 1988.

Não deixe de ler: "Versos Compostos sobre a Ponte Westminster"; "O Menino Idiota"; "Está uma Noite Bonita, Calma e Livre"; "Eu Caminhava Solitário como uma Nuvem"; "Versos Compostos a Pouca Distância da Abadia de Tintern"; "Versos Deixados sobre um Banco Debaixo de um Teixo"; "Versos Escritos no Início da Primavera"; "Londres, 1802"; "Lucy Gray"; "Ode: Intimações da Imortalidade"; "O Prelúdio"; "Ela Habitava entre os Caminhos Não Trilhados"; "Simon Lee"; "O Mundo é Demais Conosco".

Em 1798, Wordsworth e Samuel Taylor Coleridge publicaram um livro juntos, chamado *Lyrical Ballads* [Baladas Líricas] – uma coletânea de poemas líricos de Wordsworth junto com o místico *A Balada do Velho Marinheiro*, de Coleridge. Para a maioria dos críticos, esses poemas marcam o início formal da poesia romântica enquanto movimento. Wordsworth compartilha a suspeição que Blake tinha da racionalidade, e sua convicção de que exista uma força divina na humanidade; mas, ao contrário de Blake, Wordsworth interpreta o divino não como uma força selvagem mística, mas como uma presença ilustrada que inspira tanto os homens quanto a natureza. "Eu senti", escrevia Wordsworth em "Versos Compostos a Pouca Distância da Abadia de Tintern":

> Uma presença que incomoda com a alegria
> De altos pensamentos; um senso do sublime
> De alguma coisa mais profundamente infusa
> Que habita a luz que cai de um pôr do sol
> E o mar salgado e o vento vividíssimo
> E o céu azul-anil e a mente humana;
> Um movimento e espírito que impelem
> Todo pensante ser e todo pensamento
> E se imiscui em toda coisa.[41]

[41] Idem.

Para Wordsworth, o poema pastoral (poema da natureza) é um mecanismo que lhe dá um vislumbre do Sublime, a força criativa divina. Ele pode sentir o Sublime em "humores fugidios / de exaltação sombria" (para citar seu longo poema autobiográfico, *O Prelúdio*). Contudo, Wordsworth, como todos os homens, luta constantemente por aquele senso do Sublime. Pois se desvanesce rapidamente graças ao mundo artificial, cidades, normas convencionais de comportamento, educação e tagarelice da conversação social. Wordsworth deseja profundamente se livrar de tudo isso. Ele se interessa por indivíduos, mas não se entusiasma pela sociedade; sua heroína é Lucy Gray, que desaparece do meio de uma ponte coberta de neve, sem deixar rastros, e depois é vista cantando uma "canção solitária" sozinha no matagal; em "Versos Compostos sobre a Ponte de Westminster", ele acha a cidade mais majestosa quando está vazia e dormindo.

Em sua busca pelo Sublime, Wordsworth celebra a infância (um tempo em que um homem pode lembrar-se das "nuvens da glória" que acompanharam seu nascimento, quando o "presídio" da educação ainda não o havia encarcerado) e o mundo natural. Para Wordsworth, o poema pastoral ("natureza") é uma janela para o divino. Entretanto, suas meditações sobre a natureza têm um quê de tragédia. Ele está constantemente consciente de sua separação da glória que inspira o mundo natural. O máximo que consegue é uma visão oblíqua da verdade; ele só vê a glória obscuramente. No Livro I de *O Prelúdio*, ele descreve uma revelação que teve depois de ter contemplado uma montanha altaneira sobre um lago no pôr do sol:

> [...] Depois de ver
> Esse espetáculo por dias minha mente divagou,
> Com um sentido difuso e vago, com modos estranhos de ser.
> Em meus pensamentos tudo era breu – chamem-lhe solitude
> Ou vácua deserção – nem talhes costumeiros
> De objetos triviais, reproduções de árvores,
> De céu e mar, nem cores de campinas,
> Senão imensas, poderosas formas mortas
> Qual gente viva se arrastavam em minha mente.[42]

---

[42] Idem.

SAMUEL TAYLOR COLERIDGE

(1772-1834)

Edições recomendadas: *Poemas e Excertos da Biografia Literária.* Trad. Paulo Vizioli. São Paulo: Nova Alexandria, 1995.

A Balada do Velho Marinheiro. Trad. Alípio Correia de Franca Neto. São Paulo: Ateliê, 2005.

Não deixe de ler: "Christabel"; "Depressão: uma Ode"; "A Harpa Eólica"; "Kubla Khan", "A Balada do Velho Marinheiro"; "A Cabana de Tília, Minha Prisão".

Coleridge, o parceiro de Wordsworth em poesia, compartilha de sua visão da natureza como um lugar em que vive o divino; em "A Cabana de Tília, Minha Prisão", ele escreve sobre a "profunda alegria" que o acomete quando, "calado e nadando nos sentidos", vislumbra o pôr do sol "na paisagem ampla [...] de tantas cores quantas / velam o Onipotente Espírito quando faz / Os espíritos perceberem-Lhe a presença". Mas enquanto Wordsworth acreditava que um poeta pudesse servir de profeta, elaborando poemas que – em seu apelo para a imaginação – revelassem algum tipo de verdade sobre a existência humana, Coleridge estava menos certo disso.

Em seus poemas narrativos ("Kubla Khan"; "A Balada do Velho Marinheiro"), Coleridge cria mitos, como Blake; mas falta-lhe a confiança sublime de Blake em sua capacidade de comunicação. O profeta de "A Balada do Velho Marinheiro" é desequilibrado, senão louco. Em "Kubla Khan", o narrador relembra a cidade mítica com muros e torres; ele ouve uma donzela cantarolar versos e lamenta: "Quisera reviver dentro de mim / a sinfonia e a canção [...] talhar a cúpula no ar [...] que só de ouvir seria vista já". No entanto, o poema termina; o poeta não consegue construir a cúpula de novo; os versos da donzela estão perdidos, e o mesmo acontece com a cidade. Com a idade, Coleridge começou (nas palavras de Jerome McGann) a ter "pesadelos de que o amor, o conhecimento e a imaginação, nos quais ele acreditava, fossem quimeras, no máximo defesas momentâneas contra a violência e a escuridão ancestral do mundo".[43]

---

[43] Jerome J. Mcgann, *The Romantic Ideology: a Critical Investigation.* Chicago, University of Chicago Press, 1983, p. 99.

Coleridge escreve em "Depressão: uma Ode": "As aflições me põem no chão [...] E pensamentos peçonhentos enrodilham / minha mente: pesadelo do real!" Ele se volta para a faculdade imaginativa, esperando achar alívio da escuridão da realidade: "Antes a fantasia [...] Me dava sonhos de felicidade: / Pois a esperança era uma vide florescente". Mas o imaginário da vida é, em si, perturbador, implicando um sufocamento agourento da ideia de "esperança"; e, como revelam os poemas mitológicos, a imaginação de Coleridge lhe proporcionou pouco alívio.

> Tudo num céu escaldante e cúpreo,
> Sol sangue ao meio-dia,
> Bem sobre o mastro cintilou,
> Da lua na medida.
> Dia após dia e ainda após
> Sem respirarmos, quietos,
> Como o retrato de uma nau
> Sobre um mar de aquarela.
> Era água ali, água acolá,
> Toda prancha afundava;
> Era água ali, água acolá,
> E pra beber – mais nada.[44]

JOHN KEATS

1795-1821

Edições recomendadas: *Nas Asas Invisíveis da Poesia*. Trad. Alberto Marsicano e John Milton. São Paulo: Iluminuras, 1998.

Ode a um Rouxinol & Ode Sobre uma Urna Grega. Trad. Augusto de Campos. Florianópolis: Noa Noa, 1984.

Não deixe de ler: "Endymion"; "A Véspera de Santa Agnes", "Hyperion: Um Fragmento"; "A Bela Dama sem Misericórdia"; "Ode Sobre uma Urna Grega"; "Ode a um Rouxinol"; "Ao Outono".

[44] Versos de "A Balada do Velho Marinheiro", em tradução de Érico Nogueira.

Keats, que escreveu uma geração depois de Coleridge e Wordsworth, acreditava que esses "estadistas mais velhos" do movimento romântico foram prejudicados pela necessidade de *explicação*. A tarefa do poeta, escrevia Keats, não é a de explicar; antes, o poeta é marcado pela "capacidade negativa", a habilidade de suportar as "incertezas, mistérios e dúvidas" na mente, sem nenhuma "busca pelo fato e pela razão". O propósito do poema não é procurar soluções; o propósito do poema é a *beleza*.

> Ática forma! Altivo porte! em tua trama
> Homens de mármore e mulheres emolduras
> Com galhos de floresta e palmilhada grama:
> Tu, forma silenciosa, a mente nos torturas
> Tal como a eternidade: Fria Pastoral!
> Quando a idade apagar toda a atual grandeza,
> Tu ficarás, em meio às dores dos demais,
> Amiga, a redizer o dístico imortal:
> "A beleza é a verdade, a verdade a beleza"
> – É tudo o que há para saber, e nada mais.[45]

A poesia de Keats – e toda sua condenação dos românticos mais velhos por sua "argúcia irritante" – revela o desenvolvimento contínuo do pensamento romântico. Enquanto Coleridge e Wordsworth tentam demonstrar os meios pelos quais o homem pode entrar em contato direto com o Sublime, Keats pressupõe que retratar a beleza perfeita revelaria o Sublime ao homem, estando ele preocupado em procurá-lo ou não. Além do mais, a definição de Keats de "beleza" não se refere primordialmente à imaginação; ela se refere aos sentidos. A poesia de Keats é cheia de sonoridade, visão, frio e calor, odor. As sensações físicas e não a imaginação (a qual se origina na mente) eram a via para o Sublime. Quando Keats acusou Coleridge e Wordsworth de trabalharem duro demais em sua poesia, ele os via com a testa encrespada, tentando *pensar* seu caminho para o Sublime. Em vez disso, Keats sugeriu que o poeta deve cultivar uma receptividade passiva dos sentidos:

[45] Versos de "Ode Sobre uma Urna Grega", em tradução de Augusto de Campos.

Que é das canções da primavera? Onde hão-de estar?
Esquece-as, tua música também tem seu valor –
Nuvens orlam o dia morrendo devagar
Tingem os restolhos de sua rósea cor;
E dos mosquitos a dorida serrazina
Crescente, entre os salgueiros do rio se ouvia
Diminuindo, se o vento está mais brando;
Cordeiros a balir na próxima colina;
Cantam grilos, alto, mas cheios de harmonia,
Num quintal, pisco vermelho assobia,
E as andorinhas chilreiam nos céus em bando.[46]

HENRY WADSWORTH LONGFELLOW

1807-1882

Edição recomendada: *Não há edição em português.*

Longfellow, que faz parte da leitura obrigatória nos currículos escolares americanos, tende a receber pouca atenção dos críticos. Contemporâneo de Dickinson e Whitman, ele contava histórias a respeito do passado americano, quando se lutava pela formação da identidade do país. Contudo, aquelas histórias são como os poemas de Frost, um "arrimo momentâneo contra a confusão". Longfellow é um conservador poético, que reage contra as incertezas do presente, construindo um passado nostálgico do seu país. Ele é o Milton americano, encontrando padrões e escrevendo-os para superar o caos; construindo uma fundação organizada debaixo de uma construção que já estava em pé. Longfellow foi posto para fora da academia, em parte porque ele (ao contrário de John Keats) não tinha interesse pela teoria literária. Longfellow era amplamente conhecido como um "poeta de lareira" (o que significa um poeta lido para o entretenimento). O fato de não ter escrito academicamente sobre poesia e sua popularidade crescente com "leitores regulares" ilustram o começo do fosso entre o público acadêmico e o popular, que se tornou praticamente infranqueável no início dos anos de 1990.

[46] Versos de "Ao Outono", em tradução de António Simões, modificada.

Os poemas narrativos de Longfellow usam uma métrica para reforçar o traço narrativo e "épico" de suas histórias, e ele combina a forma com o conteúdo. Observe o triplo ritmo de "A Cavalgada de Paul Revere":

> **Um** se por **terra**, **dois**, se por **mar**
> **E eu** ali em **frente** na **praia** a esp**erar**.[47]

Os versos lembram um cavalo a galopar. Em *Song of Hiawatha* [Canção de Hiawatha], Longfellow usa um "verso trocaico", em que a ênfase recai sobre a primeira sílaba de cada par, e não na segunda:

> **Nas** montanhas **escarpadas**,
> **No** rochedo **do** cachimbo
> Giche **Manitô**, potente,
> **Senhoril**, descendo ia
> À vermelhi**dão** rochosa [...][48]

Essa métrica iâmbica invertida tem o som de tambores de índios.

ALFRED, LORD TENNYSON

1809-1883

Edição recomendada: *Poemas de Alfred Tennyson*. Seleção, tradução, notação, introdução e organização de Octávio Santos. Lisboa: Editora Saída de Emergência, 2009.

Não deixe de ler: "O Cisne Moribundo"; "Os Idílios do Rei"; "In Memoriam"; "A Dama de Shalott"; "Os Devoradores de Lotos".

Da mesma forma que Longfellow, Tennyson é um poeta ordeiro. No longo épico *Os Idílios do Rei*, Tennyson faz pela história inglesa o que Longfellow faz pela história americana: ele cria um mito ao recontar a história de Camelot em verso branco (as damas dos torneios de Camelot que governaram a imaginação inglesa e americana por uma centena de anos). *Os Idílios do Rei* apresentam um universo ordeiro, miltoniano, em que Arthur está determinado a fazer o país trabalhar de acordo

[47] Tradução de Érico Nogueira.

[48] Idem.

com regras razoáveis: "A ordem mais antiga mudou", declara Arthur, por ocasião de sua coroação, "concedendo espaço para o novo". Na nova Távola Redonda de Arthur (que ele descreve, de forma impressionante, como a "Ordem" que "vive para exterminar / Todos os malfeitores da região"), todo cavaleiro que segue as regras é recompensado, e os cavaleiros que quebram as regras são punidos.

Isso, pelo menos, até Lancelot entrar em cena. A paixão arruína essa Ordem; cavaleiros bons morrem; cavaleiros maus triunfam. Arthur mesmo chora, antes da batalha final:

> Acheio-o sob a prata das estrelas,
> Revi-o nos botões de sua campina
> Mas no trato com os homens não o achei.
> Travei suas guerras, agora morrerei.[49]

A Távola fracassou; Arthur mata seu próprio filho e conquista o Ocidente, e a ordem se desintegra e vira um caos. Será que essa desintegração não poderia ter sido evitada? Tennyson nunca faz um julgamento final; essa resistência a uma conclusão final marca alguns de seus poemas mais famosos.

> Flor da greta da parede,
> Eu te colho dessa greta,
> E te planto em minha mão,
> Ó florinha – se entendesse
> O que és, raiz no chão,
> Entendia Deus e o homem.[50]

Isso parece expressar a fé em uma ordem que começa pelo menor elemento da criação e se estende ininterrupta até o maior; uma confiança iluminista na racionalidade última do universo. Não obstante, o poema contém um *porém*: a compreensão que Tennyson tem de Deus e do homem depende de sua compreensão sobre a flor, e o poema não faz nenhuma previsão sobre se ele alcançará tal compreensão.

---

[49] Idem.

[50] Versos de "Flor na Greta da Parede", em tradução de Érico Nogueira.

WALT WHITMAN

1819-1892

Edição recomendada: *Folhas de Relva*. Edição do Leito de Morte. Trad. Bruno Gambarotto. São Paulo: Hedra, 2011.

Não deixe de ler: Folhas de Relva não é somente um livro de poemas, mas um poema maciço em diversas partes. Entretanto, algumas partes dessa enorme obra são citadas com mais frequência. *São elas: (listadas em ordem de ocorrência dentro do* Folhas de Relva): *"Ouço o Canto da América"; "Canção de Mim Mesmo"; "Canto o Corpo Elétrico"; "Canção da Estrada Aberta"; "Fora da Origem Eternamente Embalada"; "Ao Sabor das Marés da Vida"; "O Assistente de Cirurgião"; "Quando o Lilás Floresceu na Porta do Jardim"; "Oh, Capitão, meu Capitão".*

Whitman não é o primeiro poeta moderno; ele é o último romântico. Como os românticos ingleses, ele celebra a imensa diversidade da existência humana; está convencido de que cada um de nós é capaz de encontrar o conhecimento sublime pela experiência do mundo ("Você deve ter a bondade da terra e do sol", escreve em "Canção de Mim Mesmo", "Você não deve mais ter coisas de segunda ou terceira mão [...] e nem alimentar os espectros dos livros [...]. A ipomeia em minha janela me preenche mais do que toda a metafísica dos livros").

Os poetas românticos colocaram-se de modo direto em sua própria poesia, tentando mostrar aos leitores o Sublime através do relato de sua própria experiência com ele. Whitman leva essa estratégia romântica ainda mais longe. Ele não relata apenas sua experiência, mas a *si mesmo*: "Estou louco de amor por mim mesmo", escreve, "há aí esse tanto de mim, e tudo é tão delicioso". (Sim, ele fala sério: A celebração de Whitman de seu próprio corpo ocasionalmente passa dos limites.) Assim como um autobiógrafo, Whitman cria a si mesmo em *Folhas de Relva* de forma constrangedora e estranhamente contraditória. Seu propósito é representar a si mesmo simplesmente como um americano – um "homem comum" que, paradoxalmente, é comum e único ao mesmo tempo. Ele é "um exemplar da espécie" e um representante de toda a humanidade; ele é ambas as coisas, indivíduo e todos os homens:

> Walt Whitman, um cosmo, de Manhattan o filho,
> Turbulento, carnal, lascivo, que come, bebe e procria,

Sem sentimentalismo, que não está acima de homens e mulheres nem longe deles,
Nem é mais modesto nem mais imodesto.
Rompei os ferrolhos das portas!
Rompei as mesmas portas dos batentes![51]

Ocupado em derrubar barreiras e abrir portas, insistindo na completa igualdade entre todos os homens, Whitman remove a porta da poética tradicional de suas batentes, mas recusa-se a atravessá-la. *Folhas de Relva*, que tenta captar o ritmo natural da fala americana, apresenta-se, em grande parte, sem métrica nem ritmo. (A exceção mais notável é "Oh, Capitão, Meu Capitão", a elegia para Lincoln, que tem uma forma mais tradicional.) Essa rejeição segura da poética formal revela a confiança completa e total em sua própria poesia. Não há a depressão de Coleridge em Whitman; ele é Blake sem Deus, confiantemente seguro de que a poesia serve como uma espécie de nova Escritura para o novo tipo de americano, libertado da superstição e capaz de moldar sua própria vida. Whitman nunca parece duvidar de sua própria autoridade, e *Folhas de Relva* anuncia continuamente seu próprio *status* como livro da verdade para todos.

Digo a senha primordial, dou o sinal da democracia (...)
Por mim vêm muitas vozes longas, mudas,
Vozes de intermináveis gerações de prisioneiros e de escravos,
Vozes proibidas vêm por mim,
Vozes de sexo e luxúria, vozes veladas – e eu arranco o véu – ,
Voz indecente que ilumino e transfiguro (...)
Acredito em carne e em apetites,
Ver, ouvir, sentir são milagres, cada parte e pedaço de mim são milagres.
Divino sou por fora e dentro, e sacralizo tudo o que toco e o que me toca a mim,
O odor dessas axilas, aroma mais fino que oração,
Essa cabeça maior que igrejas, bíblias e todos os credos.[52]

---

[51] Versos de "Canção de Mim Mesmo", em tradução de Érico Nogueira.

[52] Versos de "Canção de Mim Mesmo", em tradução de Érico Nogueira , modificada.

EMILY DICKINSON

1830-1886

Edição recomendada: O leitor encontrará uma completíssima base de dados sobre livros e poemas de Emily Dickinson traduzidos em português neste link: http://www.ibilce.unesp.br/#!/departamentos/letras-modernas/emily-dickinson/inicio-home/ (Acesso em 11 fev. 2015.)

Não deixe de ler: "Um Passarinho Pousou no Caminho"; "Um Companheiro Limitado na Grama"; "Uma Palavra Está Morta"; "Porque eu Não Podia Parar para a Morte"; "Antes de Arrancar meu Olho"; "Toda Vida Converge para Algum Centro"; "A Esperança é Aquela Coisa com Penas"; "Eu Morri pela Beleza"; "Eu Senti um Funeral no Meu Cérebro"; "Estive com Fome Todos Esses Anos"; "Eu Ouvi Uma Mosca Zunir Quando Morri"; "Eu Nunca Vi um Pântano"; "Eu Tomei Meu Poder em Minhas Mãos"; "Eu Não Sou Ninguém? Quem é Você?"; "Muita Loucura é o Senso Mais Divino"; "A Salvo em Sua Câmara de Alabastro"; "Há um Sofrimento tão Absoluto"; "A Alma Escolhe Sua Própria Sociedade"; "Foi Nessa Época do Ano Passado que Eu Morri".

Dickinson, e não Whitman, é a primeira modernista americana. Onde Whitman transborda de confiança sem amarras no poder da poesia, Dickinson permanece cética; onde Whitman vê os Estados Unidos cheios do entusiasmo energético do homem comum, Dickinson enxerga a inevitabilidade do caos e da decadência. Ela não nega a possibilidade de uma experiência de êxtase, mas não tem esperança de que qualquer glória possa se prolongar:

> Durou nossa hora máxima –
> Seria mais que o céu...
> Tais horas sumas são –
> Uma graça divinal –
> Que, certo, como vêm –
> Vão – deixam a alma tonta
> Em suas câmaras sem nada.[53]

Em seus poemas, Dickinson (que ficou famosa por permanecer em sua casa, em Massachusetts, praticamente por toda a vida) dá as costas à preocupação romântica com o "encontrar-se com o Sublime" e, em vez disso, tenta dar conta de um mundo

[53] Versos de "Durou Nossa Hora Máxima" [393], em tradução de Érico Nogueira.

em que é constantemente confrontada com a realidade da proximidade da morte. Os poemas de Dickinson têm *flashes* de prazer, mas a alegria não é seu lar natural:

Vencer a dor –
Aos borbotões –
Eu tenho o hábito –
Mas a alegria
Me quebra as pernas –[54]

No final das contas, ela não está de bem com o mundo; suas experiências sempre são marcadas pelo desconforto, pela dúvida e pela incapacidade de estabelecer uma interpretação definida que dê sentido às diferentes partes de sua vida, de acordo com um plano geral. Essa alienação se torna uma das marcas características da poesia moderna.

Em sua poesia, Dickinson parece batalhar com os limites da linguagem – em vez de se regozijar com sua expressividade, como faz Whitman. Ela mantém uma métrica poética cuidadosa, usando muitas vezes um "ritmo de hino" (uma alternância entre versos de quatro e três pés):

A aurora quando vem? Não sei
E abro toda porta
– [1619]
Parar não pude para a morte –
Parou ela pra mim –
– 712][55]

Ou um padrão similar de quatro versos de três/três/quatro/três pés:

Tumulto em uma casa,
Em dia após a morte,
É soleníssima artimanha
Que existe sobre a Terra –
– [1078][56]

---

[54] Versos de "Vencer a Dor" [252], em tradução de Érico Nogueira.

[55] Tradução de Érico Nogueira.

[56] Idem.

Contudo, as métricas regulares tornam-se complicadas por sua tendência a usar ênfases irregulares, pausas breves, assinaladas com travessões e uma sintaxe distorcida – como se a sintaxe inglesa normal fosse inadequada para seus pensamentos. À medida que Dickinson foi amadurecendo, seu uso da forma poética se tornou cada vez menos regular; começou a se recusar a escolher as palavras, às vezes escrevendo três ou quatro alternativas em série, sem eliminar nenhuma delas. No final da vida, ela passou a escrever fragmentos nas laterais de pedaços de papel, de ponta-cabeça – em um esforço de conseguir uma forma de expressão não amarrada à impressão.

CHRISTINA ROSSETTI

1830-1894

Edição recomendada: *O Mercado dos Duendes*. Trad. Margarida Vale de Gato. Lisboa: Relógio d'Água, 2001.

Não deixe de ler: "Uma Ressurreição Melhor"; "Um Aniversário"; "Depois da Morte", "Conto de Natal"; "A Soleira do Convento"; "De Profundis"; "Terra dos Sonhos"; "Mercado dos Duendes"; "Sexta-Feira Santa"; "Maude Clare"; "Monna Innominata"; "O Príncipe Peregrino"; "Lembre-se"; "Irmã Maude"; "Os Três Inimigos"; "Ladeira Acima"; "Quando eu Estiver Morta, meu Caro".

Enquanto apenas onze dos poemas de Dickinson foram publicados em vida, Christina Rossetti conquistou em vida uma fama razoável. A poesia de Rossetti preocupa-se com o problema das diferentes paixões que existem lado a lado: poesia e amor; o amor de Deus e o amor dos homens; o amor dos homens e a amizade com mulheres; poesia e Deus. Explorando essas tensões, Rossetti sempre parece concluir que se tenha de renunciar a uma paixão para que a outra floresça. Na maioria dos casos, é o amor terreno que se prova falho, ou destrutivo. Em seu poema mais famoso, "Mercado dos Duendes", escreve sobre uma jovem (virgem), tentada pelos *goblins*, que lhe oferecem "frutas de duende" deliciosas. Ela as come e fica imediatamente viciada. Sua inocência e sua criatividade se depreciam em uma obsessão pela satisfação física:

Quando com olhos fundos, boca frouxa,
Sonhava com os melões dos caminhantes,
Miragens no deserto [...][57]

Mas em outros poemas, Rossetti escreve sobre a possibilidade igualmente temerosa de que o duende não lhe oferecesse nunca mais fruta alguma:

Tomaste meu coração,
Rindo como amigo,
Esquadrinhaste-o à exaustão,
E o devolveste aqui:
Dizendo: "Está verde ainda,
Espera um pouco – é melhor".[58]

Esses poemas estão cheios não apenas de desapontamento, mas de traição. Tanto nos poemas líricos quanto nos poemas narrativos, aqueles que esperavam encontrar verdadeira realização no amor geralmente acabam desiludidos.

Rossetti, da mesma forma que seu irmão, Dante Gabriel Rossetti, o poeta Charles Swinburne e o pintor William Morris, pertence a um círculo informal de artistas conhecidos como "Pré-Rafaelitas", que pensavam que a arte e a poesia (que viam como dois métodos para expressar as mesmas ideias) tinham sido distorcidas pelos românticos em uma preocupação com a beleza, em detrimento da descoberta da verdade. Tomando as obras detalhistas dos artistas medievais (aqueles que vieram antes de Rafael) como modelos, os pré-rafaelitas partiram para a descoberta de uma nova simplicidade mediante o retrato de gente do povo e de paisagens. Na poesia, essa ênfase pré-rafaelita se revela pela grande atenção dada aos detalhes e aos sentidos: visão, audição, cor e paladar. Em sua glorificação do passado, a poesia dos pré-rafaelitas também faz forte uso de mitos e contos medievais (ou pelo menos tem um tom medieval). A poesia de Rossetti é uma mistura de explorações líricas de renúncia e de fábulas narrativas ricas, detalhadas, sensuais. Sua atenção ao detalhe também se estende à forma de seus poemas: Rossetti presta muita atenção à métrica e à rima, e nunca escreveu "versos brancos" ou versos em ritmo de fala,

---

[57] Idem.

[58] Versos de "Duas Vezes", em tradução de Érico Nogueira.

como fazia Whitman, mas muitas vezes dribla as ênfases de seus versos, tornando-os mais curtos ou mudando a métrica de forma inesperada:

> "Desvia o olhar do homem-duende,
> Não compres suas frutas;
> Quem sabe a terra de onde vem,
> O que as raízes sugam? "
> "Freguês!", chama o duende [...]
> O grito habitual,
> "Freguês, vem comprar",
> O mesmo pregão
> De açúcar nos dentes [...]
> O duende gritão.[59]

GERARD MANLEY HOPKINS

1844-1889

Edições recomendadas: *A Beleza Difícil*. Trad. Augusto de Campos. São Paulo: Perspectiva, 1997.

Poemas. Trad. Aíla de Oliveira Gomes. São Paulo: Companhia das Letras, 1989.

Não deixe de ler: "A Grandeza de Deus"; "Beleza Multicor"; "A Cotovia Engaiolada"; "O Pequeno Gavião"; "Consolo Mórbido"; "Nada Pior"; e "O Naufrágio do Deutschland*".*

Os poemas de Hopkins são notáveis por dois motivos: neles, uma fé religiosa genuína e profunda coexiste com um desespero igualmente genuíno e profundo; e ele consegue essa contradição em métricas, em rimas e mesmo em palavras inteiramente originais. Tentando explicar um relacionamento impossível entre fé e angústia, que não caberia numa linguagem religiosa, ele cometeu violência contra a própria linguagem.

A poesia de Hopkins é governada por sua teoria da "individuação": cada coisa criada tem uma beleza que lhe é "inerente" e a torna distinta. Ele cunhou dois

[59] Tradução de Érico Nogueira.

termos que o ajudaram a expressar esse princípio: "*inscape*", o individual, distinto, a "singularidade" de cada coisa natural; e "*instress*", a força da energia única que mantém a unidade do indivíduo. O *instress* mantém os objetos unidos, mas ele também os torna distintos para o observador. Para citar W. H. Gardner, "*Instress* é uma percepção súbita de um modelo, uma ordem e uma unidade mais profundas, que dão sentido para as formas externas".[60] Para Hopkins, o *instress* o protege do desespero final; mostra-lhe fugazmente que há um "padrão mais profundo" por trás da desordem que ameaça esmagá-lo. A "beleza da *inscape*", escrevia Hopkins em seu diário, "está à mão [...] se tivermos olhos para vê-la e pudesse ser evocada em qualquer lugar, a qualquer momento". Ele tentava deixar tal beleza clara, através da sua poesia.

Para isso, Hopkins torna seus próprios poemas objetos singulares, com sua própria *inscape*. Seu "ritmo abrupto" inovador, que usou pela primeira vez em "O Naufrágio do *Deutschland*", tem uma métrica complicada que (nas palavras do próprio Hopkins) conta "apenas os acentos ou as ênfases, sem qualquer contagem do número de sílabas, de modo que o pé poderia ser tônico ou poderia ser composto de muitas átonas e uma tônica". Cada verso poderia ter um comprimento diferente, mas cada um contém o número correto de sílabas "tônicas". (É muito difícil encontrar essas sílabas sem auxílio nenhum; Hopkins costumava marcar as sílabas tônicas de seus poemas, mas a maioria das edições modernas de sua poesia elimina essas marcas.) Ele também usou esquemas de rimas finais não tradicionais e criou seus próprios adjetivos (e substantivos) quando as palavras existentes pareciam inadequadas:

> Eu lanço um ósculo
> Às estrelas, cintilante
> Estela, e o acompanho com os olhos:
> Luz, lume trovejante;
> Lanço um ósculo ao crespúsculo ocre além;
> Porque aquém, conquanto, do mistério palpitante,
> Tem mistério dentro e fora, tem;
> Dou-lhe olá, pois, quando o encontro, e a bênção, se se mostra.[61]

---

[60] W. H. Gardner, "Introdução". In: *Gerard Manley Hopkins: Poems and Prose*. New York, Penguin, 1985, p. xxi.

[61] Versos de "O Naufrágio do *Deutschland*", em tradução de Érico Nogueira.

Hopkins tornou-se padre católico, ingressando em um mundo teológico em que o físico sempre dá testemunho de Deus; seus dias não são nunca "só" dias; as aves, "só" aves; e nem um campo "só" sujeira; Deus é inerente a toda a criação.

> Tudo único, contrário – sobra e estranha;
> Tudo varia variegado (como?);
> lesto ou lento; apto ou agro; luz ou treva;
> Engendra a beleza na mudança:
> Eu o louvo.[62]

WILLIAM BUTLER YEATS

(1865-1939)

Edição recomendada: *Poemas*. Trad. Paulo Vizioli. São Paulo: Companhia das Letras, 2001.

Não deixe de ler: "Uma Oração para a Minha Filha"; "A Capa e os Sinos"; "Descendo até os Jardins Salley"; "Páscoa de 1916"; "A Chegada da Sabedoria com o Tempo"; "A Ilha do Lago de Innisfree"; "Lapis-Lazúli"; "Leda e o Cisne"; "Os Reis Magos"; "Memória"; "Navegando para Bizâncio"; "A Segunda Vinda"; "A Rosa Secreta"; "Setembro de 1913"; "Três Coisas"; "O Poço"; "Quando Chega a Idade"; "Os Cisnes Selvagens de Coole".

Yeats, um protestante irlandês com tendências místicas, construiu sua própria cosmologia. Ele via o mundo progredindo através de ciclos de dois mil anos, sendo cada ciclo dominado por uma civilização particular e uma série de mitos. O fechamento de cada ciclo é marcado por desintegração, caos e desordem; essa desordem, por sua vez, leva ao surgimento de um novo ciclo: "A Segunda Vinda" descreve o fim do ciclo que antecede a chegada de Cristo, que, por sua vez, levou ao início da própria era de Yeats:

> Gira e gira no vórtice crescente
> Não escuta o falcão ao falcoeiro;
> As coisas vão abaixo; o centro cede;
> Mera anarquia é solta sobre o mundo [...]
> Cai a treva outra vez, mas ora sei

[62] Versos de "Beleza Multicor", em tradução de Érico Nogueira.

Que o pétreo sono de seus vinte séculos
Vexou-se ao pesadelo por um berço.
Que besta bruta, de hora enfim chegada,
Rasteja até Belém para nascer?[63]

Yeats, da mesma forma que outros grandes modernistas, vê o caos, a dissolução e a violência da própria época – mas ao contrário de poetas posteriores, descobre um padrão atrás do caos. Os dias de hoje, sugeriu, agora mesmo estão em decadência rumo ao seu fim, mas a morte levaria a um novo nascimento. Ele retrata cada ciclo de dois mil anos como um período de revolução, em que o tempo forma um cone em espiral; cada ciclo representa uma rotação completa, e, à medida que chega ao fim, um novo começo emerge:

Que importa cavalgar por pesadelo só modorra [...]
Que importa? Olhar não voe, lágrima não corra,
Tempo maior, melhor, já veio e já se foi...
Que importa? Da caverna tonitrua a voz,
E tudo o que ela diz é aquele verbo: Goza![64]

Esses "ciclos" reaparecem, de forma consistente, por toda a poesia e prosa de Yeats. Eles representam a natureza conectada de todos os tempos; cada ciclo aparece de forma separada, mas, se vistos de cima (da perspectiva dos olhos de Deus), todos demonstram ser parte de um padrão único. A desordem sempre leva à ordem; a morte à vida; o caos, a um novo padrão.

Yeats, irlandês de nascença, tornou-se poeta e porta-voz da "cultura folclórica irlandesa"; simpático ao desejo irlandês de independência da Grã-Bretanha, tornou-se senador do Estado Livre da Irlanda aos 57 anos de idade. "Páscoa de 1916", um dos seus poemas mais duradouros, comemora a derrota dos nacionalistas irlandeses pelas tropas britânicas na rebelião de Dublin, e refere-se à rebelião como uma "beleza terrível". Yeats era protestante e não compartilhava da fé dos nacionalistas irlandeses católicos, e, à medida em que foi amadurecendo, se tornou cada vez mais descontente com a violência do movimento nacionalista.

[63] Tradução de Adriano Scandolara.

[64] Versos de "Os Ciclos", em tradução de Érico Nogueira.

Como o grande poeta irlandês Seamus Heaney o coloca, ele sofria de "dupla personalidade". "Ele é famoso por declarar", escreve Heaney, "que o homem que se sentou para o café da manhã era um monte de acasos e incoerências, enquanto o homem que renasce em um poema era 'intencional' e 'completo'. Uma forma de ver a obra de sua vida é como a busca dessa intencionalidade de completude."[65] A poesia de Yeats demonstra uma consciência aguçada da luta entre forças opostas que pareciam marcar todo aspecto da vida no início do século XX – e também uma busca para que, no final dessa luta, pudesse nascer a paz.

> Vou levantar agora e para o lago eu vou
> E uma cabana lá farei de barro e vime [...]
> E alguma paz eu lá terei, que vem em gotas [...][66]

PAUL LAURENCE DUNBAR

1872-1906

Edição recomendada: *Não há edição em português.*

Não deixe de ler: "A Negro Love Song" [Canção de Amor de Negro]; "An Ante-Bellum Sermon" [Um Sermão Ante-Bellum]; "At the Tavern" [Na Taverna], "Colored Band" [Banda Colorida]; "The Debt" [A Dívida]; "Douglass"; "Little Brown Baby" [Bebezinho Marrom]; "Ode to Ethiopia" [Ode à Etiópia]; "The Old Front Gate" [O Velho Portão de Entrada]; "The Poet and His Song" [O Poeta e sua Canção]; "The Seedling" [A Muda]; "Signs of the Time" [Sinais dos Tempos]; "Sympathy" [Simpatia]; "We Wear the Mask" [Nós Usamos a Máscara]; "When Malindy Sings" [Canção de Malindy], "When the Co'n Pone's Hot" [Enquanto o Pão de Milho Está Quente]; "When Dey 'Listed Colored Soldiers" [Quando Soldados Negros foram Convocados].

A poesia de Dunbar fala em vozes emprestadas, tanto da cultura negra quanto da culta poesia da cultura americana branca. Dunbar tenta se colocar no meio-termo entre as duas, adotando a voz da corrente poética predominante, quando escreve sobre suas ideias:

---

65 Seamus Heaney, "All Ireland's Bard", *Atlantic*, vol. 280, nº. 5, novembro de 1997, p. 157.

66 Versos de "O Lago Ilha de Innisfree", em tradução de Érico Nogueira.

Profeta de escroques ou credos não sou:
Humanas carências, humanas paixões
São mais para mim que profetizações [...]
Cessai vosso pranto, santinhos, cessai!
Os céus se aborrecem com os vossos ais.
De "Um Credo e um Não Credo".[67]

e a voz do povo afro-americano, quando fala de sua experiência.

Mão pru céu, cabeça baxa –
Tá no poço a vossa graça;
"Piedade, Siô Jesus –"
(Não se bata no batuque –)
"Nosso pão santificai –"
(Tu sentou nos calcanhá;
Ih, o truque teu já vem:
"Dai-nos paz, Senhor. Amém!"[68]

Para apreciar Dunbar realmente, você terá de se empenhar seriamente em ler em voz alta sua poesia em forma de dialeto. Minhas próprias tentativas de trabalhar os poemas de Dunbar com alunos de graduação foram dificultadas pela relutância dos leitores (particularmente os brancos) em fazer isso; nas salas de aula altamente politizadas da universidade, "imitar" a fala negra parece algo arriscado de se fazer. Mas se você conseguir, faça-o a sós, sem se preocupar com quem esteja ouvindo.[69]

Qualquer tensão que você possa sentir ao ler esse dialeto em voz alta seria inteiramente aprovada pelo próprio Dunbar. Em "The Poet" [O Poeta], ele está preocupado com sua carreira:

---

[67] Tradução de Érico Nogueira.

[68] Versos de "De Manhã", em tradução de Érico Nogueira.

[69] Para ouvir o poema lido por um especialista, visite o *site*, disponível em: http://www.dunbarsite.org/gallery/InTheMorning.asp, acesso em 8/8/2013, que contém os arquivos em áudio do estudioso de Dunbar, Herbert Woodward Marin, recitando os poemas em dialeto e em inglês padrão do poeta. (Site alternativo: http://etc.usf.edu/lit2go/192/lyrics-of-love-and-laughter/4044/in-the-morning/. Acesso em: 29/9/2014).

Cantou a vida docemente
Com um quê a mais, de quando em vez [...]
Cantou o amor quando era jovem,
E amor no canto seu morava,
Mas ai, o mundo só gostava
De um refrãozinho de senzala.

Dunbar dividia sua obra poética em "Livros Maiores" e "Livros Menores", inclusive sua poesia em dialeto nos "Menores". Entretanto, críticos da proeminência de William Dena Howells preferiam a poesia em dialeto: "É quando chegamos aos Livros Menores de Dunbar que nos sentimos na presença de um homem com autoridade direta e inovadora". "O Sr. Howells me prejudicou de forma irreparável em seu comentário à minha poesia em dialeto", redarguiu Dunbar com amargura.[70] Ele se sentia pego em uma armadilha, não tanto pela preferência como pela insistência dos críticos brancos de que esses versos em dialeto apresentassem "uma perspectiva da natureza sensível e alegre de sua raça". Dunbar, como Dickinson e Hopkins, tenta driblar as limitações da linguagem; quando escreve em sua "voz negra", outros leitores não veem nada mais do que simples diversão, mostrando-se incapazes de perscrutar o passado de suas ideias sobre o dialeto para perceberem a experiência mais complexa da qual emanam.

ROBERT FROST

1874-1963

Edição recomendada: *Poemas Escolhidos de Robert Frost*. Trad. Marisa Murray. Rio de Janeiro: Lidador, 1969.

(Alguns poemas, na tradução de Renato Suttana, estão disponíveis em: http://www.arquivors.com/rfrost.htm. Acesso em 29 set. 2014.)

Não deixe de ler: "A Vontade de um Menino"; "Depois da Colheita de Maçãs"; "Bétulas"; "A Morte do Homem de Aluguel"; "Departamental"; "Design"; "Gelo e Fogo";

---

[70] Um registro dessa troca entre o poeta e o crítico pode ser lido em Gregory L. Candela, "We Wear the Mask: Irony in Dunbar's 'The Sport of the Gods'". *American Literature*, vol. 48, nº. 1 (março de 1976), p. 60-72.

"Enterro em Casa"; "Muro Remendado"; "Ceifa"; "A Necessidade de Sermos Versados em Coisas do Campo"; "Nada de Ouro Pode Durar"; "A Pastagem"; "Plantando a Semente"; "A Estrada Não Trilhada"; "Parando na Floresta em uma Noite Enevada"; "Em Direção à Terra"; "Trespassado"; "A Estaca de Madeira".

"Há dois tipos de realistas", observou Robert Frost certa vez, "aquele que oferece uma boa quantidade de joio em meio ao trigo, para provar que é real; e aquele que se satisfaz em ter o trigo desbastado. Eu tendo a ser do segundo tipo. Para mim, o que a arte faz em favor da vida é limpá-la, desbastá-la para dar forma". Enquanto William Butler Yeats usava sua poesia para expressar uma ordem que era capaz de perceber para além do caos aparente do mundo, Frost usa a poesia para criar ordem. Ele escreve cenas diretas: um pássaro balançando em um galho, um viajante parando em uma encruzilhada, um homem se ajoelhando com o olhar fixo para dentro de um poço. Em muitos de seus poemas, seus personagens são solitários:

> Num bosque amarelo um dia
> Uma estrada fez-se duas.
> Eu sou um só, me desculpem:
> Percorrer eu não podia
> As duas e, pois, lá fiquei
> A examinar a que dava
> No mato, e a oposta peguei.[71]

Entretanto, as formas diretas dessas histórias escondem um propósito mais profundo. As cenas cuidadosamente pintadas têm seus cantos obscurecidos; muito é deixado sem ser dito. William H. Pritchard escreve que a forma adequada de analisar Frost é dizendo: "Sabemos muito bem do que trata esse poema, sabemos como ele soa, desde que não se peça que o digamos com precisão".[72] Frost mesmo chamou sua poesia de "sinédica", e que *sinédoque* significa "pequenos pontos de entrada para um significado mais amplo".[73] Ele segue uma poética quase agostiniana,

[71] Versos de "O Caminho Não Escolhido", em tradução de Érico Nogueira.

[72] William H. Prichard, "Wildness of Logic in Modern Lyric". In: Reuben A. Brower, *Forms of Lyric*. Nova York: Columbia University, 1970, p. 132.

[73] Gerard Quinn, "Frost's Synecdochic Allusions". *Resources for American Literary Study*, vol. 25, nº. 2 (1999), p. 254-64.

fornecendo um sentido literal (um viajante na floresta, um homem remendando uma parede) que serve de porta para outra camada de sentido místico. Esse sentido mais profundo resiste a ser posto em palavras. Frost mesmo usou termos religiosos para descrevê-lo: a primeira camada de sentido de um poema, comentou ele com um grupo de poetas em 1954, é como a bainha de uma túnica; tocar na bainha da túnica (referindo-se ao milagre de Jesus nos Evangelhos) leva à compreensão mística do todo. O leitor pode "alcançar o sentido pelo toque [...] da mesma forma como aquela mulher fez com Jesus [...]. A virtude fluiu dele [...] é só tocar na bainha, só isso".[74]

Então, como é que se deve ler Frost? Não reduzindo seus poemas à alegoria ("As duas estradas são dois tipos de carreira, e ele escolheu uma em detrimento da outra e sempre o lamentou"), mas, antes, colocando-se imaginativamente na cena. O que acontece em seguida?

Há algumas associações misteriosas e fugazes que nem Frost conseguiu descrever. Em "For Once, Then, Something" [Um Dia Veio Algo], o poeta está olhando fixamente para a água, para a imagem que esta reflete:

> Certa vez, ao olhar dentro de um poço,
> Achei que vi, além do que já via,
> Junto com o que via, um branco incerto,
> Algo mais fundo – então perdi-o. Uma onda
> Levou ao fundo o não sei quê,
> Turvou, cobriu. O que era essa brancura?
> Verdade? Quartzo? Um dia veio algo.[75]

CARL SANDBURG

1878-1967

Edição recomendada: *Antologia Poética*. Trad. Alexandre O'Neill. *Tempo de Poesia* nº. 4, Edições Tempo, 1962.

Sandburg é mais conhecido por seus "Chicago Poems" [Poemas de Chicago], que celebram os Estados Unidos sem pestanejar. Como Whitman, Sandburg

---

[74] Ibidem, p. 255.

[75] Tradução de Érico Nogueira.

era jornalista antes de se tornar poeta e, assim como Whitman, descreve o povo americano em detalhes cuidadosos, jornalísticos:

> As operárias de manhã vão trabalhar –
> em longas filas de pé entre as lojas do centro
> e as fábricas, milhares com as marmitinhas
> retangulares debaixo do braço, embrulhadas em papel jornal.
> Cada manhã, quando navego nesse rio de vida
> jovem, feminina, me pergunto aonde vai,
> tantas com sua flor de juventude
> e risos de carmim e lembranças
> de danças, peças e passeios de ontem
> à noite nos olhos.[76]

No entanto, ao contrário de Whitman, Sandburg admira os Estados Unidos com reservas. Toda essa energia sem limites dos americanos tornou Chicago uma cidade enorme – e também construiu as fábricas e os escritórios que obliteram qualquer consideração na mente dos americanos que não seja o lucro. Sandburg é um profeta comum, que evita o "tecnicismo" e se recusa a exibir *expertise* em detrimento de versos fluentes e ritmos naturais da fala. Ele protesta contra a forma que os Estados Unidos estavam tomando:

> Ela e o marido cruzaram o mar e os anos que
> lhes marcavam o rosto e os viam discutindo com senhorios
> e merceeiros e seis filhos a brincar com pedras
> e latas de lixo.
> Um morreu de tísica
> outro está na cadeia, dois trabalham na fábrica de embalagens
> e enquanto dobram o papelão perguntam que
> desejo é esse e glória merencória cintilando
> leve quando a luz da primavera chega
> no ar...[77]

Sandburg muitas vezes acha um tipo de beleza imponente no industrialismo, mas os "Poemas de Chicago" são mais alarmantes do que celebrativos. Enquanto

[76] Versos de "Operárias", em tradução de Érico Nogueira.

[77] Versos de "Propensões do Povo", em tradução de Érico Nogueira.

Whitman identificava a diversidade imensa, Sandburg identificava a crescente e inquietante massificação – um país tocado pelas fábricas, onde um povo americano heterogêneo e colorido estava sendo padronizado até à uniformidade.

WILLIAM CARLOS WILLIAMS

1883-1963

Edição recomendada: *Poemas*. Trad. José Paulo Paes. São Paulo: Companhia das Letras, 1987. (Disponível em: http://www.revistas.usp.br/eav/article/viewFile/8477/10028. Acesso em: 11 fev. 2015.)

Não deixe de ler: "Asfódelo, Aquela Flor Esverdeada"; "A Descida do Inverno"; "Paisagem com a Queda de Ícaro"; "As Últimas Palavras de Minha Avó Inglesa"; "Retrato do Proletário"; "O Carrinho de Mão Vermelho"; "Autorretrato"; "Soneto à Procura de um Autor"; "Primavera e Tudo"; "Isso é Só Para Dizer"; "Tratado"; "Para Elsie".

Williams evita assumir a postura seja de profeta, seja de contador de histórias. Em vez disso, sua lírica é influenciada pelo haikai japonês, que descreve um objeto físico pequeno e vivo e que, a partir daí, revela-se como uma ideia cósmica mais ampla. Contudo, ao contrário do haikai, a lírica de Williams não se revela. Williams era cético em relação à capacidade da mente de encontrar sentido ou de criá-lo. Ele duvidava da lógica, que via como algo que cria um relacionamento ilusório entre causa e efeito onde nada existia; ele colocava em dúvida (portanto) a sintaxe inglesa tradicional, uma vez que a sintaxe produz regras para se criarem nexos lógicos entre as partes do discurso. "Elimine a frase explícita", escreveu ele, sugerindo que, em vez disso, a poesia deveria usar "sequências verbais. Sentenças, mas que não sejam sentenças gramaticais". Esse tipo de "sequência verbal" aparece no início de "Asfódelo, Aquela Flor Esverdeada", um de seus poemas mais conhecidos:

De asfódelo, aquela flor esverdeada
Como um ranúnculo
Sobre o caule ramalhudo –
Mas este é verde e bege –
Eu venho, amor,
Pra te cantar.[78]

---

[78] Tradução de Érico Nogueira.

Williams estava disposto a aceitar que as palavras tinham uma espécie de valor em si; ele via a própria linguagem (embora não as regras que governam a linguagem) como um tipo de objeto material. Para Williams, as palavras são *coisas*, superiores às ideias infiéis e ardilosas que pretendem representar. Em seu ensaio "The Embodyment of Knowledge" [A Encarnação do Conhecimento], de 1929, ele chama as palavras de "materiais" que "substituem em si mesmas todas as ideias, os fatos, os movimentos que poderiam, sob outras circunstâncias, ser solicitados a significar". Mesmo os "espaços entre as palavras" são importantes como palavras em si mesmas – eles são objetos físicos. Williams escreve esses versos memoráveis:

> tanto depende
> de
> um carrinho de mão
> vermelho[79]

mas ele não nos diz *o que* depende (nem como, nem por quê). "Um poema é uma máquina pequena (ou grande) feita de palavras", escreveu Williams. "A prosa é capaz de carregar uma matéria mal definida como um navio. Contudo, a poesia é uma máquina que o põe para funcionar, podada por uma economia perfeita. Como em todas as máquinas, seu movimento é intrínseco, ondulante, de caráter mais físico do que literário."[80]

EZRA POUND

1885-1972

Edição recomendada: *Poesia*. Trad. Augusto de Campos, Haroldo de Campos, Décio Pignatari, J. L. Grünewald e Mário Faustino. São Paulo / Brasília: Hucitec / Universidade de Brasília, 1983.

Lustra. Trad. Dirceu Villa. São Paulo: Selo Demônio Negro, 2011.

---

[79] Versos de "O Carrinho de Mão Vermelho", em tradução de Érico Nogueira.

[80] William Carlos Williams, "The Embodyment of Knowledge". In: *Selected Essays of William Carlos Williams*. Nova York, New Directions, 1969, p. 256.

Não deixe de ler: "Canto Um"; "Canto Dois"; "Carta do Exílio"; "Na Estação do Metrô"; "Mauberly"; "O Retorno"; "A Esposa do Comerciante do Rio"; "O Marinheiro"; "Sestina: Altaforte"; "O Veado Branco".

Pound combina tendências imagísticas (compromisso com a exatidão, com a particularidade, com a precisão poética, que evita as generalidades cósmicas) com a educação clássica (que emprestou ritmos e alusões gregas aos seus versos) e o sentimento antiamericano. Escrevendo em 1912, ele acusou o país de estar nadando em uma "Era das Trevas", com toda a beleza e a sensibilidade varrida pelo capitalismo barulhento, bruto, grosseiro, em alta. "Nove de cada dez americanos", escarnece Pound, "venderam suas almas para a cotação [do gado]". A primeira poesia de Pound é quase pré-rafaelita, emprestando imagens medievais e a linguagem arcaica, combinando-a com imagens precisas:

Olha, eles voltam um a um
Com medo, entre sono e vigília,
Como se a neve hesitasse
E murmurasse na brisa,
E voltasse um pouco atrás.
Eles têm asa mas não voam,
Invioláveis.
Deuses do alado chinelo!
Com eles os vira-latas
Farejam um rastro de ar![81]

Contudo, as obras posteriores de Pound quebram essa influência romântica; as influências gregas permanecem, mas *Os Cantos*, sua obra mais extensa, afasta-se de qualquer verso narrativo coerente, rumo a uma construção de peças fragmentárias:

Zeus deita no seio de Ceres
Taishan é servido por amores
em Citera, antes da aurora
e disse: "Hay aquí mucho
catolicismo

[81] Versos de "O Retorno", de 1912, em tradução de Érico Nogueira.

y muy poca religión"
e disse "Yo creo que los reyes desaparecen"
(Reis desaparecerão, eu acho)
Eis o padre José Elizondo
em 1906 ou 1907
ou ali por 1917
E Dolores disse "Come pán, niño"
Sargento a pintara
antes de descer...[82]

O leitor dificilmente saberá o que fazer com isso. Entender as referências representaria um trabalho duro de pesquisa em uma enciclopédia ou um banco de dados. Essa técnica poética deixa a sintaxe gramatical de lado, como o faz Williams. Ele também vê as palavras como "coisas" físicas e as coloca no poema como objetos, sem tentar fazer nenhuma associação lógica entre elas. Ele também desiste de qualquer tentativa de fazer contato com o "leitor comum". Trata-se de uma poética elitista, que deslumbra o leitor com suas alusões, mas não impressiona.

Os outros poemas de Pound tendem a cair entre dois extremos. Os primeiros cantos também recontam porções de lendas e reúnem partes da leitura de Pound em um todo, mas as sentenças têm uma configuração mais familiar; os leitores são capazes de avançar, mesmo sem o uso de um dicionário de mitologia grega:

E pois com a nau no mar,
Assestamos a quilha contra as vagas
E frente ao mar divino içamos vela
No mastro sobre aquela nave escura,
Levamos as ovelhas a bordo e
Nossos corpos também no pranto aflito,
E ventos unidos pela popa nos
Impeliam adiante, velas cheias,
Por artifício de Circe,
A deusa benecomata.[83]

[82] Versos do Canto LXXXI, em tradução de Érico Nogueria.

[83] Versos do "Canto I", em tradução de José Lino Grünewald.

Aqui Pound faz o olho do leitor parar constantemente com "interrupções rápidas na linguagem e nos contextos, meditações particulares, exclusivas, referências obscuras, alusões múltiplas" – todas as técnicas para "impedir a leitura".[84] Mesmo enquanto lemos, ele nos lembra de que é pouco provável que a leitura produza alguma coisa parecida com a verdade – nem mesmo a simples coerência.

T. S. ELIOT

1888-1965

Edição recomendada: *Obra Completa – Poesia*. Vol. 1. Trad. Ivan Junqueira. São Paulo: ARX, 2004.

Não deixe de ler: "Canção de Amor de J. Alfred Prufrock"; "A Terra Desolada"; "Quarta-Feira de Cinzas"; "A Viagem dos Reis Magos".

Eliot, Williams e Pound são os "altos modernistas" da poesia, marcados por sua convicção de que o mundo é caótico e fragmentado e por seu ceticismo quanto à capacidade da linguagem de veicular qualquer verdade em um universo tão distorcido. Os poemas dos "altos modernistas" tendem a ser mais interessados em si mesmos do que no mundo. O foco da poesia muitas vezes não é o que está sendo descrito, mas só como o poema o está descrevendo, mais precisamente. Mas enquanto a poesia de Pound se torna cada vez mais voltada para dentro, fazendo comentários sobre si mesma, não sobre algo que esteja fora de seus próprios versos, T. S. Eliot ainda sustenta a possibilidade de descrever o caos do mundo de alguma maneira que faça sentido. Isso pode ter algo a ver com o anglicanismo de Eliot; sua poesia mostra um tatear no escuro por algum "ponto de silêncio" da vida espiritual, em que o eu possa dar sentido a tudo o que está em torno dele:

> No ponto fixo do mundo cambiante. Nem carne nem descarnado;
> Nem de nem para; no ponto fixo, a dança [...]
> [...] Não fosse o ponto, o ponto fixo
> Não haveria dança, e a dança é só o que há [...][85]

[84] Margaret Dickie, "The Cantos: Slow Reading". *ELH: English Literary History*, vol. 51, nº. 4 (Inverno de 1984), p. 819.

[85] Versos do Quarteto I,"Burnt Norton", em tradução de Érico Nogueira.

A poesia de Eliot, da mesma forma que a de Pound, continua difícil, continua autorreferencial ("A Terra Desolada" [86] apresenta um aparato de notas de rodapé quase tão longas quanto o próprio poema, embora as notas de rodapé sejam acenos furtivos, em tom de ironia, para as expectativas do leitor). Mas *Quatro Quartetos*, escrito por um Eliot mais maduro, sugere que a desordem em sua vida acabaria resultando em uma existência diferente, fora do tempo, onde poderemos encontrar a "paz interior do desejo prático, / A libertação da ação e do sofrimento, libertação da compulsão interior / E exterior [...]".

Na poesia de Eliot, é possível ainda se ter um vislumbre do eterno – e esses vislumbres são assustadores, não (como para os românticos) calorosos e gloriosos. "Esse nascimento", diz um dos Reis Magos, depois de visitar o Menino Jesus em "A Viagem dos Reis Magos",

> [Foi]
> Para nós dura agonia, amarga como a Morte, nossa morte,
> Voltamos para casa, nossos Reinos,
> Mas o Oriente não é mais aqui, na antiga acepção,
> Com tantos forasteiros e seus deuses,
> Ah, quem me dera outra morte.[87]

Quando o eterno e o mundano se entrecruzam (o jardim de rosas em *Quatro Quartetos* é outro exemplo disso) temos um vislumbre da verdade e ficamos aterrorizados com ela.

Embora se pudesse esperar que um poeta anglicano insistisse que a linguagem represente algum tipo de relacionamento com a verdade (ou que pelo menos tentasse comunicar a verdade), Eliot não está muito pronto para admiti-lo:

> Palavras puxam,
> Racham, e às vezes quebram, sob o fardo,
> Sob a tensão, escorregam, escapam, morrem,
> Ruem com imprecisão, não param quietas [...][88]

---

[86] T. S. Eliot. *A Terra Desolada*. Trad. Ivan Junqueira. Disponível em: http://pt.scribd.com/doc/45206097/Terra-Desolada-TS-ELIOT ou http://marocidental.blogspot.com.br/2012/01/waste-land-t-s-eliot-traduzido.html. Acesso em: 29/9/2014.

[87] Tradução de Érico Nogueira.

[88] Versos do Quarteto I, "Burnt Norton", em tradução de Érico Nogueira.

Contudo, essa sua disposição de dar ao menos um hesitante e provisório voto de confiança à linguagem aparece na sintaxe de seus poemas. Mesmo as sentenças mais obscuras de Eliot tendem a ter sujeitos e verbos.

LANGSTON HUGHES

1902-1967

Edição recomendada: Não há edição em português.

Não deixe de ler: "The Negro Speaks of Rivers" [A Fala Negra de Rios]; "The Weary Blues" [Os Blues Esgotados]; "Montage of a Dream Deferred" [A Montagem de um Sonho Adiada]; "Dream Variations" [As Variações do Sonho]; "I, Too, Sing America" [Eu Também Canto a América]; "The South" [O Sul]; "Still Here" [Ainda Aqui]; "Interne at Provident" [O Interno Prudente]; "Dream Boogie" [Sonho Boogie]; "Democracy" [Democracia]; "The Negro Mother" [A Mãe Negra].

Como Dunbar, Langstgon Hughes lutava com duas línguas e com um dilema filosófico: ele escreveu sobre a experiência negra, para leitores negros, ainda assim sabia que, desse seu público-alvo, muitos não teriam a educação necessária para compreender o verso mais formal. "A prática poética de Hughes de retratar a realidade social era um discurso irrestrito, imaginativo", escreve Helen Vendler.

> Mas esse inventário maravilhosamente inclusivo era restrito em outro sentido [...] Ele se limitava à linguagem que a maioria das pessoas sem estudo poderia ouvir e entender. Para um homem com o alcance do pensamento e do repertório de leituras de Hughes, essa autorrestrição linguística era um sinal de seu comprometimento inquestionável com a moral do leitor negro".[89] Comprometido com o esforço de tornar seus poemas acessíveis a todos os leitores, Hughes tendia a ser ignorado pelos críticos. E ele resiste à corrente poética principal. Em 1929, Hughes escrevia em seu diário que sua "esperança derradeira" era a de "criar uma cultura negra na América" – que fosse real, sólida, sensata, racial, que emanasse da vida do povo e *não copiasse nada de outra* cultura, por mais que fosse a raça que a cercava.[90]

[89] Helen Vendler, "Rita Dove: Identity Markers". *Callaloo*. vol 17, nº. 2 (Primavera de 1994), p. 381-98.

[90] Apud David R. Jarraway, "Montage of an Otherness Deferred: Dreaming Subjectivity in Langston Hughes". *American Literature, vol. 68, nº. 4 (dezembro de 1996), p. 821.*

Então, em vez de usar convenções modernistas ou sua forma lírica, os poemas de Hughes se inspiram no folclore e nos hinos:

Aos pés de Jesus
Um mar de tristeza.
Senhor, piedade
Derrama em mim.
De "Pés de Jesus".[91]

ou de canções e baladas:

Espero que minha filha
Nunca ame um homem.
Digo: espero que minha filha
Nunca ame um homem.
O amor pode te ferir
Mais que tudo nessa vida.[92]

Ele não usava cenários do meio rural, mas do Harlem, e conscientemente evitava quaisquer técnicas que pudessem se encaixar em um padrão moderno europeu: "A montanha que se coloca no caminho de qualquer arte verdadeiramente negra nos Estados Unidos", escreve ele no ensaio "O Artista Negro e a Montanha Racial", é o "ímpeto no seio da raça negra em direção à brancura, o desejo de fundir a individualidade racial nos moldes dos padrões americanos, e, assim, tornar-se o menos negro e o mais americano possível".[93]

W. H. AUDEN

1907-1973

Edição recomendada: *Poemas*. Trad. José Paulo Paes e João Moura Júnior. São Paulo: Companhia das Letras, 2013.

---

[91] Tradução de Érico Nogueira.

[92] Versos de "O Lamento pelo Amor", em tradução de Érico Nogueira.

[93] Langston. Hughes, "The Negro Artist and the Racial Mountain". *The Nation*. *23 de junho de 1926.*

Não deixe de ler: "Passeando pela Noite"; "A Vida Simples"; "Últimas Horas da Liturgia"; "Epitáfio de um Tirano"; "A Queda de Roma"; "Em Memória a Sigmund Freud"; "Em Memória a W. B. Yeats", "Deite sua Cabeça Adormecida, Meu Amor"; "Lullaby; "Aquele que Ama Mais"; "No Circuito"; "Próspero para Ariel"; "Primeiro de Setembro de 1939"; "O Escudo de Aquiles"; "Sob qual Lira"; "O Cidadão Desconhecido"; "Caminhada na Escuridão".

A primeira poesia de Auden, como o verso imagístico, é concisa, condensada e aguda; mas o âmago de sua obra poética é constituído de quatro poemas mais longos: "For the Time Being" [Por Enquanto], um poema de Natal; "New Year Letter" [Carta de Ano Novo], um poema reflexivo; "The Age of Anxiety" [A Era da Ansiedade], um poema aliterativo; e "The Sea and the Mirror" [O Mar e o Espelho], um comentário sobre *A Tempestade* de Shakespeare. Isso demonstra a imensa amplitude tanto de sua técnica quanto de seus temas. Ele é um poeta político, um poeta social, um poeta filosófico. Se há um tema unificador em sua obra, este será a possibilidade de que a amizade e o amor possam fornecer aquele "lugar de silêncio" no mundo caótico, que os poetas modernistas tanto buscavam. O "Primeiro de Setembro de 1939" de Auden, escrito no início da Segunda Guerra Mundial, reflete essa sua preocupação. Esse poema reapareceu escrito pelos muros e calçadas depois do 11 de setembro de 2001:

> O cheiro indizível da guerra
> Mancha a noite de setembro [...]
> Eu e o público sabemos
> O que as crianças já aprendem na escola,
> Quem com ferro fere
> Com ferro será ferido [...]
> Amor ao próximo ou morte.[94]

Na medida em que amadurecia, Auden desenvolveu interesse pelo cristianismo, que ele via como a encarnação de seu ideal de amizade e como a filosofia que prometia igualdade entre todos os homens. Você poderá ouvir recitações de seu poema na voz do próprio Auden (gravadas em 27 de março de 1972), em um arquivo de áudio do *The New York Times*. Disponível em: http://nytimes.com/books/01/02/11/specials/auden.html. Acesso em: 29 set. 2014.

[94] Tradução de Érico Nogueira.

DEPOIS DOS MODERNISTAS

Depois dos modernistas, temos uma série de poetas "mais lidos" que se avolumam exponencialmente; o tempo ainda não deu conta de separar os grandes dos apenas bons. Os seguintes poetas valem uma pesquisa mais a fundo:

PHILIP LARKIN

1922-1985

Edição recomendada: Não há edição em português.

Não deixe de ler: "Annus Mirabilis"; "Aubade"; "Deceptions" [Desilusões]; "Essential Beauty" [Beleza Essencial]; "Far Out" [Para Longe]; "High Windows" [Janelas Altas]; "I Remember, I Remember" [Eu Me Lembro, Eu Me Lembro]; "The Importance of Elsewhere" [A Importância de Outro Lugar]; "Is It for Now or For Always" [É só para *Agora ou para Sempre]; "Long Sight in Age" [A Visão Ampliada da Idade]; "Modesties" [Modéstias]; "The Old Fools" [Os Velhos Loucos]; "Story" [História]; "Since the Majory of Me" [A Maior Parte de Mim]; "This Be the Verse" [Eis Aí o Verso]; "To Put One Brick Upon Another" [Pondo um Tijolo sobre o Outro]; "Toads" [Sapos]; "Why did I Dream of You Last Night?" [Por que a Noite Passada eu Sonhei Contigo?].*

ALLEN GINSBERG

1926-1997

Edição recomendada: *Uivo, Kaddish e Outros Poemas* (1953-1960). Trad. Claudio Willer. Porto Alegre: L&PM Editores, 1984.

Não deixe de ler: "Tudo sobre Uivo e Outros Poemas" completo; ou Seleta de Poemas 1947-1995; *"Metafísica"; "Poema de Amor e Temática em Whitman"; "Uivo"; "Nota de Rodapé ao Uivo"; "América"; "Elegia para Neal Cassady"; "Blues de Nova York";* "À Meia-*Noite de um Dia de Maio", "Se a Meditação Abala"; "A Balada dos Esqueletos".*

SYLVIA PLATH

1932-1963

Edição recomendada: *Poemas*. Trad. Rodrigo Garcia Lopes e Mauricio Arruda Mendonça. São Paulo: Iluminuras, 1994.

Não deixe de ler: "Duas Irmãs de Perséfone"; "Suicídio de Egg Rock"; "Poema para um Aniversário"; "A Esposa do Administrador de Zoológico"; "A Mulher Estéril"; "Atravessando a Água"; "Encontro de Abelhas"; "A Chegada da Caixa de Abelhas"; "A Ferroada"; "O Enxame"; "Invernada"; "Nick e o Castiçal"; "Evento"; "Ariel"; "Criança"; "Beirada".

MARK STRAND

1934-2014

Edição recomendada: Não há edição em português.

Não deixe de ler: "The Accident" [O Acidente]; "The Coming of the Light" [O Advento da Luz]; "Eating Poetry" [Comendo Poesia]; "From the Long Sad Party" [Da Longa e Triste Festa]; "Giving Myself Up" [Desistindo de Mim Mesmo]; "Keeping Things Whole" [Mantendo a Totalidade das Coisas]; "The Mailman" [O Carteiro]; "My Mother on an Evening in Late Summer" [Minha Mãe em uma Noite do Final do Verão]; "Sleeping with One Eye Open" [Dormindo com um Olho Aberto]; "The Tunnel" [O Túnel]; "The Way it Is" [As Coisas como São].

ADRIENNE RICH

1929-2012

Edição recomendada: *O leitor encontrará alguns poemas traduzidos neste link: http://revistamododeusar.blogspot.com.br/2012/04/adrienne-rich-1929-2012.html* [Acesso em: 27 fev. 2015.]

Não deixe de ler: "Os Tigres da Tia Jennifer"; "Queimando Papel em vez de Crianças"; "Navegando para o Naufrágio"; "Estou em Apuros – Meu Senhor"; "As Necessidades da Vida"; "Vivendo no Pecado"; "A Fenomenologia da Raiva"; "Planetário"; "Poder"; "Roteiro da Arte do Tiro"; "Cenas de uma Nora"; "Fontes"; "Tentando falar com um Homem"; "Vinte e Um Poemas de Amor".

SEAMUS HEANEY

1939-2013

Edição recomendada: *Poemas*. Trad. José A. Arantes. São Paulo: Companhia das Letras, 1998.

Não deixe de ler: "Colhendo Amoras Silvestres"; "Bogland"; "Causalidade"; "Cavando"; "A Morte de um Naturalista"; "Trabalho de Campo"; "Pedras de Granizo"; "A Lanterna do Espinheiro"; "Relâmpagos"; "O Ministério do Medo"; "Mossbawn: Dois Poemas em Dedicatória"; "Monte Hélicon Pessoal"; "A Cadeira do Poeta"; "Quadraturas"; "Tollund".

ROBERT PINSKY

1940-

Edição recomendada: Não há edição em português.

Não deixe de ler: "Everywhere I Go, There I Am" [Todo o Lugar para Onde Eu Vou, Lá Estou], "The Figured Wheel" [A Roda Figurada]; "The Ice Storm" [A Tempestade de Gelo]; "Impossible to Tell" [Impossível de Contar]; "The Night Game" [O Jogo Noturno]; "Poem with Refrains" [Poema com Refrãos]; "The Refinery" [A Refinaria]; "Shirt" [Camisa]; "The Unseen" [O Nunca Visto].

JANE KENYON

1947-1995

Edição recomendada: Não há edição em português.

Não deixe de ler: "Briefly it Enters, and Briefly Speaks" [Breve Entrada e Breve Fala]; "Depression" [Depressão]; "Dutch Interiors" [Interiores Holandeses]; "Eating the Cookies" [Comendo Biscoitos]; "February: Thinking of Flowers" [Fevereiro: Pensando em Flores]; "Happiness" [Felicidade]; "Having it Out with Melancholy" [Botando para Fora com Melancolia]; "Let Evening Come" [Deixe a Noite Cair]; "Otherwise" [Do Contrário]; "Rain in January" [Chuvas de Janeiro].

RITA DOVE

1952-

Edição recomendada: Não há edição em português.

Não deixe de ler: "Small Town" [A Pequena Cidade]; "Upon Meeting Don L. Lee, In a Dream" [Sobre um Encontro com Don L. Lee em Sonho]; "Agosta the Winged Man and Rasha the Black Dove" [Agosta, o Homem Alado e Rasha, a Pomba Preta]; "Primer for the Nuclear Age" [Cartilha para a Era Nuclear]; "Thomas and Beulah" [Tomás e Beulah].

DIREITOS ADQUIRIDOS

"Und Drang: Section V", de Ezra Pound, de *Collected Early Poems* [Coletânea de Primeiros Poemas], © 1926, 1935, 1954, 1965, 1967 e 1976, da Ezra Pound Literary Property Trust. Reimpresso com a permissão de New Directions Publishing Corp.

"Na Estação de Metrô" e "O Retorno" de Ezra Pound, de Personae, © 1926, de Ezra Pound. Reimpresso com a permissão de New Directions Publishing Corp.

"Canto I" e "Canto LXXXI" de Ezra Pound, de *Os Cantos de Ezra Pound*, © 1934, 1937, 1940, 1948, 1956, 1959, 1962, 1963, 1966 e 1968, de Ezra Pound. Reimpresso com a permissão de New Directions Publishing Corp.

"O Carrinho de Mão Vermelho", de William Carlos Williams, da *Coletânea de Poemas: 1909-1939, Volume II*, © 1938, de New Directions Publishing Corp. Reimpresso com a permissão de New Directions Publishing Corp.

"Asfódelo, Aquela Flor Esverdeada", de William Carlos Williams, da *Coletânea de Poemas. 1939-1962*, Vol. II, © 1944, William Carlos Williams. Reimpresso com a permissão de New Directions Publishing Corp.

Versos de *Sir Gawain e o Cavalheiro Verde: Uma Nova Tradução em Verso*, trad. de Marie Boroff. Copyright © 1967, de W. W. Norton & Company, Inc. Usados com a permissão de W. W. Norton & Company, Inc.

Versos de *Beowulf*, traduzidos por Seamus Heaney. Copyright © 2000, de Seamus Heaney. Usados com a permissão de W. W. Norton & Company, Inc.

Excerto de "Cavando" de *Terreno Aberto: Poemas Selecionados: 1966-1996*, de Seamus Heaney. Copyright © 1998, de Seamus Heaney. Excerto de "As Árvores" de *Collected Poems by Philip Larkin* [Coletânea de Poemas de Philip Larkin]. Copyright © 1988, 1989, do Estate of Philip Larkin. Excerto de "Canto I" de *O Inferno de Dante: Uma*

Nova Tradução em Verso de Robert Pinsky. Copyright da tradução © 1994, de Robert Pinsky. Reimpresso com a permissão de Farrar, Straus, and Giroux, LLC.

Excerto de *A Divina Comédia de Dante Alighieri: Inferno*, por Allen Mandelbaum, copyright © 1980, de Allen Mandelbaum. Usado com a permissão de Random House, Inc.

Excerto de *Morte na Catedral*, de T. S. Eliot, copyright © 1935, de Harcourt, Inc. e renovada em 1963, por T. S. Eliot, reimpresso com a permissão do editor.

Excertos de *The Poems of Emily Dickinson* [Os Poemas de Emily Dickinson], editado por Thomas H. Johnson, Cambridge, MA: The Belknap Press of Harvard College, reimpresso com a permissão dos editores e da Trustees of Amherst College.

Versos de *Contos da Cantuária*, de Geoffrey Chaucer, traduzidos por Nevill Coghill (Penguin Classics 1951, quarta edição revista de 1977). Copyright 1951, de Nevill Coghill, copyright © The Estate of Nevill Coghill, 1958, 1960, 1975, 1977.

Versos de "De um Sobrevivente". Copyright © 2002, de Adrienne Rich. Copyright © 1973, de W. W. Norton & Company, Inc., de *The Fact of a Doorframe: Selected Poems 1950-2001* [*O Fato do Batente de uma Porta: Seleta de Poemas 1950-2001*], de Adrienne Rich. Usado com a permissão da autora e W.W. Norton & Company, Inc.

Excerto de *Rosencrantz e Guildenstern Estão Mortos*, de Tom Stoppard, copyright © 1967, Grove Press. Usado com a permissão do editor.

Excerto de *Esperando Godot*, de Samuel Beckett, copyright © 1997, da Grove Press. Usado com a permissão do editor.

ÍNDICE

Os números de página em negrito correspondem ao estudo principal dos tópicos.

Para saber mais sobre educação, leia também:

Segundo Otto Maria Carpeaux, "Alain foi o Sócrates de Paris entre as duas guerras", e exerceu grande influência sobre uma geração de intelectuais franceses – incluindo Raymond Aron, Simone Weil e André Maurois. Este volume reúne "Considerações sobre a Educação", reflexões gerais e teóricas, e "Pedagogia Infantil", uma série de lições destinada a suas alunas, futuras "jardineiras de infância".

Conhecido por sua linguagem acessível e didática encantadora, o filósofo norte-americano Mortimer Adler trata filosoficamente dos mais diversos problemas humanos, tomando como base seu vasto conhecimento de literatura, história e filosofia. Ou seja, Adler trata de conceitos como democracia, lei, emoção e aprendizado à luz dos *grandes livros* e do pensamento de mais de dois milênios de civilização ocidental.

facebook.com/erealizacoeseditora twitter.com/erealizacoes instagram.com/erealizacoes youtube.com/editorae

issuu.com/editora_e erealizacoes.com.br atendimento@erealizacoes.com.br